BASTEI
LÜBBE
TASCHENBUCH

Über die Autorin:

Olivia Rayne ist ein Pseudonym. Sie wurde Anfang der 1990-er Jahre in England geboren, lebte zeitweise in Frankreich und Deutschland und erwarb später einen Hochschulabschluss in Brighton. Heute arbeitet sie in einem Medienunternehmen in London und ist glücklich liiert. Sie liebt ihre Mutter immer noch. Aber sie hält sie auf Abstand.

Olivia Rayne
Mit S. M. Nelson

Deine LIEBE fühlte sich an wie HASS

Meine Mutter, die Psychopathin

Aus dem Englischen
von Elisa Valérie Thieme

BASTEI LÜBBE
TASCHENBUCH

BASTEI LÜBBE TASCHENBUCH
Band 61685

MIX
Papier aus verantwortungsvollen Quellen
FSC® C083411

Dieser Titel ist auch als E-Book erschienen

Dieses Buch ist ein Sachbuch und basiert auf dem Leben, den Erfahrungen und den Erinnerungen von Olivia Rayne. In einigen Fällen wurden Namen, Orte, Zeitangaben und Abläufe geändert, um die Privatsphäre anderer zu schützen.

Deutsche Erstausgabe

Titel der britischen Originalausgabe: »My Mother, the Psychopath«
Originalverlag: Ebury Press

Titelillustration: © Elisabeth Ansley/Trevillion Images, © Peshkova/shutterstock
Textredaktion: Angela Kuepper, München
Umschlaggestaltung: Thomas Krämer nach einer Vorlage von Arneaux
Satz: hanseatenSatz-bremen, Bremen
Gesetzt aus der Adobe Garamond Pro
Druck und Verarbeitung: CPI books GmbH, Leck – Germany
ISBN 978-3- 404-61685-5

2 4 5 3 1

Sie finden uns im Internet unter
www.luebbe.de
Bitte beachten Sie auch: www.lesejury.de

Für meine Großmutter, die mir half, meine Freiheit zu finden.
Für meine beste Freundin, die mir die Stärke gab,
alte Bande zu durchtrennen.
Und für meinen Freund, der mich seit jeher bedingungslos liebt.

»Wenn du es aussprichst, kann es dir nicht wehtun.«

Olivia Rayne

Inhalt

Vorwort

Ich habe immer gedacht, ich würde sofort merken, wenn mir ein Psychopath über den Weg liefe.

Jahrelang habe ich jedes Buch über forensische Psychologie verschlungen, das ich in die Hände bekommen konnte, und jede Dokumentation und jeden Film zu dem Thema gesehen. Die Symptome konnte ich so sicher herunterbeten wie das ABC. Ich wusste, dass die größte Waffe eines Psychopathen sein Charme ist, weil er damit sein Gegenüber umgarnt. Und mir war klar, dass das niemals bei mir funktionieren würde. Da gäbe es sicherlich etwas, das mir auffallen würde – ein unterkühltes Lächeln vielleicht oder ein stechender Blick. Irgendetwas würde meine Alarmglocken läuten lassen, schließlich hatte ich ja all die Bücher gelesen.

Tatsächlich kam es jedoch ganz anders.

Ich habe Olivia 2013 kennengelernt, als wir bei derselben Firma arbeiteten. Sie ist intelligent, humorvoll, lebendig und immer zu Scherzen aufgelegt. Vor allem ihr ansteckendes Lachen, ihre Herzlichkeit und ihre Schlagfertigkeit fielen mir auf Anhieb auf. Außerdem beeindruckte mich ihre umwerfend freundliche Mutter. Josephine wirkte extrem begeisterungsfähig, interessiert an allem und jedem in ihrem Umfeld. Sie lächelte viel, hielt Augenkontakt und wirkte sehr empathisch. Wann immer wir uns begegneten, dachte ich, was für eine anziehende Frau sie doch sei. Irgendwann fielen mir auch die Geschenke auf, die sie Olivia ins Büro schickte: Designerkleidung, zarte Goldkettchen, teures Make-up. »Du Glückliche!«, sagte ich zu meiner Freundin. »Deine Mum ist echt großzügig.« Olivia lächelte daraufhin schmallippig und erwiderte nichts.

Als wir uns nach und nach näher kennenlernten, erzählte mir Olivia schließlich mehr über ihre Mutter und all die schrecklichen Dinge, die passiert waren und immer noch passieren. Ich hörte fassungslos zu. Ihre Geschichten wirkten so abgedreht, dass ich anfangs nicht so recht wusste, wie viel ich davon glauben sollte – das war doch gewiss ein wenig übertrieben? Wie konnte eine junge Frau sich mit Anfang zwanzig in solch einer prekären Lage befinden? Sich von einer kaputten Beziehung in die nächste katapultieren, von einem Bösewicht zum anderen, so als spielte sie Fangen? Das konnte doch nicht stimmen, oder? Außerdem wirkte ihre Mutter nicht einfach nur nett, sondern ganz und gar liebenswürdig.

Aber dann erkannte ich, was sich wirklich hinter der Fassade verbarg: Olivia zeigte mir die hasserfüllten Nachrichten, die ihren Posteingang überschwemmten. Ich hörte die aggressiven Botschaften, die ihre Mutter auf der Mailbox hinterließ. Ich bekam mit, wie Josephine versuchte, ihre Tochter zu kontrollieren. Ich sah die Sabotageversuche: Einschüchterung, Manipulation, Erpressung, Bedrohung, Ausbeutung, Gaslighting, Lügen und Täuschung – Josephine setzte das komplette Arsenal an psychischem Missbrauch gegen ihre Tochter ein, und auch physischer Missbrauch war ihr durchaus ein Begriff. Das dauerhafte Nachstellen hatte heftige Auswirkungen auf Olivia: Hautirritationen, Zittern, zwanghaftes Kratzen …

Ich hätte nie gedacht, dass eine derart bezaubernde Frau zu solchen Grausamkeiten in der Lage wäre. Oder dass meine fröhliche Freundin mit dem abgedrehten Humor so ein dunkles Geheimnis verbarg. Ich stand Olivia bei, als ihre Mutter ein letztes Mal eine regelrechte Hasskampagne gegen sie startete, und befand mich letzten Endes selbst in der Schusslinie.

Olivias Geschichte ist so unglaublich, dass ich sie einfach erzählen musste. Sie erlaubte mir, einen Artikel zu veröffentlichen, aus dem später dieses Buch entstand. All die Erinnerungen abzurufen, die sie jahrelang versucht hatte zu unterdrücken, war extrem schmerzhaft. Auch die Aussagen weiterer Familienmitglieder nahmen Olivia sehr mit, und sie hatte oft gegen ein altvertrautes Schamgefühl anzukämpfen.

Manchmal habe ich mich gefragt, ob ich ihr zu viel mit dem Projekt abverlangte: Immerhin hat Olivia zweiundzwanzig Jahre Missbrauch durch die Person erdulden müssen, die ihr eigentlich am nächsten stehen sollte. Sie selbst hat jedoch nie an ihrem Entschluss gezweifelt. Olivia wollte, dass die Geschichte erzählt wird. Falls auch nur eine einzige Person es schafft, sich anschließend aus einer vergleichbaren Lage zu befreien, hat sich die Mühe gelohnt.

Schluss mit der Scham, dem Schmerz, der Angst, dem Leid:

Durch den Abnabelungsprozess hat Olivia wieder Kontrolle über ihr Leben gewonnen. Ihre persönliche Geschichte ist nun für jeden einsehbar.

Ich möchte mich bei Olivia für ihren Mut bedanken, ihren Leidensweg öffentlich zu machen. Ich kenne niemanden, der so stark, humorvoll, großzügig und robust ist wie sie. Ihre unbeugsame Entschlusskraft, immer weiterzumachen und zu heilen, beeindruckt mich maßlos.

Dies hier ist Olivias Geschichte.

S. M. Nelson

1
Der Traum

In meinen Träumen sieht meine Mutter zu, wie ich ertrinke. Sie thront über mir, den Kopf leicht zur Seite geneigt, und während ich durch das Wasser nach oben blicke, schaut sie zu mir herab. Ich sehe sie wie im Nebel, unsere Blicke treffen sich.

Sie betrachtet mich mit vagem Interesse, ganz so, als studierte sie ein Gemälde, von dem sie sich noch nicht ganz sicher sei, ob es gefalle. Sie beobachtet, wie mir Luftbläschen immer hektischer entweichen und an die Oberfläche steigen. Sie sieht, wie Wellen die Wasseroberfläche aufwühlen, dort, wo ich verzweifelt um mein Leben kämpfe. Sie ist Zeuge, wie ich langsam nach unten sinke, wie meine Augen blind werden und ich mich wie in Zeitlupe auf den Bauch drehe.

Regungslos steht sie da, winkt nur sacht durch die kühle Luft, als ich den Fluss hinabgetragen werde. Jede Handbewegung scheint zu sagen: »Auf Wiedersehen, Olivia. Vergiss deine Mutter nicht.«

Ich wache immer erst ganz zum Schluss auf, wenn ich im Dunkel ersticke. Dann weiß ich, dass es vorbei ist. Ich gebe mir Mühe, erleichtert zu sein – *es war nur ein Traum* –, aber wenn ich mich erneut hinlege und die Augen schließe, kommt die Angst und lässt sich wartend neben dem Bett nieder. Sie brennt wie ein Papierschnitt und tut gleichzeitig weh wie Bauchkrämpfe oder der dumpfe Schmerz eines gelblichen Blutergusses. Wenn ich gerade das Gefühl habe, dass es besser wird, kommt der Schmerz zurück und ringt mich nieder, bis ich vor Erschöpfung zittere. Er zerschmettert mich in viele kleine Stücke.

Was auch immer passiert ist, ist meine Schuld. Ich muss etwas falsch gemacht haben, etwas Schlimmes, das ich nicht einmal erkennen kann. Etwas, das mich unter Wasser zieht. In meinem Magen macht sich ein Gefühl der Selbstverachtung breit: Schuld, Entsetzen, Scham und Erniedrigung. Ich weiß nicht, woher all das kommt. Ich weiß nicht, was ich getan habe.

Was habe ich getan?

Psychopathie-Merkmal Nr. 1: Oberflächlicher Charme

Psychopathen sind außerordentlich charismatisch. Sie sind unterhaltsam, wortgewandt und schlagfertig. Ihre lässige Ausstrahlung ist sehr einnehmend. Sie werden häufig als anziehend und verführerisch beschrieben. Ihre Schmeicheleien und ihr vermeintliches Einfühlungsvermögen wirken entwaffnend und werden oft gezielt als Köder eingesetzt. Sie sind ausgezeichnete Gesprächspartner und können auch die unglaublichsten Geschichten authentisch vermitteln.

2
Charme

»Psychopathen sind außerordentlich charismatisch, anziehend und einnehmend.«

Falls Sie meine Mutter kennenlernen würden, würden Sie sie bestimmt mögen. Das tat jeder – zumindest anfangs. Es braucht ein wenig, bis man erkennt, was sich hinter der charmanten Maske verbirgt. Sie trug sie wie einen Panzer, der so mächtig und wirksam war, dass die Annahme, etwas stimme nicht, einem geradezu absurd erschien. Nach außen hin wirkte sie seriös, erfolgreich und großzügig. Sie arbeitete jahrelang als Kunstlehrerin und unterrichtete entweder in der Schule oder privat bei uns zu Hause. Wenn ihre Schüler zu uns kamen, lauschte ich manchmal an der Tür und presste mein Ohr, so fest ich mich traute, dagegen. Die ruhige, geduldige Art, in der Mutter mit den Kindern sprach, war mir fremd.

Abends sah sie die Arbeiten ihrer Schüler durch, betrachtete ihre Zeichnungen und Malereien und seufzte tief. Manchmal konnte ich sehen, dass sie beeindruckt war: Sie sagte zwar nichts, aber ich erkannte an ihren hochgezogenen Augenbrauen, dass ihr gefiel, was sie da sah. Wenn sie etwas nicht mochte, sprach sie es laut aus. »Seht euch das an!«, hieß es dann. »Was für ein Haufen Scheiße! Wie komme ich nur dazu, mir so einen Mist anzuschauen? Gott, steh mir bei!«

Wenn der Schüler das nächste Mal zu uns kam, begrüßte sie ihn herzlich und sagte so etwas wie »Tolles Bild« – und klang ganz und gar aufrichtig dabei. Ich beobachtete die Kinder durch das Treppengeländer hindurch und fragte mich, ob sie vielleicht spürten, dass ihre Bilder noch am Vorabend heftig verspottet worden waren. Doch das schien nie der Fall zu sein. Wenn ihre Eltern kamen, um sie abzuholen, überlegte ich wieder, ob sie vielleicht etwas merkten. Doch auch ihnen schien nichts aufzufallen. Sie sagten: »Josephine, wir sind so dankbar für alles, was Sie für Annabelle getan haben. Sie freut sich jede Woche darauf, zu Ihnen zu kommen.« Meine Mutter senkte dann den Blick, so als wäre sie angesichts des Lobes beschämt, und erwiderte mit einer weichen, zurückhaltenden Stimme: »Sie müssen sich nicht bedanken, das Vergnügen ist ganz meinerseits.«

Sie konnte jemandem direkt in die Augen sehen und ihm das Gefühl vermitteln, dass sie ihn vollkommen verstand: Sie *sah* ihn so, wie er war. Aber da war noch mehr: Wenn man in ihre großen ernsten Augen blickte, hatte man den Eindruck, man selbst würde sie ebenfalls verstehen.

Sie hatte wunderschöne Augen. Die Farbe war nicht das Besondere – sie waren stahlgrau –, sondern der Ausdruck. Mittels eines einzigen kurzen Blicks übermittelte sie die verschiedensten Emotionen. Sie sah jemanden an, vorwurfsvoll oder ausgelassen fröhlich, ernst oder amüsiert, und sogleich fühlte man sich entsprechend. Ganz so, als hätte sie ihrem Gegenüber eine Laune eingehämmert. Aber das geschah bloß ab und an. Nur, wenn sie wollte, dass man etwas Bestimmtes fühlte. Es kam auch vor, dass ich in ihre Augen sah und nichts als Leere erkannte. Ein dunkles Vakuum, das mich anstarrte.

Meine Mutter konnte ein Zimmer betreten und innerhalb kürzester Zeit mit jedem Anwesenden vertraulich plaudern und im vollen Zentrum ihrer Aufmerksamkeit stehen. Meine ganze Kindheit hindurch gab es ein wiederkehrendes Muster von extrem engen, extrem intensiven Freundschaften. Sie hielten jedoch nie länger als ein oder zwei Jahre: Entweder stellte meine Mutter dann etwas so Krasses an, dass die andere Person nie wieder mit ihr sprach, oder sie durchtrennte das Band der Freundschaft selbst, streifte es ab und warf es fort, so als hätte es nie etwas bedeutet.

Trotzdem hatte sie ein Talent, schnell enge Bindungen zu anderen aufzubauen. Es war ganz so, als würde sie deren tiefste Sorgen und Nöte erkennen und alles tun, um ihnen zu helfen. Wenn ihr Gegenüber sprach, tätschelte Mutter sanft dessen Arm, legte beruhigend eine Hand auf den Rücken oder zog besorgt die Augenbrauen zusammen. Sie wusste immer genau, was sie sagen musste, welche Knöpfe sie zu drücken hatte, nach welcher Form von Wertschätzung sich die Leute sehnten, und verhielt sich entsprechend.

Auch mir wurde diese Behandlung zuteil: Mutter überschüttete mich mit Komplimenten und Geschenken und gab mir das Gefühl, etwas Besonderes zu sein. Im nächsten Moment riss sie alles wieder fort. Ihre Antennen für Empfindlichkeiten waren unglaublich. Sobald sie ein Gespür für die Schwachpunkte ihres Gegenübers hatte, zerstörte sie es.

Ihre Stimme war sanft, aber ihre Worte waren scharf wie ein Messer. Sie liebte Kosenamen, und ich war entweder ihr *Liebling,* ihr *Schatz,* ihr *Engelsgesicht* oder eine *verdammte Schlampe,* eine *dumme Hure,* ein *bedauernswerter Fehler.* Ich war ihr *Herz,* ihre *Blume,* die *Liebe ihres Lebens,* aber auch eine *Nutte,* eine *Perverse, Ungeziefer,* das es zu vernichten galt. Mal war ich eine Woche lang ihre beste Freundin, der sie das Malen beibrachte, Geschichten vorlas und für die sie sündhaft teures Backzubehör für gemeinsame Küchenexperimente kaufte, und schon eine Woche später sprach sie nicht einmal mehr mit mir. Ich folgte ihr wie ein Hündchen, bettelte um Aufklärung. »Du weißt, was du getan hast«, meinte sie dann mit einem schiefen Lächeln. »Mehr habe ich dir nicht zu sagen.«

Von außen betrachtet wirkte sie herrlich unbeschwert. Sie wirbelte durch ein Zimmer, gefolgt von einer Parfümwolke, warf den Kopf in den Nacken und lachte. Ihre Lachen war wunderbar, und das wusste sie auch. Wann immer sie mit anderen Erwachsenen zusammen war, lachte sie besonders viel. Insbesondere, wenn Männer dabei waren. Dann warf sie den Kopf zurück, offenbarte ihren langen, eleganten Hals, legte eine Hand an ihre Kehle und fuhr langsam mit den Fingern hinab, bis sie den Ausschnitt ihres Oberteils streifte. Dabei sah sie auf ihre Hand und schob scheinbar leicht verunsichert ihr Haar hinters Ohr. Anschließend blickte sie durch ihre Wimpern hindurch nach oben und lächelte ihr betörtes Gegenüber an. Ab und an entwich ein lautes Seufzen ihren leicht geöffneten roten Lippen. Als ich noch klein war, kam mir das immer wie ein Zauberbann vor. Wie dämlich die Männer doch waren, nur durch ein Lachen, einen Blick und ein wenig Halsstreicheln zur Beute zu werden. Wie lustig, dass sie sich als etwas Besonderes fühlten. Wie einfach gestrickt sie sein mussten, diese Inszenierung nicht zu durchschauen …

Mutter hatte damals auch wunderschönes Haar, dicht, golden und gelockt. Bei der Arbeit trug sie es zu einem Zopf geflochten, ansonsten fiel es ihr in üppigen Wellen über den Rücken. Ich habe sie immer um ihr Haar beneidet. Manchmal durfte ich ihre Locken streicheln und mit den Fingern einzelne Stränge nachzeichnen. »Meine kleine Schlange«, sagte ich dann und tat so, als lebte das Haar. Dann drehte sie sich blitzschnell um, umfasste ihre Haarspitzen und pikste damit meinen Nacken. »Pass bloß auf, dass sie dich nicht beißt!«, rief sie, und ich kicherte nervös.

Jeden Abend bürstete sie ihr Haar, bis es leise knisterte. Sie war so ungemein lebendig, pulsierte geradezu vor Energie und schien ebenfalls zu knistern, als wäre sie elektrisch aufgeladen – eine Spannung, die sie niemals abgeben konnte. Neben ihr fühlte ich mich grau und lahm; zweidimensional und zusammengepresst, wie ein vertrocknetes Blümchen.

Mutter liebte Blumen – unsere einzige Gemeinsamkeit, die ich mag –, und unser Haus war immer voll davon. »Wenn du eine Blume wärst, dann wärst du ein Fingerhut«, sagte ich einmal, als ich ungefähr zwölf Jahre alt war. Sie arrangierte gerade einen Strauß, den sie anschließend in einem Stillleben verewigen wollte. Sie sah auf, überrascht, aber offenbar auch erfreut.

»Wieso ein Fingerhut?«

»Weil er wunderschön, aufregend und exotisch ist«, antwortete ich. Ich wusste genau, wie viel sie sich darauf einbildete, aufregend und exotisch zu sein. Sie war immerhin eine Französin und ganz anders als wir langweiligen Briten. Im Gegensatz zu uns war sie spontan, lustig und ein absoluter Freigeist.

»Außerdem ist er tödlich«, sagte sie. Dann lachte sie auf. »Das ist ein guter Vergleich, mein Schatz.«

»Was für eine Blume wäre ich?«, fragte ich. Es freute mich, dass ihr mein Spiel gefiel. Sie dachte einen Moment lang nach und legte den Kopf schief. Dann lächelte sie.

»Du wärst ein Löwenzahn. Aber einer, bei dem nur noch die Samen da sind, und nicht, wenn er gelb blüht.«

»Warum das denn?« Das war bestimmt nicht die Blume, die ich sein wollte. Ich mochte Pfingstrosen: strahlend, wunderschön und vielleicht ein bisschen rundlich, aber innen weich und zart.

»Weil die langweilig, wenig schön und schwach sind. Man kann sie mit einem einzigen Atemzug wegpusten.« Sie sah mich belustigt an. »Ach, Olivia. Ist doch nur Spaß! Sei doch nicht immer so empfindlich, ich albere nur ein bisschen herum.«

Ich sah in ihre grauen Augen und wünschte mir, ich könnte ihre Gedanken lesen. Es war, als blickte ich auf die Oberfläche eines dunklen schlammigen Sees; ich wollte erkennen, was sich am Grund befand, hatte jedoch Angst, das Wasser zu berühren und etwas in der Tiefe zu stören.

***

Mutter war in Frankreich aufgewachsen und mit siebzehn Jahren nach England gekommen – beziehungsweise: von ihren Eltern »rausgeworfen worden«. Das stellte sich später jedoch als Lüge heraus. Es war der erste von zahllosen Umzügen; sie war impulsiv und rastlos, süchtig nach Neuem. Als ich noch klein war, zogen wir planlos von einem Ort zum anderen: von England nach Martinique, von Deutschland nach Monaco. Vor meinem sechzehnten Lebensjahr hatte ich in vier verschiedenen Ländern und neun Unterkünften gelebt sowie acht Schulen besucht. Immer wieder wurde Mutter unruhig und pflanzte uns um. »Mir ist langweilig«, sagte sie dann. »Es ist Zeit zu gehen. Ich brauche einen Neustart. Mal was anderes.«

Als Siebzehnjährige war sie der Liebe wegen umgezogen (behauptete sie zumindest). Sie hatte sich in einen verheirateten Mann verliebt und war ihm nach England gefolgt. Schon nach kurzer Zeit versuchte er, die Liaison zu beenden. Daraufhin stellte sie ihm nach, positionierte sich gut sichtbar vor seinem Haus und schrie und heulte, während er sich hinter geschlossenen Gardinen verkroch. »Er hatte irrsinnige Angst«, erzählte sie mir einmal kichernd. »Wirklich irrsinnige Angst.« Selbst als Kind fand ich es seltsam, dass sie darüber lachte.

Ein paar Jahre später lernte sie meinen Vater auf einer Feier kennen. Der große dunkelhaarige Unbekannte mit dem sanften Lächeln fiel Josephine sofort auf. Man sagt ja, dass Gegensätze sich anziehen, und im Falle meiner Eltern stimmt das definitiv. Mein Vater war schon immer introvertiert. Selbst als Kind blieb er gern für sich und spielte allein im Sandkasten, während seine drei Brüder sich miteinander beschäftigten. Er war so zurückhaltend, dass seine Geschwister ihn reihum ärgerten, nur um zu sehen, wie lange es dauern würde, eine Reaktion aus ihm herauszukitzeln. Irgendwann wurde sein Gesicht ganz rot, und seine kleinen Hände ballten sich zu Fäustchen. Doch mehr Zorn traute sich der kleine Clive nie zu zeigen. So ein mildes Temperament ist niedlich im Kindesalter; einem erwachsenen Mann hingegen steht es nicht unbedingt so gut.

Als meine Eltern sich kennenlernten, war meine Mutter »der Mittelpunkt der Party«. Wenn mein Vater jemanden kennt, ist er durchaus gesprächig. Aber er war schon immer schüchtern, und es faszinierte ihn, wie meine Mutter nach und nach die Leute für sich einnahm. Sie kannte kaum jemanden, stand jedoch schnell im Zentrum der Aufmerksamkeit – dort, wo sie hingehörte. Sie sprühte vor Energie und zog die anderen an wie das Licht die Motten. Sie war lauter als alle anderen, lebendiger und lustiger. Mutter schlug vor, am nächsten Abend für ihn zu kochen. »Niemand kocht so gut wie ich«, behauptete sie. Mehr hat es nicht gebraucht – Clive war in ihre Falle getappt.

Er war nicht der Einzige, der meine Mutter absolut umwerfend fand. Als mein Vater sie seiner Familie vorstellte, klopften ihm seine Brüder auf den Rücken und sagten: »Da hast du aber ganz schön nach oben gegriffen! Wie hast du das nur angestellt, Clive?« Seine Freunde luden ihn öfter ein, baten, er solle unbedingt Josephine mitbringen, und mein Vater war unfassbar stolz auf seine einnehmende Partnerin. Es freute ihn, wie sehr alle sie mochten. Als ich fünf Jahre später zur Welt kam, wiederholte sich das Ganze: Jeder machte ihr Komplimente, was für eine tolle Mutter sie doch sei. Sie, die attraktive, lustige Frau mit dem herrlichen glockenhellen Lachen.

Manchmal war sie freundlicher, als ich zu hoffen gewagt hatte; oft war sie grausamer, als ich es mir je hätte ausmalen können. Ihr Verhalten war nicht konsequent, es gab kein Muster, an dem ich mich hätte orientieren können. Ich war durchweg angespannt. Wenn sie nett war, fühlte ich mich beschämt. Offensichtlich lag das Problem bei mir. Waren meine Zweifel an ihr berechtigt? Oder war ich paranoid und gemein, ihr etwas zu unterstellen? Sie liebte mich doch offensichtlich.

Manchmal drehte ich mich um und sah, dass sie mich beobachtete. Ihr Gesichtsausdruck brachte mich oft aus der Fassung: Sie sah nicht weg, selbst wenn unsere Blicke sich trafen, und starrte mich offen an. Ihre Augen funkelten, ihr Mund war zu einer schmalen Linie zusammengepresst. Ab und an ertappte ich sie mit einem Gesichtsausdruck, der sich nur als Hass beschreiben lässt. Die Art von Hass, der das Gesicht zu einer Fratze verzerrt. Wenn sie meinen Blick bemerkte, kam sie zu mir, umfasste mein Gesicht, küsste meine Stirn und sagte: »Meine wunderbare Tochter, ich liebe dich so sehr.«

Hatte sie mich gewollt? Liebte sie mich? Manchmal glaubte ich, dass sie das tat.

Wir hatten ein Mixtape im Auto, das wir auf langen Fahrten abspielten. Ich kannte die Kassette in- und auswendig und weiß immer noch, welche Lieder in welcher Reihenfolge darauf waren. Wenn der Eurythmics-Song *There Must Be An Angel (Playing With My Heart)* lief, drehte Mutter die Lautstärke voll auf und sang so laut wie möglich mit. Sobald der Refrain einsetzte, drehte sie sich zu mir um, lächelte, legte eine Hand auf mein Knie und sang für mich. Es klang so, als käme es von Herzen, als wäre jedes Wort speziell für mich geschrieben worden. Immer wenn sie *angel* sang, drückte sie mein Knie. Daran denke ich gern zurück, obschon ich mich immer fragte: »Wie lange noch? Wie lange bin ich noch ihr Engel, bis sie mich wieder eine Schlampe nennt? Wie lange noch, bis sie mich wieder hasst?« Ich wollte ihr jedes Wort glauben, aber ich kannte sie ja auch. So war das immer: Ich wurde umgarnt, bis ich mich entspannte, mir wurde ein Gefühl von Liebe geschenkt – und dann wurde mir alles wieder genommen. Für sie war es nur ein Spiel.

Wenn wir zusammen waren, spürte ich eine leise Angst. Meistens war es jedoch noch schlimmer, vor allem, wenn sie liebevoll und freundlich war. Dann bekam ich Magenschmerzen, konnte kaum noch atmen und fürchtete mich vor ihrem unausweichlichen Sinneswandel. Im Auto bemühte ich mich, locker zu wirken. Aber ich sah, wie sie mich im Rückspiegel fixierte, und fragte mich: *Wirke ich nicht dankbar genug? Oder weniger glücklich, als ich sein sollte? Soll ich ihr lieber sagen, wie gern ich sie singen höre?*

Selbst jetzt überkommt mich noch immer ein düsteres Gefühl, wenn irgendwo *There Must Be An Angel* gespielt wird. Es ist ein Song, der automatisch zum Mitsingen verführt. Wenn meine Freunde fröhlich mit einstimmen, lächle ich und drehe nervös die Finger ineinander. Ich schließe die Augen und lehne mich nach hinten, so als würde ich das Lied genießen. Doch hinter meinen Augenlidern sehe ich mich wieder im Auto und spüre, wie Panik in mir aufsteigt. Die Liedzeilen kreisen durch meine Gedanken, das Gesicht meiner Mutter steigt vor meinem inneren Auge auf, mein Herz pocht wie verrückt, mein Magen zieht sich zusammen.

Ich höre, wie sie über Glück singt. Darüber, dass sich niemand je so gefühlt hat. Dass ich ihr Engel bin. Dann sehe ich ihre Augen im Rückspiegel und erkenne die Wahrheit: Sie spielt mit meinem Herzen.

***

Meine Mutter ist eine Psychopathin. Laut Lehrbuch mangelt es ihr an Gewissen sowie Reue und Empathie gegenüber anderen. Hinter ihrer charmanten Maske ist sie hinterlistig, manipulativ, narzisstisch und abgestumpft. Sie war eine ganz bestimmte Person in der Öffentlichkeit und eine völlig andere hinter verschlossenen Türen. Je nach Stimmung und Situation trug sie ein neues Gesicht zur Schau und schlüpfte so mühelos in ihre Rollen wie ein erfahrener Schauspieler. *Wer wird sie heute sein? Die liebevolle Mutter? Das Krebsopfer? Der Erzfeind, der mein Leben zerstört?*

Die meisten Leute, die Josephine Lacroix kannten – die charmante, lustige Josephine Lacroix –, hatten keine Ahnung, wozu sie in der Lage war. Selbst die Menschen in ihrem nächsten Umfeld, selbst meine Großeltern, sahen nie das volle Ausmaß. Ihre schlimmsten Momente standen den besten gegenüber, in denen sie schlichtweg brillant war: spontan, witzig, kokett, aufregend.

Ich habe viele Jahre lang versucht, ihr Verhalten zu erklären, und Ausreden dafür gefunden: *Sie ist krank, gestresst, ich war frech, vielleicht habe ich mich nicht genug um sie bemüht, mit acht Jahren habe ich doch mal diese Sache angestellt …* Mein schlechtes Gewissen plagte mich ganz fürchterlich. Manchmal kam ich mir so vor, als würde ich durch einen endlosen, gewundenen, düsteren Tunnel rennen: Jedes Mal, wenn ich das Licht erblickte, verschluckten mich erneut die dunklen Tiefen.

Im Nachhinein ist es unglaublich, wie geschickt sie sich anstellte. Alles, was ich über die Liebe wusste – oder zu wissen glaubte –, war verzerrt. Ich dachte lange, dass Kontrolle und Manipulation ein normaler Bestandteil von Beziehungen seien. Sie benutzte mich nach Lust und Laune, zog mich in ihren Bannkreis, nur um mich wieder wegzustoßen. Ich war ihr komplett ausgeliefert und kehrte immer wieder zu ihr zurück. Mir war einfach nicht bewusst, dass es auch anders sein könnte. Wie auch? Es war ja sicher gar nicht so schlimm. Immerhin war mein Vater dabei. Er sah alles, wusste alles – und tat nichts.

Sie hatte ein untrügliches Gespür dafür, wie sie mit mir spielen konnte. Und das tat sie, zweiundzwanzig Jahre lang. Zweiundzwanzig Jahre lang konnte ich die Wahrheit nicht erkennen, sogar wenn ich sie direkt vor der Nase hatte. Zweiundzwanzig Jahre lang floss mir Selbsthass wie Blut durch die Adern. Der Schaden, den sie mir zufügte, verdrehte mich, verzerrte meine Wahrnehmung und ließ Narben zurück.

Ich muss meine Geschichte selbst erzählen, und zwar so, wie sie sich zugetragen hat, und nicht so, wie meine Mutter sie darstellt. Zeit tröstet, heilt jedoch nicht. Es geht mir besser, das stimmt, aber der Schaden kann nicht wiedergutgemacht werden. Er ist immer noch da, schmerzt unter der Oberfläche, wie ein Stacheldraht, der mich zu lange verletzt hat. Auch wenn ich mich aus seinen Fängen befreit habe, hat er doch für immer Spuren auf meiner Haut hinterlassen.

Psychopathie-Merkmal Nr. 2: Gefühlskälte

Psychopathen blenden die Emotionen anderer aus und sind zu nahezu keiner Empathie fähig. Menschen werden als Objekte betrachtet und entsprechend zweckdienlich benutzt. Psychopathen können sich nicht in die Lage einer anderen Person hineinversetzen. Fremdes Leid ist ihnen gleichgültig, Schwäche und Verletzbarkeit werden verachtet. Für einen Psychopathen sind andere Menschen Wegwerfartikel; Familienmitglieder haben den Status von Besitztümern.

3
Geringschätzung

»Psychopathen sind zu nahezu keiner Empathie fähig.«

Eingerahmt an einer Wand im Haus meiner Mutter hängt ein Foto – oder zumindest hing es dort. Vermutlich hat sie es inzwischen verbrannt, so wie all die anderen Dinge, die sie eines Tages in die Flammen warf. Ich habe es oft betrachtet und als Beweis ihrer Liebe gesehen. Es zeigt uns so glücklich, Mutter und mich, kuschelnd auf dem Sofa. Man sehe sich nur ihren Arm um meine Schultern an, ihr stolzes, breites Lächeln, die Art, wie ihr Kopf sachte auf meinem ruht. Wie hätte sie mich nicht lieben können? *Seht mich an, mich mit den großen, strahlenden Augen, der unbeschwerten Freude. Natürlich wurde ich geliebt. Natürlich hat meine Mutter mich geliebt.*

Inzwischen ist es seltsam, an dieses Foto zu denken. Daran, wie irreführend Bilder sein können – und zur gleichen Zeit auch so verlockend. Ich wollte derart verzweifelt an die Liebe meiner Mutter glauben, dass ich alte Fotos von uns analysierte und versuchte, mich genau an den Moment zu erinnern, in dem sie geknipst wurden. Den Moment, in dem meine Mutter mich geliebt hatte. Tatsächlich geliebt hatte. Es war ein wenig so, als verhöhnte ich mich damit selbst. Das Anstarren der alten Aufnahmen hatte etwas Voyeuristisches, so als sähe ich etwas an, das nicht für meine Augen bestimmt war. Etwas Verbotenes. Ich hielt die Bilder ganz nah vor mein Gesicht und hoffte, dass ein wenig Liebe und Zufriedenheit vom Papier auf mich abstrahlen würden. Im Rückblick wirkt das natürlich albern, aber über viele Jahre hinweg fühlte es sich nicht so an.

Mutter – oder damals noch *Maman* – liebte es, fotografiert zu werden. Wenn ich nur mit meinem Vater abgelichtet werden wollte, weigerte sie sich. »Lass uns lieber ein Foto von uns allen zusammen machen«, sagte sie dann. »Möchtest du etwa kein Bild mit Maman?« Natürlich willigte ich ein, und sie zog mich an sich, schlang einen Arm um meine Schultern und lächelte ihr breites Grinsen.

Unsere fröhlichen Fotos waren der Beweis, dass wir eine intakte Familie waren. Ein greifbarer, unbestreitbarer Beweis, den sie wie einen Schild oder manchmal auch wie eine Waffe einsetzte. Nach einem Streit holte sie gern die Bilder hervor, bevor sie mir »vergab«. Sie wedelte vor meinem Gesicht damit herum und fragte: »Erinnerst du dich? Erinnerst du dich noch an diesen Tag? Sieh nur, wie glücklich wir waren und wie lieb du damals warst. Was ist nur mit meiner lieben Tochter passiert? Was hast du mit ihr angestellt?«

Ich sah mir die Fotos an und versuchte mich zu erinnern. Es waren fröhliche Aufnahmen: Wir sahen glücklich aus. Wir waren glücklich. *Ja, das waren wir …*

»Erinnerst du dich an den Tag? Weißt du noch, wie besonders er war? Und wie glücklich wir waren? Erinnerst du dich daran, wie wir in der kleinen Bucht schwimmen waren und Sandburgen gebaut haben? Erinnerst du dich, dass du dich schlecht gefühlt hast und ich mich um dich gekümmert habe? Erinnerst du dich? Weißt du noch?«

Ich wollte mich unbedingt erinnern. Ich strengte mich an, schloss die Augen und ballte die Hände zu Fäusten, während die Worte meiner Mutter wie Trommelschläge auf mich einprasselten. *Erinnerst du dich? Erinnerst du dich?*

Ich versuche es. Ich versuche es.

Und dann, plötzlich, kehrten die Erinnerungen mit einem Schlag zurück: *Ich bin noch klein, wir sind am Strand. Ich blicke ins grelle Sonnenlicht, auf meiner Haut kleben Sonnencreme und Sand, meine Lippen sind rau und salzig, mein Haar fühlt sich struppig an. Mutter trocknet mich ab. Das Handtuch ist weich, ihre Arme schlingen sich um mich. Es weht ein heftiger Wind, sie hält mich eng an sich gepresst. Durch meine inzwischen geschlossenen Augenlider sehe ich die Sonne orangefarben leuchten.*

Die Erinnerungen waren so klar, warum hatte ich sie nicht gleich präsent gehabt?

»Ja, jetzt weiß ich es wieder. Ich kann mich an alles erinnern.«

Und dann kam der Spruch, den sie am allerliebsten hatte. Der, mit dem jeder große Streit für beendet erklärt wurde: »Ich bin verdammt noch mal die beste Mutter der Welt, richtig? Bin ich nicht einfach die beste?«

Dann wartete sie auf meine Antwort. Die Worte hingen zwischen uns. Stille machte sich breit, wurde unerträglich durch den ungesagten Satz, der mir in der Kehle stecken blieb.

»Ich bin doch die beste, oder?«

Leise flüsternd antwortete ich: »Ja, du bist die beste Mutter der Welt.«

***

Natürlich konnte ich mich nicht wirklich an diese Szene am Strand erinnern. Ich bin mir sicher, dass die Realität ganz anders war als meine verzweifelten Visionen. Aber ich wollte mich unbedingt an eine glückliche Kindheit entsinnen, und die Fotos nährten meine Fantasie. Ich sah die jüngeren Versionen meiner selbst und wünschte mir, ich könnte die Zeit zurückdrehen bis zu dem Moment, als ich noch nicht alles durch meine durchtriebene, fordernde Art ruiniert hatte. Warum nur hatte ich es verderben müssen? Was stimmte nicht mit mir? Ich hatte eine wunderbare Kindheit. *Sieh nur, welche Orte wir besucht haben, was wir Tolles unternommen haben, was ich alles geschenkt bekam – mir fehlte es an nichts … Oder?*

Ich glaubte ihr, wenn sie mir die Schuld an allem gab, mich dafür verantwortlich machte, die schönen Erinnerungen an all die glücklichen Jahre ruiniert zu haben. Ich glaubte, dass sie tatsächlich glücklich gewesen waren. Sicherlich beeinflussten die Fotos mein Denken, und inzwischen vermute ich, dass meine Mutter deswegen so gern Bilder machte. Sie waren ihre »Beweise«: »Sieh nur, wie glücklich wir waren, Olivia. Sieh nur, was du alles kaputt gemacht hast. Schau an, was du getan hast …«

Ich sammelte Erinnerungsfetzen wie kleine Schätze und bastelte ein Mosaik daraus. Ich setzte Erlebnisse neu zusammen und glaubte, sie hätten sich wirklich so zugetragen. Lange wollte ich die Realität nicht wahrhaben. Wie hätte ich auch annehmen können, dass etwas nicht stimmte, solange ich die Fotografien nicht als Inszenierungen verstand? Wie hätte ich erkennen können, dass nicht *ich* das Problem war, sondern *sie?* Es war leichter zu glauben, dass etwas mit mir nicht stimmte, als mit ihr. Das wollte ich einfach nicht denken – die Vorstellung schmerzte zu sehr.

Letzten Endes musste ich mich der Gedanken entledigen, dass es einmal bessere Zeiten gegeben hatte, dass meine Kindheit glücklich gewesen war und ich irgendwann alles verdorben hatte. Meine Mutter war schließlich schon immer so gewesen, oder? Sie konnte es nur gut verbergen. Doch das fiel mir erst sehr, sehr spät auf. Erst nachdem ich abgehauen war und meine Großmutter meinem Drängen nachgab, mir all das, was sie jahrelang für sich behalten hatte, preiszugeben. Meine arme Granny, die mich doch nur beschützen wollte. Sie hatte sich auf die Zunge gebissen aus Angst, meine Mutter würde mich wieder fortbringen – oder vor dem, was sie sonst tun würde. Meine Großeltern – die Eltern meines Vaters – waren die einzigen Menschen in meinem Leben, die das wahre Wesen meiner Mutter erkannten, sich nie von ihr täuschen ließen. Als Granny mir von früher erzählte, brach alles Mögliche über mich herein, das ich versucht hatte zu verdrängen. Mein mühsam errichtetes Konstrukt fiel in sich zusammen.

»Erinnerst du dich noch an Weihnachten 1995?«, fragte sie mich. »Wahrscheinlich eher nicht, du warst ja erst drei. In dem Jahr wart ihr alle zu Besuch: ihr drei, dein Cousin und deine Cousinen, dein Onkel und deine Tante. Nachdem ihr abgereist seid, haben dein Großvater und ich nie wieder über diese Tage gesprochen. Das hätten wir nicht übers Herz gebracht.«

Sie redete langsam; einerseits, um sich zu sammeln, aber auch, um die richtigen Worte zu finden. Es fiel ihr nicht leicht, ich war nicht die Einzige, die etwas unterdrückt hatte.

»Wir wollten nicht wahrhaben, was da vor sich ging. Wir dachten, es wären einfach … kleine Episoden. Einzelne Vorfälle, verstehst du? Dein Vater hat sie jedenfalls immer so genannt. Damals haben wir auch nur einige solcher Momente miterlebt.« Granny hielt inne, sah mich an und seufzte. »Sie konnte so nett sein – zu dir, aber auch zu uns. Dein Großvater hat sie von Anfang an nicht besonders gemocht, das wusste sie. Aber ich schon. Ich dachte, sie wäre ein bisschen seltsam, dass sie manchmal etwas komisch reagierte, aber dass sie ansonsten … ein guter Mensch wäre. Ich habe sie ein paarmal beiseitegenommen und gesagt, dass sie vielleicht ein wenig zu streng mit dir sei. Dass du ein sensibles Kind wärst und nicht so tough wie sie. Dass du mehr Zuwendung und Verständnis brauchtest. Jedes Mal, wenn ich sie darauf angesprochen habe, hat sie schnell das Thema gewechselt. Sie hat gegrinst, gelacht und über etwas anderes geredet. Manchmal hat sie mich auch verletzt angesehen und gesagt: ›Jean, wie kannst du so etwas nur behaupten? Du siehst Olivia lediglich von ihrer besten Seite. Sie ist ein schwieriges Kind, oft wütend und aggressiv. Man muss jetzt mit ihr streng sein, solange sie noch jung ist. Wo soll das alles sonst noch hinführen?‹ Das geschah alles vor dem Weihnachtsfest. Danach …« Granny unterbrach sich, sie hatte Tränen in den Augen. »Es war schrecklich, einfach schrecklich.«

Mein Magen zog sich ängstlich zusammen, weil ich mich nur undeutlich an jenes Weihnachten erinnerte. Soweit ich mich entsinnen konnte, war es eine schöne Feier gewesen. Ich sah deutlich das Foto vor mir, das wir damals aufgenommen hatten. Jahrelang hatte es an prominenter Stelle an unserem Kühlschrank geklebt, sodass man immer darauf sah, wenn man etwas zu essen oder zu trinken holte. Eine Ecke war leicht umgeknickt, und ich versuchte jedes Mal, das Bild zu glätten, es zu schützen und diesen wichtigen Beweis zu erhalten. *Wir waren glücklich gewesen, ich war geliebt worden …*

Auf dem Foto sind mein Cousin, meine Cousinen, meine Großeltern, meine Mutter und ich abgebildet. Wir befinden uns im Wohnzimmer. Ich sitze auf der Couch, meine Mutter kniet dahinter und umarmt mich. Ihr Kinn ruht auf meinem Kopf, ihr lockiges Haar bedeckt meine Schultern, und sie strahlt in die Kamera, hinter der sich mein Vater befindet. Meine Hände sind ineinander verschränkt, meine Augen glänzen, meine Wangen sind gerötet, und mein kleiner rundlicher Bauch zeichnet sich stramm unter meinem Samtkleidchen ab. Vor uns liegen zerrissenes Geschenkpapier, Puzzlestücke, Spiele und neue Bücher auf dem Teppich. Auf dem Wohnzimmertisch stehen halb leere Weingläser, Schokolade und ein großer Teller voll Weihnachtsgebäck. Wir sehen satt und zufrieden aus.

Beim Betrachten des Bildes hatte ich immer konkrete Erinnerungen vor Augen: Fangen spielen im Wohnzimmer, aus der Puste sein vor lauter Aufregung, Kekse futtern bis zum Umfallen, von meinen vor Lachen quietschenden Cousinen in den Bauch gepikt werden …

All das war mir deutlich im Gedächtnis geblieben, ich erinnerte mich daran.

Doch tat ich das wirklich? Oder hatte mich das Foto dazu inspiriert?

An eine Sache konnte ich mich allerdings ganz deutlich entsinnen: meine Mutter, die sanft meine Stirn streichelt. *Was war noch hängen geblieben?*

»Kannst du dich wirklich an nichts anderes erinnern?«, fragte Granny, und ich schüttelte den Kopf. Ein vages Bild meiner Mutter schwebte mir vor Augen, aber das schob ich schnell fort.

Was steckte dahinter?

Zunächst nur unscharfe Dunkelheit, doch als ich weiter in meinen Erinnerungen grub, kehrten noch mehr Bildfetzen zurück: ein Boden – ein kalter Boden. Schmerz. Hitze. Und da war noch etwas: eine Tür? Eine Silhouette? Doch das Bild war sehr verschwommen und machte mich nervös.

Was war das nur?

Ich konnte mich nicht erinnern. Ich wusste nicht mehr, was passiert war.

»Erzähl mir alles.«

Und das tat Granny. Während sie sprach, setzten sich meine Erinnerungsfetzen zu einem neuen Bild zusammen, und meine mühsam konstruierten Szenen stürzten krachend zusammen.

Es ist dunkel, Schlafenszeit. Ich bin im Badezimmer eingesperrt und liege auf dem kalten Fliesenboden. Ich weine und bettele Maman an, mich herauszulassen. Vor Verzweiflung rüttle ich an der Badezimmertür, flehe und weine so sehr, dass ich kaum noch Luft bekomme.

Bitte, Maman, bitte, lass mich raus. Bitte, öffne die Tür. Mir ist übel. Ich habe Angst. Ich habe solche Angst, Maman. Maman! Sie steht vor der Tür – ihre Silhouette zeichnet sich hinter der trüben Scheibe ab – und schweigt. Sie reagiert nicht.

Mir ist heiß, ich bin müde, mein Kopf tut weh. Ich presse die Wange gegen den kalten Boden, um mich ein wenig abzukühlen. Ich lege mich mit dem Gesicht nach unten hin, winkle die Arme weit ab und wende die Fußsohlen nach oben. Schluchzer bahnen sich hicksend ihren Weg durch meine Brust, aber meine Mutter kommt nicht herein. Ich rufe nach ihr, immer und immer wieder. Ich weiß, dass sie mich hört, weil ich sehe, wie ihr Schatten sich mir zuwendet. Doch sie schweigt.

Folgendes erzählte Granny mir über jenes Weihnachtsfest, das ich meinte, so klar vor Augen zu haben.

Es war der Weihnachtsmorgen. Granny kam ins Wohnzimmer, wo ich mit Mutter und Vater übernachtet hatte. Sie trug ein Tablett: Kaffee für die Erwachsenen, warme Milch für mich. Meine Eltern saßen entspannt auf der Ausziehcouch, meine Mutter lächelte.

»Guten Morgen, Jean«, grüßte sie gut gelaunt. »Fröhliche Weihnachten!«

»Fröhliche Weihnachten, Josephine«, erwiderte Granny. »Fröhliche Weihnachten, Clive!« Sie sah sich um, hielt nach mir Ausschau. »Wo ist Olivia?«

»Oh …«, sagte meine Mutter und hielt inne. »Sie ist im Bad«, fügte sie schließlich hinzu, nahm einen Becher und nippte vorsichtig an ihrem Kaffee. Granny drehte sich zur Badezimmertür um, die ans Wohnzimmer angrenzte. Ihr altes Bücherregal aus schwerem Mahagoni war wie ein Bollwerk davorgeschoben worden. Sie sah meine Eltern an. Mein Vater starrte konzentriert in seinen Kaffeebecher, Mutter beobachtete Granny mit entspannter Gelassenheit.

»Warum ist sie im Badezimmer?«, fragte Granny. Sie erinnerte sich auch später noch daran, dass ihre Stimme gezittert hatte. Weshalb, weiß sie nicht mehr genau. Mutter seufzte und schüttelte den Kopf, so als bereitete ihr etwas Schmerzen.

»Sie hat ihren Vater und mich bis in die Puppen wachgehalten. Sie hat einfach nicht aufgehört zu weinen. Ein klarer Schrei nach Aufmerksamkeit. Also haben wir die kleine Diva schlussendlich ins Bad gesperrt.«

Granny sah von Mutter zu Vater hinüber und wieder zurück. »Aber sie ist doch erst drei, Josephine. Drei.«

»Ich weiß, wie alt meine Tochter ist, danke«, entgegnete Mutter kühl, stand auf und strich über ihr Haar.

»Aber sie ist doch noch ein kleines Mädchen.«

Mutter antwortete nicht, doch als Granny sich in Richtung Badezimmer wandte, sagte sie laut: »Wenn jemand sie herauslässt, dann bin ich das! Sie ist *meine* Tochter.«

Mutter ging in großen Schritten zum Badezimmer, schob das Regal beiseite und öffnete die Tür. Granny starrte ihren Sohn an – meinen Vater. Er starrte noch immer in seinen Kaffeebecher.

»Kann ich dich wieder herauslassen?«, rief meine Mutter ins Badezimmer. »Benimmst du dich jetzt?«

Granny hörte mein Schniefen, dann sah sie, wie ich mit gerötetem Gesicht, klebrig und verheult, aus dem Badezimmer wankte.

»Es tut mir leid, Maman«, sagte ich und brach in Tränen aus. Mutter kniete sich auf den Boden, zog mich in ihre Arme, und ich schluchzte an ihrer Brust. Granny stand daneben und beobachtete ungläubig das Geschehen.

»Sie war die ganze Nacht da drin?«, fragte sie schließlich.

»Nicht die *ganze* Nacht«, antwortete Mutter. »Wofür hältst du mich denn?«

Etwas zog sich in Grannys Brust zusammen, doch sie rang sich ein Lächeln ab und sagte: »Fröhliche Weihnachten, Olivia! Komm, wir waschen dich, und dann frühstücken wir zusammen, ja?«

Sie nahm meine Hand und zog mich mit sich in ihr eigenes Badezimmer, wo sie mein heißes Gesicht wusch und mein zerzaustes Haar bürstete. Nach dem Frühstück trafen meine Tante, mein Onkel, mein Cousin und meine Cousinen ein, und Granny beobachtete, wie ich mit ihnen spielte und wild und fröhlich durch das Wohnzimmer sprang – so, als hätte man ein gefangenes Tier endlich befreit. Nach einer Weile fielen ihr mein stark gerötetes Gesicht und die glänzenden Augen auf. Ich stieß immer wieder an diverse Möbelstücke und hörte nicht, als sie mich rief. Vorsichtig legte sie ihre kühlen Hände auf meine Stirn, runzelte die Augenbrauen und streichelte meine Wange.

»Du glühst ja richtig«, stellte sie fest. »Mein armer Spatz. Ich dachte, du würdest vor Freude strahlen. Josephine …«, sie rief nach meiner Mutter, die mit meinem Cousin Jack auf der Couch saß und ihm vorlas. »Ich glaube, Olivia hat Fieber. Komm mal bitte und fühl ihre Stirn.«

Mutter seufzte und rollte mit den Augen, so als wäre Granny einfach nur lästig. Sie reichte Jack das Buch, warf ihm ein entschuldigendes Lächeln zu, tätschelte seinen Kopf und kam zu uns herüber.

Dann lehnte sie sich vor, legte ihre Finger an meine Stirn und ließ sie sanft über mein Gesicht gleiten, so als liebte sie mich aufrichtig.

»Sie kommt mir nicht besonders warm vor«, sagte sie. »Wahrscheinlich ist sie einfach ein bisschen aufgedreht. All die Geschenke und die ganzen Kekse waren wohl zu viel.«

Aber Granny spürte, dass etwas nicht stimmte. Sie nahm mich noch einmal mit in ihr Bad, fort von dem Spaß und den Spielen im Wohnzimmer, und zog mich behutsam aus. Dann kühlte sie mein fiebriges Gesicht und meinen erhitzten Körper mit einem nassen Handtuch und strich mir den verschwitzten Pony aus den Augen.

Sie konnte damals nicht ahnen, dass ich noch nie so berührt worden war: so zärtlich, wohlwollend und mütterlich. Wenn ich brav gewesen war, umarmte und küsste mich Mutter – insbesondere vor Freunden oder Familienmitgliedern –, aber es lag immer etwas Ungeduldiges in ihren Gesten, etwas Hartes, Ablehnendes, das den Wunsch ausdrückte, ich möge sie möglichst schnell wieder loslassen. Auch eine Schwere schwang mit, so als wäre es eine ermüdende, überflüssige Bürde, die sie nicht abstreifen konnte.

Meine Temperatur blieb erhöht, und je mehr Zeit verging, desto verzweifelter wurde ich. Erst als ich zitternd und wimmernd auf dem Boden lag, erkannte auch Mutter, dass etwas nicht stimmte. »Ruft den Arzt!«, befahl sie huldvoll, nachdem sie mich eingehend begutachtet hatte.

Als der Doktor eintraf, lag ich mit einem nassen Waschlappen auf der Stirn auf dem Sofa. Er untersuchte mich rasch und mitfühlend.

»Olivia hatte eine schlimme Ohrenentzündung«, meinte er zu Mutter, stand auf und lächelte mir zu. »Deshalb ist die Temperatur so hoch. Sie hat starke Schmerzen und wird heute Nacht vermutlich nicht gut schlafen können. Morgen sollte es aber wieder besser sein. Ich verschreibe ihr für alle Fälle noch ein Antibiotikum.«

Granny erinnert sich an die folgende Szene noch so, als wäre es erst gestern geschehen. Mutter lehnte sich über mich, strich mir zärtlich über das Gesicht und sagte: »Oh nein! Olivia, mein Schatz! Meine süße kleine Olive!« Ihre Stimme zitterte, so als würde sie jeden Moment in Tränen ausbrechen. Doch als Granny ihr Gesicht sah, war ihre Miene ungerührt. Mutter sah mich an, blinzelte langsam, erst einmal, dann noch ein zweites Mal. »Du armes kleines Ding!«, sagte sie. »Du warst so tapfer, mein wunderbares, süßes Mädchen!« Ihre Stimme zitterte erneut – so als müsste sie jeden Moment weinen –, aber ihr Gesicht war weiterhin eine seltsam starre Maske.

Etwas durchzuckte Granny, doch als sie versuchte, das gerade Gesehene zu verarbeiten, übermannte sie die Wut. »Tja, ich denke mal, jetzt wissen wir, warum sie letzte Nacht nicht schlafen konnte«, sagte sie. »Und weshalb sie geweint hat. Das arme Mädchen hat Liebe und Aufmerksamkeit gebraucht und nicht …«

»Wir sind alle keine Gedankenleser, Jean«, erwiderte Mutter wegwerfend. »Wenn Olivia uns nicht sagt, was los ist, können wir es nicht wissen, oder?« Sie führte den Arzt galant aus dem Zimmer. »Vielen Dank, dass Sie gekommen sind«, sagte sie und bedachte ihn mit ihrem bezaubernden Lächeln. »Das wissen wir wirklich zu schätzen, vor allem an Weihnachten.«

Nachdem der Arzt fort war, begann Flüssigkeit aus meinem Ohr zu sickern, und ich schrie und weinte vor Schmerz. Granny verabreichte mir Paracetamol für Kleinkinder, doch das schien nicht anzuschlagen. Also lag ich von Schluchzern geschüttelt auf dem Sofa. Granny wiegte mich sanft in ihren Armen, mein Großvater sang »Funkel, funkel, kleiner Stern« in seinem beruhigenden Bariton, und mein Vater kam immer wieder vorbei, brachte mir etwas zu trinken und tätschelte meinen Kopf.

Schließlich stolzierte auch meine Mutter ins Zimmer. Als sie näher trat, krümmte sich mein ganzer Körper. »Nein!«, schrie ich. »Nein, nein!« Ich verbarg mein Gesicht in Grannys Schoß und hielt mich an ihren Armen fest. Mutter rollte die Augen und warf sich einen Schal um den Hals.

»Ich muss an die frische Luft«, sagte sie. »Es ist Weihnachten. Ich brauche auch mal ein bisschen Zeit für mich.«

Nachdem sie gegangen war, ließ sich mein Vater vorsichtig neben mir nieder und löste mich aus Grannys Armen. Was er als Nächstes sagte, brach ihr das Herz.

»Ist schon in Ordnung, Livvy«, murmelte er, während er meinen Rücken kraulte. »Alles ist in Ordnung, meine kleine Olive. Maman ist weg. Du bist jetzt in Sicherheit, Maman ist weg.«

***

Wie konnte ich das nur vergessen haben? Wie war es möglich, dass ich mich nicht mehr daran erinnerte, wie sie mich im Badezimmer eingesperrt hatte, aber noch wusste, dass sie mein Gesicht gestreichelt hatte? Das stimmte schließlich auch: Sie hatte mich gestreichelt. Beides stimmte.

Ich fühlte mich plötzlich von meinem geliebten Foto betrogen. Dem Foto am Kühlschrank, das ich so oft versucht hatte zu glätten. Erst da erkannte ich, dass es nicht darauf ankam, was auf dem Bild zu sehen war. Es kam darauf an, was man *nicht* sah.

Auf dem Foto war nicht abgebildet, dass ich über Nacht in ein kaltes Badezimmer eingesperrt worden war und versucht hatte, mein glühend heißes Gesicht an den Fliesen zu kühlen. Man sah keine Mutter, die ihr fiebriges dreijähriges Kind weggesperrt und gezwungen hatte, auf dem harten Boden zu schlafen. An dem fröhlichen Grinsen meiner Mutter hätte niemand ablesen können, dass sie mir an dem Tag die natürlichste mütterliche Fürsorge verweigerte.

Wenn ich jetzt die Augen schließe, kann ich sie sehen, wie sie dort an der Tür steht und meinen Schreien mit einem starren Gesichtsausdruck lauscht: gefühllos, unnahbar, entrückt, unzugänglich.

Psychopathie-Merkmal Nr. 3: Stimulationsbedürfnis

Psychopathen haben einen extremen Erlebnishunger. Sie sind ständig auf der Suche nach neuen Reizen und führen mit Vorliebe ein risikofreudiges Leben am Rande des Abgrunds. Das andauernde Verlangen nach Stimulation kann zu zahlreichen Ortswechseln führen. Psychopathen langweilen sich schnell und beschäftigen sich ungern mit Dingen, die sie als banal, eintönig oder mühsam empfinden.

4
Nervenkitzel

»Psychopaten haben einen extremen Erlebnishunger.«

Meine Mutter hatte viele Schwächen, aber langweilig zu sein gehörte nicht dazu. Sobald die Aussicht auf ein wenig Spaß und Aufregung bestand, war sie mit von der Partie. Sie frönte ihrer Abenteuerlust ohne jede Angst und war stolz darauf. Sobald ich nur das kleinste bisschen zögerte oder eingeschüchtert war, verspottete sie mich: »Du fürchtest dich«, stellte sie fest. »Du bist ein dummes, ängstliches kleines Mädchen.« Dies gehörte zu den häufigsten Sticheleien.

Ihr machte nichts Angst. Weder das Unbekannte noch die Reaktionen anderer Leute oder mögliche Folgen ihres Tuns. Sie war kaltschnäuzig und draufgängerisch, kam mit jeder erdenklichen Konsequenz zurecht. Das war belebend und beängstigend zugleich, das Beste und Schlimmste an ihr. Ihre Energie und Lebenslust waren so mitreißend, dass es schwierig war, ihren Plan, mir nichts, dir nichts nach Martinique zu ziehen, nicht gutzuheißen. Ich war damals sechs Jahre alt. Den meisten Menschen käme bestimmt nicht in den Sinn, spontan auf eine tropische Insel umzusiedeln, die man noch nie zuvor besucht hatte. Für Mutter war es nicht mehr, als würde sie sich für eine zweite Tasse Tee entscheiden.

Wir saßen gerade um den Esstisch beim Frühstück zusammen. Es hatte keine Vorwarnung gegeben, keinerlei Gespräche oder gemeinsame Überlegungen: Mutter verkündete schlicht, wir würden nach Martinique ziehen. Ich höre immer noch das plötzliche Klirren von Metall auf Porzellan, als mein Vater das Messer fallen ließ und sie anstarrte.

»Was? Wieso? Warum nach Martinique?«, fragte er vollkommen verdutzt.

Ich sah von einem zum anderen, hielt die Luft an und überlegte, wo Martinique wohl liegen mochte.

»Wieso nicht?« Mutter zuckte mit den Schultern. »Es ist heiß, sonnig, man spricht dort Französisch. Warum also nicht?«

»Weil *wir* kein Französisch sprechen«, sagte Vater und deutete auf sich und mich, so als hätte sie etwas Entscheidendes vergessen.

Sie zuckte mit einer Schulter, elegant, herablassend.

»Aber *ich*.«

Dann sah sie zu mir herüber. »Und Olivia spricht es auch gut genug, oder? Und bald noch besser.« Sie lehnte sich nach vorn. »Hast du Lust auf ein Abenteuer, mein Blümchen? Möchtest du in der Karibik leben? In der *Karibik*, Olivia! Du wirst es dort lieben, das weiß ich.«

»Ich glaube, darüber sollten wir später noch einmal ausführlicher sprechen«, meinte mein Vater zögernd.

Mutter lächelte. »Ach, Clive! Ich habe schon alles organisiert. Wir gehen auf jeden Fall. Ihr müsst euch jetzt nur noch auf den Umzug freuen. Man lebt doch nur einmal! Wovor hast du Angst? Das Leben ist kurz, und ich möchte es genießen. Ich will, dass unsere Tochter etwas von der Welt sieht. Sie soll nicht bloß in einem winzigen englischen Haus vor sich hin vegetieren. Möchtest du denn nicht das Gleiche wie ich?«

Ich erinnere mich noch daran, wie mein Vater leicht aufgebracht war und nach Worten rang. Damit hatte er jedoch nie Erfolg. Sie sah ihn fast schon mitleidig an und zwinkerte mir zu. Ein warmes Gefühl überkam mich, und ich fühlte mich wie ihre Verbündete. Als mein Vater kurz darauf das Haus verließ, um zur Arbeit zu gehen, stützte sie ihr Gesicht auf den Händen ab und sah zu mir herüber.

»Du möchtest doch auch nach Martinique, oder, Süße?«

Ich nickte zustimmend. »Hier ist es viel zu kalt«, sagte ich. »Ich möchte irgendwohin, wo es warm ist.«

Das war gelogen. Ich habe die empfindliche Haut meines Vaters geerbt: Ich bin blass wie eine Lilie, verbrenne eher, als dass ich bräune, und wenn es richtig heiß wird, fühle ich mich träge und nutzlos. Mutter wurde immer goldbraun in der Sonne, ihre Haut war glatt und glänzte, und sie lachte darüber, wie sehr wir unter der Hitze zu leiden hatten. »Oje, eure arme englische Haut!«, rief sie dann und warf uns Sonnencreme zu. »Vielleicht solltet ihr lieber reingehen. Oder euch zumindest ein Handtuch auf den Kopf legen.« Dann lachte sie laut auf, so als hätte sie gerade etwas Lustiges gesagt. Trotz ihrer Sticheleien achtete sie jedoch immer darauf, dass ich keinen Sonnenbrand bekam. An heißen Tagen ließ sich mich nie ohne eine schützende Schicht Sonnencreme aus dem Haus, die sie sorgsam auftrug. Ganz so, als verletzte sie die Vorstellung, ich könne verbrennen.

Während wir an jenem Morgen noch am Frühstückstisch saßen, lächelte sie mich an. »Es ist nicht nur das Wetter. Es ist einfach …« Sie seufzte und sah sich Hilfe suchend um. »Mir ist so langweilig«, sagte sie. »So furchtbar *langweilig*.« Sie zog das Wort in die Länge und stieß mich dabei an. »Es ist öde hier und Zeit für was Neues. Du wirst Martinique lieben, das weiß ich.«

***

Also zogen wir nach Martinique. Als ich das Flugzeug an der Hand meines Vaters verließ, begrüßte mich eine Wand aus Hitze, wie ich sie vorher noch nie erlebt hatte. Schweigend fuhren wir zu unserem neuen Haus, das keiner zuvor gesehen hatte. Mutter hatte es anhand einer Broschüre ausgewählt und uns versprochen, dass wir es *lieben* würden. »Warte ab, bis du den Garten siehst«, hatte sie grinsend zu mir gesagt.

Ich saß auf der Rückbank und war umgeben von Koffern, Schachteln und unseren Mänteln, die wir nach der Landung schnell ausgezogen hatten. Ich erinnere mich noch daran, wie ich die Hinterköpfe meiner Eltern betrachtete, während wir über die gewundenen Straßen dieses unbekannten Landes fuhren. Alles schien heller und leuchtender als zu Hause: Der Himmel war blauer, die Bäume grüner, und als ich den weiten Horizont über den Köpfen meiner Eltern sah, spürte ich, dass dies der Beginn von etwas Neuem war.

Als wir bei unserem Zuhause ankamen – groß, weiß, eckig, abgeschieden –, wartete ich nicht darauf, herumgeführt zu werden. Ich wollte nicht einmal mein Zimmer sehen. Stattdessen rannte ich um das Haus herum, stand einfach dort im Grünen und besah unsere neue Bleibe.

Ein langer, schmaler Garten gehörte zum Haus, der nach Norden hinausging. In einiger Entfernung konnte ich Berggipfel, dunkelgrüne Regenwaldschleifen, sandige Strände und die Hauptstadt Fort-de-France erkennen. Alles war vom glitzernden türkisfarbenen Meer umgeben.

Unser Zuhause wurde durch keinen Zaun von dem Land abgetrennt, das zur Küste hin abfiel. Hinter dem gepflegten Rasen standen baumhohe Farne in tausend verschiedenen Grünschattierungen. Ich hatte noch nie zuvor so viele schöne Blumen gesehen und überlegte bereits, dass ich Sträuße für Mutter pflücken würde, die sie dann malen und im Haus aufstellen würde. Hinter den Blumen befanden sich Mango- und Papayabäume. Auch hier stellte ich mir vor, wie ich Früchte ernten und Mutter bringen würde ... Und wie sehr sie sich darüber freuen würde. Hier könnte ich Abenteuer erleben und wie ein unerschrockener Forscher in meinem eigenen geheimen Garten buddeln. Vielleicht würde ich sogar eine bislang unbekannte Vogelspezies, eine fremde Eidechse oder ein neues Insekt entdecken.

Im hinteren Teil des Gartens befand sich inmitten der Farne ein felsiger Weg. Ich ging näher heran und sah, dass er den Abhang hinab zur Küste führte, wo das seichte Wasser der Bucht glitzerte. Meine kühnsten Träume wurden von dem Anblick noch übertroffen. Es fühlte sich unglaublich an. Vater kam zu mir und folgte meinem Blick.

»Wir können nachher dort unten schwimmen gehen«, sagte er und nickte in Richtung der Bucht. »Sieht so aus, als könnte man dort gut üben.« Ich war so überwältigt, dass ich nicht zu antworten vermochte. Ich schlang die Arme um ihn und drückte ihn fest, wobei ich mich fühlte, als würde ich jeden Moment vor lauter Glück explodieren. Ich sah mich bereits mit meinen neuen Freunden unten in der Bucht planschen, lachen, spielen und über den Strand rennen. Danach würden wir über den Felsweg nach oben steigen und Früchte pflücken, saftige Mangos essen und aus frischen Kokosnüssen trinken. Hier schien alles möglich: vor Freiheit bersten, einen Höhenflug wagen ... Die Zeit schien sich unendlich vor mir auszubreiten, voller Sonnenschein, Möglichkeiten, Freiheit und Freude.

***

Mutter fand nahezu sofort eine neue Arbeitsstelle. Sie hatte von England aus ein Treffen in einem Atelier vereinbart und bekam schon eine Woche nach unserer Ankunft den Auftrag, mehrere Gemälde anzufertigen. Für meinen Vater war es nicht ganz so einfach – er war Erdkundelehrer, aber keine der internationalen Schulen hatte eine Stelle zu besetzen. Da er kein Französisch sprach, war er stark eingeschränkt und vom sozialen Leben ausgeschlossen. Daher verbrachte er die ersten Monate fast ausnahmslos zu Hause oder spielte mit mir, sobald ich von der Schule kam.

»Bist du hier glücklich?«, fragte er oft. »Möchtest du bleiben?«

Ich sagte ihm, dass ich glücklich sei und bleiben wolle. Ich hatte zwar noch keine Freundschaften an der internationalen Schule geschlossen (obwohl die anderen Kinder nett waren), aber ich liebte es, draußen zu sein, durch den Farnwald zu rennen, im Sand zu graben und die Mangobäume zu schütteln. Doch am allermeisten liebte ich es, so viel Zeit mit meinem Vater zu verbringen.

Wir gingen fast jeden Tag in der kleinen Bucht schwimmen, und ich wurde so gut, dass ich ins schulische Schwimmteam aufgenommen wurde. Ich bekam meine eigene Badekappe, auf der in roten Lettern Olivia prangte. Mein Vater half mir, die Haube über das Haar zu streifen, zog, dehnte und zupfte das elastische Material zurecht. Er war so stolz, wenn ich die Badekappe trug – obwohl ich wie ein gekochtes Ei darin aussah –, und besuchte jedes Schwimmtraining. Im Anschluss unternahmen wir immer noch etwas Besonderes: Abends lud er mich zum Essen ein und bestellte mir noch einen Milchshake, tagsüber gingen wir spazieren, besuchten den Abenteuerspielplatz oder fuhren mit dem Auto zum Strand und picknickten dort.

Einmal durchstreiften wir gemeinsam den Regenwald – allein der Begriff klang magisch für mich. Es regnete in Strömen, als wir ankamen, aber das machte mir nichts aus. Hellgrünes Licht bahnte sich seinen Weg durch die nebelverhangenen Bäume, und mir kam es so vor, als wären wir in einer Kathedrale, aber einer lebendigen, mitten im Wald. Ich weiß noch, wie ich mit den Fingern über die knotige Rinde eines Baumes fuhr und glücklich war, dort zu sein. Als ich zu meinem Vater sah, lächelte er mir zu, und ich wusste, dass es ihm genauso erging: Wir waren an einem mystischen Ort.

Noch nie hatten wir so viel Zeit miteinander verbracht, und ich genoss jeden Augenblick. Meine Erinnerungen an Martinique sind davon bestimmt, und wenn ich nun an die Zeit dort denke, kommt mir trotz der schlimmen Dinge, die später passiert sind, zuerst das Bild von meinem Vater und mir in den Sinn, wie wir uns inmitten des Waldes angrinsen.

Was mir als Nächstes einfällt, ist die Einsamkeit. Auf Martinique fühlte ich mich zum ersten Mal allein – vielleicht war ich aber auch gerade alt genug, um dieses Gefühl als solches zu erkennen. Manchmal war es alles verzehrend. Vater hatte schließlich eine Stelle gefunden und kam nun oft erst nach Hause, wenn ich schon im Bett lag. Mutter hatte wieder eine dieser Phasen, in denen sie mich ignorierte, und ich fühlte mich sowohl emotional als auch körperlich vereinsamt. Stundenlang war ich allein in meinem Zimmer und im Garten. Dann sprach ich mit meinen Teddys und führte lange, angeregte Unterhaltungen mit verschiedenen Stimmen. Außerdem füllte ich seitenweise Tagebücher und Notizhefte mit meiner wackeligen Schrift, schrieb Geschichten und hielt peinlich genau fest, was ich an jedem Tag getan, gegessen, gesagt und gefühlt hatte. Ich hatte mich schon immer gut allein beschäftigen können, aber hier war es schwerer als zuvor.

Mein neues weißes Zimmer war so groß, dass es trotz vieler Möbelstücke, Bücher und Poster karg erschien. Ich begann, mir etwas Deko zusammenzusuchen: ein altes Paar Handschuhe von meinem Vater, für das er auf Martinique keine Verwendung mehr hatte, ein selbst gestrickter Schal meiner Mutter, rötlich braune Korken aus Vaters Weinflaschen, die ich ordentlich auf der Fensterbank aufreihte. Doch mein Zimmer fühlte sich immer noch leer an, und so begann ich, Dinge aus dem Garten zu sammeln. Ich pflückte riesige Blumensträuße, aber auch das reichte nicht. Also hob ich Äste und Zweige von unserer Wiese auf und lehnte sie an die Wand. Jetzt gefiel es mir in meinem Zimmer. Es erinnerte mich an eine gemütliche Waldstube. Doch Mutter schimpfte: »Verdammt noch mal, Olivia! Hör doch auf, diese dämlichen Zweige zu sammeln.« Und so ließ ich es sein.

Nachts konnte ich manchmal nicht schlafen. Ich sah zu den Leuchtsternen an meiner Decke, die Vater dort angebracht hatte, und fühlte mich einsam. »Ich bin ganz allein«, flüsterte ich, so als wäre das ein tröstendes Mantra. »Ich bin einsam, ich bin allein.«

***

Mutter schien es zuvor nie etwas ausgemacht zu haben, dass ich meinem Vater näherstand als ihr. Aber auf Martinique begann sie, uns unser enges Verhältnis zu missgönnen. Auch sie unternahm nun Ausflüge mit mir, kaufte mir, was auch immer ich haben wollte, und lud mich zu jeder erdenklichen Aktivität ein, nach der mir gerade der Sinn stand.

Einmal fuhren wir zu einem Spielwarengeschäft in Fort-de-France, wo sie verkündete, ich könne alles haben, was ich wolle. Sie drückte mir einen Einkaufskorb in die Hand, den wir randvoll mit Spielzeug, Büchern, Ausmalbüchern, Stickern und Stiften füllten. Der Tag war absolut großartig, doch als wir nach Hause kamen und ich meine Geschenke auspackte, sah sie mich wieder auf diese merkwürdige Weise an.

Inzwischen hatte ich ein untrügliches Gespür dafür entwickelt, wann es mal wieder so weit war und sie entschieden hatte, dass sie lange genug nett zu mir gewesen war und nun die Bestrafungsphase einläuten würde. Einem Außenstehenden wäre die Veränderung vermutlich entgangen, aber ich konnte es an ihrem Gesicht, ihrer Haltung und der Anspannung ihrer Schultern ablesen. Ich zog jedes Spielzeug so vorsichtig wie möglich aus der Tüte, zuckte beim Rascheln des Plastiks zusammen und stellte die Sachen vorsichtig auf dem Küchentisch ab. Währenddessen wagte ich kaum zu atmen und wich ihrem Blick aus. Dann fühlte ich, wie sie sanft eine Hand auf meine Schulter legte.

»Du freust dich nicht«, behauptete sie in einem zärtlichen Tonfall. »Du bist kein bisschen dankbar für all die Geschenke, die ich gekauft habe, und das Geld, das ich für dich ausgegeben habe.« Sie stopfte das Spielzeug zurück in die Tüte und lächelte mich an, während sie sie zuband. Dann marschierte sie nach draußen und warf die Tüte in den Müll. »Wenn du es *wagst,* die Sachen zu holen …«, drohte sie und wusste genau, dass ich nichts dergleichen tun würde.

Mir war klar, dass ich nichts sagen oder tun konnte, um die

Lage zu verbessern. Wenn ich mich bedanken und ihr sagen würde, wie sehr ich mich über die Sachen freute, würde sie behaupten, ich würde lügen. Würde ich weinen und mich entschuldigen, würde sie mich als schwach, dumm oder ängstlich bezeichnen. Alle Bemühungen wären vergebens. Letzten Endes würde sie in jedem Fall herumschreien und ich weinend am Tisch sitzen. Also entwickelte ich eine neue Methode, mit ihren Wutanfällen umzugehen.

Wenn sie vor mir stand und mich anschrie, saß ich regungslos mit starrer Miene und kerzengeradem Rücken vor ihr. Ich hielt den Blick auf meine Hände, die ich vor mir verschränkt hatte, oder an einen Punkt an der Wand gerichtet. Es war mir alles lieber, als in das aufgebrachte Gesicht meiner Mutter zu blicken.

In Gedanken sprach ich all das aus, was ich gern zu ihr gesagt hätte – dass sie bösartig war, dass ich sie hasste, dass ich weglaufen wollte –, und blieb dabei nach außen hin völlig ruhig und emotionslos. Der gewünschte Effekt blieb leider meistens aus. Es gab kaum etwas, das Mutter mehr hasste, als ignoriert zu werden. Wenn ihr Geschrei keine Reaktion provozierte, wurde sie rabiat.

Also begann sie, mich zu schlagen. Selten ins Gesicht, sondern eher auf meinen Hintern und die Arme. Meistens schlug sie heftig und immer wieder zu. Eines Tages hielt sie inmitten einer Prügelattacke so plötzlich inne, dass ihr rechter Arm in der Luft schwebte. Am Ellbogen war er gebeugt, so als winkte sie.

»Hast du Angst vor mir?«, fragte sie. Ich nickte. Sie sah verletzt aus, hielt die Hand jedoch weiterhin erhoben, bereit, weiterzumachen, sollte sie sich dazu entschließen.

Nach einem kurzen Moment aber sagte sie: »Ich haue dich nicht mehr, versprochen.«

Natürlich hielt sie ihr Versprechen nicht, aber für ihre Verhältnisse kam das einer Entschuldigung gleich.

***

Es gab auch schöne Momente. Mutter kaufte ein Motorrad auf Martinique, eine gebrauchte Honda Nighthawk, rot und mit schwarzen Sitzen. Ich sehe den rissigen Ledersitz noch vor mir, und auch an die sirrende Hitze des Metalls und den beißenden Benzingeruch beim

Aufheulen des Motors kann ich mich genau erinnern. Vater hasste das Motorrad, hasste es, wenn sie damit fuhr. Sie winkte seine Bedenken lässig weg: »Mehr Freiheit geht nicht, Clive. Davon hast *du* natürlich keine Ahnung.«

Mein Vater wusste nicht, dass Mutter mich manchmal heimlich zu Spritztouren mitnahm. Dann kam sie in mein Zimmer und grinste verschwörerisch, bevor sie sagte: »Zieh dir zwei Paar Jeans an.« Ich rannte sofort zum Schrank und zog mir so schnell wie möglich die Hosen an. Vermutlich sollte mich das schützen – wir hatten keine Ledermontur in Kindergröße. Wobei zwei Paar Jeans bei einem Unfall wohl wenig geholfen hätten.

Wenn ich nach unten kam, wartete sie bereits am Motorrad und hielt einen Schutzhelm parat. Der Helm war riesig und schwer – so schwer, dass ich Sorge hatte, mein Kopf könne abreißen, wenn ich ihn zu sehr nach hinten beugte. Ich malte mir aus, wie ein gigantischer Helm mit meinem Kopf darin die Straße entlanghüpfte, während Mutter mit dem Motorrad heransauste und versuchte, ihn aufzusammeln. Sie setzte mir das schwere Teil auf und hob mich dann auf das Motorrad.

Warum sie mich mitnahm, weiß ich nicht. Ich war damals ja auch erst sieben Jahre alt. Das Motorrad – diese laut knatternde, wacklige Maschine – war einschüchternd, und das Fahren damit jagte mir Furcht und Schrecken ein. Wenn wir über die Straßen schossen, traute ich mich kaum, die Augen zu öffnen. Also presste ich meinen Helm an Mutters Rücken, klammerte mich an sie und drückte mich, so fest ich konnte, gegen sie. Wenn wir um Kurven rasten oder Mutter besonders heftig Gas gab, stieg ein Schrei in meiner Kehle auf. Ich presste die Lippen fest zusammen und schluckte, schluckte, schluckte, bis der Schrei niedergerungen war und ich wieder atmen konnte. Mutter ahnte nicht, wie sehr mich diese Spritztouren in Angst versetzten. Darauf war ich sehr stolz. Nachdem sie vom Motorrad gesprungen und ihren Helm abgerissen hatte, nahm sie meinen ab und sah mich mit einem vor Erregung geröteten Gesicht an.

»Und?«, fragte sie erwartungsvoll. »Hattest du Spaß?« Ich kletterte schwankend vom Motorrad herunter, umarmte sie stürmisch und rief: »Ja, Maman. *Total* viel Spaß!«

Es war eine seltsame Art von Angst: Ich fühlte mich dadurch unbezwingbar und ziemlich verwegen. Nach den Fahrten durchströmte mich ein Machtgefühl, das etwas in mir entflammte. Das Gegenteil von schwach, das Gegenteil von ängstlich – also von dem, was Mutter mir immer unterstellte zu sein. In solchen Momenten war ich weder schwach noch ängstlich, sondern belastbar und mutig.

***

Eines Tages fuhren wir zu einer abgelegenen Bucht auf der anderen Seite der Insel. Der Strand war wunderschön. Er war auf der einen Seite von Palmen und auf der anderen von braunen Felsen gesäumt. Die Steine waren warm, und ich lehnte mich an. Es machte mich glücklich, dort zu sitzen und die Boote zu beobachten, die langsam am Horizont verschwanden, während Vater mir erzählte, dass er als kleiner Junge selbst gesegelt war.

Mutter war unruhig. Sie hatte gehört, dass es an dem Strand geheime Höhlen geben solle, und konnte es nicht erwarten, sich genauer umzusehen. Sie schwamm ins Meer hinaus, um in Erfahrung zu bringen, ob sich die Höhlen vom Wasser aus entdecken ließen. Ich sah, wie ihre kräftigen Arme durch die Wellen schnitten, bis sie nur noch ein kleiner Punkt in der Ferne war. Zehn Minuten später kehrte sie ans Ufer zurück, schüttelte ihr nasses Haar und grinste zufrieden.

»Es gibt hier auf jeden Fall Höhlen«, verkündete sie. »Aber sie sind zu weit draußen, als dass man hinschwimmen könnte.« Ihr Blick fiel auf ein kleines Motorboot. »Lasst uns das Boot nehmen«, sagte sie und sah meinen Vater und mich über die Schulter hinweg an. »Was meint ihr? Ich kann das Teil starten, kein Problem. Es könnte sogar klein genug sein, um damit die Höhlen zu erkunden!« Ihr Gesicht strahlte; sie sah aus wie ein Kind, das vor Aufregung überdreht war.

»Aber das Boot gehört jemand anders«, meinte mein Vater. »Wir können doch nicht einfach damit fahren.«

»Warum nicht? Hier ist ja niemand. Keiner fährt damit. Wo liegt das Problem?«

Mein Vater starrte sie an. »Josephine, das ist *Stehlen.*«

»Das ist doch kein Stehlen«, spottete sie. »Das nennt sich *Leihen.*

Ich nehme das Boot ja schließlich nicht mit nach Hause, oder? Wir fahren nur ein bisschen damit herum. Das wird super!«

»Mit Sicherheit nicht.« Mein Vater klang energisch. »Es gehört einem Fischer, der es wahrscheinlich gleich braucht. Was glaubst du, was er denkt, wenn das Boot nicht mehr da ist?«

Mutter rollte die Augen. »Ein *Fischer!* Das ist ein Motorboot, Clive. Es wird schon keiner kommen. Und wenn doch, sehen wir ihn und kehren schnell zurück. Reg dich ab!«

»Denk doch nur, was für ein Beispiel du hier für Olivia abgibst!« Ich hatte meinen Vater selten so aufgebracht erlebt. »Du zeigst ihr, dass Stehlen in Ordnung ist.«

»*Leihen.*«

»Das ist doch lächerlich.« Vater streckte einen Arm aus, um sie von dem Boot wegzuziehen, doch sie schlug ihn beiseite.

»Lächerlich? Weil ich auch mal Spaß haben möchte?«

»Das ist kein Spaß, sondern kriminell.«

Sie lachte nur und drehte sich in meine Richtung. »Du hast doch bestimmt Lust auf ein Abenteuer, Livvy. Oder?«

Ich nickte. Ich hatte tatsächlich Lust darauf – die Vorstellung, geheime Höhlen zu erkunden, ließ mein Herz höher schlagen. Außerdem wollte ich Mutter beweisen, dass ich genau wie sie lustig und zu allen Schandtaten bereit war – im Gegensatz zu meinem lahmen Engländervater.

»Olivia kommt nicht mit dir«, sagte Vater, legte mir die Hände auf die Schultern und zog mich zu sich heran. »Das erlaube ich nicht.«

»Ach, hör doch auf, du trauriger Langweiler!«, höhnte Mutter. »Du solltest froh sein, dass sie meine Abenteuerlust geerbt hat.« Sie nahm meine Hand und hob mich ins Boot. Ich wandte mich zu meinem Vater um, denn ich wollte sehen, ob er protestierte. Er aber blieb still, stand einfach nur ein paar Meter von uns entfernt da und sah zu, wie Mutter das Boot losmachte und den Motor anließ.

»Bist du bereit für unsere Jungfernfahrt?«, rief sie über das Dröhnen hinweg. Ich nickte. Dann drehte sie sich in Richtung Küste und formte mit den Händen einen Trichter vor dem Mund, wobei ihr Ehering in der Sonne funkelte: »Du Schlappschwanz! Wo ist dein Sinn für Abenteuer?«

Mein Vater reagierte nicht und starrte uns nur nach, während wir uns langsam von ihm entfernten. »Du weißt schon, dass du derjenige bist, der Stress kriegt, wenn der Besitzer zurückkommt und sieht, dass sein Boot weg ist?«, brüllte Mutter. Er konnte sie in jedem Fall hören – wir waren nur wenige Meter entfernt –, und doch schwieg er, stand nur da wie festgefroren. Mutter sah mich an und grinste: »Jetzt lassen wir es richtig krachen! Volle Fahrt voraus!«

Es war ein sonniger, aber auch windiger Tag, und unser Boot sprang wild über die Wellen. Es tat jedes Mal weh, wenn wir über einen Wellenkamm schossen und wieder auf das Wasser prallten, und wir waren schon nach kurzer Zeit völlig durchnässt. Die Boot-Wasser-Kollisionen gingen mir durch Mark und Bein, aber das störte mich nicht. Es machte tatsächlich Spaß, und ich war glücklich, genau wie Mutter. Jedes Mal, wenn wir an Vater vorbeifuhren, rief sie ihm wüste Beleidigungen zu und lachte wie eine Verrückte.

»Du hast keine Eier, Clive! Dir fehlt der Schneid!«

Ich habe die Szene noch genau vor Augen: Ihr Mund war zu einem breiten Lachen aufgerissen, ihre Zähne strahlten in der Sonne, das nasse Haar flatterte wie Seetang hinter ihr; mein Mund schmeckte salzig, das Haar schlug mir ins Gesicht, und Vater stand einsam am Strand. In solchen Momenten liebte ich meine Mutter. Und wenn ich daran zurückdenke, liebe ich sie immer noch. Sie, ihre ansteckende Lebenslust und ihren Freigeist.

»Wink deinem Vater, Olivia!« Mutter kreischte vor Freude. Ich lachte, und wir winkten gemeinsam dem einsamen Mann, der da am Strand festsaß – dem Mann, dem der Schneid fehlte, unseren Platz an der Sonne zu teilen.

Psychopathie-Merkmal Nr. 4: Vielgestaltige Kriminalität

Psychopathen sehen sich als etwas Besonderes und glauben, über den konventionellen Verhaltensregeln zu stehen. Es macht ihnen nichts aus, das Gesetz zu brechen; schließlich gilt das nur für normale Bürger und nicht für »besondere Menschen« wie sie.

Manche Psychopathen gelten als erfolgreich. Das sind gemeinhin diejenigen, die ihre antisozialen Impulse subtiler ausdrücken, wie beispielsweise in Form von Betrugsdelikten oder Vergehen, die nicht illegal, sondern höchstens unmoralisch sind. Für solche Psychopathen macht das Agieren im Geheimen einen Teil des Reizes aus.

5
Ruchlosigkeit

»Psychopathen glauben, über den konventionellen Verhaltensregeln zu stehen.«

Ich wurde acht Jahre alt, und meine Eltern planten die beste Geburtstagsparty meines Lebens. Wochenlang mühten sie sich mit der Organisation ab. Ein paar Monate zuvor war ich zum Geburtstag einer Klassenkameradin eingeladen gewesen, die einen großen aufblasbaren Pool im Garten hatte. Mutter hatte nun beschlossen, dass wir auch einen anschaffen würden. Also fuhren wir am Wochenende vor meinem Geburtstag nach Fort-de-France, um einen Pool zu mieten. Mutter bestand darauf, dass wir den allergrößten nahmen. Er war über fünf Meter lang – viel zu groß für unseren Wagen, meinte mein Vater.

»Aber er muss so groß sein«, verkündete sie. »Kleine Pools sind hässlich! Ich will den größten für Olivia haben. Es ist immerhin ihr Geburtstag. Er muss größer sein als der von dem anderen Mädchen.«

»Wieso denn?«, fragte mein Vater verblüfft. »Warum muss er größer sein? Was hast du gegen kleinere Pools? Die sind doch groß genug, dass Livvy und ihre Freundinnen darin planschen können.«

Mutter schüttelte den Kopf. »Nein, ich will den größten. Was stimmt denn nicht mit dir? Willst du nicht, dass Olivias Geburtstag etwas Besonderes wird? Warum bist du immer so geizig? Du gönnst uns wirklich gar nichts.«

Und so mieteten wir natürlich doch noch das größte Modell. Zu Hause angekommen, schleppten wir den Pool in den Garten, pumpten ihn auf und füllten zuletzt das Becken mit Wasser – was eine gefühlte Ewigkeit dauerte. Ich weiß noch, wie ich dort mit dem Schlauch in der Hand stand und auf das wenige Wasser blickte. In dem Moment dachte ich, es würde mindestens eine Woche dauern, das Teil aufzufüllen.

Mein Geburtstag fiel auf einen Samstag, und meine Eltern scheuten wirklich weder Kosten noch Mühen. Ich hatte keine engen Freunde an der Schule, also hatte ich einfach meine gesamte Klasse eingeladen und freute mich riesig, als alle kamen. Mutter hatte auf die Einladungskarten geschrieben, dass auch Eltern herzlich willkommen seien, und hatte einen Bereich extra für die Erwachsenen eingerichtet, wo sie sich in Ruhe unterhalten, Sekt trinken und geräucherten Lachs essen konnten.

Sie hatten auch einen Clown, einen Zauberkünstler und einen Eiswagen organisiert, der Erdbeer-, Schoko- und Vanilleeiscreme an Bord hatte. Ich fühlte mich richtig erwachsen an diesem Tag. Mutter hatte mir mein erstes richtiges Schmuckstück geschenkt: eine feine Silberkette mit einem Anhänger aus Amethyst. Ich hatte gerade meine »Lila-Phase«, in der ich alles Lilafarbene liebte. Die Kette war das Schönste, was ich je gesehen hatte. Wenn man sie vorsichtig hochnahm, schwang der Amethyst von einer Seite zur anderen. Erst ganz sachte, dann immer stärker, so als führte er ein Eigenleben. Der Verschluss war zu fummelig für mich, also legte Mutter mir die Kette um. Ich warf mir einen langen Blick im Spiegel zu. Etwas so Zartes zu tragen machte mir Angst. Ich war ein kleiner Wildfang und fragte mich kurz, ob ich mir überhaupt Schmuck zum Geburtstag gewünscht hatte. Hatte ich jemals um eine Kette gebeten? Ich meinte, ich hätte mir ein Fahrrad gewünscht. Als ich jedoch die Kette schimmern sah, freute ich mich sehr darüber.

Mutter hatte den Garten mit Girlanden und Bannern, auf denen »Olivia wird heute acht!« stand, dekoriert. Vater hatte einen Kinderschminkstand aufgebaut. Auf jedem Foto habe ich einen lilafarbenen Schmetterling im Gesicht, meine Nase ist der zarte schwarze Leib, und meine Wangen bilden die leuchtenden Flügel. Auch Mutter hatte sich auf den Spaß eingelassen und sich ein paar funkelnde Sterne ins Gesicht malen lassen. Auf einem Foto lacht sie, während sie mich an der einen Hand hält und die andere ein Sektglas umfasst. Ihr Haar ist zu einem losen Dutt gebunden, aus dem einzelne Strähnen fallen. Ich lache auch, wirke jedoch nervös. Ich trage lilafarbene Hosen, die an den Knien ausgebeult sind, und ein lilafarbenes Top mit Blumenmotiv. Ich erinnere mich noch daran, wie sich das T-Shirt angefühlt hat. Da, wo die Blumen waren, war der Stoff etwas härter und stand leicht ab. Die Rückseite kratzte. Und zwischen meinen Schlüsselbeinen leuchtete mein Anhänger.

Mutter war die perfekte Gastgeberin. Sie servierte ansprechend angerichtete Sandwiches – Gurke mit Frischkäse, Eiersalat mit Kresse, Schinken und Tomate – sowie rosafarbene Limonade mitsamt Knick-Strohhalmen. Den Erwachsenen bot sie Sekt und ausgefallene Häppchen an. Sie unterhielt sich mit ihnen, lachte und rief: »Es ist mir ein Vergnügen! Wirklich, das ist nicht der Rede wert.« Sie hatte kleine Tüten für meine Freunde zusammengestellt, die sie später mit nach Hause nehmen durften. Darin befanden sich Süßigkeiten, Luftballons, Kuchenstücke und Glitzerstifte. Sophie, eine Klassenkameradin von mir, kramte in der Tüte herum und rief begeistert: »Deine Mum ist die Beste! Ich wünschte, sie wäre meine Mum!«

Doch je weiter der Tag gedieh, desto weniger Gefallen schien Mum am Geschehen zu finden. Das war der erste Hinweis darauf, dass etwas passieren würde und dass ich etwas falsch gemacht hatte. Mein Magen zog sich wie schon so oft vor Angst schmerzhaft zusammen. Sie ignorierte mich, wenn ich mit ihr sprach, wandte sich nur noch meinen Freunden zu, lachte mit ihnen, umarmte sie und sagte ihnen, wie wunderschön sie mit ihren bemalten Gesichtern aussähen. Ich überlegte fieberhaft, was ich getan hatte. Ich hatte mich den ganzen Nachmittag über von meiner besten Seite gezeigt, mich bei meinen Freunden und ihren Eltern für die Geschenke bedankt, das Geschenkpapier vom Rasen geräumt und geduldig gewartet, während die Gesichter der Kinder geschminkt wurden.

Als die Nachmittagssonne lange Schatten warf, ging ich ins Haus hinein und suchte die Toilette auf. Als ich gerade die Küche passierte, zog Mutter mich beiseite. Sie hatte neben der Spüle auf mich gewartet. »Was ist los?«, fragte sie und bohrte ihre Finger in meine Schultern.

»Wieso? Alles in Ordnung«, antwortete ich. »Ich muss nur kurz Pipi.«

»Du könntest wirklich ein bisschen dankbarer sein«, zischte sie. »Ich habe wochenlang alles geplant, aber du schlurfst durch die Gegend, als wär's irgendein beliebiger Tag. Was ist los mit dir?«

Ich starrte sie an. »Maman, das ist der schönste Tag meines Lebens«, widersprach ich. »Es ist der beste Geburtstag, den ich je hatte, und ich bin dir so dankbar.« Ich griff nach ihrer Hand, doch sie entzog sie mir und schüttelte den Kopf.

»Du bist eine verwöhnte Göre! Das ist das letzte Mal, dass ich eine Geburtstagsfeier für dich organisiere. Warum sollte ich mir noch einmal so viel Mühe machen? Du weißt nichts von dem zu schätzen, was ich für dich tue. Wart nur ab, was du davon hast!« Sie marschierte in den Garten hinaus. Einen Moment später folgte ich ihr. Die folgenden Stunden über spürte ich, wie sie mich beobachtete. Ich wusste nicht, ob ich mich froh oder bedrückt zeigen sollte. Wenn ich aufgebracht wirkte, würde sie nur noch wütender werden. Wenn ich wiederum zufrieden wirkte, wäre sie erbost, dass ihr Kommentar keinen Eindruck bei mir hinterlassen hatte. Ich versuchte, beides miteinander zu vereinen, war den Gästen gegenüber höflich und aufmerksam, hatte aber nicht *zu viel* Spaß. Jedes Mal, wenn ich spontan lachen musste, zuckte ich zusammen und bekam Angst, dass sie mich gesehen hatte.

Als die Gäste sich allmählich verabschiedeten, machte sich Panik in mir breit. Sobald der letzte Besucher fort wäre, würde Mutter ausrasten. Ich mochte mir nicht ausmalen, was sie dann tun würde. Stattdessen versuchte ich, meine Freunde zum Bleiben zu bewegen, und schleppte allerlei Brettspiele nach draußen. Oder hatten sie vielleicht Lust, einen Film zu sehen? Mutter begriff sofort, was ich vorhatte.

»Olivia, deine Freunde müssen allmählich nach Hause«, rief sie laut. »Sie haben den ganzen Nachmittag hier verbracht. Auch der schönste Geburtstag ist einmal zu Ende.« Die anderen Eltern bekamen natürlich alles mit, und als sie ihre Augenbrauen verschwörerisch hob, lachten sie. Ich sah beschämt zu Boden.

Nach und nach gingen auch die letzten Gäste, und meine Kopfhaut begann zu prickeln. Der eigentlich so wunderbare Tag war verdorben, und das, obwohl Mutter noch gar nichts Schlimmes getan hatte. Nachdem sie sich von allen fröhlich verabschiedet hatte, rannte ich zu Vater hinüber, umarmte ihn stürmisch und bedankte mich für den tollen Tag. Dann spürte ich, dass sie hinter mir stand.

Sie riss mich am Arm und schleifte mich, ohne ein Wort zu sagen, davon. Ich drehte mich um und wollte meinem Vater einen flehenden Blick zuwerfen. Er sah jedoch betreten nach unten. Ich rammte die Füße in den Boden, doch die glatten Sohlen meiner Sandalen fanden keinen Halt. Mutter stieß mich die Treppe hinauf. Ich heulte. *Es tut mir leid, dass ich mich nicht mehr gefreut habe. Es tut mir leid, dass ich nicht mehr gelacht habe. Es tut mir leid, dass ich mich nicht öfter bedankt habe. Es tut mir leid, so leid, Maman.*

Oben angekommen, schubste sie mich in mein Zimmer. Sie blieb an der Tür stehen, lehnte den Ellbogen gegen den Türrahmen und zeichnete mit den Fingern ihr Kinn nach. »Jetzt bleibst du hier und denkst darüber nach, was du getan hast. Ruf ja nicht nach uns! Du bist eine Schande, und ich schäme mich für dich. Ich schäme mich, deine Mutter zu sein!«

Sie suchte mein Gesicht nach einer Reaktion ab. Diese Genugtuung wollte ich ihr auf keinen Fall geben, also riss ich mich zusammen. Sie wandte sich zum Gehen, hielt einen Moment inne und drehte sich dann langsam wieder in meine Richtung. Mein Blick war tränenverschleiert, aber ich hielt die Luft an. Vielleicht hatte sie es sich noch einmal anders überlegt. Vielleicht würde sie mich doch nicht einsperren. Vielleicht tat es ihr leid, und sie hatte es nicht so gemeint.

Ich blinzelte. Augenblicklich kullerten Tränen aus meinen Augen und liefen meine Wangen hinab. Sie streckte eine Hand aus. Für den Bruchteil einer Sekunde glaubte ich, sie würde die Tränen fortwischen. Doch stattdessen griff sie nach meiner Kette und zog so heftig daran, dass mein Nacken nach vorne schlug, als die Schließe riss. Mit dem Anhänger und der kaputten Kette in der Hand stand sie vor mir. Sie lächelte das von mir verhasste Lächeln, und ich stieß einen unwillkürlichen Schmerzenslaut aus, als sie die Tür schloss und von außen zusperrte.

Ich weinte bitterlich. Irgendwann war meine Nase verstopft, und mein Gesicht fühlte sich heiß und verquollen an. Ich wischte die Tränen fort. Ich war also hier eingesperrt, okay. Sie hatte mir die Kette genommen, okay. Ich hatte eh nie eine gewollt, sie mir nie gewünscht. Was *hatte* ich mir eigentlich zum Geburtstag gewünscht? Was wollte ich?

Ich wollte ein Fahrrad, sodass mein Vater und ich Touren auf den kurvigen Küstenpfaden unternehmen konnten. Mein altes Rad stand noch in England. Ich träumte davon, so schnell zu fahren, dass die Reifen nur mehr verschwommen zu sehen waren. Ich wollte mit dem Wind im Gesicht, der Sonne im Nacken und meinem grinsenden Vater an der Seite durch die Gegend flitzen.

Ich wollte Samen, damit ich Blumen pflanzen und meinen eigenen Garten anlegen konnte. Ich liebte *Der geheime Garten*, dieses magische Buch über den langsamen Heilungsprozess vereinsamter, verletzter Kinder. Ich wäre am liebsten wie Mary, würde Rosen, Schneeglöckchen und Narzissen pflanzen und gemeinsam mit ihnen aufblühen.

Ich wollte eine richtige Freundin. Eine beste Freundin. Jemanden, der nicht dachte, meine Mutter sei die beste Mom der Welt. Jemanden, dem ich die Wahrheit erzählen konnte. Jemanden, der meine Hand drückte, wenn sie gemein zu mir war, und der mir sagen würde, dass das alles nicht meine Schuld war. Jemanden, der nicht betreten zu Boden sah, wenn ich um Hilfe flehte.

Ich wollte eine Mutter, die mich liebte. Eine Mutter, die stolz auf mich war und stolz darauf, meine Mutter zu sein. Eine Mutter, die mir Sachen nicht nur gab, um sie mir wieder fortzunehmen. Eine Mutter, die mir nicht grinsend erklärte, ich sei dumm, albern oder ängstlich.

Es war noch immer mein Geburtstag, aber ich wünschte mir nichts mehr. Ich war zu alt, um an etwas Gutes zu glauben. Ich fuhr mit den Fingern die Stelle entlang, wo der Anhänger auf meiner Haut geruht hatte, und wartete auf den Morgen.

***

Einige Stunden später klingelte es an der Tür. Es war inzwischen dunkel geworden, aber noch nicht spät. Ich lag auf meinem Bett, sah auf die Leuchtsterne an der Zimmerdecke und überlegte, ob ich schlafen oder austesten sollte, wie lange ich wach bleiben konnte. Ich hatte Hunger, aber dagegen würde ich bis zum Morgengrauen nichts tun können. An mein Zimmer grenzte ein kleines Badezimmer, und da ich Wasser und eine Toilette in der Nähe hätte, würde Mutter keinen Anlass sehen, mich bald herauszulassen.

Laute Männerstimmen drangen von unten herauf. Das war ungewöhnlich, normalerweise kam selten Besuch vorbei. Ich stand auf, schlich zur Tür und legte mich auf den Boden, wo ich mein Ohr gegen den schmalen Spalt zwischen Teppich und Tür presste. Mutter war wütend auf die Männer, wer auch immer sie waren. Sie sprach auf Französisch mit ihnen, und ihre Stimme bebte vor Wut. Ich spitzte die Ohren. Inzwischen konnte ich die Sprache recht gut und verstand einzelne Worte von unten: *»Menteurs … ce ne sont que des mensonges … ils sont ridicules … Non, non … des mensonges ridicules!*

Ich hielt den Atem an. Lügen? Was für Lügen? Wer war lächerlich? Und was waren das für Männer? Ich hörte Fußstapfen, die die Treppe heraufkamen. Es waren nicht Mutters leichte Schritte, sondern es war Vaters langsamer, schwerer Gang. Ich rannte wieder zu meinem Bett hinüber, legte mich hin, zog die Bettdecke bis zum Kinn und drehte mich mit dem Gesicht zur Wand. Ich versuchte, langsam und tief zu atmen. Doch unter der Decke pochte mein Herz wie wild.

»Olivia!«, rief mein Vater leise ins Zimmer. »Olivia, wach auf. Du musst mit nach unten kommen.«

»Warum?«, fragte ich und rieb mir die Augen, so als hätte er mich gerade geweckt.

»Die Polizei ist hier.«

Ich setzte mich auf. Die Polizei? »Warum?«, fragte ich flüsternd.

»Es ist nichts, nur ein Missverständnis.« Seine Stimme zitterte. »Sie sprechen Französisch, und ich verstehe nicht ganz, was sie wollen. Aber du sollst kommen. Zeig … zeig dich einfach. Ich glaube, es ist nicht gut, wenn du in deinem Zimmer eingesperrt bleibst.«

Ich folgte ihm nach unten. Dabei dachte ich daran, wie er sich zuvor von mir abgewandt und zu Boden gestarrt hatte. In meinem Kopf drehte sich alles. Warum war die Polizei da? Würden sie Mutter mitnehmen? Müsste sie ins Gefängnis? Falls ja, wäre ich traurig darüber? Ich versuchte, mir auszumalen, was ich fühlen würde und ob ich sie vermissen würde. Ohne eine Mutter würde mir doch bestimmt etwas fehlen, oder?

Die Polizeibeamten waren Furcht einflößend – groß und finster dreinblickend –, aber sie lächelten mir zu, als ich den Raum betrat. Ihre Uniformen sahen anders aus als die von britischen Polizisten: Sie trugen kurzärmelige weiße Hemden und dunkle Hosen zu polierten schwarzen Schuhen. Auf dem Kopf hatten sie blaue Baseballkappen, was mir irgendwie seltsam vorkam, und in den dicken Ledergürteln um ihre Hüften steckten ein Walkie-Talkie, ein Schlüsselbund, eine Taschenlampe und eine Pistole.

»Wir haben gehört, dass du heute Geburtstag hast«, begrüßte mich einer der Beamten auf Französisch. Er zwinkerte mir freundlich zu, aber ich hatte noch immer Angst vor ihm. Seine Arme waren so nah am Gürtel, er könnte jederzeit nach seiner Waffe greifen und mich erschießen. Ich nickte langsam, traute mich aber nicht, den Mund aufzumachen. Ich kam mir so klein und unbedeutend vor wie ein dümmlich nickender Hund. »Hattest du einen schönen Tag?«

»Sprich nicht mit denen«, fuhr Mutter dazwischen, bevor ich auch nur einen Ton herausbringen konnte. »Die beschuldigen mich, etwas gestohlen zu haben … Mich, als ob ich so was tun würde! Das ist ungeheuerlich! Ich habe genug Geld, das ist alles komplett absurd. Ich wurde noch nie so beleidigt …« Sie redete immer weiter und sah zwischen mir und den Polizisten hin und her. Die Beamten seufzten mehrfach. Sie betonten, dass ich wieder nach oben gehen könne, aber Mutter bestand darauf, dass sie nichts zu verbergen habe und ich gewiss unten bleiben könne. Also nahm ich ein Buch vom Wohnzimmertisch und setzte mich in einen Sessel in der Ecke des Zimmers. Ich tat so, als würde ich lesen, und verfolgte dabei jedes Wort, das gewechselt wurde.

Mutter hatte in einem Atelier gemalt und an diversen Plastiken gearbeitet. Ich hatte sie dort ein paarmal besucht und mochte die Leiter des Ateliers, Elodie und Nicolas, sehr. Sie ließen mich in aller Ruhe durch den Raum spazieren und sogar die Ausstellungsstücke hochnehmen, auf denen »Bitte nicht anfassen« stand.

Elodie und Nicolas beschuldigten Mutter nun, teure Arbeitsutensilien aus dem Atelier gestohlen zu haben. Sie hatten sie bereits mehrere Monate lang im Verdacht gehabt, konnten es aber erst jetzt nachweisen. Nachdem sie das Material gestohlen hatte – große Leinwände, Säcke voll Ton und brandneue Acrylmalfarben –, hatte sie es mit nach Hause genommen, wo sie weitere Gemälde und Plastiken fertigstellte und diese anschließend illegal auf der ganzen Insel verkaufte. Mutter stritt alles ab – obwohl es zahlreiche Beweise gab: Anscheinend lagen Aufnahmen der Sicherheitskameras vor, die zeigten, wie Mutter das Gebäude nachts betrat und mit diversem Material unter dem Arm wieder verließ. Es gab außerdem mehrere Leute auf der Insel, die meiner Mutter etwas abgekauft hatten. Dort hatte sie sich als unabhängige Künstlerin präsentiert, die mit keinem Atelier und keiner Agentur zusammenarbeitete.

»Ich bitte Sie«, sagte einer der Polizisten, als Mutter endlich verstummte, »machen Sie die Situation doch nicht schlimmer als nötig. Kommen Sie mit uns aufs Revier für eine kurze Befragung. Es wird bestimmt nicht lange dauern.«

»Und was ist, wenn ich mich weigere?«, fragte sie verächtlich und stemmte die Hände in die Hüften.

Die Polizisten tauschten einen kurzen Blick und wandten sich dann wieder an Mutter.

»Das ist keine Bitte, Mrs. Lacroix.«

Mein Magen krampfte sich schmerzhaft zusammen: Mutter steckte in der Klemme, und dieses Mal war es ernst. Würde sie festgenommen werden? Musste sie ins Gefängnis?

Ich blätterte betont langsam eine Seite in dem Buch um, das ich vorgab zu lesen. Meine Nervosität konnte ich so natürlich nicht unterdrücken.

»In Ordnung«, sagte sie und schaffte es irgendwie, dabei herablassend zu klingen. »Ich muss nur noch kurz meine Tasche holen.«

Sie verließ das Zimmer und ging Richtung Küche. Ich versuchte, den Blick meines Vaters aufzufangen, doch er saß ein Stück von mir entfernt auf einem Stuhl und starrte auf seine Knie. Ich traute mich nicht, zu den Polizisten zu sehen. Wobei ich mich inzwischen durchaus für sie erwärmt hatte, denn schließlich würden sie Mutter fortbringen. Auch wenn sie bald zurückkommen würde, würde sie doch das Atelier verlassen müssen und vielleicht eine wichtige Lektion lernen. Ich war sauer, weil sie Elodie und Nicolas, die so nett zu uns gewesen waren, bestohlen hatte. Trotz ihrer strikten Leugnung war ich davon überzeugt, dass sie das Material mitgenommen hatte. Ich wusste es einfach und fragte mich wütend, warum sie so etwas tat. Warum bestahl sie die Menschen, die ihr vertrauten?

Wir warteten auf Mutters Rückkehr. Sie schien sehr lange zu brauchen, um ihre Tasche zu finden. Ich hielt mir das Buch direkt vors Gesicht und raschelte laut mit den Seiten. Dann sah ich noch einmal zu meinem Vater hinüber. Einer der Polizisten stand schließlich auf und ging in Richtung Küche. Sein Kollege trat ans Fenster und blickte in den Garten. Er lehnte sich so nah an die Scheibe, dass der Schirm seiner Baseballkappe daran tippte.

Ich starrte seinen Nacken an und fragte mich, was er von Mutter und unserer Familie halten mochte. Plötzlich zuckte er zusammen, wandte sich ruckartig nach rechts und stieß einen Schrei aus. Der andere Polizist kam ins Zimmer gestürzt. Beide starrten nun aus dem Fenster, drehten sich dann abrupt um und rannten nach draußen. Ich hörte die Haustür zuschlagen und huschte zum Fenster. Vater blieb auf dem Stuhl sitzen und schaute weiterhin seine Knie an. Einen Moment lang dachte ich, dass er sich reichlich albern verhielt.

Draußen war es dunkel. Nur die Verandabeleuchtung und die schmale Mondsichel spendeten ein wenig Licht. Ganz weit weg, auf der anderen Seite der Bucht, sah man die hellen Lichter der Stadt. Ich drückte die Hände an die Fensterscheibe und spähte in die Dunkelheit. Nach einem Moment konnte ich den gewaltigen Umriss des aufblasbaren Pools ausmachen. Wie sehr ich das blöde Teil hasste. Ich wünschte, es wäre fort. Dann sah ich Mutter den Gartenweg entlangschleichen. Sie bewegte sich rasch und wollte offensichtlich in Richtung Straße. Mit beiden Händen schob sie ihr Motorrad.

Sobald sie die Straße erreicht hatte, heulte die Maschine auf. Sie schwang sich in den Sattel und sauste davon, ohne sich noch einmal umzusehen. Vater sprang auf, als er die Motorengeräusche hörte. Doch er war zu spät am Fenster und konnte nur noch die Rücklichter sehen. Er stieß ein seltsames Stöhnen aus, so als hätte er Schmerzen. Den Polizeiwagen konnte ich nicht sehen, aber ich hörte seine Sirene aufheulen. Sofort presste ich die Hände auf die Ohren. Ich hasste das Geräusch. Dieser spitze, nicht enden wollende Schrei erinnerte mich an ein übellauniges Baby.

»Oh, du lieber Himmel«, Vater taumelte nach hinten und ließ sich wieder auf seinen Stuhl sinken. Sein Gesicht verbarg er in seinen Händen. »Grundgütiger …«

Ich sank vor ihm auf die Knie. »Sie ist weg«, verkündete ich, so als ob er das nicht selbst wüsste. Aber er sagte nichts. »Was passiert, wenn sie sie kriegen?«, fragte ich und hielt den Atem an. Er schüttelte mehrfach den Kopf, seufzte und vergrub dann wieder das Gesicht in seinen Händen.

»Ich weiß es nicht«, murmelte er zwischen den Fingern hindurch. »Ich weiß es nicht.«

Ich wusste, dass ich mir Sorgen machen sollte. Aber ich war ziemlich aufgedreht. Ich fragte mich, ob er spürte, wie sehr.

»Wohin fährt sie?«

»Ich weiß es nicht, ich weiß es nicht«, stöhnte er. »*Warum* hat sie das nur getan?« Er sah mich verzweifelt an, so als ob ich eine Antwort parat hätte. Ich erwiderte seinen Blick, schüttelte den Kopf und zuckte mit den Schultern.

»Keine Ahnung.«

»Wir sind doch auf einer Insel. Einer verdammten *Insel.* Wo will sie denn hin?«

»Keine Ahnung.« Ich zögerte. »Vielleicht kommt sie nicht mehr wieder.«

Er zuckte mit dem Kopf und wedelte mit der Hand, so als würde er eine lästige Fliege verscheuchen.

»Natürlich kommt sie zurück. Aber warum … Warum …?« Er sprang auf und tigerte durch das Wohnzimmer, wobei er die Finger auf die Lippen und die Daumen ans Kinn gepresst hielt, so als müsste er sein Gesicht zusammenhalten oder seinen Mund davon abhalten, sich unkontrolliert zu öffnen. »Es ist doch schon dunkel draußen … Und sie versucht, auf einem Motorrad zu fliehen … Oh Gott … Was soll nur aus uns werden, wenn sie einen Unfall hat …?«

Er sprach mit sich selbst und nahm meine Anwesenheit kaum noch wahr. Ich stellte mir vor, wie Mutter verunglückte. Es könnte so schnell gehen, eine kleine Unachtsamkeit, und schon würden die Räder über den Schotter rutschen, das Metall über den Asphalt schleifen. Ich dachte an Mutters schlanken Körper; er war so zerbrechlich wie meine Kette. Bei einem Unfall würde er durch die Luft fliegen, so als ob sie ein Rad schlüge. Ich stellte mir vor, wie sie gegen einen Baum fuhr, und sah sie in eine Million dunkelroter Stücke zerspringen. Ich malte mir aus, wie sie still liegen blieb, die Arme abgewinkelt, die Beine verdreht, das Haar so lose am Kopf wie am Nachmittag.

Wie würde es mir damit gehen?

Darauf wusste ich keine Antwort.

Ich dachte an Mary aus *Der geheime Garten*. Ihre Mutter und ihr

Vater starben, und doch ging am Ende alles gut für sie aus. Sie zog auf das Land und freundete sich mit dem Gärtner Ben Weatherstaff, einem kleinen Rotkehlchen sowie den beiden Jungen Colin und Dickon an. Außerdem hatte sie einen eigenen Garten, wo niemand sie störte oder gemein zu ihr war. Ich könnte ebenfalls meinen eigenen Garten haben – hier wuchsen sowieso schon so viele Blumen. Ich könnte noch ein paar weitere pflanzen und den Garten so zu meinem machen.

»Olivia … Olivia, ich muss gehen.« Die Stimme meines Vaters klang weich und verängstigt. »Ich komme bald zurück«, fügte er hinzu, als er meinen Gesichtsausdruck sah. »Ich muss mich nur um ein paar Dinge kümmern … Schauen, ob es deiner Mutter gut geht … Verstehst du? Du kommst doch zurecht, oder?«

Ich nickte.

»Geh einfach wieder ins Bett. Ich schließe ab, und wenn du aufwachst, ist alles wieder in Ordnung. Okay?«

»Okay.«

Er tätschelte meinen Kopf. »Gutes Mädchen. Meine kleine Olive.« Dann stolperte er zur Tür hinaus und jagte Mutter hinterher, während er mich allein zurückließ. Vom Fenster aus beobachtete ich, wie er zum Auto rannte, die Tür aufriss, hastig einstieg und sich anschnallte. Er ließ den Motor an, und ich wurde für einen Moment vom grellen Scheinwerferlicht geblendet. Dann sah er in den Spiegel und setzte vorsichtig zurück. Sogar jetzt noch, wo sein Herz rasen musste, gab er acht … Auf seinem Gesicht prangten rote Druckstellen, die seine Finger auf der Haut hinterlassen hatten.

Ich stand allein am Fenster und sah, wie er wegfuhr. Es kam mir so vor, als würde er für immer verschwinden. Gleichzeitig hörte ich ein Echo der Polizeisirene. Ein letztes Mal fiel Scheinwerferlicht auf mein Gesicht, dann knirschten die Räder auf dem Rollsplitt, und alles war leer.

Psychopathie-Merkmal Nr. 5: Impulsives Verhalten

Psychopathen haben eine unzureichende Impulskontrolle. Ihr Verhalten wirkt meist wenig reflektiert. Um ihrem Drang nach schneller Lustbefriedigung, Vergnügungen und Erholungsphasen nachzugehen, verhalten sie sich oftmals unbesonnen, rücksichtslos und sprunghaft. Psychopathen blenden etwaige Konsequenzen meist aus und können Versuchungen schwer widerstehen. Meistens tun sie, wonach ihnen gerade der Sinn steht. Je nach Lust und Laune werden Umzüge in die Wege geleitet, Beziehungen beendet, Arbeitsverhältnisse verlassen.

6
Verachtung

»Psychopathen haben eine unzureichende Impulskontrolle.«

Als ich aufwachte, wusste ich sofort, dass Mutter wieder da war. Ich konnte sie hören; ihre wütenden Schreie drangen von unten zu mir herauf. Enttäuschung breitete sich in mir aus. Sie war also zurückgekehrt. Ich wusste nicht, was das bedeutete. War sie nun für immer hier? Oder nur kurz, bevor sie ins Gefängnis musste? Ich rüttelte an der Türklinke, die jedoch abgeschlossen war. Dann setzte ich mich ans Fenster und wartete darauf, befreit zu werden. Ich hasste es, in meinem Zimmer eingesperrt zu sein. Das lag nicht an dem Raum als solchem, sondern an dem Gefühl, drinnen festzusitzen, wenn alles in mir nach draußen strebte. Ich wollte auf dem Mangobaum sitzen, eine sanfte Brise im Gesicht spüren und auf das Meer hinaussehen. Wenn ich dort hochkletterte, hatte ich immer grellrote Kratzer auf den Armen, aber das war es definitiv wert.

Unser Haus kam mir trotz des modernen Baustils beengt vor. Alle Räume waren luftig und hell, aber manchmal schienen die weißen Wände näher und näher zu rücken, und ich hatte das Gefühl, selbst von meinem Zimmer aus das Summen des Kühlschranks, das Schwirren der Ventilatorenflügel oder das Gurgeln der Wasserhähne hören zu können. Drinnen war mir alles zu viel. Draußen ging es mir besser: Dort lagen ein süßer Frangipani-Duft und diese herrliche, knisternde Stille in der Luft.

Ein Unwetter zog auf – keines dieser grauen englischen Gewitter, sondern ein tropischer Sturm. Ich liebte es, wenn der warme Regen die Straßen überströmte, Blitze den Himmel zerrissen und der Garten anschließend duftete: feucht, nach Zitrusfrüchten und so sauber. Ich lehnte die Stirn gegen die Fensterscheibe.

Mein Magen knurrte. Um das Hungergefühl zu bekämpfen,

hatte ich viel Wasser getrunken, das ich nun in meinem Bauch gluckern hörte.

Es war später Nachmittag, als Mutter endlich die Tür öffnete und in mein Zimmer spaziert kam. Sie wirkte übermütig, so als wäre sie stolz auf ihre nächtliche Eskapade und könnte es kaum erwarten, dass ich sie danach fragte. Außerdem schien sie derart aufgedreht, als stünde sie unter Strom. Ihre Gesichtshaut sah so straff aus, als wäre sie irgendwie eingegangen und nun zu eng um den Kopf gespannt. Sie musterte mich eingehend und verkündete dann: »Es gibt gleich Abendbrot.« Sie verhielt sich, als wäre am Vortag nichts passiert: keine Geburtstagsfeier, kein Einsperren, kein Polizeibesuch, kein plötzlicher Fluchtversuch.

Ich folgte ihr schweigend die Treppe hinunter. Als ich den Essensgeruch wahrnahm, wurde mir plötzlich übel vor Hunger. Unten angekommen, sah ich einige säuberlich gestapelte Umzugskartons und Mutters grünen Koffer neben der Haustür stehen. Sie folgte meinem Blick, und ich wusste, dass sie auf meine Frage wartete.

»Warum stehen da Umzugskartons?«

»Da stehen Umzugskartons, weil wir morgen wegziehen«, erwiderte sie lässig. »Nach dem Essen musst du deinen Koffer packen. Den Rest lassen wir uns nachsenden.«

Ich setzte mich an den Esstisch und versuchte, meine Gedanken zu sammeln. Mein Vater saß schon da und mied meinen Blick.

»Wohin gehen wir?«, fragte ich zögernd.

Mutter sah mich an, als wäre ich ein Idiot. »Wohin? Nach Hause natürlich. Nach England.« Sie lächelte. »Möchtest du nicht zurück?«

»Ich weiß nicht«, antwortete ich wahrheitsgemäß.

»Natürlich willst du das«, sagte sie und servierte schwungvoll das Essen. Ihre demonstrative Unbeschwertheit kam mir seltsam vor. Obwohl ich wusste, dass es ein Fehler war, musste ich einfach fragen.

»Was ist mit der Polizei?«

Sie lachte schrill. »Ach, nichts weiter. Alles ein Missverständnis, wir brauchen uns keine Sorgen zu machen.«

»Und warum müssen wir dann weg?«

»Weil diese stinkende Insel mich langweilt!« Sie fluchte, und ich wusste nun, dass ihr fröhliches Verhalten bloß aufgesetzt war. Hinter der Fassade brodelte es. »Mir ist langweilig, und ich will zurück. Hier gibt es keine Kultur, nur Strände, Sonne und ein paar verdammte Lügner! Zeit für ein neues Abenteuer.«

Ich wusste nicht, was ich darauf entgegnen sollte, und stocherte wortlos in meinem Essen herum. Vater grummelte leise, dass er Martinique nicht verlassen wolle. Er konnte nicht ohne Weiteres abreisen, da er fest angestellt war und entsprechende Verpflichtungen hatte. »Lass uns noch ein paar Monate bleiben«, bat er, »dann fahren wir alle zusammen nach Hause und können pünktlich zum Sommer gemeinsam neu anfangen.« Er könne schließlich nicht mitten im Schuljahr verschwinden. Was würde man sonst von ihm denken?

»Schon gut«, erwiderte Mutter und lächelte schmallippig. »Olivia und ich gehen zu zweit.« Ich spürte, wie sich mein Rücken verkrampfte, und sah von meinem Teller auf. »Ich bin mir sicher, dass wir glänzend allein zurechtkommen werden.«

»Sei doch nicht albern«, sagte Vater. »Ihr könnt nicht allein gehen. Ihr müsst doch nicht alles im Stich lassen, nur weil es ein bisschen Ärger gab. Die Polizei …«

»*Du* lässt *uns* im Stich«, schrie Mutter. Ihre Stimme überschlug sich, sie ließ nun jeden Versuch, ruhig zu wirken, fahren. »Wie kannst du es wagen, so zu reden? Du liebst mich nicht und Olivia auch nicht! Schon bei der erstbesten Gelegenheit lässt du uns fallen und haust ab!«

»Josephine, ich haue doch gar nicht ab.« Vater gestikulierte wild. »Ich komme selbstverständlich nach. Ich kann nur nicht einfach mitten im Schuljahr verschwinden. Wenn ich danach eine neue Stelle finden will, muss ich noch eine Weile bleiben. Ich habe Verpflichtungen …«

»*Ich* bin deine Verpflichtung!«, brüllte Mutter und stemmte die Hände in ihre Seiten. Sie war aufgesprungen und lehnte sich über den Tisch. Ich duckte mich und starrte auf meinen Teller. Dann begann ich, langsam das darauf liegende Würstchen zu zerteilen. »Du verdammter Idiot, für *mich* solltest du da sein. *Mir* gegenüber hast du loyal zu sein!«

»Ich bin loyal«, erwiderte mein Vater bemüht ruhig. Doch es war zu spät: Mutter sah aus wie eine Furie, ihr Gesicht leuchtete dunkelrot, und eine Ader pochte auf ihrer Stirn.

»Ich hab genug von dir!« Sie zerrte wütend an ihrem Ehering.

»Ich reise morgen ab und nehme Olivia mit. Versuch ja nicht, uns aufzuhalten! Was glaubst du eigentlich, wer du bist? Du bist kein Ehemann, du bist kein Mann … Du bist nichts weiter als ein erbärmlicher Köter! Und weißt du was: Ich habe keinen Bock mehr auf Haustiere!«

Sie pfefferte ihren Ehering quer durch den Raum. Er prallte an einem Küchenschrank ab, rollte über den Boden und kam schließlich klirrend neben ihr zum Liegen. Sie schrie frustriert auf. Ich starrte mein Würstchen an, das inzwischen in kleinen rosafarbenen Ringen auf meinem Teller lag, und mir wurde übel.

»Olivia!«

Ich sah sie an. Sie deutete auf den Ring, ihre Augen waren geweitet und starr. »Heb ihn auf, heb ihn auf!«, insistierte sie, als ich mich nicht rührte. Ich stand auf, die Stuhlbeine schabten über den Fliesenboden. Sie deutete in Richtung Garten. »Nimm den Ring und schmeiß ihn die Klippe runter.«

»Ach, um Himmels willen!« Vater war nun sehr aufgebracht. »Olivia, geh bitte nach oben. Deine Mutter weiß nicht, was sie sagt …«

»Ach, wirklich?« Mutter griff nach dem Ring, hob ihn auf und ging um den Tisch herum. Sie presste ihn in meine Hand und faltete meine Finger darum, so als handelte es sich um eine wertvolle Gabe. »Nimm den Felsweg«, sagte sie mit bohrendem Blick. »Wirf ihn die Klippe runter. Ich will ihn nicht mehr. Ich habe keine Verwendung mehr dafür – ich habe keine Verwendung mehr für *den* da!« Sie zeigte auf meinen Vater, bleckte die Zähne und stierte mich weiterhin an. Sie blinzelte kein einziges Mal. »Nun mach schon!«

Ich sah von ihr zu Vater hinüber. Er sah mich an, sein Mund war leicht geöffnet. Mutter trat einen Schritt zur Seite, sodass mir die Sicht auf ihn versperrt wurde. »Olivia, mach schon. Schmeiß ihn weg!«

Ich zögerte kurz, wobei mir eigentlich schon klar war, was ich als Nächstes tun würde. Plötzlich war ich wütend auf meinen Vater. Wütend auf seine Antriebslosigkeit und Untätigkeit. Dieses eine Mal musste ich meiner Mutter beipflichten: Er war kein Mann. Was für ein Mann war derartig passiv und schwach? Ich konnte mir nicht vorstellen, dass einer der Väter meiner Mitschülerinnen sich derart anschreien lassen würde. Wie konnte mein Vater sich so behandeln lassen? Wie konnte er zulassen, dass sie seinen Geist, seinen Humor und sein einstiges Ich auslöschte und ihn in eine leere Hülle verwandelte? Als ich meiner Mutter in die Augen sah, konnte ich dort ihre Aufforderung lesen: *Schmeiß ihn weg*.

Ich drehte mich um, rannte in den strömenden Regen und sog tief den Duft nasser Blätter ein. Es tat gut, wieder draußen zu sein. Ich rannte durch den dunkler werdenden Garten, über das durchnässte Gras und hielt erst inne, als ich den Felsweg erreichte, der zum Wasser hinunterführte. Der Pfad war steil, aber begehbar. Wenn ich ihm folgen würde, käme ich in wenigen Minuten an den Strand. Der Weg war zu beiden Seiten von wild wachsenden Pflanzen gesäumt. Dort, wo der Boden gefährlich abschüssig wurde, ragten knorrige Äste, knotige Halme und pfeilgerade Farne aus der Erde. Ich wusste, dass der Ring entweder von den Felsen abprallen und im Sand oder im Dickicht verschwinden wurde. In jedem Fall wäre er für immer verloren.

Ich kann mich noch so gut an den Moment erinnern, als wäre es erst gestern gewesen und nicht schon zwanzig Jahre her. Ich sah den Ring an, ließ ihn durch meine Finger gleiten, strich über die Innengravur, die den Namen meines Vaters und das Hochzeitsdatum festhielt. Als ich so mit dem Ehering meiner Mutter im Regen stand, überkam mich eine dumpfe Angst. Der Wind ließ die Bäume erzittern und lebendig wirken. Ich ballte meine Hand zur Faust. Tief in mir wusste ich, dass Mutter nicht wollte, dass ich ihren Ring wegwarf. Sobald sie sich beruhigt und sich wieder mit Vater versöhnt hatte, würde sie ihn wiederhaben wollen. Aber ich wollte ihn ihr nicht zurückgeben.

Also schleuderte ich den Ring mit aller Kraft in Richtung Wasser. Es war inzwischen zu dunkel, um zu erkennen, wie weit er flog. Vor meinem inneren Auge sah ich jedoch vor mir, wie er an den pflaumenblauen Wolken vorbei durch den stürmischen Nachthimmel sauste und schließlich zu Boden fiel, den Pfad entlangrollte und von Stein zu Stein hüpfte, bis er schließlich im tintenblauen Wasser des Ozeans verschwand.

Erleichterung überkam mich. Ich fühlte mich, als hätte ich gerade etwas vergraben, das versteckt werden musste, oder einen Strich unter etwas gezogen, das zu weit gegangen war und beendet werden musste. Ich war mir jedoch nicht sicher, was ich da verstecken wollte oder was genau zu weit gegangen war. Dennoch war ich froh, den Ring fortgeworfen zu haben. Obschon ich glaubte, dass Mutter mich heftig dafür bestrafen würde.

Erst am nächsten Tag, als wir schon im Taxi saßen und auf dem Weg zum Flughafen waren, fragte sie nach ihrem Ehering. Ich antwortete, dass ich ihn von der Klippe geworfen hätte. Sobald ich das laut ausgesprochen hatte, zuckte ich ängstlich zusammen. Doch zu meiner Überraschung hob Mutter lediglich die Augenbrauen und zuckte mit den Schultern. »Na ja, ich hatte dir ja gesagt, dass du ihn wegwerfen sollst …«, sagte sie und warf mir einen Blick im Rückspiegel zu. »Du hast nur das getan, worum ich dich gebeten habe.«

So war das mit ihr. Immer wenn ich dachte, ich hätte sie durchschaut, überraschte sie mich von Neuem.

***

Auf einmal waren wir zurück in England. Sobald wir im nassen Grau gelandet waren, schien Martinique wie ein ferner Traum. Waren wir wirklich dort gewesen? War ich wirklich mit Vater durch nebelverhangene Regenwälder spaziert, hatte die Hände über knorrige Stämme gleiten lassen und ihn dabei angegrinst? War ich wirklich durch das warme Wasser einer türkisfarbenen Bucht geschwommen, hatte Mangobäume erklommen und zwischen Farnen gespielt, die mich weit überragten? Es kam mir so unwirklich vor, und doch wusste ich, dass ich das alles getan hatte.

Ich hatte mich gefragt, ob Mutter wieder einmal bluffte. Sie würde doch sicher nicht ohne Vater abreisen? Doch genau das war geschehen. Sie hatte ihm den Abschiedskuss verweigert und ihm verboten, unser Gepäck zu tragen oder uns zum Flughafen zu fahren. Sie wehrte all seine Hilfsangebote ab wie lästige Schmeißfliegen und lächelte abschätzig, wenn er betonte, dass er nachkommen würde, sobald das Schuljahr beendet sei.

»Du musst dich nicht so aufspielen, Clive. Ich würde sagen, du hast deine Ansichten sehr deutlich gemacht.«

An jenem Tag hatte ich in meinem Tagebuch notiert, dass ich Erwachsene seltsam fand. Es kam mir komisch vor, dass man Höflichkeit vorgab, wenn man wütend war, so als könnte man seine beleidigte Zurückhaltung nicht besser zum Ausdruck bringen als durch knappe, förmliche Äußerungen.

Mein Vater weinte still, als er sich von mir verabschiedete. Tränen traten aus seinen Augen und hinterließen glänzende Spuren auf seinen Wangen, die mich an Schneckenschleim erinnerten. Ich erwiderte seine Umarmung, wusste jedoch nicht, was ich dabei fühlen sollte. Als er mir sagte, dass er mich lieb hatte, erwiderte ich nichts. Ich war wütend auf ihn, konnte jedoch nicht sagen, warum. Alles fühlte sich panisch überstürzt an. Ich wusste nicht einmal, warum wir gingen. Schämte sich Mutter wegen dem, was vorgefallen war? Oder steckte sie in Schwierigkeiten und wollte davonlaufen?

Sie hat mir nie erzählt, was wirklich bei der Polizei auf Martinique passiert ist. Und das, obwohl ich sie auch später noch oft gefragt habe. Sie lächelte dann nur geheimnisvoll und meinte: »Das wüsstest du wohl gern!«

Nichts fühlte sich real an, noch nicht einmal der Flug. Erst als wir mit dem Taxi vom Flughafen losfuhren, fiel mir auf, dass ich nicht einmal unser konkretes Ziel kannte. »Wir gehen nach Hause« hatte Mutter gesagt. Aber wo genau war das? Unser altes Haus in Salisbury war bestimmt nicht gemeint, dort wohnten inzwischen andere Leute. Und auf Martinique, wo mein Vater nun allein lebte, war es auch nicht.

»Wo ist zu Hause, Maman?«, fragte ich. Sie sah mich an, und es kam mir zum ersten Mal so vor, als nähme sie mich wirklich wahr: mich und die Panik in meiner Magengrube, die Sorge um Vater, die ständigen Zweifel. Und auch die Furcht vor dem Unbekannten, nachdem wir ein Leben hinter uns gelassen hatten, in dem ich vielleicht nicht gerade glücklich gewesen war, das sich jedoch zumindest vertraut anfühlte. Ich hatte solche Angst vor ihr und davor, allein mit ihr zu sein. Jetzt waren wir nur noch zu zweit. Sie reichte vom Vordersitz nach hinten und nahm meine Hand.

»Ich bin dein Zuhause, mein Engelchen. Dein Zuhause ist da, wo Maman ist.«

***

Im Nachhinein kommt es mir lustig vor, wie alt ich mich bei unserer Rückkehr fühlte: Ich war nun ein großes achtjähriges Mädchen. Auf dem Hinflug war ich erst sechs Jahre alt gewesen, saß zwischen meine Eltern gepresst und hatte mich ganz schwindelig vor Aufregung gefühlt. Bei meiner Heimkehr war ich zwei Jahre älter, hatte ein Elternteil weniger und fühlte mich wie eine andere Person.

Nach unserer Ankunft in England verhielt sich Mutter mir gegenüber freundlicher – zumindest im ersten Monat. Wir zogen zunächst in ein Hotel in London. Es war eine schicke Unterkunft, mit dicken Daunenkissen auf den Betten und kuscheligen Bademänteln und dazu passenden Hausschuhen im Badezimmer. Mutter nahm mich mit zum Nachmittagstee, wo wir Scones mit Sahne und Erdbeermarmelade und delikate Gurkensandwiches aßen und Tee aus winzigen Tassen tranken. Sie ließ sich dabei heftig über meinen Vater aus, und ich hatte den Eindruck, dass sie mich nun als neue Verbündete auserkoren hatte. Jede böse Bemerkung über ihn wurde um ein Kompliment oder eine Aufmerksamkeit für mich ergänzt. Sie verhielt sich mir gegenüber so nett wie noch nie. Diese plötzliche Freundlichkeit irritierte mich, wobei ich nicht behaupten kann, die Zeit nicht genossen zu haben.

Nach einer Woche zogen wir in ein weniger elegantes Hotel. Tagsüber trottete ich Mutter hinterher, die Anrufe tätigte und die Zeitungen nach einer neuen Bleibe durchforstete. »Ich bin frisch getrennt«, sagte sie am Telefon zu den Maklern. »Meine Tochter und ich brauchen eine neue Wohnung.« *Frisch getrennt*, dachte ich. *Vielleicht meint sie es doch ernst.*

Ich war auch von meinem Vater getrennt und vermisste ihn über alle Maßen. Kurz zuvor hatte ich in einem Wissensbuch für Kinder etwas über Phantomschmerzen gelesen – das Gefühl, dass eine amputierte oder fehlende Gliedmaße noch da ist – und war fasziniert davon. Genauso fühlte ich mich jetzt. Mein Vater war ein Teil von mir, und auch wenn er nun nicht mehr da war, fühlte ich immer noch seine Anwesenheit – so wie ein abgetrennter Körperteil. Ich konnte noch spüren, wo wir miteinander verbunden gewesen waren: an meiner Schulter, über meinem Bauch, in meinem Herzen.

Ich musste permanent an ihn denken. Oft stellte ich mir vor, wie er allein in unserem Haus war, und fragte mich, was er wohl gerade tat. Hoffentlich war er nicht einsam … Saß er womöglich gerade in seinem Lieblingsstuhl am Fenster? Dann hatte er bestimmt die Beine auf dem lilafarbenen Hocker abgelegt … Vielleicht blätterte er ja auch in der Zeitung, sah einen Film oder polierte einfach nur seine Brille?

Es störte mich, nicht zu wissen, was er tat. Manchmal vermisste ich ihn so sehr, dass ich Schmerzen in der Brust bekam. Ich wäre am liebsten zu ihm zurückgeeilt, hätte mich in seine Arme geworfen und mich von ihm durch die Luft schwingen lassen, während ich den vertrauten Duft aus frischer Baumwolle, einem Hauch Rasierwasser und etwas leicht Erdigem einsog.

In den ersten Wochen war Mutters Verhalten beständiger als auf Martinique, wo ich in unablässiger Angst gelebt hatte. Ich entspannte mich ein wenig – jedoch nie ganz. Die Zeit verschwamm … Es gibt zu dieser Episode auch keine Tagebucheinträge, die mein Gedächtnis aufbessern könnten. Ich habe meine Tagebücher immer zwischen meinen Sachen versteckt – unter den dicksten Büchern, in der Seitentasche meines abgewetzten alten Rucksacks und an anderen Orten, an denen Mutter nie danach suchen würde. Die Vorstellung, Mutter könne mein Tagebuch finden, war zu schrecklich. Im Nachhinein ist dieser Lebensabschnitt also am schwierigsten nachzuzeichnen.

An manches kann ich mich jedoch noch sehr genau erinnern. Ich spüre noch, wie ich den Kopf gegen die Scheibe unseres Hotelzimmerfensters lehnte und die Riesenhaftigkeit Londons betrachtete, dieser verheißungsvollen, nichts verzeihenden, fremden Stadt. Ich erinnere mich noch an die Menschenmassen, die wie ein gewaltiger Fluss durch die Straßen strömten, und an die vielen Autos, die wie Käfer zu surren und zu flirren schienen. Und ich weiß noch, wie ich die kahlen Bäume betrachtete und dachte, dass ein schreckliches Feuer dafür verantwortlich sein müsse …

Mutter kaufte einen kleinen blauen Ford, der trotz diverser Reinigungsversuche seltsam roch. Mit dem Wagen fuhren wir von London nach Sussex. Ich erinnere mich daran, dass wir auf der Autobahn waren und ich überlegte: *Granny und Großvater leben in Sussex. Erinnert Mutter sich noch daran? Besuchen wir die beiden?* Ihre Gesichter hatte ich nur noch verschwommen vor Augen, aber trotzdem fehlten sie mir. Ich hatte es vermisst, von Großvater hochgehoben und durch die Luft gewirbelt zu werden, bis mir schwindelig wurde und ich vor Lachen keuchte. Und Granny hatte mich manchmal so fest gedrückt, dass ich gerufen hatte: »Aufhören, aufhören! Oder ich platze!« Das durfte ich Mutter gegenüber jedoch nicht erwähnen. Zumindest noch nicht.

***

Von all den Orten, in die wir hätten ziehen können, ließen wir uns ausgerechnet in einem kleinen Dorf an der Stadtgrenze von Lewes nieder. Ich habe Mutter nie gefragt, warum wir ausgerechnet in die South Downs zogen. Inzwischen nehme ich jedoch an, dass zwei Beweggründe entscheidend waren: Unser Dorf war als Künstlerort bekannt, und meine Großeltern lebten nur zwanzig Fahrminuten entfernt – was ich zu jenem Zeitpunkt jedoch noch nicht wusste.

Wir zogen in die Mansardenwohnung eines alten Gehöfts, das zu einem Mehrparteienhaus umgebaut worden war. Die Wohnung war winzig, hatte zahlreiche Schrägen und altmodische Gitterfenster, die von Dutzenden Fingerabdrücken verschmiert waren. Kurz nachdem wir ausgepackt hatten, fielen mir die vielen Spuren auf, die sich wie ein Spinnennetz über die Fensterscheibe zogen. Wessen Abdrücke waren das?, fragte ich mich. Wer hatte hier gelebt? Ich strich mit dem Finger darüber, so als könnte ich spüren, wer die Schlieren hinterlassen hatte. Mutter schlug meine Hand fort.

»Lass das!«, zischte sie. »Das ist dreckig!«

Am nächsten Tag putzte sie die Fenster und beseitigte die vielen Fingerabdrücke. Das stimmte mich traurig, waren sie doch die letzten Spuren unserer Vormieter gewesen; Menschen, die einst geliebt wurden und nun vergessen waren.

Die Wohnung bestand aus drei Räumen: dem »großen Zimmer« (zugleich Wohnzimmer, Küche und Mutters Schlafzimmer), einem engen Badezimmer, in dem man sich ständig den Kopf an der niedrigen Decke stieß, und einer Abstellkammer (meinem Zimmer), in der gerade genug Platz für ein kleines Bett und einen Stuhl war. Nun, da wir nur noch zu zweit waren, war ich auf Mutters Gunst mehr angewiesen denn je zuvor.

Ich tat immer, was sie wollte, und zwar genau dann, wann sie es wollte. Ich machte mein Bett, trocknete das Geschirr ab und bedankte mich jedes Mal, wenn sie mir etwas zu essen reichte oder ein Bad einließ. Ich sagte ihr jeden Abend, dass ich sie lieb hatte. Ich glaube, ich habe es sogar so gemeint.

»Du musst wieder zur Schule«, sagte sie nach ein paar Wochen. Ich blickte von meinem Bild auf, das ich gerade am Tisch im großen Zimmer malte.

»Ich will nicht zur Schule«, entgegnete ich.

Mutter schloss die Augen und schniefte. Sie hatte eine schwere Erkältung, und ihr Gesicht war rot und geschwollen. Sie lag auf dem zugemüllten braunen Sofa mit einem kalten Waschlappen auf den Augen und einem Taschentuch in der Hand.

»Es ist egal, was du willst«, murmelte sie. »So ist das Gesetz.«

Angesichts der Umstände, die sie zur Rückkehr nach England bewogen hatten, kam es mir reichlich anmaßend vor, nun das Gesetz zu zitieren. Ich schwieg jedoch.

»Dein Vater ist noch egoistischer, als ich dachte«, meinte sie. »Er hat mich verlassen, und jetzt bin ich alleinerziehend. Sieh mich nur an! Ich bin krank, vollkommen erschöpft und muss mich um alles selbst kümmern. Wie soll ich denn Arbeit finden *und* für dich sorgen?«

»Kann ich nicht einfach die Schule in Lewes besuchen?«, fragte ich. Dort gab es eine Grundschule. Wir waren schon mehrfach an dem kastenförmigen Backsteingebäude vorbeigelaufen.

»Die Schule ist doch schon um drei Uhr vorbei«, sagte Mutter und rollte mit den Augen. »Wer soll sich danach um dich kümmern? Ich brauche einen Job – unsere Ersparnisse reichen nicht ewig.«

Eine Woche zuvor hatte sie ihre Eltern angerufen und um Geld gebeten. Sie hatten ansonsten nur selten Kontakt, und ich hatte noch nie mit den beiden gesprochen.

»Das müssen sie sich erst noch verdienen«, hatte sie geheimnisvoll verlauten lassen. Ich wusste nicht, wie viel Geld sie ihr geschickt hatten, aber es musste eine ganze Menge gewesen sein. Genug, um ein Auto davon zu kaufen, die Hotels zu bezahlen und auf Shoppingtouren zu gehen, wo sie teures Spielzeug für mich und neue Kleidung für sich kaufte.

»Vielleicht … könnten Granny und Grandad helfen?« Ich hielt die Luft an, sobald der Satz meine Lippen verlassen hatte. Doch Mutter reagierte nicht. Ich hatte Angst, dass sie wütend werden könnte. Aber ich hatte meine Großeltern schon seit mehr als zwei Jahren nicht mehr gesehen, und jetzt, da auch mein Vater nicht mehr da war, sehnte ich mich nach ein wenig Geborgenheit. »Vielleicht können sie mich von der Schule abholen und mir Abendessen machen. Sie sind doch in der Nähe, oder?«

»Ja, das sind sie.«

Ich hielt kurz inne. »Werden wir sie mal besuchen?«

»Mal sehen.«

Ich sah wieder auf mein Bild hinunter, um mein breites Grinsen vor ihr zu verbergen. Ich wollte es auf keinen Fall vermasseln. Wenn ich weiterhin brav war und Mutter nicht wütend machte, würde ich vielleicht meine Großeltern wiedersehen.

Dass Mutter schließlich ankündigte, wir würden die beiden besuchen, sagt viel darüber aus, wie verhasst ihr so etwas Banales wie »Kinderbetreuung« war. Ich versuchte, mir meine Freude nicht anmerken zu lassen. Es war wichtig, dass sie nicht mitbekam, wie sehr ich die beiden vermisst hatte. Auf der Fahrt zu ihrem Cottage schwieg Mutter. Sie wirkte nervös. Das beunruhigte mich – Mutter war sonst nie nervös.

»Ich muss dir was erzählen, Olivia«, sagte sie plötzlich. »Es ist etwas passiert, als du noch ein Baby warst.« Sie warf mir einen ihrer Blicke im Rückspiegel zu, und meine Handflächen begannen zu kribbeln. Sie sprach gern darüber, wie ich als Baby gewesen war. Ihr zufolge war ich das beste Baby der Welt gewesen. Deshalb sei es nun umso verwunderlicher, dass ich mich zu solch einem komischen Kind entwickelt hätte. Ich sei so ein süßes, pummeliges, rosiges kleines Ding gewesen und hätte fast nie geweint. Mutter konnte sich noch genau daran erinnern, dass ich immer vor Freude gurrte, wenn sie das Zimmer betrat.

»Du warst das perfekte Baby«, sagte sie. »Mein perfektes Baby. So ein süßes Geschöpf. Du warst so unschuldig. Wir haben dich ›kleiner Clive‹ genannt, weil du ihm so ähnlich sahst mit den vielen Haaren und deinen großen grünen Augen.«

Später hatte ich mich dann zu einem verdorbenen Balg entwickelt. Wie sehr sie sich auch abmühte: Meine Schlechtheit war nicht zu beseitigen. Je älter ich wurde, desto tiefer kroch sie in mich hinein. Wie eine Kletterpflanze, die sich immer tiefer in meine Seele bohrte, sich dort festsetzte und mich vergiftete, bis ich von innen schwarz und verfault war. Ich hatte diese Geschichten schon so oft gehört, dass ich sie inzwischen auswendig mitsprechen konnte.

»Haben wir schon mal darüber geredet?«, fragte ich, und sie lächelte.

»Nein, ich habe dir noch nie davon erzählt. Vermutlich aus Loyalität deinem Vater gegenüber.« Sie schnaufte. »Aber damit bin ich durch. Wir sind jetzt auf deine Großeltern angewiesen, aber ich will, dass du weißt, was das für Leute sind. Die Sache ist passiert, als du erst ein paar Monate alt warst und wir zum ersten Mal zu Granny und Grandad gefahren sind.«

»Okay«, sagte ich, und ihre Augen blinzelten mir freundlich im Rückspiegel zu.

»Du warst noch ein kleines Baby. So winzig, dass ich dich in meiner Armbeuge halten konnte. Dein Vater wollte, dass du seine Eltern kennenlernst. Grand-mère und Grand-père hatten dich schon besucht, und das, obwohl sie viel weiter weg in Frankreich leben und deine *Grandparents* direkt vor Ort waren!« Sie stieß ein Lachen aus, und ich schmunzelte vorsichtig. »Nun ja, wir fuhren jedenfalls stundenlang zu ihrem kleinen Cottage. Da haben wir an der Tür geklopft, und ich habe dich so gehalten, dass sie dich direkt nehmen und küssen konnten. Ihre kleine Enkelin! Aber weißt du, was sie stattdessen gemacht haben?«

»Nein, Maman.«

»Absolut nichts. Sie haben sich nur um deinen Vater gekümmert – ›Wie schön, dich zu sehen, Clive!‹«, äffte sie die beiden nach. »Für mich hatten sie nur ein kühles Lächeln und eine ihrer steifen britischen Begrüßungen übrig. Dich haben sie kaum angesehen. Sie wollten mein wunderschönes Baby nicht einmal halten. ›Ich dachte, alle Babys wären süß‹, hat deine Großmutter gesagt. Das hat mich so verletzt. Ich hab gehofft, sie würden vielleicht merken, was für ein tolles Baby du bist, wenn sie dich erst einmal hielten, und habe dich sanft in die Arme deines Großvaters gelegt. ›Sie ist zu schwer‹, hat er nur gesagt. ›Ich will das Ding nicht halten.‹ Sie wollten dich nicht, mochten dich nicht, und das hat mir das Herz gebrochen. Sie haben dich nicht einmal angesehen. Ist das nicht fürchterlich?«

»Ja, Maman.«

»Warum haben sie das nur getan? Was glaubst du, warum sie so grausam waren?«, fragte sie mich traurig.

»Keine Ahnung«, antwortete ich wahrheitsgemäß.

»Deine Großeltern haben mich schon immer abgelehnt, musst du wissen. Ich habe mich von Anfang an so um sie bemüht. Ich war freundlich, höflich und habe mich nie beschwert, auch wenn sie ständig diese Insiderwitze gerissen haben, um mich auszuschließen. Ich habe immer in ihr Lachen mit eingestimmt, und trotzdem haben sie mich nie als Familienmitglied akzeptiert. Ich habe nie dazugehört – die sind so furchtbar britisch mit ihren seltsamen Gewohnheiten, dieser verschlossenen Art und elenden Förmlichkeit. Sie waren absolut dagegen, dass dein Vater eine Französin heiratet. Sind sie immer noch. Sie hassen es, wie ausgelassen und leidenschaftlich ich bin und dass sie mich nicht kontrollieren können, so sehr sie es auch versuchen.« Sie unterbrach sich und warf mir einen weiteren Blick im Rückspiegel zu. »Hast du gemerkt, dass sie dich auch kontrollieren wollen?«

Ich schüttelte den Kopf. Ich wusste nicht, was ich davon halten sollte. Granny und Grandad waren immer so lieb zu mir gewesen. Ich wollte Mutter nicht glauben, aber sie sah sehr betroffen drein, und ich hatte keine Ahnung, warum sie sich so etwas ausdenken sollte.

»Das wollen sie. Sie möchten dein Denken, die Art, wie du redest, und dein Verhalten verändern. Sie möchten, dass du genauso kalt und abgebrüht wirst wie sie. Sie möchten, dass du dich gegen mich wendest – gegen mich, deine eigene Mutter. Aber das lassen wir nicht zu, nicht wahr, mein Engelchen?«

»Nein, Maman.« Wir bogen um die Ecke, und endlich tauchte das Cottage meiner Großeltern vor uns auf. Mutter hielt am Straßenrand und sah mich an.

»Komm mal kurz zu mir nach vorn«, sagte sie. Ich folgte ihrem Wunsch. Sobald ich neben ihr saß, griff sie nach meiner Hand. »Du musst verstehen, dass du zu *mir* gehörst. Du bist *meine* Tochter«, sagte sie. Die Heftigkeit in ihrer Stimme erschrak mich. »Deine

Großeltern wissen das. Sie wollen, dass du schwach und farblos bist, genauso fade wie ihr eigener Sohn. Aber insgeheim wissen sie, dass du so bist wie ich, und das lehnen sie ab. Deshalb wollen sie dich kontrollieren und dich gegen mich aufhetzen.« Sie strich mir das Haar aus dem Gesicht. »Du musst mir jetzt versprechen, dass sie das nicht schaffen werden, mein Liebling.«

»Ich verspreche es«, sagte ich. Meine Hände lagen ineinander verschlungen auf meinem Schoß, und ich starrte sie an, um dem Blick meiner Mutter nicht begegnen zu müssen.

»Gut«, meinte sie. Sie lehnte sich nach vorne und griff nach meinen Oberarmen. Dann drehte sie mich in ihre Richtung, sodass ich ihr zugewandt war. »Ich muss mit dir noch über etwas anderes reden, bevor wir reingehen.« Sie warf einen Blick in Richtung des Cottages. »Deine Großeltern wissen nicht, warum wir Martinique verlassen haben, und auch nicht, warum dein Vater dort geblieben ist.« Sie warf mir einen bohrenden Blick zu. »Was wirst du ihnen also sagen?«

»Dass …«, ich schluckte. »Dass wir gegangen sind, weil wir Heimweh hatten?«, fragte ich hoffnungsvoll. Mutters Griff wurde fester, und ich zuckte zusammen.

»Nein«, sagte sie. »Ich werde ihnen heute sagen, warum wir wieder da sind, und falls du es jemals wagen solltest, ihnen etwas anderes zu erzählen …« Sie ließ den Satz unbeendet, und ich sah langsam zu ihr auf. Ihre Augen glänzten zornig, und ich spürte, dass ich immer noch genauso viel Angst vor ihr hatte wie seit jeher. Mir war klar, dass ich niemals wieder über die Polizisten sprechen würde. »Verstehst du?«

»Ja, Maman.«

»Gut«, entgegnete sie munter. »Dann los! Lass uns reingehen.« Hand in Hand schritten wir zum Haus, und Mutter führte mich zur Tür.

Es war wundervoll, Granny und Grandad wiederzusehen, und ich wünschte mir, Mutter wäre nicht dabei. An Entspannung war nicht zu denken. Ich konnte mich schwach daran erinnern, dass in diesem Cottage etwas Schlimmes im Zusammenhang mit Mutter vorgefallen war, und hätte sie am liebsten allein zu unserer kleinen Mansardenwohnung zurückfahren sehen. Aber sie blieb.

Während des ersten Treffens sagte ich nur wenig, Mutter bestimmte das Gespräch. Sie ließ es so klingen, als wären die letzten Wochen die reinste Tortur gewesen, erzählte von ihrer schweren Krankheit, dem Stress und wie erschöpft sie sei. Immerhin sei sie nun eine alleinerziehende Mutter ohne Job und habe schwere Geldsorgen. Den Ausdruck »alleinerziehende Mutter« wiederholte sie immer wieder, und ich merkte, dass meine Großeltern sich verstohlene Blicke zuwarfen. Irgendwann konnte Granny nicht mehr an sich halten und stellte die offensichtliche Frage: »Was ist denn eigentlich passiert, Josephine? Ich hoffe, es ist in Ordnung, wenn ich das frage.«

»Dein Sohn hat sich für die Karriere entschieden«, verkündete Mutter. Mein Vater hatte keinen Namen und auch keine Verbindung mehr zu meiner Mutter. Scheinbar war er jetzt nur noch jemandes Sohn oder Vater.

»Clive hat gesagt, dass er nachkommt, sobald das Schuljahr endet«, meinte Granny ungeduldig. »Ich meine eher … warum du so plötzlich abgereist bist? Ohne ihn? Ich dachte, es hätte dir dort so gut gefallen?«

»Weißt du das etwa nicht?«, fragte Mutter mit hochgezogener Augenbraue.

»Clive hat uns nichts weiter erzählen wollen«, gab Granny zu. Mutter grinste triumphierend.

»Das wundert mich nicht im Geringsten«, entgegnete sie lässig. »Die Geschichte wirft ja nicht unbedingt das beste Licht auf ihn.« Sie zögerte kurz. »Also hat er euch nicht erzählt, was mit der Polizei passiert ist?« Mein Herzschlag beschleunigte sich. Sie würde doch wohl sicher nicht die Wahrheit erzählen?

»Die Polizei?«, fragte Granny überrascht.

»Ja«, meinte Mutter – immer noch mit hochgezogener Augenbraue. »Ihr scheint ja wirklich gar nichts zu wissen. Nun, gut. Dann sage ich es euch eben.«

Sie fing an zu erzählen, aber mir kam die Geschichte gänzlich unbekannt vor. Ich schwieg, während sie sprach, und in meinem Kopf drehte sich alles. Sie stellte die Dinge folgendermaßen dar.

Auf Martinique hatte meine Mutter in einem Atelier gearbeitet, dort gemalt und Vasen getöpfert. Sie war mit Abstand die erfolgreichste Künstlerin – ihre Arbeiten schienen die Kundschaft geradezu magisch anzuziehen –, aber die Atelierinhaber Elodie und Nicolas missgönnten ihr den Erfolg. Mutter wusste, dass die beiden sie nicht mochten, entschied sich jedoch, professionell mit der Situation umzugehen und die Spannungen zu ignorieren. Eines Tages wurde jedoch ihre Besorgnis geweckt. Elodie und Nicolas hatten einen Jungen aus der Gegend eingestellt, der ihre Töpferware glasierte. Er wurde plötzlich schwer krank. Mutter stellte einige Nachforschungen an und entdeckte, dass das Glasurmittel giftige Stoffe enthielt. Sie informierte umgehend Elodie und Nicolas und bat sie, ein anderes Mittel zu verwenden. Doch die beiden weigerten sich mit der Begründung, dass eine andere Chemikalie dreimal so viel kosten würde. Außerdem gäbe es keinerlei Beweise für ihre Vermutung.

Mutter tat alles in ihrer Macht Stehende, aber niemand reagierte. Selbst Clive, der ihr eigentlich bedingungslos hätte beistehen müssen, sagte ihr, sie solle die Sache ruhen lassen. Der Junge erholte sich und kehrte trotz ihrer Warnungen ins Atelier zurück. Sie sprach mit ihm und bot ihm sogar Geld an, um die Stelle aufzugeben. Doch Elodie und Nicolas hatten ihn gegen sie aufgestachelt, und er weigerte sich, Mutters Worten Gehör zu schenken. Schon bald erkrankte er von Neuem, und dieses Mal – und das war so unendlich traurig – *starb* er.

Mutter war selbstverständlich fürchterlich aufgebracht und involvierte das lokale Zeitungsblatt. Daraufhin unterstellten ihr Elodie und Nicolas, sie habe sie bestohlen und ihre Kunstwerke illegal verkauft. Die Polizei bestellte sie schließlich zum Verhör ein – sie, als wäre *sie* die Kriminelle! Sie bemerkten zwar schnell, dass das ein Fehler war, und entschuldigten sich mehrfach, aber es war zu spät: Mutter wollte keinesfalls auf einer Insel bleiben, auf der der Tod eines Jungen ungesühnt blieb, wo bösartige und gierige Menschen wie Elodie und Nicolas trotz ihrer Verbrechen unbehelligt blieben und wo ihr eigener guter Ruf durch die Behauptung, sie habe gestohlen, besudelt wurde. Andere Leute könnten so etwas vielleicht hinnehmen, aber nicht sie. Sie hatte Prinzipien, und die würde sie mit aller Macht verteidigen, sogar, wenn sie dadurch alles verlieren würde. Ja, genau die Art von Mensch war sie.

Granny und Grandad hörten ungläubig zu, ich war gleichermaßen verwirrt und empört. Warum erzählte Mutter solche Geschichten? Ich wusste, dass nichts davon stimmte, aber sie wirkte dermaßen aufgebracht, als glaubte sie tatsächlich an diese Version der Ereignisse. Ich beobachtete sie beim Sprechen, ihre ernste Mimik und die geschickte Art, die Dinge neu zu präsentieren. Sie wirkte so überzeugend, dass ich ihr beinahe selbst geglaubt hätte.

Vielleicht hat sie ein Problem mit ihrem Gedächtnis, dachte ich. *Vielleicht steckt gar keine böse Absicht dahinter*. Aber zwei Dinge fielen mir beim Zuhören auf – und später berichtete Granny, dass ihr genau das Gleiche aufgestoßen war. Zum einen reichte es ihr nicht, sich von jeglicher Schuld freizusprechen; sie musste auch noch die Heldin der Geschichte sein, auf die jeder hätte hören sollen. Mutter war die einzige Figur in dieser Saga, die sich nicht irrte – im Gegensatz zu den habgierigen Lügnern Elodie und Nicolas, meinem illoyalen und untätigen Vater sowie der fehlgeleiteten, impulsgesteuerten Polizei. Nur Mutter kam in dieser Version der Ereignisse unbeschadet davon, sie war eine Märtyrerin.

Was uns weiterhin auffiel, war ihr Gesichtsausdruck während des Erzählens. In ihren Augen loderte eine Art heiliger Zorn, als sie darüber sprach, wie ihr Name besudelt worden war. Schock und Schmerz brachen sich Bahn, als sie die grausame Wahrheit enthüllte – wie der Junge, den sie so verzweifelt hatte retten wollen, letztlich gestorben war. Ihr Gesicht strahlte eine hypnotische Wirkung aus; ihre Mundwinkel waren nach unten gezogen, die Lippen bebten, Tränen glänzten in ihren Augen.

Sobald Granny und Grandad aufstanden, um in die Küche zu gehen, warf sie mir einen Blick zu und lehnte sich in ihrem Stuhl zurück. Sie stützte selbstgefällig den Kopf auf ihrer geballten Faust ab, so als wollte sie sagen: »Na, wie findest du meine Geschichte?«

Dieser Gesichtsausdruck machte mir mehr Angst als all ihre Lügen zusammen. Ich musste nachts im Bett daran denken und träumte sogar davon: von ihrer arrogant hochgezogenen Augenbraue, dem herablassenden Grinsen und dem goldenen Schimmern ihrer Augen.

Psychopathie-Merkmal Nr. 6: Pathologisches Lügen

Psychopathen lügen mühelos, sind überzeugend und extrem schlagfertig. Sie lügen, um die Kontrolle über andere zu gewinnen, Mitleid zu erregen, Schuldzuweisungen zu entgehen und um sich auf eine bestimmte Weise darzustellen. Im Gegensatz zu normalen Menschen schämen sich Psychopathen nicht für ihre Lügen, sondern schwelgen darin. Es nährt ihre Sucht nach Dominanz und bereitet ihnen Wohlgefühl, jenes in Fachkreisen als »duping delight« bezeichnete Empfinden, das sich als Reaktion auf eine geglückte Manipulation zum Beispiel als verräterisches Grinsen äußern kann.

7
Betrug

*»Psychopathen lügen mühelos, sind überzeugend
und extrem schlagfertig.«*

Das Wiedersehen mit Granny und Grandad blieb nicht die einzige schöne Überraschung in unserem ersten Monat in Lewes. Ich fand auch meine erste enge Freundin: Amelia und ich begegneten uns gleich am ersten Schultag. Sie war ein Jahr älter als ich, und wir besuchten unterschiedliche Klassen, aber weil die Schule so klein war, kannten sich alle. Ich sah sie zum ersten Mal während der Pause, als sie gerade auf der anderen Seite des Schulhofs mit ihren Freundinnen spielte. Sie war ein großes hübsches Mädchen mit langen blonden Haaren, und ich fand sie unglaublich elegant. Ich fühlte mich vom ersten Moment an zu ihr hingezogen, traute mich jedoch nicht, Hallo zu sagen. Stattdessen näherte ich mich ihr langsam und blieb in einiger Entfernung stehen. Ich lächelte unsicher und tat so, als gehörte ich irgendwo dazu. Sie sah mich an, flüsterte ihrer Freundin etwas ins Ohr und kam dann zu mir herübermarschiert.

»Ich bin Amelia«, verkündete sie. »Wie heißt du?«

»Olivia«, murmelte ich und wünschte mir, ich hätte nur ein Fünkchen ihres Selbstbewusstseins.

»Du bist neu hier«, sagte sie, und ich nickte. »Woher kommst du?«

»Hm …« Ich zögerte. Ich war mir nicht sicher, woher ich kam, da wir schon so oft umgezogen waren. »Also, wir haben auf Martinique gewohnt, bevor wir wieder nach England gezogen sind.«

»Martinique?« Amelia runzelte die Augenbrauen und stemmte die Hände in die Hüften. »Wo ist das denn?«

»Weiß nicht«, entgegnete ich dümmlich. Sie lachte auf und bedeutete mir dann, ihr zu folgen. An den Schulhof grenzte ein kleiner Teich an, der für den Naturkundeunterricht genutzt wurde. Hier wurde den Schülern etwas über Molche und Kaulquappen beigebracht, die sich später in Frösche verwandelten. Auf dem Teich trieben rosafarbene und blassgelbe Seerosen, am Rand war er von großen weißen Kieselsteinen gesäumt.

»Magst du unseren Teich?«, fragte sie. Ich nickte bekräftigend. »Da sind eine Menge Tiere drin«, sagte sie. »Du kannst sie anfassen, wenn du vorsichtig bist. Komm, sieh mal.«

Als ich mich über das Wasser beugte, hörte ich ein leises Kichern hinter mit. Dann spürte ich Amelias Hände auf meinem Rücken. Sie schubste mich – nicht besonders fest, aber fest genug –, und ich stolperte über die weißen Steine in Richtung des Teichs. Kaltes Wasser drang in meine Schuhe, Seegras umschlang meine Knöchel, und ich suchte verzweifelt nach Halt. Ich starrte Amelia atemlos an, mein Herz pochte wie wild. Sie legte die Hand auf den Mund, wohl um das Lächeln zu verstecken, das ich eindeutig an ihren Augen ablesen konnte.

»Es tut mir so leid!«, stieß sie hervor. »Ich weiß nicht, warum ich das getan habe.« Sie kicherte erneut, und ich sah sie unsicher an. Sie kam näher, und ich fragte mich, ob sie mich noch einmal schubsen würde. Doch stattdessen nahm sie mich in den Arm. »Es tut mir wirklich leid«, sagte sie ernst. »Ich weiß nicht, warum ich das getan habe … Irgendwie hab ich das wohl für lustig gehalten. Geht's dir gut?«

»Ja«, antwortete ich. Es war mir wichtig, dass sie mich nicht für ein Weichei hielt. »Alles in Ordnung. Das *war* lustig.«

Sie beäugte meine durchnässten Schuhe und die dreckige Hose.

»Oje, deine Schuhe sind ja ganz nass.«

»Das ist nicht schlimm, die trocknen wieder«, meinte ich und versuchte, lässig zu wirken. Insgeheim hatte ich Angst, was Mutter beim Abholen sagen würde. Sie hasste Dreck, und auch Tollpatschigkeit war ihr ein Gräuel. Schon jetzt suchte ich fieberhaft nach einer Erklärung.

»Deine Mum wird bestimmt sauer sein«, sagte Amelia. »Ich sag ihr, dass es mein Fehler war.« Ich schüttelte den Kopf. Ich mochte Amelia und wollte, dass wir Freundinnen wurden. Also durfte Mutter nicht schlecht über sie denken.

Nach der Schule ging Amelia geradewegs auf Mutter zu, die neben den anderen Eltern an der Mauer wartete und über den Rand ihrer Sonnenbrille spähte. Ich folgte ihr langsam, mein Herz pochte wild.

»Mrs. Lacroix?«, fragte sie. »Ich bin Amelia und gehe in die fünfte Klasse. Leider bin ich in der Mittagspause gestolpert und habe Olivia in den Teich gestoßen. Inzwischen ist alles wieder trocken, aber ihre Schuhe und ihre Hose sind schmutzig geworden. Es tut mir wirklich leid, und ich wollte, dass Sie wissen, es war allein meine Schuld.«

Ich beobachtete Mutter aufmerksam. Augenscheinlich gefiel ihr das selbstbewusste Mädchen. Ihr Blick glitt über Amelia und ruhte schließlich auf mir. Ich trat von einem Fuß auf den anderen. Es folgte eine kleine Pause, während sie überlegte, was sie sagen sollte. Dann lächelte sie.

»Sei nicht albern«, meinte sie und lachte laut. »So was passiert eben. Ein bisschen Dreck hat noch niemandem ernsthaft geschadet.«

Ich dachte daran, wie sie mich auf Martinique angeschrien hatte, wenn ich Sand ins Haus getragen hatte, und schwieg.

»Puh!«, stieß Amelia lachend hervor. »Ich hatte Angst, Sie würden sauer sein.«

»Warum sollte ich wegen eines bisschen Schlamms sauer sein?«, fragte Mutter. Sie lächelte, aber in ihrer Stimme schwang nun ein gewisser Unterton mit. Amelia hatte bestimmt nichts bemerkt, aber ich wurde nervös. »Es ist wirklich nicht weiter schlimm.«

Eine Frau näherte sich. Wegen des blonden Haars und des breiten Lächelns hielt ich sie direkt für Amelias Mutter. »Hallo!«, begrüßte sie Amelia. Sie hatte eine warme Stimme, sprach mit leichtem Akzent, und um ihre Augen bildeten sich Fältchen, wenn sie lächelte. »Du willst mich heute wohl nicht begrüßen?« Amelia griff so selbstverständlich nach der Hand ihrer Mutter, dass Neid in mir aufstieg.

»Ich habe nur der Mutter von meiner neuen Freundin Olivia Hallo gesagt«, antwortete sie. »Ich habe Olivia vorhin aus Versehen in den Teich gestoßen und wollte mich entschuldigen.«

»Du Tollpatsch«, neckte ihre Mutter sie liebevoll. Sie lächelte mich an, sagte Hallo und wandte sich dann Mutter zu. »Hi, ich bin Sigrid. Sie müssen neu hier sein!«

Auch ohne hinzusehen, wusste ich, dass Mutter Sigrid interessant fand, sobald sie ihren fremden Akzent wahrnahm. Sie erwiderte ihr Lächeln mit ihrem einnehmenden breiten Grinsen.

»Hi, ich bin Josephine. Stimmt, wir sind erst gerade hierhergezogen.« Sie strich eine Haarsträhne zurück, ihre Grübchen schienen tiefer denn je. »Irre ich mich, oder sprechen Sie mit einem Akzent?«

»Richtig, ich bin Schwedin«, antwortete Sigrid, und Mutters Augen leuchteten auf.

»Ich bin Französin!«, rief sie begeistert. »Wie schön, eine andere Europäerin zu treffen!«

Mutters Zuneigung wurde dadurch befeuert, dass Sigrid nicht so eine spießige Britin wie Granny und Grandad war. Aber sie schien sie auch sonst ernsthaft zu mögen. Sigrid war intelligent, lustig und selbstbewusst. Außerdem sah sie bildschön aus, was Mutters Ansicht nach auch nie schaden konnte. Mutter sah zu keinem auf – niemand war so interessant oder dynamisch wie sie –, aber Sigrid schien zumindest ihrer Freundschaft würdig zu sein.

***

Nachdem wieder mehr Menschen in unser Leben getreten waren, wurde Mutter ganz die Alte. Sie mietete ein Studio in einem Atelier an und gründete ein kleines Kunstgewerbe. Sie zeichnete Porträts, spachtelte Farbe auf und formte Töpfe, dabei sang sie zu *The Beautiful South* und bestand darauf, dass ich sie begleitete. In diesem Jahr spielte sie das Album in Dauerschleife ab; ich kann immer noch jedes Wort mitsingen.

Sie blühte sichtlich auf, war sehr zufrieden mit ihrem Äußeren und band ihr Haar oft mit bunten Schals und Kopftüchern hoch. Sie war wieder das Chamäleon, und es faszinierte mich zu beobachten, wie sie je nach Lust und Laune Rollen erschuf und wieder fallen ließ. Die gestresste Alleinerziehende war niemand, der sie allzu lange sein wollte – das war zu wenig glamourös, zu langweilig –, aber immerhin hatte sie eine Zeit lang Nutzen aus dieser Figur ziehen können. Die mutige, unabhängige Künstlerin, die ihren unbrauchbaren Ehemann verlassen hatte, um mit ihrem kleinen Mädchen neu anzufangen, war eine wesentlich spannendere Rolle für sie. Mutter stellte meinen Vater als einen üblen Taugenichts dar und erhielt viele Komplimente für ihre Kraft und Eigenständigkeit.

»Gut, dass du ihn verlassen hast«, hörte ich Sigrid eines Nachmittags sagen, als die beiden gerade Kaffee in ihrem Garten tranken. »Du hast schon innerhalb eines Monats so viel erreicht, du bist bestimmt nicht auf ihn angewiesen. Solche Typen ändern sich nie.«

Was für Typen?, fragte ich mich. *Was hat Mutter erzählt?*

»Das stimmt«, Mutter seufzte, legte ihre Hände um die Kaffeetasse und biss sich auf die Unterlippe. »Ich wünschte nur, ich hätte eher etwas unternommen. Vielleicht würde der Junge dann noch leben …« Ihre Stimme brach, und sie sah nach unten. »Ich fühle mich so schuldig.«

»Das musst du nicht«, sagte Sigrid. »Du hast alles Menschenmögliche getan.« Sie lehnte sich vor und streichelte Mutters Arm. »Für mich bist du eine Heldin.«

Mutter lachte leise und wischte sich mit einer Hand über die Augen. »Ach, so weit würde ich jetzt nicht gehen …«

Hitze stieg mir ins Gesicht, und ich wendete den Blick ab. Abends schrieb ich in mein Tagebuch: *Nur Lügen. Lügen, Lügen, Lügen. Ich weiß, dass nichts stimmt. Aber ich denke, sie glaubt daran.* Das tat sie natürlich nicht wirklich, aber sie wirkte so überzeugend, dass ich immer wieder Zweifel bekam. Der Schmerz in ihrer Stimme, die Tränen in ihren großen grauen Augen, die Art, wie ihr Kinn für einen Moment bebte, bevor sie tief einatmete und den Blick gen Himmel richtete – sie war eine ausgesprochen gewiefte Manipulatorin. Aber das wusste ich damals noch nicht.

Ich vermisste meinen Vater schmerzlich. Amelia und ich waren jedoch vom ersten Schultag an unzertrennlich, und das half mir ein bisschen. Sie kümmerte sich um mich, als wäre ich eine kleine Schwester. Beim Gehen hakte sie sich bei mir unter, erzählte mir Witze, wenn es mir nicht gut ging, flocht mein Haar zu Zöpfen und sagte mir, dass ich hübsch und lustig sei.

Nach der Schule gingen wir zu ihr, picknickten im Garten und unterhielten uns dort über die wirklich wichtigen Dinge: Furbies, Pogs und die Spice Girls. Wir tauschten Spielzeug aus, bemalten uns gegenseitig die Nägel und verdrückten eimerweise Kirschen mit Sprühsahne aus der Dose. Schreiend vor Lachen spuckten wir die Kerne aufeinander. Einmal dachte ich an die Geburtstagsfeier auf Martinique zurück: Erst vor wenigen Monaten hatte ich in meinem Zimmer geweint und mich einsam und gedemütigt gefühlt. Ich hatte mich so sehr nach einer Freundin gesehnt. Das schien inzwischen sehr lange zurückzuliegen.

***

»Deine Mum ist komisch«, sagte Amelia eines Tages mit einem Mund voller Kirschen. Mein Herzschlag setzte aus.

»Wie meinst du das?«, fragte ich, doch sie zuckte nur mit den Schultern.

»Sie ist einfach komisch«, meinte sie. »Manchmal guckt sie dich so komisch an. Mich auch. Ich glaube nicht, dass sie mich besonders mag.«

»Sie mag dich sehr«, wandte ich ein. »Das hat sie mir selbst gesagt.«

Mutter hatte nichts dergleichen behauptet, aber ich wollte Amelia beschützen. Mutter war manchmal immer noch sehr gemein zu mir, aber seitdem wir zurück in England waren, hatte sie sich insgesamt freundlicher denn je verhalten, und ich wollte nicht mehr an die schlimmen Erlebnisse auf Martinique denken. Die Zeiten änderten sich, Mutter hatte sich geändert. Vielleicht hatte es nicht an ihr oder an mir gelegen, sondern an der Insel. Vielleicht hätten wir nie dorthin gehen sollen. Vielleicht war es wirklich egoistisch von meinem Vater, dass er nicht mit zurückgekommen war. Vielleicht war es tatsächlich seine Schuld.

Ich wollte das alles hinter mir lassen, es ein für alle Mal »abhaken« und stellte mir das auch bildlich vor. Vor meinem inneren Auge sah ich mich selbst in unserer kleinen Bucht auf Martinique. Ich hatte den Blick auf unser Haus hoch oben auf dem Felsen gerichtet. In der Hand hielt ich einen langen Stock, den ich durch den Sand gleiten ließ. Langsam entstand ein riesiges Häkchen – und das war's. So einfach war all das Schlechte beendet, vorbei und vergessen.

»Ich glaube nicht, dass sie mich mag«, meinte Amelia, reihte Kirschkerne auf der Tischplatte auf und schnipste dann einen nach dem anderen in das Blumenbeet hinter ihr. Sie zögerte kurz und kicherte dann leise. »Weißt du, an wen sie mich erinnert?«

»An wen?«, fragte ich.

Sie warf mir einen verschlagenen Blick zu und lachte. »Erinnerst du dich an die Oberhexe aus *Hexen hexen?*« Ich schlug die Hand vor den Mund. Zu jener Zeit war ich nahezu besessen von Roald-Dahl-Büchern, und Amelia und ich hatten die Verfilmung wenige Tage zuvor gesehen. Wir waren mächtig begeistert gewesen, aber als die Oberhexe ihr schönes Gesicht abgelegt und die hässliche Kreatur darunter offenbart hatte, war mir eng ums Herz geworden.

»Nicht, weil die beiden sich ähnlich sehen!«, fügte Amelia schnell hinzu, als sie meinen Gesichtsausdruck bemerkte. »Aber manchmal ist sie total nett zu einem, und es wirkt irgendwie komisch und so, als würde sie es nicht ernst meinen. Als ich gestern bei euch war, hast du dein Glas umgestoßen, und sie hat gesagt, dass das nicht schlimm ist. Aber ihr Gesicht sah seltsam aus, ganz steif, wie eine Maske. Ich hatte kurz Angst, dass sie nie abziehen würde und man dann ihr Hexengesicht sehen könnte.«

Ich lachte, wusste jedoch nicht, was ich dazu sagen sollte.

Am liebsten hätte ich Amelia alles erzählt, aber ich traute mich nicht. Ich fürchtete mich davor, dass sie nicht mehr länger meine Freundin sein wollte, wenn sie wirklich wüsste, wie Mutter sein konnte. Außerdem schämte ich mich auch meinetwegen, weil ich so eine Enttäuschung war, über die sich Mutter ständig aufregte. Und irgendwo hinter der Furcht und meiner Scham verbarg sich noch ein anderes Gefühl: Loyalität gegenüber Mutter und das Bedürfnis, sie zu beschützen. Ich wollte sie nicht verraten. Gleichzeitig brannte Verzweiflung in meinem Bauch. Ich wollte Amelia zumindest ein bisschen erzählen – etwas Kleines, ein winziges bisschen Wahrheit.

»Manchmal wird sie richtig wütend«, flüsterte ich. »Meistens wenn ich frech war. Aber manchmal …« Ich wusste nicht, wie ich das ausdrücken sollte. Leere machte sich in mir breit, und plötzlich brannten Tränen in meinen Augen. Ich fühlte mich so beschämt. Kurzerhand griff ich nach der Sprühsahne, zielte auf meinen Mund und hielt den Finger so lange auf den Zerstäuber gedrückt, bis schaumige weiße Sahne mein Kinn hinablief. Warum ich das getan habe, ist mir bis heute nicht klar. Vielleicht wollte ich die Leere in mir füllen, vielleicht wollte ich das Gespräch verzögern oder mich schlichtweg davon abhalten, etwas zu sagen, was ich besser nicht laut aussprechen sollte. Obwohl sie damals erst zehn Jahre alt war, verstand Amelia. Sie lehnte sich über den Tisch und drückte meine Hand.

»Nicht weinen«, sagte sie. »Es tut mir leid, dass ich das gesagt habe. Es sollte nur ein Witz sein!« Sie sah mich an und brach in Lachen aus. »Du siehst aus wie eine Verrückte mit Schaum vor dem Mund!« Dann griff sie nach der Dose, zielte auf ihren eigenen Mund und sprühte, bis auch ihr die Sahne über das Kinn lief. »Jetzt sind wir zwei Verrückte.«

***

Endlich eine Freundin zu haben war wundervoll. Die Krönung unserer Rückkehr war jedoch, dass Granny und Grandad wieder zu unserem Leben dazugehörten. An drei Tagen pro Woche holte Granny mich von der Schule ab, während Mutter in ihrem Studio arbeitete. Dann verbrachte ich die Nachmittage und Abende in ihrem Cottage. Ich liebte das Cottage, den Geruch von alter Farbe und rissigem Leder, das leise Flüstern seines Alters, die Spitzenvorhänge an den Fenstern, die Fürsorge meiner Großmutter und den weichen grauen Bart meines Großvaters. Das Cottage wurde zu meinem sicheren Hafen. Selbst jetzt erscheinen mir die Erinnerungen daran in einem besonderen Licht: Sie leuchten golden oder auch sepiafarben, wie Nostalgie. Am liebsten wäre ich immer im Cottage geblieben. Manchmal kam Amelia mit, und wir halfen Grandad bei der Gartenarbeit, backten Kekse mit Granny oder lümmelten einfach im Wohnzimmer herum, wo wir plauderten und Handstände probten, die meistens mit einem lauten Rums auf dem Wohnzimmerboden endeten.

Zweifellos stand Mutters Wunsch nach Unterstützung hinter dem erneuten Kontakt zu Granny und Grandad. Ohne meinen Vater hätte sie die elterlichen Lasten ansonsten allein schultern müssen. Meine Großeltern waren die perfekten Kindersitter – Mutter konnte mich vorbeibringen, wann immer und so oft sie wollte. Die beiden hätten sich vor Angst, der Kontakt könnte wieder abbrechen, niemals beschwert. Als wir auf Martinique gelebt hatten, hatte ich noch nicht einmal mit ihnen telefonieren oder ihre Briefe beantworten dürfen. Nun verhielt Mutter sich ihnen gegenüber höflich und tat beim Abholen so, als freute sie sich, mich zu sehen. Mit der Hand auf dem Herzen bedankte sie sich, doch auf der Rückfahrt nach Hause legte sie los. In Anlehnung an das schreckliche Ehepaar aus dem Roald-Dahl-Buch nannte sie die beiden »die Zwicks« und erzählte mir furchtbare Geschichten über sie: wie schrecklich sie sich früher ihr gegenüber verhalten hätten, dass Granny den bösartigen Grandad verlassen sollte, wie oft sie sich schon über das Kindersitting beschwert hätten, wie enttäuscht sie von mir seien …

Ich versuchte, ihren Worten keinen Glauben zu schenken.

***

An einem Julinachmittag wartete im Cottage eine Überraschung auf mich: Mein Vater saß verlegen lächelnd in der Küche. Ich brach in Tränen aus und rannte ihm entgegen. Genau wie in meinen Träumen schlang ich stürmisch die Arme um ihn und drückte ihn fest. Ich kann mich noch genau daran erinnern, wie er meine Umarmung erwiderte. Seine Arme fühlten sich schwer auf meinen Schultern an, und er umfasste mein erhitztes, gerötetes Gesicht. Tränen standen in seinen Augen. Granny lehnte am Türrahmen und lächelte traurig.

»Du bist wieder da!«, rief ich, entließ ihn jedoch nicht aus meiner Umarmung. »Du bist wirklich wieder zurückgekommen!«

»Natürlich bin ich zurück«, sagte er. »Ich hatte doch gesagt, dass ich nach Ende des Schuljahrs sofort nachkomme, oder?«

»Bleibst du jetzt für immer?«, fragte ich, und er nickte.

»Aber sicher, kleine Olive.«

»Weiß Maman schon davon?«, fragte ich.

Er warf Granny einen Blick zu und wandte sich dann wieder in meine Richtung.

»Nein … Es ist eine Überraschung.«

»Maman mag keine Überraschungen.«

»Nun gut, aber deine Mutter reagiert nicht auf seine Anrufe«, sagte Granny. »Wir können jedenfalls nichts mehr daran ändern, falls ihr die Überraschung nicht gefällt.« In ihrer Stimme schwang eine Verbitterung mit, die mich überraschte. Als ich zu ihr hinübersah, zwinkerte sie mir jedoch freundlich zu. »Es wird schon nicht so schlimm sein.«

Da war ich mir nicht so sicher, aber ich sagte nichts. Als Mutter abends kam, um mich abzuholen, war sie sichtlich geschockt, dass mein Vater da war. Sie hatte sich jedoch schnell unter Kontrolle.

»Clive«, sagte sie kühl. Das hoffnungsvolle Lächeln in seinem Gesicht erstarb. Sie warf meiner Großmutter einen anschuldigenden Blick zu. »Ich hätte wissen müssen, dass ihr hinter meinem Rücken miteinander gemeinsame Sache macht.«

»Hier macht niemand gemeinsame Sache, Josephine. Clive ist gerade erst zurückgekommen und wusste nicht, wo er sonst hinsollte. Er ist unser Sohn, also kann er natürlich jederzeit bei uns unterkommen.«

Mutter schnaufte. »Los, Olivia. Wir gehen.«

Vater stand unsicher neben ihr und berührte ihren Arm.

»Ich … Ich komme doch mit, oder?«

Sie blinzelte ihn an, ihr Gesicht war regungslos. »Warum solltest du?«, fragte sie. »Wir sind getrennt.«

»Aber doch nicht wirklich«, entgegnete Vater, sah von Mutter zu mir und wieder zurück. »Nicht *wirklich* getrennt. Komm schon, das kannst du nicht machen. Du weißt, dass ich mit dir zusammen sein möchte.«

»Nicht so sehr, wie du das Schuljahr beenden wolltest«, schoss sie zurück, und ihr Mund verzog sich.

»Das ist nicht fair, und das weißt du auch«, sagte Vater und klang dieses Mal bestimmt. Ich hatte es nie ertragen, wenn er sich von ihr hatte herunterputzen lassen, und hoffte, dass er inzwischen etwas abgehärteter war und nicht nachgeben würde. »Ich habe dir gesagt, dass ich nach dem Schulende kommen würde, und hier bin ich.«

»Toll«, sagte Mutter sarkastisch und warf ihm einen hasserfüllten Blick zu. Das tat mir weh. Sie legte ihre Hand auf meine Schulter und schob mich aus dem Haus. »Komm schon, Olivia. Raus hier.«

»Wartet!« Mein Vater folgte uns. »Wartet!« Er berührte sie erneut an der Schulter, ganz sanft und vorsichtig. Sie sah seine Hand angeekelt an, und er nahm sie weg. »Bitte sag mir doch, was ich tun soll. Sag mir, was du willst.«

»Was ich will?«, wiederholte Mutter, so als hätte er etwas sehr Dämliches von sich gegeben. Sie dachte kurz nach. Ihre Hand lag noch immer auf meiner Schulter und fühlte sich schwer an. Am liebsten hätte ich sie abgeschüttelt, aber das traute ich mich nicht.

»Ich will, dass du dich bemühst«, stieß sie plötzlich hervor. »Kämpf um mich. Kämpf so um mich, wie ich es verdient habe!«

Also kämpfte er um sie, was niemanden überraschte. Mutter genoss jeden Moment. Er schickte riesige Blumensträuße – pinke und rote Rosen, zarte weiße Blümchen, die an Spitze erinnerten, lilafarbene Blüten mit großen glänzenden Blättern. Je nach Laune stellte Mutter die Blumen in eine Vase oder schmiss sie in die Mülltonne. »Blumen, wie originell!«, schnaufte sie dann. Sobald sie fort war, rannte ich zur Mülltonne und öffnete den Deckel. Ich starrte die ungewollten Blumen an, und mein Herz schmerzte. Manchmal löste ich eine einzige Blüte aus dem Strauß und versteckte sie in meinem Zimmer. So fühlte es sich weniger so an, als wäre mein Vater abgelehnt und verstoßen worden.

Ab und an kam er unangekündigt zu Besuch, wenn Mutter ihn gerade mit Schweigen bestrafte. Sie verhielt sich dann immer besonders ekelhaft. Eines Abends lag ich gerade in der Badewanne, als es an der Tür klingelte.

»Ich frage mich, wer das wohl ist«, meinte Mutter, schüttelte ihre Locken und ging zur Tür.

Natürlich war es Vater, und ich saß ganz still in der Wanne, damit ich ja alles, was gesagt wurde, verstehen konnte. Ich hörte seinen bedrückten Tonfall, während sie schrie und ihn beleidigte – er sei ein verdammter Bastard, die reinste Platzverschwendung, wie könne er es wagen, ihr all die beschissenen Blumen zu bringen, obwohl sie mehr als deutlich gemacht habe, dass sie kein verdammtes Interesse habe?

Ich stand auf und presste mein Gesicht an das Dachfenster. Unten stand Vater mit traurigem Gesicht und Blumen in der Hand, die hoffnungslos gen Boden deuteten. Mutter stieß ihn fest gegen die Brust. Als er nicht reagierte, entriss sie ihm die Blumen und begann, damit auf ihn einzuschlagen. Obwohl die Szene nahezu komisch aussah, war sie es natürlich nicht. Dann trat sie einen Schritt zurück und verließ mein Sichtfeld. Ich konnte jedoch jedes einzelne Wort hören, und was sie sagte, um meinen Vater zu verletzen, traf auch mich. Ich musste die Begriffe gar nicht kennen, um zu wissen, dass sie erfunden worden waren, um anderen damit wehzutun: *Erbärmlicher Trottel. Krankes Schwein. Hurensohn.* Als ich am nächsten Tag nach draußen ging, war der Boden von Blütenblättern übersät – weichen rosafarbenen Pfingstrosen –, die mittlerweile verdreckt waren und in der Sonne welkten. Auch dieser Anblick schmerzte.

Erst nach einem Monat gab Mutter nach. Sie erstellte zuvor jedoch noch einen Vertrag, den mein Vater unterzeichnen musste. Sie wollte sicherstellen, dass sie ihm vertrauen konnte und seine oberste Priorität war. Niemals mehr wollte sie an zweiter Stelle stehen. Nicht hinter seiner Arbeit, seinen Eltern oder mir. Ich wusste nicht recht, was ich davon halten sollte. Ich freute mich zwar, dass mein Vater wieder da war, gleichzeitig machte mich sein Einzug in unsere kleine Dachwohnung auch sehr nervös.

Mein Vater war bester Laune. Er grinste mir triumphierend zu, als er seinen Koffer auf unseren Tisch plumpsen ließ. Ich grinste zurück, hatte jedoch einen metallischen Geschmack im Mund und spürte, wie eine dunkle Vorahnung in mir aufkeimte.

Jahre später, als Granny und ich nach nahezu einem Jahrzehnt wieder in Kontakt zueinander standen, erzählte sie mir, dass sie kurzzeitig tatsächlich gehofft hatte, alles habe ein Ende gefunden. Mein Vater hatte zum ersten Mal offen über seine Beziehung gesprochen. Er hatte gemeint, dass die Ehe am Ende sei.

»Vielleicht ist es besser so«, hatte Granny geantwortet. »Vielleicht soll es einfach so sein.«

Aber dann hatte er mit Leidensmiene gesagt: »Doch wenn ich nicht um sie kämpfe, verliere ich Olivia. Da bin ich mir sicher. Sie wird einfach nach Frankreich mit ihr verschwinden, und das war's dann. Was soll ich nur tun? Was soll ich nur tun?« Er wrang die Hände. Granny sah ihn an. Sie konnte nicht glauben, dass dieser Mann ihr Sohn war.

»Wenn dir das nicht klar ist, kann ich dir auch nicht mehr helfen«, murmelte sie.

Ich glaube, dass er meinetwegen um Mutter kämpfte. Weil er mich liebte und wusste, dass er mich nicht mit ihr allein lassen konnte. Aber ich wünschte, er hätte sich nicht die Mühe gemacht. Er hätte fliehen und sich ihrem Griff entwinden können, bevor es zu spät war und er zu einer willigen Spielfigur bei ihren Winkelzügen wurde. Dann hätte ich vielleicht gemerkt, dass es möglich war, ihr zu entkommen. Vielleicht hätten wir gemeinsam weggehen und ein neues Leben ohne sie beginnen können. Aber mein Vater muss gedacht haben, dass er mich nur beschützen konnte, wenn er ebenfalls blieb. So muss es gewesen sein.

***

Sobald mein Vater einzog, wandelte sich Mutters Verhalten wieder. Einige Monate lang war ich ihre Verbündete und Vertraute und Vater der Feind gewesen. Jetzt drehte sie den Spieß um. Ich war erneut die Enttäuschung, der Fehler, das Desaster.

»Was stimmt nicht mit ihr, Clive?«, fragte sie ihn, sobald ich etwas verschüttet, eine Hausarbeit unerledigt gelassen oder ihre neue Frisur nicht bemerkt hatte. Vater sah zur Seite, murmelte leise: »Ich weiß nicht«, und warf mir dann, sobald meine Mutter das Zimmer verlassen hatte, ein kleinlautes Lächeln zu. Ich fühlte mich verraten und wandte mich ab, aber eigentlich konnte ich ihm nie lange böse sein.

Die Mansardenwohnung war zu klein für uns drei, also zogen wir in ein altes Cottage am Stadtrand von Lewes. Normalerweise mieteten meine Eltern unsere Unterkünfte, doch dieses Haus kauften sie, und ich war froh darüber. Ich wäre am liebsten für immer in unserem Cottage in Lewes geblieben. Es war klein, aber hübsch und hatte eine gemütliche helle Küche, eine wacklige Treppe und einen großen Ziegelofen. Es gab nur ein Schlafzimmer, also baute mein Vater den Keller zu einem Kinderzimmer aus. Dort war es dunkel und während der Wintermonate auch feucht, aber das kümmerte mich nicht, weil hinter dem Cottage Pferdewiesen und ein Farnwald lagen, durch den Amelia und ich krochen und Entdecker spielten.

Unser Garten war groß und verwachsen. Eines Tages hoben Vater und ich ein kleines Teichloch aus, kleideten es sorgsam aus, befüllten es mit unserem Gartenschlauch und fuhren dann zum Gartencenter, um Fische zu kaufen. Ich liebte den Teich und brachte Stunden dort zu. Manchmal versuchte ich Kaulquappen und Molche zu fangen und streichelte sie vorsichtig, bevor ich sie ins Wasser entließ. Manchmal stöberte ich auch durch das Gestrüpp ringsherum, suchte Frösche und Insekten und trug sie zum Teich – ihrem neuen Zuhause, das ich für sie geschaffen hatte.

»Hier werdet ihr euch wohlfühlen«, sagte ich und wünschte mir mehr als alles auf der Welt, dass es so sein würde.

***

Eines Tages durfte Amelia bei uns übernachten, und Mutter fuhr mit uns zu einem Feld, wo wir die letzten Erdbeeren der Saison ernten sollten. Das ist meine lebhafteste Kindheitserinnerung, und mir ist noch das kleinste Detail im Gedächtnis geblieben: jedes Geräusch, jeder Geruch, jeder Geschmack.

Es war ein später Nachmittag an einem heißen, stickigen Tag, und die Luft roch nach Heu und Geißblatt, Erde und Sonnencreme. Amelia und ich marschierten über das Feld, trugen kleine Körbchen an den Armen und steckten uns mehr Erdbeeren in den Mund, als wir dort hineinlegten. Mein ganzer Mund schmeckte nach Erdbeeren, und Amelias Kinn war rot verschmiert. Unsere Hände klebten vom Saft.

Die Körbchen waren klein und der Hof groß, und wir mussten andauernd zum Stall zurückkehren, wo unsere randvollen Körbe ausgewogen und beiseitegestellt wurden. Dann zogen wir aufs Neue los. Mutter hatte gesagt, dass sie viele Beeren brauchte – sie kochte gern Marmelade ein und produzierte sie eine Zeit lang massenweise. Sie schenkte anderen gern ein Glas, auf dem ein kariertes Stofftüchlein mit einem braunen Band befestigt war. Das war ihre neueste Rolle: die kreative Landfrau, die nicht nur wunderschöne Tonarbeiten und Gemälde, sondern auch Geschenke aus der Küche zauberte. War Clive nicht zu beneiden? »Ich will ja nicht angeben, aber meine Marmelade hat schon mehrere Auszeichnungen gewonnen«, erzählte sie den Nachbarn und drückte ihnen ein Glas in die Hand. »Eine meiner leichtesten Übungen. Die hier habe ich gestern zusammengemixt!« Von all den Malen, an denen sie fluchend über den Töpfen hing und darüber schimpfte, dass die Marmelade nicht eindickte, war nie die Rede. Sie war natürlich nicht dafür verantwortlich – sondern ich, weil ich nicht die richtigen Beeren gepflückt hatte, oder mein Vater, weil er den billigen Gelierzucker gekauft hatte. Erdbeeren zu pflücken war eine ernste Angelegenheit. Als wir zum dritten Mal mit neuen Körben ausschwärmten, hatte ich eine Idee.

»Lass uns die Beeren in den Körben zerdrücken«, schlug ich Amelia vor. »Sie werden eh zerkocht, und so bekommen wir viel mehr rein!«

Amelia gefiel der Vorschlag, und wir ernteten begeistert weiter, füllten die Körbe voller Beeren und drückten den Inhalt fest nach unten, bis Saft hinauslief und unsere Hände scharlachrot waren. Wir rannten zurück zu Mutter, die am Stall auf uns wartete und mit der Bäuerin sprach. Amelia und ich waren vollkommen außer Atem und strahlten vor Aufregung. Ich weiß noch genau, wie ich sie ansah und mich unendlich glücklich fühlte, diese wunderschöne Freundin zu haben, deren Haar goldfarben im Licht leuchtete, und sie so breit anzugrinsen, dass mein Kiefer schmerzte. Dann sah ich zu Mutter hinüber, winkte ihr und reckte meinen Korb triumphierend in die Höhe. Sie hob langsam den Kopf, betrachtete mich eingehend, sah zu Amelia und auf unsere untergehakten Arme, registrierte mein freudestrahlendes Lächeln, meine frohlockende Körperhaltung. Sie lächelte zurück, aber es war eines jener schmallippigen Lächeln, vor denen ich mich zu fürchten gelernt hatte. Also ließ ich das Körbchen sinken. Es war noch immer heiß, aber um meine Schultern und meinen Nacken schien ein eiskalter Hauch zu wehen.

»Guck mal, Maman«, sagte ich, als wir uns näherten. »Sieh nur, wie viele Erdbeeren wir in unsere Körbe tun konnten.«

Mutter blickte in die Körbe, in denen die platt gedrückten Erdbeeren lagen. Rote Rinnsale befleckten die Seiten. »Es ist nicht besonders nett von euch, so mit den Früchten der Bäuerin umzugehen«, sagte sie tonlos. Die Bäuerin lachte.

»Oh, das macht nichts. Das ist eine ziemlich clevere Art, mehr Beeren in die Körbe zu kriegen«, sagte sie zu mir. »Ich hoffe, es kommen nicht noch mehr Leute darauf, sonst habe ich bald nichts mehr zu verkaufen!« Sie wog die Körbe, packte die Früchte ein und verabschiedete sich fröhlich.

Mutter nickte in Richtung des Autos. »Einsteigen!«, befahl sie, und Amelia und ich rannten zum Wagen. Auf der Rückfahrt sprachen wir kein Wort miteinander, und mir schwante nichts Gutes. Meine Brust war wie zugeschnürt, und mein Herz raste. Das süße Leben war der Verbitterung gewichen, und ich traute mich nicht, geradeaus zu sehen aus Angst, Mutter würde meinem Blick im Rückspiegel begegnen. Also starrte ich aus dem Fenster hinaus auf die vorbeifliegenden Wiesen. Als wir schließlich bei unserem Haus ankamen, drehte sich Mutter um und lächelte Amelia an.

»Einmal aussteigen bitte«, sagte sie mit ihrer liebenswürdigsten Stimme. Dann sah sie zu mir herüber. »Bleib.« Sie sprach mit mir, als wäre ich ein Hund. Also rührte ich mich nicht und wandte mich lediglich von Amelia ab, weil ich ihren entschuldigenden Gesichtsausdruck nicht sehen wollte.

Ich wartete auf der Rückbank. Fünf Minuten. Zehn Minuten. Zwanzig Minuten … Eine halbe Stunde wurde zu einer Stunde, und mir stiegen Tränen in die Augen, als ich auf die Straße hinaussah und die wenigen vorbeifahrenden Autos beobachtete. Um mich abzulenken, begann ich, meinen linken Arm zu malträtieren, und rupfte Haar für Haar aus. Der Nachmittag wurde zum Abend, und ich beobachtete vom Rücksitz aus das Farbspiel des Himmels. Buttergelbe Strahlen verwandelten sich in ein rosiges Licht. Erst beleuchtete es die Straße, dann schien es leise zu flimmern, und schließlich verblasste es und verschwand.

Nach etwa zwei Stunden kehrte Mutter zum Auto zurück. An ihrem Gang sah ich, dass sie rasend vor Wut war. Ich ließ mich tief in den Sitz sinken, als sie die Autotür aufriss. Wortlos griff sie nach meinem rechten Arm und zog mich rücklings aus dem Auto. Ich schrie und stolperte, als sie mich zu unserer Haustür schleifte. Ich drehte den Kopf, um nach meinem Vater Ausschau zu halten.

»Hör bitte auf, Maman!«, bat ich schluchzend, doch sie sagte nichts. Ich stolperte, aber sie zog mich fort. Sie öffnete die Kellertür und zerrte mich die Treppe hinunter. Dabei stießen mein Steißbein, meine Rippen und meine dürren Beine heftig gegen den kalten Stein. Jeder Schritt nach unten jagte einen Ruck durch mich. Auf den untersten Stufen stieß Mutter mich ins Zimmer. Ich fiel kopfüber auf den Teppich und schabte mit dem Kiefer darüber, während ich mit weit ausgestreckten Armen weiter versuchte, mich aufzufangen. Mutter stieg über meine Beine, und ich zuckte zusammen, doch der Schlag blieb aus. Stattdessen stieß sie mich gegen die Wand und lehnte sich so weit nach vorne, dass sie nur noch wenige Zentimeter von mir entfernt war. In dem Moment erinnerte sie mich an Fräulein Knüppelkuh aus dem Buch *Mathilda*, allerdings war sie viel, viel angsteinflößender.

»Du dumme Ziege!«, zischte sie. »Du hast wohl keinen Respekt vor den Früchten der Bäuerin, was? Läufst herum wie eine kleine Schlampe, so als würde dir der Hof gehören. Du hast keinen Funken Respekt für sie oder ihre Beeren gezeigt!«

»Nein, Maman«, stieß ich hervor und hielt die Hände vor mein Gesicht. »Das war keine Absicht. Es tut mir leid!«

»Ich habe mich noch nie in meinem Leben so sehr geschämt. Ich schäme mich unendlich für dich, du ekelhaftes, gieriges, arrogantes Mädchen. Ich fühle mich so gedemütigt.«

»Es tut mir leid«, schluchzte ich. »Ich wollte doch nur mehr Früchte für dich haben.«

»Oh, dann war das also mein Fehler?« Sie lachte so hämisch, dass ich erzitterte. »Weißt du was? Das hast du dir selbst zu verdanken. *Deinetwegen* fühle ich mich so; ich kann nichts dafür.« Sie stieß mich weiter und weiter nach hinten, bis mein Kopf gegen die Wand schlug. »Blöd für dich, dass die Übernachtung gestrichen ist! Jetzt muss ich Amelias Mutter anrufen und ihr erzählen, wie frech du warst. Und sie muss kommen und Amelia früher abholen. Wie peinlich!« Sie wippte auf den Zehen auf und ab und wirkte erleichtert. Dann wandte sie sich um und erklomm leichtfüßig die Treppenstufen. Oben angekommen, hielt sie inne und drehte sich noch einmal in meine Richtung. »Wag es ja nicht, das Licht einzuschalten. Du kannst hier im Dunkeln sitzen und darüber nachdenken, was du getan hast.« Dann öffnete sie die Tür, und das Flurlicht schien nach unten. Ihre Silhouette zeichnete sich vor dem Türrahmen ab, ihre wallende Mähne schimmerte. »Süße Träume!«, fauchte sie und verschwand.

Eine Weile kauerte ich im Dunkeln und weinte, dann kroch ich über den Boden und sank auf mein Bett nieder. Der Abend war warm, aber ich zitterte. Also wickelte ich mich in die kleine Patchworkdecke, die Mutter auf Martinique genäht hatte. Ich liebte diese Decke, auch wenn das Material kratzig war und die Nähte sich langsam auflösten. Das Patchwork bestand aus kleinen Vierecken mit Blumenmotiven in den schönsten Farben – Taubengrau, Lila, Seegrün, Azurblau – und erinnerte mich an die Abendhimmel auf

Martinique. Ich zeichnete die Umrisse der Blumen nach, um mich zu beruhigen.

Über meinem Bett befand sich ein kleines Fenster, das ein Eckchen vom Mitternachtshimmel zeigte. Ich sah nach draußen und fragte mich, warum ich jemals angenommen hatte, das Leben würde in England anders sein.

Nach einer Weile hörte ich ein Auto näher kommen. Dann ertönte Sigrids freundliche Stimme, gefolgt von einer herzlichen Begrüßung durch meine Mutter. Ich sprang auf und öffnete das Fenster. Die köstliche Luft war eine Wohltat in meinem abgestandenen Kämmerchen, aber der Klang von Amelias Stimme war noch besser.

»Darf ich mich von Livvy verabschieden?«

»Das geht leider nicht, Amelia«, sagte Mutter. »Sie hat sich heute Abend total danebenbenommen. Als ich ihr gesagt habe, dass sie mit dem Besitz anderer respektvoller umgehen soll, ist sie ausgerastet. Sie hat mich schlimm verletzt, und ich bin ziemlich geschockt.«

»Verletzt?«, fragte Sigrid überrascht.

»Ja, sie hat mich in den Arm gebissen. Siehst du?«, entgegnete Mutter. Die anderen keuchten erschrocken auf. Mir wurde flau im Magen.

»Aua!« Das war Vater – ich hatte noch gar nicht bemerkt, dass er auch draußen war. »Warum hast du nichts davon gesagt, Josephine?«

»Das sieht ganz schön schmerzhaft aus«, stellte Sigrid fest. »Möchtest du damit lieber zum Arzt fahren?«

»Nein, das wird schon nicht so schlimm sein«, meinte Mutter schnell. »Ich möchte keine große Sache daraus machen. Aber Olivia muss ihr Temperament künftig besser zügeln, also bleibt sie heute Abend in ihrem Zimmer.«

»Sind Sie sicher, dass Olivia das war?«, fragte Amelia zweifelnd. Dafür liebte ich sie.

»Natürlich war sie das! Wer denn sonst? Ich?«

Wieder dieses Lachen. Ich konnte es nicht ertragen, konnte es nicht fassen. Ich hatte sie nicht gebissen. *Ich war's nicht, ich war's nicht, ich war's nicht.* Dass ich Mutter beißen würde, war vollkommen absurd – und doch stand sie draußen, zeigte ihren verletzten Arm und erntete entsetztes Keuchen und Mitleid. Der Arm musste schlimm aussehen. Aber wie war die Wunde zustande gekommen?

Die Antwort war im Grunde offensichtlich: Sie hatte sich selbst gebissen. Aber obwohl ich *wusste*, was passiert war, konnte ich es nicht ganz *begreifen*. Warum hatte sie das getan? Ein Schrei stieg in mir auf, und ich presste die Hände auf den Mund, um ihn zu unterdrücken.

Ich wäre gern oben bei den anderen gewesen, hätte Sigrid von den Erdbeeren erzählt, von Mutters Marmelade und wie Amelia und ich Gläser bei dem jährlichen Dorffest verkaufen würden. Ihre Stimmen drangen nach unten zu mir. Ich stellte mir vor, wie die vier sich unter dem sternklaren Himmel der warmen Septembernacht unterhielten. Sigrids Augenbrauen hatten sich bestimmt gerunzelt, als sie von meinem ungezogenen Verhalten gehört hatte, mein Vater hatte vermutlich enttäuscht ausgesehen und Amelia geschockt. Dann stellte ich mir vor, wie ich im Keller lag mit meinem klebrigen, verheulten Gesicht, den zu Fäusten geballten Händen und einer Decke um die Schultern wie eine verbitterte alte Dame. Plötzlich hasste ich mich.

Ich wusste, dass ich bestraft wurde, aber nicht, wofür. Ich verstand nicht, warum Mutter so grausam zu mir war. Was hatte ich getan? Ich war mir sicher, dass der Fehler bei mir liegen musste, weil sie so lieb zu Amelia war. Eigentlich war sie zu allen Leuten freundlich außer zu mir. Ab und an war sie es auch nicht zu meinem Vater sowie Granny und Grandad. Ich hörte Amelia oben kichern, und endlich erkannte ich, dass ich ein schrecklicher Mensch war. Sonst würde Mutter mich nicht so behandeln, und mein Vater und Sigrid hätten ihr nicht geglaubt, dass ich so etwas Böses getan hatte. Ich schien es verdient zu haben, allein im Dunklen zu sitzen, während die anderen unter dem Spätsommerhimmel lachten.

Nachdem Amelia und Sigrid sich endlich verabschiedet hatten und meine Eltern ins Haus zurückgekehrt waren, zog sich mein Magen zusammen. Zwischen heftigen Schluchzern erbrach ich die Erdbeeren, die sich dunkel von dem sauberen weißen Laken abzeichneten. Ich ekelte mich vor mir selbst und fürchtete mich vor Mutters Wut. Ich versuchte, auf dem Boden zu schlafen, aber mein Körper schmerzte so sehr von dem Gezerre auf der Treppe, dass ich es nicht ertragen konnte. Völlig erschöpft legte ich mich auf mein Bett und rückte so weit wie möglich von der grellroten Pfütze ab. Ich lauschte den Geräuschen der Nacht und zerkratzte meinen Arm. Den stechenden Schmerz schien ich zu verdienen. Das Pochen meines Herzens erfüllte mich. Im Raum stank es nach Erbrochenem … süß und auch ein wenig sauer, genau wie die Erdbeeren.

Psychopathie-Merkmal Nr. 7: Täuschend und manipulativ

Psychopathen sind extrem gewandt darin, andere zu manipulieren. Sie schmeicheln, beschämen und erfinden rührselige Geschichten, um das zu bekommen, was sie wollen. Psychopathen sind unfähig, anderen Menschen gegenüber echte Gefühle zu empfinden, können sie jedoch bestens imitieren und sich selbst als ehrlich mitfühlend präsentieren. Selbst Menschen in ihrem nächsten Umfeld bemerken oft nicht, dass Psychopathen kein echtes Interesse an anderen hegen.

8
Täuschung

»Psychopathen sind extrem gewandt darin, andere zu manipulieren.«

Langsam begriff ich, dass Mutter mich in bestimmtem Maße glücklich sehen wollte. Sie wollte nicht, dass ich litt und mich allein mit einem Buch verkroch, die Blumenbeete umpflügte oder so tat, als brauchte ich keine Freunde. Gleichzeitig sollte ich jedoch auch nicht *zu* glücklich sein. Wobei »glücklich« vielleicht nicht ganz der passende Ausdruck ist. Gemeint sind eher Selbstbewusstsein, Vertrauen oder auch das kleinste Zeichen von Stärke. Sie baute mich auf, bis ich den erwünschten Zufriedenheitsgrad erreicht hatte, lobte mich und überschüttete mich mit Geschenken. Sobald ich jedoch drohte abzuheben, holte sie mich aufgebracht zurück auf den Boden der Tatsachen. Ich sollte ausgeglichen, aber bescheiden, zufrieden, aber kleinmütig sein.

Im Nachhinein verstehe ich, warum sie mich am Tag der Erdbeerernte angriff. Sie sah, dass ich selbstbewusster wurde. Ich wurde älter, hatte Freundinnen und auch Großeltern – obwohl ich die beiden zu meiner Enttäuschung immer seltener sah. Vielleicht spürte Mutter, dass ich nicht immer nach ihrer Pfeife tanzen, mich einschüchtern lassen und so leicht zu beeindrucken und zu formen sein würde. Das war wahrscheinlich ihre größte Sorge, denn schließlich gierte sie vor allem nach Kontrolle. Sie konnte spüren, wie ihr das Sagen entglitt, und das machte ihr Angst. Was würde passieren, wenn ich älter würde? Würde ich sie zurückschlagen, wenn sie mich schlug? Würde ich mich wehren oder vielleicht sogar abhauen, wenn sie es übertrieb?

Doch vorerst galt es, meine Übermütigkeit zu dämpfen. Aber was war der beste Ansatz?

Nach dem Tag der Erdbeerernte verhielt sich Mutter lange Zeit weniger brutal. Ich glaube, sie hatte ein schlechtes Gewissen – wobei das streng genommen unwahrscheinlich ist. Fest steht jedoch, dass sie in den folgenden Monaten nicht noch einmal so heftig reagierte. Stattdessen beschloss sie, mich von allem, was ich kannte und mochte, fortzuzerren und erneut umzuziehen. Doch diesmal wehrte sich Vater.

Den ganzen Herbst und Winter über stritten sie sich, und ich hatte eine Zeit lang den Eindruck, Vater habe sich verändert. Ich hatte ihn noch nie zuvor Nein zu Mutter sagen hören, vor allem nicht über einen längeren Zeitraum. Ich lauschte ihren heftigen Diskussionen und war stolz auf meinen lieben Vater.

»Wir ziehen nicht um«, sagte er. »Olivia braucht Stabilität, und es gefällt ihr hier. Sie hat Freunde gefunden und liebt es, durch die Felder zu rennen. Ich hätte früher alles dafür gegeben, so aufwachsen zu dürfen.«

»Ja, aber dieses Haus ist viel zu klein«, gab Mutter zurück. »Es ist eng und dunkel hier drinnen. Und deine Eltern wohnen viel zu nah bei uns und mischen sich andauernd ein. Außerdem ist es bestimmt nicht das Richtige für Olivia, ein Kellerzimmer zu haben. Das ist nicht gut für die Lunge, sie wird bestimmt krank. Du willst doch sicher nicht die Gesundheit deiner Tochter riskieren? Sieh mal, wie blass sie ist.« Sie deutete auf mich. Dass ich schon immer blass gewesen war, ignorierte sie.

Doch mein Vater gab nicht nach. Es ging auch nicht nur um mich: Er hatte vor Kurzem angefangen, an dem elitären Internat Brunswick zu unterrichten, das etwa eine halbe Stunde von uns entfernt war. »Ich kann die Stelle nicht so einfach aufgeben«, wiederholte er immer wieder und hob ab und an sogar die Stimme. »Wir können jetzt nicht umziehen, Jose. Das weißt du doch.«

Also änderte Mutter ihre Strategie und brach einen Streit mit unseren Nachbarn Janet und Bill vom Zaun, mit deren Tochter Jenny ich befreundet war. Mutter hatte Janet nie wirklich gemocht, vor allem, seitdem sie mich und Jenny zwei Stunden lang Cartoons hatte sehen lassen. »Kinder sollten nicht so viel fernsehen«, hatte sie schnippisch festgestellt. Eines Tages kam ich von der Schule zurück, und mein Vater war schon zu Hause. Mutter schluchzte in seinem Arm. Auf dem Küchenboden waren Blutspritzer und zerbrochenes Glas, und mein Vater wirkte erschüttert. Mutter behauptete, Janet habe sie mit einer Milchflasche angegriffen, nachdem sie ihr kein Geld leihen wollte. Sie hatte Mutters Arm einen Schnitt zugefügt, und Mutter hatte Vater bei der Arbeit angerufen und ihn angebettelt, nach Hause zu kommen. Allein fühlte sie sich dort nicht mehr sicher.

Vater stellte Janet zur Rede. Sie stritt ab, im Haus gewesen zu sein, geschweige denn Mutter verwundet zu haben. Ich erinnere mich noch an ihren empörten Gesichtsausdruck, als sie zischte: »Deine Frau ist total *psycho!*« Ich wusste nicht, was »psycho« bedeutete, aber es klang ziemlich übel. Es erschien mir abwegig, dass Janet so wütend gewesen sein oder gar jemanden verletzt haben sollte. Doch Mutters Arm war verbunden, und auf dem Boden war Blut, also musste ihre Geschichte stimmen.

Mutter sah von einer Anzeige ab: »Damit würden wir nur die kleine Jenny strafen, und sie hat mit dieser Hexe als Mutter wirklich schon genug auszuhalten«, verkündete sie großmütig. Doch dann betonte sie, dass sie sich nicht mehr sicher fühle. »Ich habe Angst hier«, sagte sie immer wieder und sah auch so aus. Ihre Hände waren ineinander verkrampft, und Falten zerfurchten ihre Stirn. Ich konnte mir kaum vorstellen, dass sie sich vor etwas fürchtete – geschweige denn vor der plumpen, freundlichen Janet. Doch sie beharrte darauf. Und Nachbarn aus der Hölle waren doch bestimmt ein Grund umzuziehen?

Aber mein Vater blieb hart. »Das war ein einmaliger Vorfall«, meinte er. »Glaub mir.«

Mutter war jedoch daran gewohnt, ihren Willen zu bekommen. An einem Dezembermorgen ging ich wie so oft nach dem Frühstück in den Garten. Amelia würde bald vorbeikommen und mit mir zur Schule gehen. Ich hüpfte den Gartenpfad entlang, meine glänzenden Schuhe knirschten auf dem Kies. Es war ein schöner Wintermorgen, die Luft war frisch und der Himmel eisblau. Ich marschierte geradewegs auf meinen Teich zu – doch er war nicht zu sehen. Die ansonsten klare Oberfläche war von einer dicken weißen Substanz überzogen. Zunächst dachte ich, es sei Schnee, doch dann erkannte ich, dass es Schaum war. Eine cremige Seifendecke lag auf der Oberfläche meines perfekten Teichs.

Geschockt fiel ich auf die Knie und begann, den Schaum wild

beiseitezuschaufeln, damit meine geliebten Fische wieder atmen konnten. Der künstliche Zitronenduft ließ mich husten, doch schließlich war der Blick auf den Teich frei, und ich konnte meine schönen Fische sehen: Sie trieben bäuchlings auf dem Wasser, die blasse Wintersonne schien auf ihre Unterseiten, die im grünen Wasser gespenstisch weiß aussahen. Ich schrie, und Mutter kam nach draußen gerannt. Sie blieb stehen, als sie den Teich und meine armen toten Fische sah.

»Oh nein!«, rief sie. »Oh nein! Wer macht so was? Meine arme kleine Olive!« Sie drückte mich fest an sich und streichelte meinen Rücken, während ich laut schluchzte.

Ich war untröstlich. Mein Teich, an dem ich den ganzen Sommer über gearbeitet hatte, war weg. Meine Fische, die ich geliebt hatte und die mein Vater und ich sorgsam ausgewählt hatten, waren tot. Ich hatte ihnen verschiedene Charaktere zugeschrieben und mir Geschichten über jeden einzelnen ausgedacht. Mutter hatte geholfen, Namen auszuwählen. Ihr zu Ehren waren es ausschließlich französische: Es gab die gewöhnlichen Goldfische Jean-Paul und Claude, die dem Pariser Abwassersystem entkommen waren, nachdem ein verwöhnter Junge sie in der Toilette heruntergespült hatte, die großen Kois Louis und Pierre, die ewig im Gartencenter auf eine nette Familie hatten warten müssen, und dann noch den Kometengoldfisch Céline. Sie war mein Lieblingsfisch und hatte wunderschöne weiße Tupfen und eine lange Schwanzflosse.

Jetzt trieben meine geliebten Fische würdelos mit dem Bauch nach oben an der Wasseroberfläche. Ihre letzten Momente mussten grauenvoll gewesen sein, sie waren erstickt, nachdem die giftige Seifenlauge in ihre Kiemen eingedrungen war. Bestimmt waren sie wild in der Brühe herumgeschwommen, hatten versucht, ein wenig frisches, sauberes Wasser zu finden – bis ihre kleinen Körper schließlich aufgaben.

Der Schmerz war überwältigend, meine Kehle wurde so eng, dass ich kaum schlucken konnte. Etwas Dunkles schien sich in mir auszubreiten, und ich konnte es nicht vertreiben.

Amelia und Sigrid begleiteten mich nach der Schule in stiller Anteilnahme nach Hause, wo Vater schon auf mich wartete. Das war ungewöhnlich. Er schnitt eine Grimasse und tigerte in der Küche auf und ab. Mutter saß am Esstisch und rührte langsam in einer Tasse. Ich dachte, Vater würde mich begrüßen und umarmen, aber das tat er nicht. Stattdessen sagte er: »Olivia, es tut mir sehr leid, was mit deinen Fischen passiert ist.« Dann fuhr er fort: »Ich glaube, wir müssen jetzt an unsere Zukunft denken. Deine Mutter hat recht gehabt, fürchte ich. Ganz gleich, ob unsere Nachbarn die Seife in unseren Teich geschüttet haben oder nicht …«

»Natürlich waren sie das!«, unterbrach Mutter.

»Ob sie es nun waren oder nicht«, fuhr Vater fort, »wir müssen darüber nachdenken, ob es sicher ist, hier wohnen zu bleiben nach dem, was geschehen ist.«

»Ich will hierbleiben!«, rief ich panisch. »Ich will nicht schon wieder umziehen. Es ist schön hier, ich fühle mich hier sicher.«

Mein Vater warf mir einen mitleidigen Blick zu. Sein Gesichtsausdruck und die Art, wie seine Brille langsam herabrutschte, machten mich wütend. »Olivia, jemand hat Spülmittel in unseren Teich geschüttet«, sagte er langsam, so als wäre ich schwer von Begriff. »Sie haben unsere Fische absichtlich vergiftet, das war kein Zufall.«

»Ich weiß«, erwiderte ich. Wieso sagte er das, als hätte ich nichts verstanden und als machte es mir nichts aus? »Aber ich will bleiben! Ich will nicht umziehen … Ich gehe nicht, ich bleibe!« Meine Stimme klang schrill und ging langsam in ein Kreischen über. Vater starrte mich an. Ich hatte noch nie so mit meinen Eltern gesprochen, mich noch nie derart heftig widersetzt.

»Wir müssen ja nichts übers Knie brechen«, meinte er schließlich. »Warten wir ab, wie die Dinge sich in den nächsten Wochen entwickeln. Aber nur damit du es weißt: Wir denken ernsthaft darüber nach, von hier wegzuziehen.«

Ich schwieg vorsichtshalber. Am Gesicht meiner Mutter konnte ich erkennen, dass sie wütend auf meinen Vater war, weil er »eingeknickt« war, doch auch sie sagte nichts. Nach dem Essen spülte sie ab, und ich trocknete das Geschirr. Seltsamerweise hatte sie den ganzen Abend über kaum etwas gesagt. Normalerweise bestimmte sie das Gespräch, erzählte, was sie an dem Tag erlebt hatte, oder forderte uns auf, in allen Einzelheiten von unseren Erlebnissen zu berichten. Plötzlich hörte sie auf, die Teller zu schrubben, schüttelte ihre nassen Hände über der Spüle und warf mir einen Blick über die Schulter zu.

An das, was folgte, erinnere ich mich noch ganz genau, und der Gedanke daran treibt mir immer noch einen Schauer über den Rücken.

»Herrje, das Spülmittel ist schon wieder leer«, sagte sie leise und stupste die gelbe Flasche mit einem ihrer langen, schlanken Finger an. »Wie seltsam … Ich habe doch neulich erst neues gekauft.«

Es dauerte einen Moment, bis ich verstand. Kaltes Entsetzen durchfuhr mich, und obwohl ich sie nicht ansehen wollte, drehte sich mein Körper in ihre Richtung, so als zöge sie mich an unsichtbaren Fäden dorthin. Ihre Pose ließ mich erbeben, und ich habe bis heute nicht vergessen, wie sie dort stand. Sie sah mich aufmerksam an, ihr Kopf war leicht zur Seite geneigt, und zwinkerte mit ihren Augen. Sie lächelte nicht – oder zumindest nicht offensichtlich. Ihre Mundwinkel zuckten, so als müsste sie ein Lachen unterdrücken. Es war kaum wahrnehmbar, aber ich sah es, wusste es. Ich kannte diesen Gesichtsausdruck und hasste ihn. *Ich weiß, dass du es weißt*, schienen ihre großen Augen und die geschürzten Lippen zu sagen. *Aber was willst du schon dagegen tun?*

Was sollte ich tun? Was sollte ich sagen? »Ich hasse dich«, wollte ich sagen. »Du bist bösartig und verdorben, und ich hasse dich.« Aber das habe ich nicht gesagt, und auch sonst nichts. Ich sah zu dem Geschirrtuch in meinen Händen und fuhr mit dem Abtrocknen eines Tellers fort. Hätte ich noch länger in ihre Augen gesehen, wäre ich in Geschrei oder vielleicht auch in Tränen ausgebrochen und hätte niemals mehr damit aufgehört. Mit zitternden Händen wischte ich wieder und wieder über den Teller. Tränen brannten in meinen Augen, und ich hielt sie mit aller Macht zurück. Ich wollte auf keinen Fall, dass Mutter sie sah.

Dann stand sie plötzlich hinter mir, ihr Duft nach Jasmin, Orange und Puder umschloss mich, und ich erschauderte. »Ich glaube, der Teller ist trocken«, sagte sie. Ihre Stimme war sehr leise, kaum mehr als ein Flüstern. Doch ihre Worte drangen in mein Ohr, ihr warmer Atem glitt meine Wirbel hinab, und mein Körper erbebte. Ich warf das Geschirrtuch zu Boden, stellte den Teller auf der Küchenablage ab und rannte nach unten in mein kleines Kellerzimmer. Ich hatte gedacht, ich würde in Tränen ausbrechen, sobald ich allein war, doch als ich mich auf mein Bett warf, überkam mich ein anderes Gefühl: Rasende Wut durchfuhr meinen gesamten Leib.

Wie hatte sie das nur tun können? Ich konnte es einfach nicht fassen. *Sie hat sie getötet.* Mein kleiner Teich, der mein ganzer Stolz gewesen war, war von ihr zerstört worden. Im Nachhinein scheint es recht offensichtlich – warum war ich nicht gleich darauf gekommen? –, aber für mein Kindergehirn schien es abwegig, dass jemand so etwas tun könnte. Selbst meine Mutter.

Ich lernte jedoch dazu – wenn auch nicht schnell genug.

***

Im Frühling wurde Mutter krank. Sie hatte schon länger über Beschwerden geklagt, doch ihre Erkältungen wurden immer häufiger, und sie wirkte andauernd müde und gereizt. Normalerweise strahlte sie vor Vitalität, und man sah ihrer schimmernden Haut, dem dichten Haar und den blitzenden Augen an, wie gut es ihr ging. Sie strotzte geradezu vor Kraft und Dynamik. Sobald sich dieser Zustand veränderte, schien sie jedoch in sich zusammenzubrechen.

Mit Taschentüchern und in eine dicke Strickjacke gehüllt, thronte sie auf dem Sofa und rieb ihre kalten Hände. Sie versuchte noch immer, meinen Vater und mich herumzukommandieren, forderte warme Getränke, Snacks oder Kissen, doch etwas schien sich verändert zu haben. Ihre Stimme klang gepresst und gedämpft, und obwohl ich so tat, als wäre alles wie immer, wussten wir beide, dass das nicht stimmte.

Die ansässigen Ärzte empfahlen sie an Londoner Spezialisten weiter, und sie fuhr immer öfter ins Krankenhaus. Wenn sie nach Hause zurückkehrte, war ihr Gesicht meist aschfahl, und ihre Arme waren mit dicken Verbänden versehen. »In mir waren heute so viele Nadeln, dass ich mich wie ein Nadelkissen fühle«, brummelte sie. »Was stimmt mit den Ärzten hier nicht? Warum brauchen die so lange, bis sie etwas finden?«

Manchmal kam ich mit nach London, aber das war eher selten. Ich bettelte darum, bei meinen Großeltern bleiben zu dürfen, doch mein Vater schüttelte nur still den Kopf und brachte mich stattdessen zu Amelia. Ein wenig schuldbewusst schob ich die Gedanken an Mutter, Krankheit, Blutuntersuchungen und Krankenhäuser beiseite und verbrachte schöne Stunden bei meiner Freundin. Es war eine Erleichterung, dass Mutter fort war, und ich fühlte mich selten sicher.

Dann trafen endlich die Untersuchungsergebnisse ein, und es gab eine Diagnose: Leukämie. Zum Bedauern der Ärzte waren die Aussichten nicht gerade gut. Mein Vater erklärte mir, was Leukämie ist, aber ich verstand trotzdem nicht recht. Man gab mir Broschüren und Infoblätter über die Krankheit, und ich las alles. In meinem Tagebuch hielt ich Folgendes dazu fest.

Wenn man Leukämie hat, hat man Krebs. Es fängt mit dem Gewebe an, welches das Blut produziert. Das ist normalerweise das Knochenmark, das in unseren Knochen sitzt. Wenn man Krebs hat, werden die weißen Blutkörperchen abnormal. Das ist schlecht, weil die weißen Blutkörperchen Teil unseres Immunsystems sind, das unseren Körper gegen Infektionen schützt.

Das stand also in meinem Tagebuch. Ich hatte die Sätze aus den Broschüren abgeschrieben und gehofft, sie auf diese Weise verstehen zu können. Das tat ich aber nicht, also, nicht wirklich. Die Worte verschwammen vor meinen Augen und waren bedeutungslos. Ich verstand nicht, was Blutzellen waren oder was genau sie taten, und bei »Gewebe« dachte ich höchstens an das Gewebe der Taschentücher, in die Mutter ständig schnäuzte.

Ich wusste, dass sie schwer krank war. Ich wusste, dass Bakterien gefährlich für sie waren und dass sie sterben konnte. Sie und mein Vater besuchten zahlreiche Spezialisten in der Hoffnung, einer von ihnen würde sagen: »Aha! Ich weiß, was wir machen. Ich bin genau der Richtige für diesen Fall!« Doch das tat keiner. Einer der Ärzte sagte ihr, dass man zu diesem Zeitpunkt leider kaum noch etwas ausrichten könne, dass sie nach Hause gehen und die verbleibende Zeit mit ihrer Familie genießen solle. Mutter gefiel das kein bisschen. Vier Monate später flogen sie nach Belgien, um einen auf Leukämie spezialisierten Arzt aufzusuchen, der als der beste in ganz Europa bekannt war. Sie kehrte schluchzend nach Hause zurück und warf sich in meine Arme, sobald sie mich sah.

»Er will mich in ein Spezialzimmer stecken«, stieß sie weinend hervor. »Du könntest mich dann nur noch durch eine Scheibe sehen. Furchtbar. Ich dürfte dich nicht einmal mehr anfassen und wäre nur noch im Glaszimmer. Ich will das nicht. Ich will dich umarmen können.«

Das machst du doch nie, dachte ich. Ihre Tränen waren nass auf meiner Schulter. *Du willst mich nie umarmen. Bist du jetzt anders, weil du krank bist? Weil du vielleicht sterben wirst?*

Sie wurde immer blasser und dünner, verwelkte vor unseren Augen wie eine Blume und lag von schweren Seufzern geschüttelt auf dem Sofa. Wenn ich an diese Zeit zurückdenke, verschwimmen die Erinnerungen. Ich schrieb zwar noch in mein Tagebuch, doch nach einer Weile hatte ich genug davon, immer nur zu notieren, wie krank Mutter war, wie traurig mein Vater aussah und wie die Ärzte mit den Köpfen schüttelten.

Manches ist mir jedoch sehr genau im Gedächtnis geblieben, das sind jedoch eher Gefühle und Momente als konkrete Vorfälle. Ich erinnere mich an Angst: Angst um Mutter und das, was ihr zustoßen könnte, und auch Angst um mich selbst, weil sie trotz all ihrer Fehler und all der Male, in denen sie mich zum Weinen und Schreien gebracht hatte, immer noch meine Mutter war.

Sie ging von Arzt zu Arzt, bis ihr endlich jemand ein wenig Hoffnung machte. Wir waren im King's College Hospital in London, der Arzt war indischer Abstammung. Er war groß und hatte einen kurzen Bart und volle Lippen. Ich erinnere mich nicht an all das, was er zu Mutter sagte, doch eins habe ich noch genau vor Augen. Er sah sie sanft an und fragte: »Möchten Sie Ihr kleines Mädchen aufwachsen sehen?« Ich hörte, wie Mutter scharf die Luft einzog. Vielleicht keuchte sie, vielleicht schluchzte sie aber auch. Ich sah zu ihr, ihre Augen strahlten, und ihr Mund stand offen.

»Ja«, stieß sie hervor. *»Ja!«* Dann sah sie mich an, und in ihren Augen loderte etwas, das ich noch nie zuvor erblickt hatte. Sie griff nach meiner Hand und drückte sie sanft. »Ich wünsche mir nichts mehr als das. Ich will mein kleines Mädchen aufwachsen sehen und für meine Olivia da sein. Meine Olivia … *Meine* kleine Olive, die ich so liebe.«

Dann fiel ihr Gesicht zusammen wie das eines Kindes, und es tat mir leid und beschämte mich, sie dermaßen niedergeschlagen zu sehen. Ich hinterfragte nicht, ob sie die Wahrheit gesagt hatte. Ich wusste, dass sie ihre Worte in eben jenem Moment zu hundert Prozent ernst gemeint hatte: In dem Moment liebte sie mich. In dem Moment hätte sie alles dafür gegeben, mich aufwachsen zu sehen.

»Gut«, sagte der Arzt dynamisch. »Legen wir los.«

***

Natürlich verlief die Folgezeit alles andere als dynamisch. Mutter bekam eine Chemotherapie und wurde Zyklus um Zyklus, Monat um Monat immer dünner. Sie sah sehr zerbrechlich aus, und manchmal konnte man sie kaum ansehen. Wenn das Licht sie in einem bestimmten Winkel traf und ihre ausgehöhlten Augen und Wangen beleuchtete, sah sie aus wie ein Skelett. Es machte mir Angst, ihren Schädel sehen zu können. Ihr wunderschönes Haar fiel aus, und sie wimmerte, als sie ihre goldenen Locken büschelweise auf dem Boden liegen sah. Ich wimmerte auch, weil ihre Furcht ansteckend war und ich sie trotz allem liebte.

Mein Vater ließ sich freistellen und verbrachte viel Zeit in London. Ich durfte immer öfter zu meinen Großeltern, was mich freute, da ich sie furchtbar vermisst und nicht recht verstanden hatte, warum ich sie zuletzt nicht mehr hatte sehen dürfen. Doch Vater rieb sich die Augen und seufzte jedes Mal tief, wenn er mich dort absetzte.

»Das ist nicht in Ordnung«, sagte er mehr zu sich selbst als zu mir. »Du solltest nicht so oft hier sein. Das ist nicht in Ordnung, du solltest sie nicht so oft sehen.«

»Sie freuen sich, wenn ich da bin«, erwiderte ich selbstbewusst. Das hatten die beiden mir inzwischen schon oft genug gesagt. Vater starrte mich wortlos an und schüttelte den Kopf. Eines Tages ließ er dann eine Bombe platzen.

»Es tut mir leid, Olivia«, verkündete er. »Du musst nach Brunswick.« Ich starrte ihn an. Ich hatte das elitäre Internat nur einmal besucht, kurz nachdem Vater seine Stelle dort angetreten hatte. Es sah genauso aus wie die Herrenhäuser in Kinderbuchklassikern: ein opulentes Backsteingebäude mit kleinen Türmchen, riesigen Fenstern, einem Schwimmbad und einer Kapelle. Das war eine Schule für reiche Kinder mit abgehobenen Nachnamen und nicht für solche wie mich, mit einem gewöhnlichen Namen und Schorf am Knie.

»Nein!«, rief ich. »Bitte nicht! Ich will hier in Lewes bleiben bei Amelia und Granny und Grandad! Ich will da nicht hin!«

»Es tut mir leid«, wiederholte er, als ich in Tränen ausbrach. »Es ist alles geregelt, ich habe schon mit der Schulleitung gesprochen. Du bekommst freundlicherweise ein Stipendium, weil deine Mutter krank ist und ich dort arbeite. Das ist eine tolle Gelegenheit. Die Schule hat einen guten Ruf, und du bekommst eine hervorragende Ausbildung geboten. Du warst bei deinem Besuch doch richtig begeistert, erinnerst du dich?«

»Ja, der *Besuch* war toll, aber deswegen will ich noch lange nicht da wohnen!«, schluchzte ich, aber er schüttelte nur den Kopf.

»Es tut mir leid«, wiederholte er erneut. »Es ist das einzig Richtige. Ich habe im Moment nicht viel Zeit, und du kannst nicht andauernd bei deinen Großeltern sein. Sie sind schließlich nicht deine Eltern …«

»Aber sie haben mich gern bei sich!« Ich heulte, doch er schüttelte nur wieder den Kopf.

»Sie haben dich gern bei sich, aber nicht jeden Abend. Das kann ich nicht von ihnen verlangen. Du brauchst einen geregelten Alltag, und solange Maman im Krankenhaus ist, kann ich dir den nicht bieten. Du musst ja nicht für immer da wohnen, meine kleine Olive«, fügte er hinzu und streichelte meine nasse Wange, »aber momentan ist es am besten so.«

Ich weinte und schrie und protestierte auf jede erdenkliche Weise, aber er gab nicht nach. Hinter dem Kummer über den baldigen Ortswechsel verbarg sich noch mehr: Verbitterung und Unmut gegenüber Mutter. Jetzt hatte sie doch noch ihren Willen bekommen, oder? Es waren inzwischen einige Monate vergangen, seitdem sie Spülmittel in den Teich geschüttet hatte, und nun hatte sie ihr Ziel endlich erreicht. Ihr Wunsch, mich von allem, was ich liebte, fernzuhalten und mein Selbstbewusstsein zu dämpfen, hatte sich erfüllt. Obgleich sie leidend und möglicherweise sogar sterbenskrank im Krankenhaus lag, hatte sie mich dennoch geschlagen.

***

Schlussendlich gefiel es mir überraschend gut in Brunswick. Die erste Woche war schlimm – mir fehlten Amelia, die bekannte Umgebung von Lewes und die kleine Bibliothek mit den roten Stühlen, wo ich mich so oft zum Lesen verkrochen hatte –, doch kurz darauf änderte sich etwas. Die Freiheiten in Brunswick waren verlockend – nicht nur die buchstäbliche Freiheit, welche die riesige Parkanlage mit sich brachte, sondern auch die liberalen Statuten der Schule. Ich hatte das Gefühl, endlich ich selbst sein zu dürfen. Obwohl ich gern las und schrieb, waren mir Rechtschreibung und ein tiefer gehendes Textverständnis oft schwergefallen. Schon nach kurzer Zeit wurde meine Legasthenie erkannt. Ich erhielt Nachhilfe von einem speziell geschulten Lehrer, der sehr freundlich und geduldig mit mir umging und mir nie das Gefühl vermittelte, dumm zu sein. Ich schloss rasch Bekanntschaften, und auch wenn niemand Amelia ersetzen konnte, waren die anderen doch freundlich und herzlich.

Am besten gefielen mir die Grünanlagen in Brunswick, wo es einen eigenen geheimen Garten gab. Wobei »geheim« vielleicht nicht der richtige Begriff ist: Der Garten war von einer Mauer umgrenzt, und es gab kleine Beete, die man »adoptieren« und für ein Jahr »in Pflege nehmen« durfte. Als ich meinem Vater begeistert davon erzählte, fuhr er mit mir zum nächstgelegenen Gartenzentrum und kaufte ein Dutzend Pflanzensamen.

Als es wärmer wurde, verbrachte ich Stunden im Garten, kniete im Dreck und jätete Unkraut. Doch nur eine meiner Pflanzen gedieh: Mein Minzstrauch wurde über einen halben Meter hoch. In jeder Mittagspause ging ich zu ihm hinüber und zupfte ein paar Blättchen ab. Meine Freundinnen und ich kauten darauf herum und spuckten die grüne Pampe aus, sobald der Minzgeschmack verschwunden war. Der Garten war ganz mein, und ich musste ihn weder mit Mutter noch mit meinem Vater teilen.

Als die Sommerferien anbrachen, war ich untröstlich – ich wollte nicht in unser trauriges, heruntergekommenes Cottage zurück. Vater fuhr jeden Tag nach London, ich kam nur manchmal mit und verbrachte die meiste Zeit bei Amelia. Als ich fragte, ob ich zur Abwechslung zu Granny und Grandad dürfe, schüttelte Vater schweigend den Kopf. Ab und an – das war jedoch nur sehr selten – fuhren wir jedoch zum Abendessen zu ihnen. Es war allerdings nicht mehr so schön wie früher, weil Vater still und niedergeschlagen wirkte. Ich hatte das Gefühl, dass ich auch niedergeschlagen sein sollte, und dachte an traurige Themen, wenn wir zusammensaßen: an verlassene Welpen, in einem Karton ausgesetzte Kätzchen, meinen Vater allein auf Martinique …

An einen besonderen Herbsttag erinnere ich mich noch sehr gut. Es war Samstag, und Vater und ich hatten den Zug zur Victoria Station genommen, von wo aus wir mit der U-Bahn zum Krankenhaus weiterfuhren. Ich hasste die Strecke. Ich fürchtete mich davor, Mutter zu sehen – diese kranke Frau, die da so schlaff im Bett hing. Doch noch mehr hasste ich das Krankenhaus und die Vorstellung, die ich mit diesem riesigen Gebäude verband, wo Menschen hinkamen und gesund wurden oder aber starben. Ich wusste, dass Leichen dort aufbewahrt wurden, und auch wenn Vater mir versicherte, dass sie in einem abgeschirmten Bereich lagen, entwickelte ich eine panische Angst davor, die falsche Tür zu öffnen und plötzlich vor einem Toten zu stehen. Wenn wir durch die langen Korridore schritten, fragte ich mich immer wieder: *Werden hier Leichen aufbewahrt? Oder in diesem Raum? Was befindet sich hinter dieser Tür? Berge von Leichen, die vergessen vor sich hin modern?* Ich wusste, dass Tote aufgeschnitten wurden, damit man herausfinden konnte, woran sie gestorben waren, und fragte mich, was mit den entnommenen Organen passierte. Wenn Krankenschwestern mit Transportwagen an uns vorbeihuschten, stellte ich mir vor, dass sie übel riechende, wabbelige Innereien vor sich herschoben, die wie roter Wackelpudding in kleinen Schälchen vor sich hin zitterten.

Nach unseren Besuchen gingen Vater und ich in die Krankenhauskantine. Ich brachte dort keinen Bissen herunter. Die Spaghetti bolognese sahen aus, als hätten sie noch wenige Stunden zuvor gelebt, und die Tomatensauce wirkte wie angedicktes Blut. Ich mochte nur das Wassereis, das es dort in allen erdenklichen Geschmacksrichtungen gab.

Der Tag, der mir so sehr im Gedächtnis geblieben ist und der die Beziehung zwischen Mutter und mir nachhaltig definierte, fing an wie jeder andere. Ich erinnere mich noch daran, dass ich meine neuen lilafarbenen Turnschuhe trug, die an der Ferse rieben. Das verriet ich meinem Vater jedoch nicht, da ich vorher ewig um die Schuhe gebettelt hatte. Wir liefen den üblichen Korridor entlang, doch als wir das Zimmer betraten, war etwas anders. Die Frau, die dort lag, sah Mutter nicht im Geringsten ähnlich.

Ihre Haut war gräulich und wirkte, als hätte sie viel Zeit im Dunkeln verbracht. Auch die Gesichtsform war anders. Nachdem ihr Haar ausgefallen war, hatte sie immer bunte Kopftücher getragen. Ohne die Tücher war ihr Schädel klein und totenkopfmäßig. Ihre Wangen waren eingesunken, dunkle Ringe prangten unter ihren Augen. Als ich näher kam, sah ich, dass ihre Augenlider nahezu durchsichtig wirkten. Dünne lilafarbene Adern waren wie Autobahnen auf einer Straßenkarte darauf verteilt. Ich hatte Angst, mich weiter zu nähern, doch Vater nickte bekräftigend.

»Unterhalte dich ein bisschen mit Maman, Olivia. Ich hole schnell einen Kaffee und bin gleich zurück.« Er lächelte verkrampft und schloss dann die Tür hinter sich. Ich wusste, dass er eigentlich keinen Kaffee holen wollte, sondern Mutter und mir ein wenig Zeit allein einräumte. Ich wollte nicht allein mit ihr sein, holte aber dennoch tief Luft und ging langsam zu ihrem Bett.

»Maman?«, fragte ich und stellte mich direkt neben sie. »Maman, ich bin's. Olivia, deine kleine Olive.« Ihre Augenlider flatterten, und als sie mich sah, lächelte sie.

»Livvy«, sagte sie. Ihre Stimme klang schwach, doch sie streckte ihre dünnen Ärmchen nach mir aus, und ich lehnte mich nach vorn und versuchte, sie so fest wie möglich zu umarmen. Ich konnte sie nicht ganz umfassen und hatte Angst, ihr wehzutun. Daher streichelte ich sanft ihre Schultern und vergrub mein Gesicht an ihrem Hals. Sofort wünschte ich, ich hätte das nicht getan. Mutter hatte immer frisch gerochen, wie Frühlingstau oder Rosen nach einem Regenschauer oder feuchtes Gras am Morgen. Aber an jenem Tag roch sie anders: trocken und schwer und abgestanden, wie ein altes, muffiges Buch, das von Verfall gekennzeichnet war. Ich hatte Angst zurückzuweichen und küsste sie stattdessen auf ihre eingefallene Wange. Ich erinnere mich noch daran, dass mir übel wurde. Sie fühlte sich sogar anders an. Ihre Haut hatte ihre Spannkraft verloren und war breiig, so wie nasses Papier, kurz bevor es sich auflöst. Für einen kurzen Moment fürchtete ich, ihr Gesicht könnte unter meinen Lippen zerfallen. Aber das tat es nicht, und als ich mich zurücklehnte, sah ich, dass Tränen in ihren Augen standen.

»Olivia«, sagte sie, und ihr Mund zitterte. »Mein liebes Mädchen, ich werde sterben.«

»Nein, wirst du nicht«, log ich. Als ich ihre schwammige Haut berührte, fühlte es sich so an, als würde kein Blut mehr durch sie fließen, und ich konnte nicht glauben, dass sie sich so anfühlen konnte und gleichzeitig lebendig war. »Du wirst leben.«

Tränen flossen über ihre Wangen, und sie schloss die Augen. Ich sah, wie ihre Brust sich unter ihrem Krankenhaushemd hob und senkte. »Ich *sterbe*, mein Schatz«, sagte sie. »Ich wünschte, es wäre nicht so. Meine süße kleine Olivia, ich wünschte wirklich, es wäre anders.« Ich stand unsicher neben ihr und trat von einem Fuß auf den anderen. Ich wusste nicht, was ich sagen sollte. Sie griff sanft nach meiner Hand. »Du bist mein, und ich bin dein«, meinte sie. »Auf ewig. Aber du musst mir etwas versprechen …«

»Was?«, fragte ich. Mein Magen verkrampfte sich, und ich musste plötzlich zur Toilette.

»Du musst mich gehen lassen. Ich kann einfach nicht mehr. Ich bin erschöpft, es ist zu anstrengend.« Sie strich über mein Haar und über meine Stirn. »Kannst du das? Mir zuliebe? Bitte, mein liebes Mädchen, lässt du mich gehen?«

Ich starrte sie an. Was sollte ich darauf antworten? Ich hörte ihre Worte, verstand sie jedoch nicht. Ich hatte mir so oft gewünscht, Mutter würde für immer verschwinden und Vater und mich allein lassen. Und jetzt, da es so weit zu sein schien, wollte ich das nicht mehr. Aber ich spürte, dass sie Schmerzen hatte. Daher streichelte ich ihre Hand, obwohl mir die Berührung unangenehm war, und sagte: »Ja, Maman, ich lasse dich gehen.«

Das war ein schicksalhafter Satz, auch wenn ich das in jenem Moment noch nicht ahnte. Sobald die Worte meinen Mund verlassen hatten, änderte sich etwas. Mutter presste ihre Lippen aufeinander, und ihre Hände zuckten in meine Richtung, so als wollte sie mich packen, hätte jedoch nicht die notwendige Energie dazu. Sie rümpfte die Nase und spannte den Kiefer an.

»Das hab ich mir gedacht«, presste sie hervor. »Du bösartiges Ding! Du kannst es wohl gar nicht erwarten, dass ich sterbe, was? Du bist so niederträchtig. Du schreckliches, hasserfülltes Ding!«

Ihre Augen waren eingesunken, wie Höhlen, und ich traute mich nicht, hineinzusehen und mich der Dunkelheit dahinter zu stellen. Ich wollte sie nicht mehr sehen, schaffte es aber nicht, meinen Blick abzuwenden. Also ging ich stattdessen langsam rückwärts, während sich unsere Blicke ineinander bohrten. Schließlich spürte ich die Tür im Rücken, tastete nach der Klinke, drückte sie nach unten und stolperte nach draußen, um meinen Vater zu suchen.

***

Kurz darauf begannen die Albträume. Ich sah Mutter als Tote. In meinen Träumen war sie ertrunken und trieb an der Oberfläche eines stillen Teichs. Sie trug ihr Krankenhaushemd, und obwohl sie in Wirklichkeit keine Haare mehr hatte, stellte ich sie mir mit der alten prachtvollen Mähne vor, die wie ein Heiligenschein um ihren Kopf floss. Ich stand am Ufer und sah zu ihr hinüber, darauf wartend, dass sich ihre Augen öffneten. Das taten sie nie, doch die Angst davor, dass sie es taten, verzehrte mich. In meinen Träumen sah sie aus wie meine Mutter, aber gleichzeitig auch nicht. Es war ihr wächsernes Abbild, ihre feinen Gesichtszüge waren verschwommen, ihr Gesicht hatte etwas Schemenhaftes.

Nach einer Weile wandelte sich der Albtraum, und ich war es, die ertrank. Ich trudelte in den Abgrund, während Mutter aufstieg wie ein Geist. Ich sank auf den Grund, und als ich dort ankam, sank ich noch tiefer. Selbst unter der Erde konnte ich Mutter sehen, die an der Wasseroberfläche trieb. Ihre Augen waren geschlossen, aber ich wusste, dass sie lebte, weil ich ihr Herz durch ihr Hemd sehen konnte: Es zog sich zusammen wie eine blutrote Faust.

Psychopathie-Merkmal Nr. 8: Frühe Verhaltensauffälligkeiten

Die meisten Psychopathen weisen schon im Kindesalter Verhaltensauffälligkeiten auf. Dazu zählen beispielsweise Lügen, Schummeln, Mobben, Stehlen oder sexuelle Frühreife. Diese Eigenschaften können natürlich auch bei nicht-psychopathischen Kindern auftreten; Kinder mit psychopathischen Störungen weisen sie jedoch im besonderen Maße auf. Boshaftes und schonungsloses Verhalten gegenüber anderen Kindern – einschließlich ihrer Geschwister – gehört oft zu den ersten Anzeichen, dass das psychopathische Kind unfähig zu Mitgefühl ist.

9
Laster

»Die meisten Psychopathen weisen schon im Kindesalter Verhaltensauffälligkeiten auf.«

Ich wurde zehn, und Mutter blieb krank. Ihre Eltern, mit denen sie jahrelang kaum ein Wort gewechselt hatte, kamen aus Frankreich, um Beistand zu leisten. Ich kannte Grand-mère und Grand-père bis zu diesem Zeitpunkt kaum. Sie waren freundlich, aber auch distanzierter als Granny und Grandad. Es war seltsam zu sehen, wie aufopferungsvoll sie sich um Mutter sorgten. Sie hatte zuvor immer abweisend reagiert, wenn ich sie auf ihre Eltern angesprochen hatte, die Lippen zusammengepresst und den Kiefer so stark angespannt, dass die Muskeln pochend hervortraten.

»Meine Eltern waren sehr grausam zu mir, als ich noch jung war«, sagte Mutter einmal. »Es ging immer nur um meinen älteren Bruder und meine Schwester. Ich war die Außenseiterin bei uns zu Hause. Sie haben mich nie verstanden und meine Kreativität nicht zu schätzen gewusst. Vor allem meine Mutter ist wegen Kleinigkeiten oft komplett ausgerastet. Sie haben mich bei der ersten Gelegenheit vor die Tür gesetzt. Ich war erst siebzehn, als sie mich rausgeworfen haben, also praktisch noch ein Kind. Aber letzten Endes war es das Beste, was mir hätte passieren können, denn so bin ich ihrer Manipulation und Grausamkeit entkommen. Deshalb bin ich heute so unabhängig. Eigentlich sollte ich mich bei ihnen bedanken.«

Schon bald stellte ich fest, dass ich Grand-mère und Grand-père liebte: Sie waren geduldig und freundlich, und da beide Linguisten waren, konnten wir uns sogar auf Englisch unterhalten. Manchmal blieben sie am Wochenende bei uns im Cottage, wenn ich vom Internat heimkam. Dann schliefen sie im Zimmer meiner Eltern, und Vater zog auf das Sofa um. Sonntags fuhren Grand-mère und ich an den Strand. Dort sammelten wir hübsche Muscheln – kleine schimmernde, die so aussahen wie Babyöhrchen, und durchscheinende, hörnchenförmige. Zu Hause legten wir sie auf den Küchentisch, wo sie im Licht glänzten. Grand-mère brachte mir auch bei, wie man Papierblumen faltet. Unsere Ergebnisse arrangierten wir in alten Marmeladengläsern.

»Maman würde das bestimmt gut gefallen«, sagte ich, weil ich wusste, dass Grand-mère sich darüber freuen würde. Das war zwar nicht wahr – Mutter hasste künstliche Blumen –, aber Grand-mère strahlte vor Freude. Ich konnte mir nicht vorstellen, dass sie tatsächlich jemals solche Wutausbrüche gehabt haben sollte, wie Maman es beschrieben hatte. Vielleicht war sie mit dem Alter milder geworden.

»Wie war Maman als Kind?«, fragte ich eines Tages.

Grand-mère warf mir einen Blick zu. »Wie meinst du das?«, fragte sie vorsichtig.

Ich zuckte mit den Schultern. »Wie war sie? War sie frech? Weil sie immer sagt …« Ich zögerte kurz. »Sie sagt, dass ihr früher gemein zu ihr wart.«

Grand-mère lächelte schwach. »Deine Mutter hat es mit der Wahrheit noch nie so genau genommen.« Sie zögerte, so als wollte sie etwas sagen, das sie besser für sich behalten sollte. Dann schloss sie den Mund und sah zur Seite. Aber ich wollte mehr wissen.

»Sie hat gesagt, dass ihr sie rausgeworfen habt und dass sie deshalb nach England gekommen ist.«

Grand-mère seufzte tief. »Du bist ein großes Mädchen, Olivia, und ich werde dir jetzt etwas über deine Mutter erzählen. Vergiss aber nicht, dass sie damals noch ein ganz anderer Mensch war. Die Leute ändern sich, und deine Mutter hat sich mehr verändert als alle anderen, die ich kenne. Sie ist nicht mehr diejenige, die sie mal war. Verstehst du?« Ich nickte. »Wir haben deine Mutter sehr geliebt«, fuhr sie fort. »Und zwar zu jeder Zeit. Aber sie war ein seltsames Kind. Ein schwieriges Kind. Sie konnte ihren Geschwistern gegenüber sehr grausam sein. Sie war die Jüngste, aber die anderen hatten Angst vor ihr, weil sie oft so schlimme Dinge angestellt hat. In einem Moment war sie wunderbar, brillant … und sie war so unheimlich schlau. Schon mit zwölf Jahren sprach sie fließend Englisch und Deutsch. Aber im nächsten Moment …« Sie unterbrach sich und sah zur Seite. »Es war nicht einfach für uns, weil sie Geschichten über unsere Familie erfand. Schreckliche Geschichten.« Sie schüttelte den Kopf, schlug die Hand vor den Mund und hielt nur mit Mühe die Tränen zurück. Ich hätte gern gewusst, was Mutter anderen erzählt hatte, aber wenn Grand-mère nach so vielen Jahren immer noch weinen musste, dann war es sicher schlimm, und ich traute mich nicht nachzufragen.

»Aber ihr habt sie rausgeworfen«, sagte ich. Noch immer empfand ich Mutter gegenüber Loyalität, vor allem jetzt, da sie im Krankenhaus war und sich nicht selbst verteidigen konnte.

»Wir haben sie nie hinausgeworfen«, entgegnete Grand-mère erschöpft. »Obwohl sie zu jener Zeit einen Lebenswandel gepflegt hat, den wir stark abgelehnt haben. Sie war erst siebzehn Jahre alt, hatte aber Kontakt zu so vielen Männern ... Manchmal brachte sie sie mit nach Hause, und als dein Grand-père ihr das verbot, verschwand sie. Manchmal war sie tagelang weg, und wir haben uns schreckliche Sorgen gemacht. Wir wussten ja nicht, ob diese Männer sie vielleicht zu etwas zwangen, das sie nicht wollte. Sie schien auf die schiefe Bahn zu geraten, und wir kamen mit der ständigen Sorge um sie und den vielen Männern nicht zurecht. Auch ihre Wut war ein Problem. Wir haben ihr gesagt, dass sie damit aufhören soll und dass sie ansonsten nicht mehr bei uns wohnen kann.«

»Also ist sie freiwillig gegangen?«, fragte ich langsam. »Ihr habt sie nie auf die Straße gesetzt?«

»Nein, das haben wir nicht getan.« Sie schluckte mehrfach, so als hätte sie etwas im Hals sitzen. »Sie hat sich danach zehn Jahre lang nicht mehr bei uns gemeldet. Wir wussten nicht einmal, ob sie noch lebt.« Ein Schluchzer entfuhr ihr, und der darin liegende Schmerz erschrak mich. Ich griff nach ihrer Hand, die so weich war wie die eines Babys. Grand-mère lächelte mich an.

»Eines Tages rief sie dann plötzlich an. Sie erzählte, dass sie nun verheiratet sei und ein kleines süßes Mädchen bekommen habe. Außerdem sei sie eine erfolgreiche Künstlerin geworden, auf die wir stolz sein könnten.« Grand-mères Mundwinkel zuckten, aber sie lächelte immer noch. »Und das waren wir auch. Wir haben euch besucht – du warst damals noch sehr klein und wirst dich nicht erinnern –, und sie war wie ausgewechselt. Sie war die geborene Mutter, hat dich so lieb gehalten und geküsst und war unheimlich geduldig mit dir. Ihr sprunghaftes Verhalten schien der Vergangenheit anzugehören. Vielleicht war es nicht nur das Alter gewesen, sondern auch Frust, weil sie nicht wusste, was einmal aus ihr werden sollte. Aber als du da warst, wusste sie: Es war ihre Berufung, Mutter zu sein.« Sie umfasste mein Gesicht mit ihren weichen Händen. »Sie ist dir doch eine gute Mutter, oder?«

Ich starrte Grand-mère schweigsam an. Im hellen Tageslicht sah sie sehr alt aus. Ich blickte in ihre Augen, die wie eine hellere Version von Mutters wirkten, und dort erkannte ich Hoffnung und Freundlichkeit. Plötzlich überkam mich eine traurige Verzweiflung. »Sie ist die beste Mutter der Welt«, sagte ich.

Grand-mère schloss die Augen, und ich spürte, wie sie vor Erleichterung erbebte. »Ich hab's gewusst«, sagte sie und zog mich in eine Umarmung. »Das habe ich gehofft.«

***

Im Herbst kam es zum therapeutischen Durchbruch. Mutters älterer Bruder Richard – der fiese Mobber, von dem sie mir erzählt hatte (»Ich habe immer noch Narben! Siehst du – hier und hier«) – rettete ihr Leben. Er spendete ihr Knochenmark. Niemand sonst kam infrage, also flog er nach England, wo ihm im Krankenhaus ein Teil seines Knochenmarks entfernt wurde, was dann bei Mutter eingesetzt wurde. Ich mochte Onkel Richard sehr und stellte mir die Transplantation ein wenig so vor wie die Werbung gegen Sodbrennen, die damals im Fernsehen lief: In Mutters Körper glühte es rot, Schmerz zischte auf, und sengende Wut machte sich breit. Dann wurde ein kühlendes silbernes Elixier hinzugefügt, Onkel Richard, und es beruhigte Mutter, löschte ihre Wut und ihre Ablehnung. Das milderte sie so, wie ich es mir schon immer gewünscht hatte.

Uns wurde gesagt, dass die Transplantation erfolgreich verlaufen sei. Mutters gesundheitlicher Zustand war jedoch weiterhin kritisch und würde sich erst noch stabilisieren müssen. Ich hatte keine Ahnung, was ich davon halten sollte, und war verwirrt. Die dünne, glatzköpfige Frau, der selbst die Wimpern fehlten, schien mir fremd. Ich wusste nicht, ob sie leben oder sterben würde. Ich wusste nicht einmal, was mir lieber war. Am schlimmsten war, dass sie mir noch immer Angst einjagte, und doch bestand unsere Beziehung nicht nur aus Unterdrückung und Manipulation. Es gab durchaus Momente der Nähe, die authentisch wirkten und von denen ich nicht glaube, dass Mutter sie vortäuschen konnte.

Ich wusste inzwischen, dass sie gern Spielchen spielte. Dass sie mich jedes Mal, wenn ich endgültig die Nase voll hatte und nichts als Hass für sie empfand, zurückgewann. Mir war nicht klar, warum sie das tat oder warum sie so mühelos von einer Stimmung in die andere verfiel. War das Absicht? Es gab Momente, von denen ich bis heute nicht weiß, ob sie Teil der Spielchen waren.

Während Mutters Genesungsphase saß ich oft an ihrem Bett und erzählte ihr etwas über meine neue Schule – wir nannten sie immer noch so, obwohl ich inzwischen seit eineinhalb Jahren dorthin ging. Ich erzählte ihr von meinen Freunden, den Schlafsälen, den Hochbetten, den vielen Malen, die wir schon das *Titanic*-Video gesehen hatten, von den dunkel getäfelten Fluren und den alten knarrenden Bodendielen, die mich an das Herrenhaus Misselthwaite Manor aus *Der geheime Garten* erinnerten. Ich erzählte ihr von meinem eigenen geheimen Garten und dem riesigen Minzbusch. Ab und an brachte ich ihr sogar Ableger mit. Ich erzählte ihr von den Zugfahrten nach London und davon, dass im Internat schon Bettruhe herrschen würde, wenn ich zurückkehrte, und ich mich dann in den Schlafsaal schlich und als Hausdame ausgab, die Flüstern mit einem lauten Zischen bestrafte. Darüber lachte sie – zum ersten Mal seit langer Zeit –, und ich war stolz, dass ich meine kranke Mutter aufgeheitert hatte.

Wenn sie genug Kraft hatte, malten wir mit Wasserfarben. Sie pinselte die Farbe so langsam auf, dass es körperlich anstrengend aussah. Wenn sie während des Besuchs nicht fertig wurde, schickte sie das Bild in die Schule. Mit im Paket war immer noch eine Kleinigkeit aus dem Krankenhausladen. Ich wusste, dass sie dort allein hingelaufen war, in Bademantel und Hausschuhen. Ich konnte mir vorstellen, wie sie mit ihrem Tropf dort stand und mir etwas kaufte. Der Gedanke rührte mich zutiefst. Meistens schickte sie mir kleine Spiele, wie Schiffe versenken oder Pictionary, und ich freute mich jede Woche darauf. Die fertigen Bilder hängte ich an dem Lattenrost über meinem Bett zwischen allerlei Kätzchen- und Hundebildern auf. So konnte ich beim Einschlafen darauf schauen. Einmal erzählte ich ihr davon, und Mutter wirkte gerührt.

Als sie im Frühling endlich nach Hause zurückkehrte, gab es auch dort einige solcher Momente. So kam es vor, dass sie einen Film im Wohnzimmer ansah und mich zu sich rief. »Olivia, möchtest du dich dazusetzen und den Film mit mir ansehen? Ich glaube, der gefällt dir. Er ist richtig witzig. Aber wir können auch ein Video gucken, wenn dir das lieber ist.«

Ich sah sie an, ihr bleiches Gesicht, die eingefallenen Wangen, die Arme, die um ihre Knie geschlungen waren. Sie wirkte plötzlich so alt und weise und tat mir leid. Sie war verletzlich und konnte damit nicht umgehen. Vielleicht setzte ich mich deshalb zu ihr. Ich glaube, dass sie dankbar war. Sie lächelte mich an und rückte näher zu mir. Nach einer Weile ließ sie sanft ihren Kopf auf meinem Arm ruhen. Einmal stand ich kurz nach Ende des Films auf, sie berührte zärtlich meine Hand und murmelte: »Danke.« Ich wusste nicht recht, wofür sie sich bedankte. Dafür, dass ich mich neben sie gesetzt hatte? Dass ich ihr die Vergangenheit vergeben hatte? In jedem Fall glaubte ich, dass sie es ernst meinte.

Aber tat sie das wirklich? Das werde ich niemals wissen. An die Vorstellung habe ich mich aber lange Zeit geklammert.

***

Mutter war extrem schwach. Manchmal warf ich heimlich einen Blick ins Badezimmer, wo Vater sie wie ein kleines Kind wusch. Seine Hand zögerte kurz an der Stelle am Rücken, wo ihr Onkel Richards Knochenmarkspende injiziert worden war. Ich hatte trotz allem Angst vor ihrer Rückkehr und war froh, wenn ich wieder nach Brunswick fahren konnte. Obwohl Vater sagte, dass der Internataufenthalt nun nicht mehr notwendig sei, drängte ich darauf.

Mutter rollte sich wie eine träge alte Katze auf dem Sofa zusammen. Ich wusste, dass sie mich zu Hause haben wollte, aber keine Kraft für einen Streit aufbrachte. Sie warf mir einen kühlen Blick zu, als ich meinem Vater die Trumpfkarte zuwarf und seine eigenen Worte zitierte: »Ich brauche Stabilität.« Er nickte ernst, so als hätte ich etwas Tiefgründiges von mir gegeben, und stimmte zu, dass ich im Internat bleiben solle.

Kurz nach meinem elften Geburtstag besuchte mich Mutter in der Schule. Es war Frühling, und ich freute mich für sie, dass sie das Haus verlassen konnte. Gleichzeitig wollte ich jedoch nicht, dass sie nach Brunswick kam. Das war mein Reich, wohin ich mich vor ihr flüchten konnte, und ich wollte es nicht mit ihr teilen. Sie forderte mich auf, dass ich ihr meinen geheimen Garten zeigte. Dafür hasste ich sie. Ich nannte jede erdenkliche Ausrede – dass es zu dreckig sei, dass meine Pflanzen tot seien, dass ich Bauchschmerzen hätte –, doch sie bestand darauf, und ich stapfte wütend hinter ihr her, während sie durch den Garten stolzierte und die Blumen bewunderte.

Sie hatte Süßigkeiten für meine Freundinnen mitgebracht: Jelly Beans, Gummibärchen und die besten Geschmacksrichtungen von Hubba Bubba – Apfel, Erdbeere und Kirsche –, und meine Freundinnen veranstalteten sogleich einen Wettbewerb, wer am meisten Kaugummis in den Mund stopfen konnte. Mürrisch beobachtete ich, wie sie auf Mutters Mitbringseln kauten und mit dicken Hamsterbacken Kaugummiblasen machten. Obwohl ich wusste, dass das daneben war, pikte ich die Blasen mit meinem Zeigefinger kaputt. Ich wollte Mutters Gegenwart zerplatzen lassen. Das Kaugummi klebte danach in den Gesichtern meiner Freundinnen, und sie meckerten. »Es geht nicht ab«, schimpften sie, während sie versuchten, die Überreste von ihren Lippen und aus ihren Haaren zu entfernen. »Igitt, das geht nicht mehr ab.«

Jetzt wisst ihr, wie ich mich fühle, dachte ich. »Tut mir leid«, sagte ich.

***

Zu jener Zeit wusste ich nicht, dass Mutter bereits wieder Pläne schmiedete. Schon als sie noch kraftlos im Krankenhaus gelegen hatte, hatte sie versucht, einige Dinge in die Wege zu leiten. Noch bevor sie krank geworden war, hatte sie beschlossen, den Kontakt zu Granny und Grandad endgültig zu unterbinden. Deswegen hatte ich die beiden in dem Jahr, bevor ihre Gesundheit so schlecht wurde, kaum gesehen. Mutter hatte um ein hohes Darlehen gebeten mit der

Begründung, dass sie und mein Vater sich versöhnt hätten und nun ein neues Haus bräuchten. Etwas zu mieten käme nicht mehr infrage, und es sei doch sicher im Interesse aller Eltern, ihren Kindern Darlehen zu geben, um wichtige Dinge wie beispielsweise ein Heim zu kaufen?

Doch Granny und Grandad sagten Nein. Sie hatten nicht so viel Geld. Außerdem hatten ihre anderen drei Kinder nie um etwas gebeten, also wäre es nicht gerecht. Das hatte das Fass endgültig zum Überlaufen gebracht. Mutter wollte nichts mehr mit den beiden zu tun haben, und das hieß, dass auch mein Vater und ich nichts mehr mit ihnen zu tun haben würden. Vater durfte weder mit seinen Eltern sprechen noch ihnen schreiben. Mutter wiederum fing sämtliche Briefe von Granny ab.

Ich hatte meine Großeltern fast ein Jahr lang nicht mehr gesehen, und das, obwohl sie nur zwanzig Fahrminuten von uns entfernt lebten. Erst als es Mutter immer schlechter ging und sie mehr und mehr Zeit im Krankenhaus verbrachte, gab Vater nach und erlaubte mir ein paar Besuche. Und das nicht, weil es ihm als ihr Sohn richtig erschien, sondern weil keine Alternative bestand. Er brauchte sie.

Mutter hatte ihm ein Ultimatum gestellt, entweder seine Eltern oder sie. Statt diese Situation zu hinterfragen, entschied Vater sich wie immer für sie. Von dieser Problematik erfuhr ich erst mit Anfang zwanzig, als Granny mir alles erzählte und mir Briefe zeigte, die sie über ein Jahrzehnt lang aufbewahrt hatte.

Warum hatte sie die aufbewahrt? Als Beweismittel, meinte sie. Man wisse ja nie.

***

Lewes, 18. September 1999

Liebe Jean, lieber William,
gestern empfing ich den Brief, den ihr an meinen Mann geschickt habt. Ihr wolltet etwas über uns wissen, das ihr an andere weitertratschen könnt? Nun gut:
Wir haben ein Haus am Rand von Lewes gekauft. Meine Eltern haben ihr eigenes Haus verkauft, damit wir das nötige Geld hatten.

Die eine Hälfte habe ich in meinen Anteil am Haus gesteckt, die andere auf Olivias Sparkonto überwiesen. So werden wir ihr beistehen können, wenn sie zukünftig einmal Hilfe benötigt.
Olivia liebt ihr neues Zuhause. Sie hat ein großes Zimmer, und Clive hat einen Teich für sie angelegt, den sie mit Pflanzen und Fischen gefüllt hat. Ich glaube, du würdest dich sehr daran erfreuen, sie im Garten »rödeln« zu sehen, wie du es immer nanntest. Sie wird so schnell älter … Schade, dass du das verpasst!
Meine Eltern und ich stehen in regelmäßigem Kontakt, und sie freuen sich, unser Haus zu sehen. Wir sind uns sehr nahe und gehen offen miteinander um. Bei uns gibt es kein Hintenrum, so wie in eurer Familie. Unser Verhältnis ist das genaue Gegenteil von eurem mit Clive. Er hatte nie eine Beziehung zu euch, und als ich ihm gezeigt habe, was Liebe bedeutet, hat er sich natürlich für mich entschieden. Es ist eine Schande, dass es so weit gekommen ist. Aber ich fürchte, da musst du jetzt durch. Clive ist mein Ehemann, und du musst dich damit abfinden. Im Endeffekt schadest du mit deinen ewigen Briefen nur dir selbst, und ich bitte dich: Lass uns in Ruhe. Niemand interessiert sich für dich. Kümmer dich um deine anderen Söhne. Wir drei werden jedenfalls nicht mehr an eurem Tisch Platz nehmen, darauf kannst du dich verlassen.

Alles Liebe, Josephine

Granny antwortete darauf:

West Sussex, 25. September 1999

Liebe Josephine,
vielen Dank für deinen Brief. Die Post, von der du sprichst, war eigentlich an Clive adressiert, und ich hatte auf eine Antwort von ihm gehofft.
Du schreibst in deinem Brief, dass Clive kein gutes Verhältnis zu seiner Familie habe. Das sehe ich anders und finde es sowohl grausam als auch vermessen, dass du so etwas behauptest. (Woher willst du das überhaupt wissen?) Vielleicht hatte er etwas, das dir verwehrt wurde: Wir haben ihn über alle Maßen geliebt.

Wenn wir schon dabei sind, Beziehungen miteinander zu vergleichen: Ich würde behaupten, dass das Verhältnis von uns und Clive sehr entspannt ist, gemessen an der turbulenten Beziehung, die du zu deinen Eltern hast. Erinnerst du dich noch, was du uns am Anfang erzählt hast? Du hast stundenlang von deiner schrecklichen Kindheit gesprochen. War das wirklich so?, frage ich mich jetzt. Du hattest zu dem Zeitpunkt schon seit Jahren keinen Kontakt mehr zu deinen Eltern gehabt. Ich hatte das Gefühl, dass ich die Falsche sei, um dir beistehen zu können, und riet dir zu einer Therapie. Außerdem habe ich dir nahegelegt, mit deinen Eltern in Verbindung zu treten, und du hast sie von unserem Haus aus angerufen. Erinnerst du dich?
Ja, Clive ist dein Ehemann. Aber wir stehen doch nicht im Wettbewerb zueinander! Mann und Frau pflegen ein ganz anderes Verhältnis als Eltern zu ihren Kindern. Das weißt du als Mutter doch bestimmt. Clive wird immer unser Sohn bleiben, und dennoch zwingst du ihn, sich zwischen dir und uns zu entscheiden. Findest du das gerecht? Wenn du uns nicht magst, tut mir das leid – aber warum darf Clive uns nicht mehr besuchen? Und was ist mit Olivia, unserer lieben Enkelin?
Wir möchten dir nichts wegnehmen. Das ist kein Kampf, und Clive ist dein. Ich hatte gehofft, dass sich die Wogen noch einmal glätten ließen. Dem feindseligen Ton deines Briefes entnehme ich jedoch, dass das unwahrscheinlich ist (zumindest von deiner Seite aus).
Es freut mich, dass ihr ein Haus gefunden habt. Es tut mir leid, dass wir euch nicht helfen konnten. Wir konnten es uns nicht leisten, und es kam leider auch nicht infrage, dass wir unser Cottage verkaufen. Ich hoffe, es geht deinen Eltern gut.

Viele Grüße an Clive und Olivia

***

King's College Hospital, 9. November 2001

Liebe Jean, lieber William,
in den dunkelsten Momenten meiner Krankheit liege ich wach und werde von Erinnerungen an früher übermannt. Manchmal denke ich an unsere Schwierigkeiten und Auseinandersetzungen zurück. Die Situation erinnert mich an meinen aktuellen Zustand: das Pech, so eine Diagnose gestellt zu bekommen, eine Chemo nach der anderen und neben dem Leid, dem Schmerz, der Übelkeit und der Sorge noch die permanente Angst, ich könnte sterben.
Ich frage mich, warum meine Schwiegereltern so wenig Interesse an meinem Zustand zeigen. Warum Clive und Olivia so wenig Hilfe angeboten wurde, obwohl die beiden fürchterlich unter meinem Zustand und dem Gedanken, ich könnte sterben, leiden. Eure Ablehnung hat mir die letzte Hoffnung geraubt.
Ich schlage nun ein neues Kapitel auf. Weder eure Namen noch Erinnerungen an euch werden auf den folgenden Seiten stehen. Es gibt nichts mehr zu sagen. Euer Mangel an Güte und Mitleid hat das letztlich getan. Von jetzt an baue ich nur noch auf die Unterstützung meiner eigenen Eltern und auf die Liebe von Clive und Olivia.

Auf Nimmerwiedersehen,
Josephine und Clive

Granny antwortete:

West Sussex, 22. November 2001

Liebe Josephine,
danke für deinen Brief. Den Inhalt haben wir leider als verletzend und verstörend empfunden. Bitte denk nicht, dass wir nicht an dich gedacht und für dich gebetet haben. Ich habe Clive mehrfach angerufen und mich nach deinem Zustand erkundigt. Natürlich hätte ich gern mehr getan, doch vor zwei Jahren hattest du geschrieben, dass du nichts mehr mit uns zu tun haben möchtest. Wir wussten daher nicht, wie wir uns verhalten sollten. Ein Jahr lang haben wir euch nicht gesehen und kannten nicht einmal eure Adresse.

Wir sind unendlich traurig über die ganze Sache. Wir wollten euch nicht verlieren, haben aber befürchtet, dass unsere Kontaktversuche eure Ehe belasten. Ich habe nie wirklich verstanden, was los ist. Das hast du uns nie gesagt. Wir haben dich mit offenen Armen willkommen geheißen. William hast du von Anfang an abgelehnt und mir gesagt, er sei schrecklich. Wenn man bedenkt, dass ich ihn von Herzen liebe, ist das nicht besonders taktvoll. Im Nachhinein frage ich mich, ob du uns auseinanderbringen wolltest.
Auch Clives Verhalten bereitet mir Kopfzerbrechen. Nach deinem Brief rief ich ihn an, schließlich hatte er ebenfalls unterschrieben. Er meinte, du hättest dringend ein paar Dinge loswerden müssen. Das muss ich auch. Vielleicht fangen wir am besten mit einigen Fragen zu deinem Brief an:

1. *Macht es dir Spaß, Salz in unsere Wunden zu streuen?*
2. *Wolltest du noch einmal betonen, dass du nichts mehr mit uns zu tun haben möchtest?*
3. *Streitest du einfach gern und möchtest eine zweite Runde einläuten?*
4. *Offen gestanden habe ich damit gerechnet, Josephine. Ich habe mir gedacht, dass du uns für unser schlechtes Verhältnis verantwortlich machen würdest, und habe deine Briefe behalten. Du hast uns buchstäblich fortgetrieben. Was sollen wir deiner Ansicht nach jetzt tun? Als Clive uns irgendwann erzählte, dass du krank bist, habe ich sofort Hilfe angeboten. Das war ein Friedenszeichen von unserer Seite. Seine Reaktion bestand aus einem kurzen Anruf im Flüsterton, der rasch beendet wurde, als du in die Nähe kamst.*

Ich weiß, dass du ein Machtgefühl angesichts dieser Situation empfindest. Das scheinst du sehr zu genießen. Du manipulierst gern andere. Ich weiß, dass du sehr intelligent bist, aber dieses Spiel ist gefährlich.
Wir freuen uns, dass deine Therapie erfolgreich zu verlaufen scheint. Ich bin mir sicher, dass deine Willensstärke dir hilft. Wir bewundern deine Tapferkeit sehr.

In Liebe – ja, LIEBE …
Jean

***

Etwas in Mutter schien im Jahr ihrer Genesung milder zu werden. Damals dachte ich, dass sie wegen ihrer Krankheit freundlicher zu mir war, dass sie im Angesicht des Todes begriffen hatte, wie gut es ihr ging, und dass sie zu schätzen lernte, einen Ehemann und eine Tochter zu haben, die sie trotz aller Widrigkeiten liebten. Inzwischen weiß ich, was wirklich vor sich ging.

Mutter liebte es, ein Opfer zu haben. Nein: Sie *musste* eins haben. Jemanden, den sie kontrollieren und manipulieren konnte, einschüchtern und ausgrenzen, und den sie später zurück in ihre warme Umarmung ziehen konnte. Das brauchte sie mehr als alles andere im Leben. Die Phase, in der ich dachte, sie sei mir gegenüber milder gestimmt, war schlichtweg Gleichgültigkeit. Ihre Aufmerksamkeit galt jemand anderem.

Im Sommer ging es Mutter gut genug, ein neues Abenteuer zu planen. Es genügte ihr nicht, meine Großeltern zu *Personae non gratae* zu erklären, sie wollte sie bestrafen, indem wir erneut das Land verließen. Das wusste ich damals noch nicht. Mir nannte sie einen anderen Grund, weswegen wir umziehen mussten.

»Es ist Zeit für einen Neustart, mein Liebling. Ich habe die Leukämie besiegt, was ein wahres Wunder war. Jetzt fangen wir irgendwo von vorne an. An einem Ort, wo es spannend ist! Ich habe genug von den Langweilern hier. Ich möchte mich da erholen, wo es lebhafter und kreativer zugeht. Es ist Zeit zu gehen!« Als ich widersprach und sagte, dass ich meine Freundinnen vermissen würde, drückte sie einen Kuss auf meine Stirn. »Das wird diesmal anders, meine kleine Olive. Wir gehen nicht so weit weg wie damals nach Martinique, sondern ziehen nur auf den Kontinent. Das ist bloß ein paar Stunden entfernt. Du kannst deine Freundinnen regelmäßig besuchen, und sie können auch vorbeikommen. Das wird toll! Endlich ein neues Abenteuer! Nicht viele Elfjährige haben schon so viel von der Welt gesehen wie du, das garantiere ich dir!«

Also schrieben wir unser Haus zum Verkauf aus, packten unsere Sachen, verabschiedeten uns von unseren Freunden und entschwanden im Handumdrehen nach Berlin.

Psychopathie-Merkmal Nr. 9: Verantwortungslosigkeit

Psychopathen erkennen selten die Schuld für ihr Handeln an. Sie neigen dazu, ihr Verhalten zu rechtfertigen (»Ich habe das nur getan, weil ...«), machen andere dafür verantwortlich (»Ich habe das getan, weil X es verdient«) oder weisen jegliche Schuld von sich (»X ist schuld, nicht ich«). Psychopathen halten sich nicht an Vereinbarungen, lehnen Verantwortung ab und versuchen oftmals, andere durch Leugnen zu manipulieren; sie verdrehen die Wahrheit, um Schuld von sich zu weisen.

10
Atempause

»Psychopathen erkennen selten die Schuld für ihr Handeln an; sie verdrehen die Wahrheit, um Schuld von sich zu weisen.«

Auf dem Flug nach Berlin war mir übel, und ich war fest entschlossen, die Stadt zu hassen. Die ständigen Ortswechsel hatten ein bisher ungeahntes Ausmaß an Wut gegenüber Mutter in mir entfesselt. Ich lehnte den Kopf gegen das Fenster und schluckte. Meine Kehle fühlte sich eng und trocken an, und ich hatte einen seltsamen Geschmack im Mund. Es kam mir so vor, als könnte ich das Flugzeug selbst schmecken, das Metall und Plastik, das lauwarme, pampige Essen und die Ausdünstungen der anderen Passagiere. Mein Magen zog sich zusammen. Ich drehte mich zu Mutter, um ihr zu sagen, dass ich mich übergeben müsse. Sie hatte mich beobachtet und lächelte breit. Sie sah ganz so aus, als hätte sie einen tollen Preis gewonnen: Ihre Augen glänzten wie nasse Kiesel, ihre Wangen waren gerötet. Sie wirkte aufgekratzt, und als ich ihren Blick erwiderte, brach sie in ein triumphales Gelächter aus. Das Lachen schien in meinem Kopf immer lauter zu werden, und zusammen mit den brummenden Flugzeuggeräuschen, dem Sirren der Klimaanlage und einem nicht definierbaren Pochen dröhnte es wie eine Symphonie des Grauens in meinen Ohren. Ich konnte es kaum ertragen, hielt eine Hand vor den Mund, um mein Würgen zu unterdrücken, und sah nach draußen. Am liebsten hätte ich mich aus dem kleinen Fenster gestürzt. Ein neuntausend Kilometer tiefer Fall wäre besser gewesen als das.

Wir landeten an einem kalten, tristen Tag im Juli 2002. Vom Flugzeug aus sah ich zum ersten Mal Berlin, diese riesige, farblose Stadt, die von dunklen Flüssen durchzogen wurde. Warum waren wir ausgerechnet hierhergekommen, wenn Mutter das graue England verlassen wollte? Wir hatten das Land an einem wunderschönen, sonnigen Sommertag verlassen, um in eine trostlose Stadt voller hässlicher Gebäude und einer dunklen, sogar noch hässlicheren Geschichte zu ziehen. Ich wusste nur wenig über Berlin, doch dazu zählte, dass es die Stadt der Nazis und Bomben gewesen war. Eine Granitstadt der blutigen Kriege und Betonmauern. Ich wusste, dass ich Berlin hassen würde. Ich war fest entschlossen dazu.

Wir zogen in eine Mansarde im Kollwitzkiez, was im Stadtteil Prenzlauer Berg liegt. Die Wohnung war alt und verschnörkelt, hatte cremefarbene Wände und einen großen Balkon, auf dem – zu meiner insgeheimen Freude – Kästen voller Pfingstrosen standen. Sie gehörte einem alten Freund von Grand-mère und Grand-père und war als Übergangslösung gedacht. Die Zimmer waren großzügig geschnitten und hell, hatten poliertes Holzparkett und waren minimalistisch eingerichtet, mit einigen altmodischen Lehnsesseln, schweren Brokatvorhängen und dunklen Holzkommoden. Es war hübsch, aber kein Zuhause. Es fühlte sich eher so an, als wären wir bei einer anderen Person zu Gast, und ebenjene Person könne jederzeit durch die Wohnungstür hereinspazieren und sich über die Eindringlinge wundern.

Abgesehen von der kurzen Zeit in London hatte ich noch nie in einer Großstadt gelebt, und Berlin überforderte mich. Am Anfang fiel es mir leicht, die Stadt zu hassen: Es regnete in den ersten Tagen ohne Unterlass. Mutter war noch immer sehr schwach, und die Anreise hatte sie erschöpft. Also lag sie im Bett, und wir warteten, dass es ihr besser ging. Ich stand oft am Fenster und fühlte mich hinter der dicken Regenwand eingesperrt. Verbitterung bahnte sich ihren Weg.

Nach ein paar Tagen wurde das Wetter besser, und mein Vater und ich machten einen Ausflug. Unsere Nachbarschaft bestand aus ruhigen, gepflasterten Straßen, hübschen Gebäuden und interessanten Geschäften. Kleine Cafés verkauften Eiscreme und Kuchen, die mir das Wasser im Mund zusammenlaufen ließen. Außerdem gab es Street Art, ein paar ausgebrannte Autos, ranzige Sessel und kaputte Fernseher auf den Straßen. Ein wunderlicher Ort. Nach und nach sahen wir uns weitere Teile der Stadt an und besuchten Museen und Kunstgalerien, wo wir Postkarten und Bücher für Mutter kauften, damit sie sich nicht ausgeschlossen fühlte und wusste, dass wir an sie gedacht hatten. Wir gingen auch auf den Markt und fanden dort bunte Schals für Mutter sowie handgemachten Schmuck und Parfüm. Sie nahm die Geschenke naserümpfend entgegen, packte sie langsam aus und sah sie lange an. Dann verkündete sie ihr Urteil. »Ziemlich kitschig« war ein gemusterter Schal. »Hat ein Kind die gemacht?«, war alles, was sie zu einem Paar türkisfarbener Ohrringe sagte, die ich für sie ausgesucht hatte. Dennoch trug sie alles, und ich war stolz, wenn ich sie mit unseren Geschenken sah. Es gab mir das Gefühl, ihren Heilungsprozess zu unterstützen.

Wenn Mutter genug Energie hatte, spazierten wir gemeinsam am Fluss entlang. Wir gingen sehr langsam und hielten an Cafés, damit sie sich ausruhen konnte. »Ist das nicht großartig?«, fragte sie und zeigte auf das Wasser und die Leute, die entspannt an uns vorbeiradelten. »Ist doch tausendmal besser als das blöde Lewes, oder?« Es kam mir wenig fair vor, eine kleine Stadt in Sussex mit der deutschen Hauptstadt zu messen. London wäre bestimmt ein passenderer Vergleich gewesen. Trotzdem nickte ich und meinte: »Ja, Maman. Viel, viel besser! Danke, dass du uns hierhergeführt hast.«

Sie schloss die Augen in der Sonne, und ich konnte geradezu sehen, wie das Vitamin D von ihrer Haut aufgenommen wurde. *Mach, dass es ihr wieder gut geht*, dachte ich und sah vorsichtig zur Sonne empor. *Aber nicht* zu *gut …*

***

Widerwillig begann ich, Berlin zu mögen. Die Stadt war anders als alle anderen Orte, an denen wir bisher gelebt hatten. Manche Häuser waren von Einschusslöchern übersät, und ich fuhr mit den Fingern an den zackigen Kratern entlang und dachte ehrfürchtig an all die Dinge, die vor gar nicht allzu langer Zeit dort geschehen waren. Es liefen Typen mit grünem Haar und schweren Stiefeln herum, nach denen sich niemand umdrehte. Es gefiel mir, anonym und unbedeutend in einer riesigen liberalen Metropole umherzustreunen. Niemand achtete auf das blasse englische Mädchen oder seine seltsame, schalumschlungene Mutter.

Ab September besuchte ich die internationale Schule. Mein Vater würde dort unterrichten; schon bevor wir Großbritannien verlassen hatten, hatte er sich erfolgreich telefonisch beworben. Ich ging nun auf eine weiterführende Schule, und obwohl ich so tat, als freute ich mich, hatte ich doch das Gefühl, dass das nicht seine Richtigkeit hatte. Ich fühlte mich noch nicht groß genug, sondern immer noch als kleines Mädchen, das im Garten buddeln und durch Farnwälder streifen wollte. Schön war jedoch, dass ich keine Außenseiterin war. In einer so großen Stadt lebten Zehntausende Auswanderer, und ich fand Freundinnen aus der ganzen Welt: aus Russland, Brasilien, Spanien und Kanada. Es machte nichts, dass ich kein Deutsch sprach. Jeder verstand Englisch.

Aber ich vermisste Amelia schrecklich. Wir schrieben uns wöchentlich, und ich hütete ihre Briefe wie einen Schatz. Sie hatte eine schnörkelige Handschrift, schrieb mit lilafarbenem Glitzerstift und versah jedes »i« mit einem Herzchen als i-Tüpfelchen. Jede Seite unterschrieb sie mit »du fehlst mir!!!!«. Mein Vater kaufte mir edles Briefpapier und duftende Gelstifte, die nach Melone, Limette und Kokosnuss rochen. Seite um Seite schrieb ich an Amelia und schüttete ihr mein Herz aus. Außerdem hielt ich meine Gedanken in einem Tagebuch fest. Nachdem meine Schulfreundin Charlotte zu ihrem Entsetzen herausgefunden hatte, dass sie adoptiert worden war, notierte ich:

Ich habe Charlotte gesagt, dass sie froh sein kann. Adoptiert zu sein heißt, dass die Eltern wirklich ein Kind wollten. Sie haben sich so sehr ein Baby gewünscht, dass es nicht einmal ihr eigenes sein musste. Ich habe ihr gesagt, dass die echte Mutter nicht immer die beste ist. Ich wünschte, ich wäre auch adoptiert worden.

Das erste Jahr in Berlin verlief weitestgehend ruhig. Mutter genoss es, wieder »auf dem Kontinent« zu sein. Obwohl sie die meiste Zeit in der Wohnung verbrachte, fühlte sie sich ganz zu Hause und pries die »echten« Europäer und ihre kulturelle Überlegenheit gegenüber den langweiligen Briten. Sie sprach fließend Deutsch und liebte es, meinem Vater und mir die Gepflogenheiten des Kontinents näherzubringen. Oft half sie uns, die Menükarten in Restaurants zu übersetzen, und behandelte die Kellner wie entfernte Verwandte.

Doch sie war immer noch nicht gesund. Ihre Leber hatte unter der Chemotherapie massiv gelitten, und Mutter sah oft genauso krank aus wie zuvor und hing blass und kaltschweißig in der Wohnung herum. Sie malte nicht, sie zeichnete nicht, und sie las auch nicht. Meistens saß sie einfach nur vor dem Fernseher und sah sich deutsche Soaps oder Dauerwerbesendungen an. Ab und an beobachtete ich sie dabei, wie sie vollkommen ausdruckslos auf den Fernseher starrte. Dieser Anblick beunruhigte mich, weil sie gar nicht mehr wie sie selbst aussah. Es wirkte so, als hätte man ihrem Geist den Charakter entzogen und nichts als eine leere Hülle zurückgelassen.

Wenn es ihr besser ging, spielte sie gern die Hausfrau. Dann kochte sie typisch deutsche Gerichte, wie Schnitzel mit Reibeplätzchen und Sauerkraut oder Rinderrouladen mit Knödeln und Rotkohl für uns. Da sie nichts weiter zu tun hatte, als zu kochen und sauber zu machen, war es zu Hause immer blitzeblank. Nachdem unsere Sachen aus England eingetroffen waren, richtete sie die Wohnung ein, und es fühlte sich langsam an wie ein Zuhause – obwohl wir ja nur planten, ein Jahr lang zu bleiben. Sie hängte unsere Familienfotos auf und kaufte Blumen. Wenn Vater und ich nach Hause kamen, bewunderten wir ihre Arbeit lautstark und riefen immer wieder »Oh!« und »Ah!«, um ihr zu zeigen, wie begeistert wir waren. Beim Abendessen befragte sie uns zu unserem Tag und wollte jedes noch so kleine Detail wissen. Was hatten wir zu Mittag gegessen? Was hatte ich im Unterricht durchgenommen? Was machten die Eltern meiner Freundinnen beruflich? Was für eine Person war meine Kunstlehrerin? War sie zufrieden mit mir? Mit welchen Farben hatte ich gemalt? Was für ein Rot? Ncin, was genau für ein Rot?

Egal, wie viel ich ihr erzählte – es war nie genug. Die Mahlzeit fing meistens gut an und endete unangenehm. Mutter spießte ihr Essen auf, als wollte sie jemanden erstechen, und rümpfte angewidert die Nase. Eine dunkle Wolke schien über unseren Köpfen zu hängen, und ich wusste, dass Mutter es hasste, wenn wir aus ihrer Reichweite waren und unser eigenes Leben lebten.

Aber es gab etwas, das sie noch viel mehr hasste. Mutter war nicht besonders eitel gewesen. Sie hatte nie stundenlang vor dem Spiegel gestanden, bevor sie das Haus verließ. Aber sie war stolz: Es war ihr wichtig, von Männern begehrt und von Frauen gefürchtet zu werden. Doch die Leukämie und die Chemotherapie hatten ihr gutes Aussehen nachhaltig verändert. Das empfand sie als schier unerträglich. Ihr Haar wuchs nie wieder richtig nach, und die dichten blonden Locken, um die ich sie immer so beneidet hatte, waren für immer verloren. Stattdessen standen mausbraune Haarbüschel wild und borstig von ihrem Kopf ab. Sie versuchte, das Haar wachsen zu lassen, und behandelte es mit sündhaft teuren Spülungen und Ölen. Doch es wurde nie länger als ein paar Zentimeter. Mein Vater wollte sie vor betrügerischen Versprechungen schützen, aber sie hörte nicht auf ihn. Stattdessen beschuldigte sie ihn, so geizig wie immer zu sein, und behauptete, er wolle verhindern, dass sie zu neuem Selbstbewusstsein erwachte. Als der magische Haarwuchs schließlich ausblieb, beschimpfte sie ihn, weil er sie nicht vor den verbrecherischen Unternehmen beschützt hatte, die Geld aus ihrem Leid machen wollten.

»Das wächst wieder«, sagte ich eines Tages, als ich sie dabei beobachtete, wie sie mit sterbenselender Miene über ihren Kopf strich.

»Das weiß ich selbst«, zischte sie.

»Du musst nur geduldig sein.«

»Scheiße noch mal, du hast doch keine Ahnung!«, rief sie und drehte sich zu mir um. »Bist du etwa eine Krebsärztin? *Wie ist meine Diagnose, Frau Doktor? Können Sie mir bitte helfen?*« Ihre Stimme klang hämisch, und ihr Gesicht war so wutverzerrt, dass ich zurückwich und verstummte. Sie tat mir leid. Ihre Haut sah auch anders aus. Früher war sie strahlend und so rein gewesen, dass sie kein Make-up brauchte. Wenn überhaupt, trug sie Mascara und Lippenstift auf. Ihr Gesicht benötigte keine Mittelchen – ihr Teint leuchtete förmlich. Doch jetzt war die Haut um ihre Augen dünn und pergamentartig, und ihr Gesicht sah fleckig und verquollen aus. Sie war um mindestens ein Jahrzehnt gealtert, und auch die Haut um ihren Mund hatte sich wie ein schrumpeliger Apfel zusammengezogen. Ab und an blitzte ihre alte Schönheit durch, und mein Herz weinte um den Verlust.

Auch ihr Stoffwechsel war nicht mehr der alte. Mutter war immer schlank gewesen und hatte während ihrer Krankheit so viel abgenommen, dass sie wie ein Skelett ausgesehen hatte. Jetzt nahm sie wieder zu – aber viel mehr, als sie vorher gewogen hatte. Seltsamerweise merkte sie das erst sehr spät. Sie hatte eine Vorliebe für deutsche Kuchen und Desserts entwickelt und verschlang kiloweise Süßkram vor dem Fernseher, während mein Vater und ich in der Schule waren. Ihre Lieblingsbackwaren waren Bienenstich, Schwarzwälder Kirschtorte und Berliner. Eines Tages witzelte mein Vater, sie habe sich in Deutschland zu einem kleinen Leckermaul entwickelt. Daraufhin rastete sie aus und warf Teller und Gläser nach ihm, bis er sich im Badezimmer versteckte. Danach hat er das Thema nie wieder angesprochen.

Doch obwohl sie kräftig weiteraß, wusste ich, dass sie unglücklich über ihr Übergewicht war. Das merkte ich daran, wie sie ihren Frust an meinem Körper ausließ. Kurz nach Weihnachten stürmte sie beispielsweise einmal ins Badezimmer, als ich mich gerade umzog. Sie kniff mir so heftig in den Bauch, dass ich vor Schmerz aufschrie.

»Was ist das?«, fuhr sie mich an, während ich meinen Rücken schützend zur Wand drehte.

»Das ist mein Bauch«, entgegnete ich lahm.

Sie warf mir einen kühlen Blick zu.

»Das weiß ich. Aber warum ist der so fett?«

Ich sah auf meinen Bauch. Bisher war ich nie auf den Gedanken gekommen, er könne dick sein. Seit ich klein war, hatte ich lange, schlanke Arme und Beine und einen etwas runderen Bauch gehabt. Zum ersten Mal nahm ich meine geschwollene Mitte nun etwas deutlicher wahr.

»Ist schon gut«, meinte Mutter. Sie lächelte mich seltsam an. Vermutlich wollte sie gutmütig wirken. »Ich bin nicht sauer, es ist ganz normal, dass junge Mädchen unsicher hinsichtlich ihres Körpergewichts sind. Ich werde dir helfen.«

Ich bin mir nicht unsicher, wollte ich sagen. Ich hatte vorher noch nie über meinen Körper nachgedacht. Ich war elf Jahre alt und kam erst noch in die Pubertät. »Danke«, murmelte ich und zog schnell mein T-Shirt nach unten, um meinen plötzlich verhassten Körper vor ihrem musternden Blick zu schützen.

Ihr Angebot war ernst gemeint. Eine Woche später kam ich von der Schule nach Hause und wurde herzlich von ihr in Empfang genommen. »Ich bin die beste Mutter der Welt«, verkündete sie. »Schau mal, was ich dir gekauft habe.« Sie warf mir ein Paket zu, und ich sah hinein. Darin befand sich das seltsamste Paar Hosen, das ich je gesehen hatte. Sie waren aus einem dicken, unnachgiebigen Gummi und fühlten sich an wie eine Yogamatte. Ich warf meiner Mutter einen fragenden Blick zu, und sie seufzte. »Die habe ich beim Tele-Shopping gekauft. Sie werden dir helfen abzunehmen.«

Ich hielt die Gummihose vor mich. Das sah aus, als hätte ich plötzlich Elefantenbeine. »Wie?«, fragte ich. »Die sind so dick, darin kann ich mich doch gar nicht bewegen.«

Sie rollte die Augen, so als wollte sie sagen: *Blöde, fette Olivia.*

»Die trägt man nicht zum Sport, sondern beim Schlafen.« Als ich sie verständnislos ansah, seufzte sie noch einmal. »Die Hose erhöht deine Körpertemperatur, sodass du nachts schwitzt und Gewicht verlierst. Kapierst du jetzt?«

Ich nickte und legte mich abends pflichtschuldig mit der Yogamatten-Hose ins Bett. Gewicht habe ich nicht verloren, aber viel Schlaf. Ich wälzte mich, schwitzte und kniff mir so in den Bauch wie Mutter. Als es allmählich heller wurde, musste ich vor Frust weinen.

Mutter kaufte mir immer mehr Tele-Shopping-Artikel, für die ich mich so bedanken musste, als hätte sie mir einen großen Gefallen damit getan. Sie kaufte mir Pflaster, die ich an meine Sohlen kleben musste, damit sie meinem Körper Toxine entziehen konnten. Sie kaufte Zehen-Gummis, die durch Akupressur meine Gewichtsabnahme unterstützen sollten. Jede Woche fragte mich Mutter, wie ich mich bezüglich meines Körpers fühlte. War ich selbstbewusster? Hatte ich in letzter Zeit wegen meines Bauchs geweint? Sie musterte mich eindringlich, und ich hasste es, ihrem Blick ausgeliefert zu sein. Mein Körper veränderte sich langsam, und ich wollte nicht, dass sich jemand so gründlich damit auseinandersetzte.

***

Wenn sie nicht gerade aß, meinen Körper studierte oder Fernsehen sah, schrieb Mutter an Granny. Sie verkündete dann: »Clive, ich schreibe deiner Mutter. *Irgendjemand* muss ja den Kontakt halten!« Wenn ich sie anbettelte, einen Brief schicken oder auch nur eine Zeile unter ihrem Text ergänzen zu dürfen, lehnte sie ab. Vater und ich durften nicht mit Granny und Grandad in Verbindung treten. Trotzdem betonte Mutter immer, dass sie sich solche Mühe gebe.

Wir sahen ihr schweigend zu, wenn sie ihnen schrieb. Dabei lächelte sie leicht, so als berichtete sie ihnen etwas Lustiges. Einen Absender hinterließ sie nie, sodass Granny nicht antworten konnte. Immerhin schickte sie ein paar Bilder von mir und meinem Vater mit, was mir damals nett vorkam. Jahre später las ich allerdings, was sie dazu geschrieben hatte.

Berlin, 19. Mai 2003

Hallo, Jean,

ich dachte, ich sollte dich mal wieder an deinen Sohn erinnern, der mit seiner Frau *und* seinem Kind *in Deutschland lebt. Es ist einfach wunderbar, inmitten so vieler gebildeter Europäer zu sein.*
Zu schade, dass ihr letzte Woche den Geburtstag eurer Enkeltochter verpasst habt. Olivia war tieftraurig, dass ihre Granny kein Geschenk und noch nicht einmal eine Karte geschickt hatte. Immerhin wird sie von meinen Eltern nach Strich und Faden verwöhnt. Sie haben ein ausgesprochen enges Verhältnis zu Olivia, worüber ich mich natürlich sehr freue.
Ich schicke ein paar Fotos mit, damit du ein bisschen was von unserem glücklichen Familienleben siehst:

1. *Hier siehst du Olivia, inzwischen zwölf Jahre alt, zwischen Blumen auf unserem Balkon. Den grünen Daumen hat sie von ihrer Mutter geerbt.*
2. *Olivia und ihre Schulfreundin Katie. Sieh nur, wie groß sie ist!*
3. *Dein Sohn Clive und ich beim Sonnenbaden. Wir hatten einen tollen Mai in Deutschland. Hoffentlich regnet es nicht zu viel in Sussex.*

Es ist wirklich zu schade, dass ihr all das verpasst. Olivia kann sich nicht einmal mehr an eure Gesichter erinnern.

Alles Liebe,
Josephine

Mutter hatte sich etwas Besonderes für meinen zwölften Geburtstag ausgedacht. Seitdem wir in Berlin angekommen waren, hatte ich um ein Haustier gebettelt. Ich wünschte mir ein warmes, weiches Tier zum Schmusen, das unsere Wohnung belebte und mehr zu einem Zuhause machte. Mutter meinte, wir dürften keine Tiere in der Wohnung halten, versprach aber, mir eine Katze zu kaufen, wenn ich mich gut benahm. Zu meiner großen Überraschung schenkten meine Eltern mir dann einen Welpen zum Geburtstag – eine wunderschöne weiße Malteser-Hündin, die fröhlich herumhüpfte, unsere Hände abschlabberte und mit ihrem kurzen Schwanz wackelte. Ich liebte sie vom ersten Moment an.

»Ich habe sie ausgesucht«, verkündete mein Vater strahlend vor Freude. »Sie hat mich an den kleinen Hund in *Tim und Struppi* erinnert.« Mein Vater hatte die Hefte als Kind geliebt, und wir lasen seit ein paar Jahren die ganze Reihe zusammen. Ich liebte es, mich zusammen mit ihm hinzusetzen und abwechselnd die Stimmen von Tim, Kapitän Haddock und Professor Bienlein zu imitieren. Wir nannten unsere kleine Hündin Snowy, so heißt Struppi auf Englisch, und schon bald wurde sie ein richtiges Familienmitglied. Wenn Vater und ich in der Schule waren, führte Mutter Snowy aus. Sie genoss es, aus dem Haus zu kommen und eine Aufgabe zu haben. Nach der Schule gingen Vater und ich noch einmal mit Snowy Gassi. Diese Spaziergänge waren schon bald der Höhepunkt meines Tages. Ich beobachtete, wie Snowy fröhlich neben uns her hoppelte, mit dem Schwanz wedelte und die Zunge herausstreckte. Sie so glücklich zu sehen machte mich ebenfalls glücklich.

Aber das Glück währte nicht ewig. Mutter war schon bald von Snowys Lebhaftigkeit genervt. Ihr fehlte die Geduld, den Welpen richtig zu erziehen, und sie ging nicht immer mit ihr nach draußen, wenn Snowy mal musste. Oft waren gelbe Pfützen oder vertrocknete Fäkalien in der Wohnung, wenn Vater und ich heimkehrten. »Sauber machen!«, rief Mutter und deutete auf den Dreck. »Sie gehört dir!« Ich folgte dieser Anweisung ohne Widerworte. Manchmal ging ich auch mit Snowy spazieren, presste mein Gesicht in ihr weiches weißes Fell und beschwor sie, zukünftig auf meine Rückkehr zu warten. Ich betete, dass sie mich verstand. Aber letzten Endes war sie ein kleiner Welpe.

Als Snowy etwa fünf Monate alt war, fand ich Mutter allein im Wohnzimmer vor, als ich heimkehrte. Sie feilte ihre Fingernägel.

»Wo ist Snowy?«, fragte ich. Mutter feilte weiter.

»Ich hab sie weggegeben.« Sie sah mich nicht einmal an, sondern konzentrierte sich weiter auf ihre Maniküre. Ihre Hände waren verdreckt. Sie waren ganz braun, so als hätte sie mit Ton gearbeitet.

»Warum? Wo ist sie?« Mein Herz schlug wild. Wie hatte sie so schnell ein neues Zuhause für Snowy finden können? Sie verließ fast nie die Wohnung und hatte keine Bekannten in der Stadt.

»Das geht dich nichts an«, sagte sie, beäugte ihre Nägel und feilte weiter. Ich schluckte. Ich wollte noch mehr Fragen stellen, doch meine Kehle war plötzlich wie zugeschnürt. Vor meinem inneren Auge sah ich tote Fische, Schaumberge und roch Zitronenduft. Eine unbestimmte Angst überfiel mich.

Ich habe nie herausgefunden, was aus meinem süßen kleinen Hund wurde. Noch wochenlang litt ich beim Gedanken an Snowys weichen Körper, ihr flauschiges weißes Fell, die kräftigen Beinchen und die großen strahlenden Augen.

***

Nachdem Snowy fort war, brauchte Mutter eine neue Ablenkung. Gesundheitlich war sie einem regulären Job noch nicht gewachsen, aber eines Abends rief sie bei der internationalen Schule an und sprach mit der Direktorin. Eine Woche später wurde ihr eine Teilzeitstelle angeboten. So überzeugend konnte sie sein.

Ihre Position war eigenartig, und es war offensichtlich, dass die Stelle speziell für sie geschaffen worden war. Sie betreute jeden Morgen für eine Stunde die Lehrerkinder, die viel früher als die regulären Schüler eintrafen. Diese armen Geschöpfe mussten sich in der Sporthalle versammeln, wo sie spielen, lesen oder einfach miteinander quatschen durften. Der Job war nichts Besonderes, aber Mutter bekam so einen ersten Fuß in die Tür, und er brachte sie außer Haus. Außerdem bot er ihr, was sie schmerzlich vermisst hatte: Kontrolle über andere.

Sie erteilte Befehle und Tadel mit frischem Elan. Es wirkte so, als hätte sie endlich die Erholungskur gefunden, die ihr niemand verschreiben hatte können.

Da ich selbst auch ein Lehrerkind war, musste ich ebenfalls in die Sporthalle. Ich versteckte mich meistens mit einem Buch in einer abgelegenen Ecke, konnte Mutters Anwesenheit jedoch nie lange ignorieren. Ich lauschte, wie sie mit den anderen sprach. Ihre Stimme klang autoritär, dynamisch und geschäftsmäßig. Sie gestikulierte wild, klatschte laut, um für Ordnung zu sorgen, und trug einen fremden Gesichtsausdruck. Ihre Stimme, ihre Satzmelodie, ihre Kleidung, ihr Lachen – das alles war anders. Sie schien jemanden zu imitieren. Vermutlich eine Person, die sie im Fernsehen gesehen oder einmal getroffen hatte. In der Sporthalle stellte sie einen Charakter dar, warf sich in eine Rolle.

Ich ging gern zur Schule, doch die erste Stunde in der Halle fürchtete ich. Zu Hause war ich leise und alarmbereit, doch in der Schule konnte ich so sein, wie ich wollte. Ich lachte, ich kreischte, ich war albern, ich hakte mich bei meinen Freundinnen unter und flüsterte ihnen Geheimnisse zu, ich flocht anderen das Haar, ich schrieb Zettelchen und zeichnete schlüpfrige Comicfiguren. Meine beste Freundin war Sarah. Sie war freundlich und schüchtern, und in dieser Freundschaft war ich die Starke. Sie suchte meine Aufmerksamkeit, lachte über meine Witze und fragte mich um Rat. Glücklicherweise mochte Mutter Sarah ebenfalls – oder jedenfalls ihre Mutter Enid, eine elegante Amerikanerin. Enid war selbstbewusst und modeverliebt. Sie hatte kastanienbraunes Haar, das sie mit einer Spange zusammenhielt. Sie trug viel Goldschmuck und farbenfrohe Outfits: olivgrüne Kleider mit marineblauen Blazern oder auch lange lachsfarbene Röcke, kombiniert mit petrolfarbenen Pullovern. Sie war eine dynamische Gesprächspartnerin und gestikulierte mit ihren beringten Fingern oft wie eine Italienerin. Außerdem hatte sie ein heiseres Lachen, das ihren ganzen Körper erbeben ließ. Kurz nachdem sich die beiden kennengelernt hatten, trug auch Mutter viele Ringe, intensive Farben und gestikulierte wild. Ihr perlendes Lachen wurde tiefer und kehliger, und mir fiel schließlich auf, dass sie Enid in der Sporthalle imitierte. Ich wandte mich ab, wenn sie in diese Rolle schlüpfte. Ich wollte die neuen Ringe nicht an ihren Fingern glitzern, ihren Körper nicht vor Lachen erbeben und ihr gesamtes Nachahmen einer anderen Frau nicht sehen.

Im Sommer traf die schreckliche Nachricht ein: Sarah und ihre

Familie würden in die USA zurückkehren. Ich war tieftraurig, meine Freundin zu verlieren, aber immerhin gab es auch einen kleinen Anlass zur Freude: Sarah hatte mich eingeladen, sie in ein Ferienlager in Kanada zu begleiten. Ihre Familie nahm schon seit drei Generationen daran teil, und sie war überzeugt davon, dass es mir dort ebenfalls gut gefallen würde. Ich wusste, dass ich Mutter gar nicht erst zu fragen brauchte. Sie würde mich niemals für drei volle Wochen aus den Augen lassen. Doch eines Tages sprach Enid sie darauf an und sagte, dass das Ferienlager meiner persönlichen Entwicklung bestimmt zuträglich sei. Zu meiner Überraschung erteilte Mutter mir die Erlaubnis mitzufahren.

»Offen gestanden sollte Olivia so viel Hilfe zur persönlichen Entwicklung annehmen, wie sie nur kriegen kann«, sagte sie, stieß ein heiseres Lachen aus und gestikulierte wild.

Im Juli flog ich tatsächlich mit meiner Freundin und ihrer Familie über den Großen Teich. Die folgenden drei Wochen waren die schönsten meines Lebens. Wir machten all das, was ich zuvor über Ferienlager gehört oder gelesen hatte, wie zum Beispiel Marshmallows rösten oder Lieder am Lagerfeuer singen. Gemeinsam mit zehn anderen Kindern schliefen wir in kleinen Blockhütten. Nachts flüsterten und kicherten wir, bis es Ärger gab. Am Morgen wuschen wir uns mit einer biologisch abbaubaren Seife im See, die nach Apfel duftete. Wir wanderten durch den Wald, schwammen und ließen uns in bunten Kanus auf dem Wasser treiben. So viel Freiheit war mir noch nie zuvor vergönnt gewesen. Drei lange Wochen musste ich mich nicht wegen Mutters Krankheit schuldig fühlen.

Ich wusste, dass Mutter mich bei meiner Heimkehr für meine Abwesenheit bestrafen würde. Aber während der Zeit in Kanada war mir das egal. Ich versuchte, nicht an sie zu denken. Doch nachts konnte ich die Gedanken an sie nicht mehr verdrängen. Ich sah sie in meinen Träumen. Sie warf den Kopf in den Nacken, überdehnte ihren Rücken und klatschte in die zarten beringten Hände. Doch ihre Finger waren mit Erde, weißem Fell und etwas Rotem, Geronnenem bedeckt. Sie lachte heiser und tanzte sinnlich, doch ihr Gesicht war wie eine starre Maske, und ihre kalten Augen blickten aufmerksam umher.

Psychopathie-Merkmal Nr. 10: Jugendkriminalität

Psychopathen sind oft schon im Kindesalter verhaltensauffällig. Dieses Symptom verstärkt sich im Regelfall während der Pubertät. Im Alter von dreizehn bis achtzehn Jahren ist das Verhalten der meisten Psychopathen von Feindseligkeit, Aggression, Manipulation und einem starken, unversöhnlichen Egoismus geprägt. Auch Jugendkriminalität ist keine Seltenheit bei Psychopathen, wobei das selbstverständlich keine Allgemeingültigkeit hat.

11
Verderbtheit

»Im Alter von dreizehn bis achtzehn Jahren ist das Verhalten der meisten Psychopathen von einem starken, unversöhnlichen Egoismus geprägt.«

Ich war nicht mehr dieselbe, als ich nach Berlin zurückkehrte. Die Reise nach Kanada war ein lebensveränderndes Abenteuer für mich gewesen, an dem ich still gewachsen war. Nach meiner Rückkehr fühlte ich mich von Mutter gelöst, so als wäre ein Band gekappt worden. Es kam mir so vor, als befänden wir uns zwar im selben Zimmer, wären aber durch einen unsichtbaren Vorhang voneinander getrennt. Sie nahm ihn nicht wahr, aber er war da, und ich fühlte mich dahinter sicher und geschützt.

Mutter war sehr abweisend, als ich zurückkehrte. Mein Vater winkte mir vom Ankunftsbereich des Flughafens aus zu, und ich grüßte fröhlich zurück, so als freute ich mich, wieder da zu sein, und als hätte ich die beiden vermisst. Mutter stand steif neben ihm, hatte die Arme überkreuzt und lächelte so schmallippig, als hätte man ihr ein Grinsen aufgepinselt. Ich wusste, dass etwas passieren würde. Auf der Rückfahrt wappnete ich mich innerlich: Was auch immer geschehen würde, ich würde damit zurechtkommen.

Das Erste, was mir zu Hause auffiel, waren die Umzugskisten. Ich wusste, dass ein Umzug bevorstand, schließlich hatten wir unsere Wohnung nur für ein Jahr gemietet. Ich wusste jedoch auch, dass Mutter auf eine Reaktion wartete. Mit unbewegter Miene fragte ich: »Wohin ziehen wir?«

»An den Müggelsee«, antwortete Mutter und beäugte mich. Ich schluckte. Von dem See hatte ich noch nie etwas gehört, und es hätte mich nicht gewundert, wenn er in einem anderen Land gewesen wäre.

»Wo ist das?«

»Ungefähr vierzig Fahrminuten von der Stadt entfernt«, sagte mein Vater fröhlich. Offensichtlich hatte er Mutters bösen Blick nicht bemerkt. »Mach dir keine Sorgen – du kannst weiterhin die gleiche Schule besuchen!« Ich war erleichtert, versuchte jedoch, meine Freude vor Mutter zu verbergen. »Das Haus in Lewes wurde verkauft«, fuhr Vater fort, »und wir haben ein neues Haus gekauft!« Er war ganz aufgeregt, und sein Gesicht strahlte vor Freude. »Du wirst es lieben, Livvy! Es liegt direkt am See, und du kannst im Sommer schwimmen oder segeln. Es ist einfach großartig. Wart nur ab, bis du es siehst.«

»Klingt schön«, sagte ich. Mir war egal, wo wir wohnten. Hauptsache, ich musste nicht schon wieder die Schule wechseln und meine Freunde zurücklassen. Außerdem gefiel mir die Vorstellung, am See zu leben. Mutter war mit meiner ruhigen Reaktion offenkundig nicht einverstanden. Sie hatte auf Widerstand, Wut und Tränen gehofft, aber da wollte ich nicht mitspielen.

»Ich hab Berlin so was von satt«, meinte Mutter. »Ich möchte irgendwohin, wo es ruhig ist und wo ich endlich richtig gesund werden kann. Die Stadt ist so anstrengend, ich könnte kotzen.«

»Okay«, ich zuckte mit den Schultern. »Wann ziehen wir um? Soll ich packen?« Ich drehte mich um, konnte jedoch Mutters Blicke im Nacken spüren. Ich wusste, dass sie wütend auf mich war. Weil ich nach Kanada gegangen war und weil ich nicht so reagiert hatte, wie sie gehofft hatte. Sie war wütend, einfach weil ich existierte.

»Wir ziehen erst nächste Woche um, das hat also keine Eile«, setzte Vater an, doch Mutter unterbrach ihn unwirsch.

»Könntest du bitte Olivias Koffer nach oben bringen?«, sagte sie. Vater verstand sofort und verließ den Raum. Ich wandte mich in Mutters Richtung. Sie beäugte mich, und es war offensichtlich, was nun anstand: meine Bestrafung für die Abnabelung. »Dein Haar muss dringend geschnitten werden«, verkündete sie. Ich griff nach meinem Zopf. Eine Vorahnung überkam mich: Seit Mutters goldene Locken nicht zurückgekommen waren, verhielt sie sich hinsichtlich meiner Haare etwas seltsam. Wenn ich mit einer Strähne spielte, schlug sie meine Hand beiseite und zischte: »Hör auf damit, du siehst aus wie ein Bimbo! Los, mach dir einen Zopf.« Sie hatte begonnen, Frauen mit gefärbtem Haar zu beleidigen: »Eitle Hühner!

Wie kann man nur Hunderte von Euro ausgeben, um sich die Haare nikotingelb zu färben? Lächerlich!«

»Ich mag die Länge«, insistierte ich. »Es ist schön unkompliziert so. Man kann einfach einen Zopf machen.«

»Der sieht aus wie ein Rattenschwanz«, erwiderte sie und zog an meinem Haar. »Du bist doch jetzt fast erwachsen«, fügte sie hämisch hinzu. »Du brauchst einen entsprechenden Schnitt.«

»Mir gefällt die Länge«, wiederholte ich noch einmal, doch sie stieß ein Schnalzen aus.

»Warum? Das sieht scheußlich aus.« Sie deutete auf den Stuhl hinter mir. »Setz dich!«

Erst in diesem Moment verstand ich, dass sie mir das Haar selbst schneiden wollte.

»Ich würde lieber zum Friseur gehen«, sagte ich, so ruhig ich konnte, während sie in den Küchenschubladen nach einer Schere suchte. »Bitte, lass uns einfach zum Friseur gehen.«

»Das ist doch Geldverschwendung«, erwiderte Mutter und drückte mich auf den Stuhl. »Außerdem haben wir gar keine Zeit dafür.«

»Aber du hast doch nicht die geringste Ahnung, wie man Haare schneidet!« Ich wurde panisch. Es war klar, was sie vorhatte, und die Schule würde schon in zwei Wochen beginnen. Die Vorstellung, mit einem fiesen Topfschnitt aufzutauchen, war unerträglich. »Bitte, Maman! Bitte lass mich zum Friseur gehen!«

»Ich hab das schon mal gemacht«, sagte Mutter bestimmt. Ein Lächeln huschte über ihr Gesicht, als sie einen Spiegel vor mich stellte. Sie ließ die Schere auf- und zuschnappen wie Kastagnetten. »Wie schwer kann das schon sein?« Sie grinste mein Spiegelbild an und machte sich kein bisschen Mühe, ihr Vergnügen zu verbergen. Im Spiegel sah ich, wie Vater das Zimmer betrat. So vorsichtig, als wäre er ein Gast in seinem eigenen Zuhause. Er warf mir einen Blick zu. Als er meine feuchten Augen sah, drehte er sich um und schlurfte wieder nach draußen. Ich schloss die Augen – etwas anderes schien mir nicht möglich – und hörte das stumpfe Schnippen der Schere direkt über meinem Ohr. Mutter summte.

Als ich die Augen wieder öffnete, konnte ich meine Tränen nicht länger zurückhalten. Mutter verpasste mir einen Topfschnitt im

Stil der Neunziger. »Bitte, Maman«, schluchzte ich. »Bitte hör auf. Alle werden über mich lästern und mich auslachen. Ich werde nur noch die blöde Engländerin mit der schrecklichen Frisur sein. Bitte, Maman!« Ich konnte nur noch betteln. Hier ging es nicht um mein Haar, sondern um Kontrolle. Wenn ich Mutter zeigte, dass sie mich verletzt und gewonnen hatte, würde sie vielleicht nachgeben. Ich sah im Spiegel, dass sie kurz nachdachte: Eine hässliche Frisur würde eventuell negativ auf sie zurückfallen. Das wäre inakzeptabel, oder?

»Bitte, Maman!«

Sie seufzte. »Ich mache die Übergänge etwas weicher«, sagte sie. »Aber das war's.« Sie schnippelte an meinem Pony herum, doch da mein Haar vorne Wirbel hatte, fiel es links und rechts um mein Gesicht. Mutter lehnte sich zurück und begutachtete ihr Werk. Man erkannte nun deutlich mehr von meinem Gesicht, und ich stellte fest, dass mir das gefiel. Es sah anders aus, als ich es in Erinnerung hatte: Meine grünen Augen waren größer, meine Gesichtszüge traten klarer hervor. Ich ähnelte Mutter, aber nur ein bisschen. Mein Haar sah dunkler aus, nachdem die sonnengebleichten Strähnen fort waren, und ich wirkte älter. Zum ersten Mal war ich richtig brünett – und mochte das.

Mutter war fertig. Sie stand hinter mir und wartete auf meine Reaktion, auf das heiß ersehnte Drama. Doch ich verweigerte ihr die Genugtuung. Stattdessen zog ich den durchsichtigen Vorhang zwischen uns zu, stand schweigend auf, wischte die Tränen von meinem Gesicht und verließ steif den Raum.

***

Dieser Sommer bestand aus drei klar voneinander abgegrenzten Teilen. Er begann in Berlin, wo ich mit Sarah in ihrem Garten saß, Eistee trank, Eis am Stiel aß und im Pool planschte. Der zweite Part spielte sich in Kanada ab, wo es mir so gut gegangen war wie nie zuvor. Wie im Film hatte ich meine Zeit mit Schwimmen, Segeln und Singen am Lagerfeuer verbracht. Der Sommer endete schließlich am Müggelsee, nachdem wir umgezogen waren.

Im Laufe der Wochen hatte ich mich verändert: wie genau, konnte ich nicht sagen, doch ich fühlte mich stärker und erwachsener. Am Müggelsee begann ein neues Kapitel, und ich war bereit. Vielleicht würde das Leben nun anders sein, schließlich war auch ich anders.

Unser neues Zuhause lag direkt am Seeufer. Ich hatte zwar geplant, bei unserer Ankunft stoisch gelassen zu wirken, doch sobald ich den See sah, war es mit der Ruhe vorbei. Hinter unserem weißen Haus bemerkte ich ein blaues Schimmern, und durch die Küchenfenster sah ich die hölzernen Stege, Sandstrände, die picknickenden Familien und wippenden Boote. Man konnte sich unschwer vorstellen, dass wir hier glücklicher sein würden. Insbesondere als wir ankamen, als die Sonne strahlte, die Luft warm war und meine Eltern Witze rissen, als sie den Wagen entluden. Ich sah die hohe Weide hinter unserem Haus und stellte mir vor, wie Mutter darunter sitzen und die warme Sonne genießen würde, die endlich die Kälte aus ihrem Körper vertreiben würde. Ich malte mir aus, wie ich neben ihr saß. Vor meinem inneren Auge war ich bereits älter und trug einen eleganten Pagenschnitt. Ich saß entspannt neben ihr und lehnte an einem Kanu, was ich seit meinem Kanadaurlaub natürlich perfekt steuern konnte. Ich stellte mir vor, wie mein Vater und ich Pflanzen und Blumen züchten würden, die Mutter dann malte. Während sie malte, sang sie. In diesem Haus am See könnten wir, wenn nicht glücklich – das wäre zu viel –, aber zumindest zufrieden sein. Vielleicht würde Mutter hier finden, wonach sie suchte. Vielleicht würde sie in ihrem neuen Zuhause zufrieden sein mit ihrem Ehemann und ihrer Tochter, die ihr um die ganze Welt folgten wie zwei anhängliche Hündchen.

***

Kurz nach unserem Umzug endeten die Ferien. Ich hatte drei gute Freundinnen namens Katie, Claire und Morgan, aber nach wie vor reichte niemand an Amelia heran. Wir schrieben uns noch immer regelmäßig, doch allmählich kam es mir so vor, als hätten wir uns voneinander entfremdet. Sie erzählte von sich und fragte nach meinem Leben, aber wenn ich ihre Briefe las, schien es mir manchmal, als hätte sie einen höflichen Dankesbrief an ihre Großeltern geschrieben und nicht ihrer besten Freundin. Verpflichtung statt Wunsch. Ich hoffte, dass ich mich irrte. Unsere Leben hatten sich unterschiedlich entwickelt. Amelia lebte mehrere Hundert Kilometer von uns entfernt, so wie Granny und Grandad. Sie war so weit weg wie mein altes Leben, was mir damals oft schrecklich vorgekommen war, mich jetzt aber mit seiner Vertrautheit reizte.

Im Herbst verschlechterte sich Mutters Gesundheitszustand, und ich kämpfte gegen ein Gefühl der Erleichterung an. Ich wollte zwar nicht, dass sie starb, aber es war leichter, wenn sie nicht genug Energie hatte, zu schreien und mich wegen meines Gewichts zu beschimpfen. Ihre geschädigte Leber machte ihr zu schaffen: Sobald sie etwas zu sich nahm, sah sie aus, als wäre sie im sechsten Monat schwanger. Sie presste die Hände auf den Bauch und jammerte, bis mein Vater sie gebührend umsorgte. Ich versuchte, Mitleid mit ihr zu empfinden. Aber ihre Schreie waren hinter meinem Vorhang kaum zu hören.

Sie nahm den Job in der Schule wieder auf, blieb jedoch nur wenige Wochen. Ich dachte, sie hätte ihn wegen ihrer Gesundheit aufgegeben. Später erfuhr ich jedoch, dass es Beschwerden hinsichtlich ihres Verhaltens gegeben hatte. Schmerz und Frust hatten ihre Maske verrutschen lassen. Es war das einzige Mal, dass Mutter in der Öffentlichkeit die Kontrolle verlor.

Sie verbrachte von nun an die meiste Zeit im Haus und ging nur ab und an in den Schuppen, den mein Vater in ein kleines Atelier für sie umgewandelt hatte. Er hatte ihr sogar einen Ofen gekauft, damit sie töpfern konnte. Im stickigen Schuppen versuchte sie, ihr künstlerisches Talent neu zu entfachen.

Nach den Ferien kam ich mir zum ersten Mal reifer als meine Mitschüler vor. Vorher war ich gern jung und albern gewesen, aber jetzt fühlte ich mich erfahren und irgendwie unnahbar. Nicht auf eine abgehobene Art. Ich dachte nicht, dass ich besser wäre als die anderen, sondern fühlte mich gewissermaßen isoliert vom Rest meiner Klasse. Die Schule war wie ein Meer, auf dem wir gemeinsam trieben. Doch während die anderen in den Wellen planschten und lachten, segelte ich still und wachsam voraus. Ich wollte mich den anderen anschließen, konnte es jedoch nicht. Der unsichtbare Vorhang zwischen Mutter und mir schien mich auch von anderen abzugrenzen: Sie konnten mich sehen, aber nicht zu mir durchdringen.

Jeden Tag musste ich Mutter berichten, was ich erlebt, gelernt und gegessen hatte. Sie sah mich ausdruckslos an, während ich sprach. Doch hinter der leeren Fassade gierte sie nach Gründen, mich zurechtzuweisen – das wusste ich. Sie beäugte mich, suchte nach Laufmaschen in meiner Strumpfhose, losen Nähten oder Hautunreinheiten, die inzwischen ab und an auftauchten. Wenn sie nichts an meinem Äußeren bemängeln konnte, fand sie etwas anderes: Ich war keine gute Gesellschaft, ich brachte mich nicht genug in den Haushalt ein, eine kürzlich zum Abendessen eingeladene Freundin hatte sich nur unzureichend bedankt, ich hatte Grand-mère und Grand-père schon lange nicht mehr angerufen, ich wirkte nicht erfreut genug, wenn ich mit ihnen sprach …

In diesem Schuljahr trat ich der Schwimmmannschaft bei. Mutter fand, dass Schwimmen ein guter Sport für ein Mädchen sei, und hoffte, dass er mir dabei helfen würde, mein Übergewicht loszuwerden. Es störte sie, dass ich immer noch nicht abgenommen hatte. Dass ich noch im Wachstum war, spielte keine Rolle für sie. Ich schoss immer mehr in die Höhe – mit nur dreizehn Jahren war ich schon fast so groß wie sie –, und alles an meinem Körper schien entweder länger oder breiter zu werden. Mir war nicht klar, wie ich in dieser Phase Gewicht verlieren sollte. Trotzdem schwamm ich, als hinge mein Leben davon ab, und trainierte jeden Morgen und manchmal auch noch am Nachmittag. Unser Schwimmcoach ließ uns Bahn um Bahn schwimmen. Wir durften erst aufhören, wenn er abpfiff. Die anderen Kinder jammerten, aber ich setzte meine Schwimmbrille auf und stieß mich so fest vom Rand ab, als könnte ich es kaum erwarten, endlich loszulegen. Das tat ich wirklich. Im Becken war es ruhig. Ich hörte nur meinen eigenen Atem, das Blubbern, mit dem er mir entwich, und das klatschende Geräusch, mit dem meine Arme das Wasser zerteilten. Während ich schwamm, dachte ich nur an mein Timing: drei Armlängen, Kopf wenden, Mund öffnen, atmen. *Stoßen, stoßen, stoßen und atmen. Stoßen, stoßen, stoßen, atmen.*

***

Die Berliner Winter waren fürchterlich. Es war eiskalt – viel kühler als in England. Zu kalt für Mutter, um in ihrem Schuppen-Atelier zu arbeiten, selbst wenn sie ihren großen grünen Mantel anzog, eine Mütze aufsetzte und sich mit Schals umwickelte. Filigrane Arbeiten musste sie mit bloßen Händen erledigen, und im eiskalten deutschen Winter wurden sie steif und langsam. Selbst an Tagen, an denen ihre Leber ihr keine Beschwerden bereitete, war sie nun ans Haus gefesselt. Dort siedete die Wut in ihr, bis ich schließlich nach Hause kam.

Der Weihnachtstag begann entspannt. Mutter hatte mir grinsend Geschenke überreicht – wunderbare Sachen waren dabei wie das Cacharel-Parfüm *Scarlett* oder schöne Stiefel aus butterweichem braunem Leder –, und sie wirkte zufrieden, als ich sie zum Dank ausgelassen umarmte. Mutter hatte sich mit den Vorbereitungen wirklich Mühe gegeben. Sie hatte am Weihnachtsabend stundenlang in der Küche gestanden und Vaters und meine Hilfsangebote mit dem Geschirrtuch abgewunken. »Das ist unser erstes Weihnachten am See«, sagte sie und fuhr mit ihrem Schürzenzipfel über ihr rötlich glänzendes Gesicht. »Ich will, dass alles perfekt ist. Ich will alles selbst machen!« Mir war klar, dass sie nach Perfektion strebte. Es war ihr wichtig, die Rolle der deutschen Hausfrau einzunehmen und ein magisches Weihnachtsfest am See für ihre Familie zu veranstalten. Es gab ein traditionelles Abendessen: Wir aßen Gänsebraten mit Knödeln, Rotkohl und gedämpftem Grünkohl, tranken Glühwein und verputzten etliche Lebkuchen. Ausnahmsweise zog Mutter nicht die Augenbrauen hoch, wenn ich mir eine weitere Portion nahm, und verkniff sich jeden schnippischen Kommentar, weil mir das Essen schmeckte. Wir erhoben unsere Gläser und sprachen einen Toast auf unser neues Haus am See und unser glückliches Leben in Berlin aus. Für einen Moment waren wir glücklich.

Doch am Weihnachtsmorgen traf ein großes Paket für mich aus England ein. Es stand kein Absender darauf, und weil ich dachte, es sei von Amelia, riss ich es begeistert auf. Doch es war von Granny und Grandad.

Ich hatte schon seit drei Jahren keinen Kontakt mehr zu ihnen gehabt, weder Briefe schreiben noch mit ihnen telefonieren dürfen. Nach einiger Detektivarbeit war es Granny gelungen, unsere Adresse ausfindig zu machen. Sie schickte mir Geburtstags- und Weihnachtsgeschenke für die letzten drei Jahre. Im Paket lagen die Harry-Potter-Bücher, Experimentierkästen, Schaumbäder, Cremes, ein Kalligrafie-Set und verschiedenfarbige Tinte. Sie hatte nicht gewusst, was mir gefallen würde. Sie kannte mich nicht mehr.

Als ich diese wunderbaren Geschenke auspackte, verstand ich, dass auch Granny litt. Sie wollte mir eine Freude bereiten, wusste jedoch nicht, wie. Traurig blinzelte ich ein paar Tränen fort, bevor Mutter etwas mitbekam. Als ich die beiliegende Karte sah, musste ich lachen: *Frohe Weihnachten, Olivia*, hatte Granny geschrieben. *Alles Liebe von deiner bösen Großmutter*. Mutter riss mir die Karte aus der Hand und las den Text. Sie sah mich eindringlich an, und ich versuchte, mein Lachen zu unterdrücken.

»Die versteht den Wink mit dem Zaunpfahl nicht«, sagte sie und lächelte seltsam. »Die lässt uns einfach nicht in Ruhe.« Ich brummte, so als stimmte ich ihr zu. Doch als ich in ihr Gesicht sah, merkte ich, dass sie rasend vor Wut war. Nicht wegen des Pakets, sondern weil Granny sich in ihrem Gruß über sie lustig gemacht hatte.

»Geh in dein Zimmer«, befahl sie leise. Sie sah so frostig aus wie der See, der hinter ihr schimmerte. Mein Herz pochte heftig.

»Warum?«, fragte ich. Ich sah zu meinem Vater hinüber, doch er blickte nur auf seine Hände. »Es ist Weihnachten.«

»Geh in dein Zimmer«, wiederholte sie, immer noch sehr leise. Ich zögerte kurz, doch das war zu viel. Sie stand auf, und ihre plötzliche Bewegung ließ mich ängstlich zusammenzucken. Ich sprang auf und rannte die Treppe hoch in mein Zimmer. Ein einziger Blick hatte gereicht. Ich benahm mich wie ein geschlagener Hund. Das Gefühl der Erniedrigung war unerträglich. Ich hasste mich, weil ich es ihr so einfach machte und nicht stärker war. Vor allem machte es mich wütend, dass sie mir immer noch etwas bedeutete: dass ich sie trotz allem liebte und wollte, dass sie mich auch lieb hatte. Das war mein allergrößter Wunsch.

Tränen brannten in meinen Augen. Ich versuchte, härter zu werden und sie mit meinem unsichtbaren Vorhang auszuschließen. Doch an diesem Tag brachte ich es nicht fertig. Von heftigen Schluchzern geschüttelt, suchte ich verzweifelt nach Stärke in mir. Doch ich fand nichts. Ich saß allein in meinem Zimmer und war meiner Wut, meinem Frust und meiner nie enden wollenden Angst ausgeliefert.

Ich fing wieder an, meine Arme zu verletzen. Das hatte ich seit dem Tag der Erdbeerernte immer mal wieder getan. Ich wusste nicht wirklich, warum, doch sobald ich in meinem Zimmer war, krempelte ich die Ärmel nach oben und begann, meine Haut zu malträtieren. An einigen Stellen waren Härchen eingewachsen, und ich konzentrierte mich besonders auf diese kleinen Entzündungen: Ich knibbelte und riss mithilfe meiner Nägel schließlich das eingewachsene Haar heraus. Im Idealfall war die feine weiße Haarwurzel mit dabei, und ab und an hing auch ein Fetzen Haut daran. Auf meinem Arm waren kleine rote Krater zu sehen. Wenn ich darauf drückte, trat Blut an die Oberfläche. Es sah aus wie kleine karmesinrote Stecknadelköpfe.

Ich versuchte, meine Wunden zu verbergen. Ich sprang beim Schwimmtraining direkt ins Wasser und kreuzte meine Arme, wenn Mutter meinen Körper inspizierte, so als wäre mir kalt. Doch natürlich blieb ihr mein Geheimnis nicht lange verborgen.

»Was ist das?«, fragte sie eines Tages und griff nach meinem Arm.

»Keine Ahnung«, antwortete ich lahm.

»Hast du das gemacht?«

»Nein.«

Sie starrte mich auf ihre eindringende Art an. »Warum hast du das gemacht?«

Ich zuckte mit den Achseln. Wie hätte ich diese Fragen beantworten sollen? Ich wusste selbst nicht, warum ich das tat.

Mutter versuchte mir zu helfen – auf ihre eigene Art. Den deutschen Ärzten vertraute sie nicht. Ihrer Meinung nach waren das allesamt Quacksalber. Also fand sie alternative Heilmittel. Sie ging zum Reformhaus und kaufte Teebaumöl und Lavendelwasser. Daraus bereitete sie eine Salbe und rieb mich jeden Abend damit ein. Es brannte fürchterlich, und sie ging nicht gerade sanft mit mir um: Sie rieb so heftig, dass meine Arme weiß wurden und die roten Punkte umso stärker hervorstachen. Das tat sie etwa einen Monat lang. Als keine Besserung in Sicht war, gab sie auf.

»Von mir aus kannst du dich zu Tode kratzen«, verkündete sie und warf die Salbe in den Mülleimer, wo sie mit einem scheppernden Geräusch landete.

Ich hörte nicht auf. Nach jedem Streit ging ich in mein Zimmer und machte mich an meinen Armen zu schaffen. Das war mein kleines Geheimnis. Warum ich das tat? Es gab mir ein Ventil, so wie andere sich nach einem anstrengenden Tag ein Glas Wein einschenken oder sich ein Bad einlassen, wenn ihre Muskeln wehtun. Man steigt ins Wasser, auch wenn man weiß, dass es eigentlich zu heiß ist. Es sticht und brennt, und doch tröstet der schneidende Schmerz irgendwie.

***

Die Berliner Sommer waren besser. Wenn Mutter in ihrem Schuppen arbeiten oder im Garten malen konnte, war sie beschäftigt. Sie sang bei der Arbeit und ließ oft Musik von *M People* laufen. Vom Haus aus hörte ich ihren Gesang, und ab und an rief sie nach meinem Vater und mir in der Annahme, wir hätten ihr genüsslich gelauscht. »Heather Small könnte sich noch was bei mir abgucken!«, behauptete sie, und Vater und ich tauschten Blicke aus und lächelten. Mutter konnte nicht einmal halb so gut singen, wie sie glaubte, aber ich liebte ihr Gekrächze. Es zeigte nämlich, dass sie beschäftigt war, und zwar mit etwas anderem als mit mir.

Auch am See teilten wir einige schöne Augenblicke. Im Frühsommer besuchten wir einmal einen Schmetterlingsgarten. Mutter war bestens gelaunt. Sie trug einen breiten Strohhut, eine auffällige Goldkette und locker sitzende weiße Leinenhosen, die beim Gehen um ihre Beine wehten. Ich sagte ihr, dass sie sehr schön aussehe. »Du auch«, gab sie großzügig zurück. Auf der Autofahrt sang sie so wie früher mit, als sie einige Lieder speziell für mich angestimmt, mich im Rückspiegel angesehen und mein Bein gedrückt hatte. Etwas in mir flüsterte leise, dass das keine schönen Erinnerungen seien, doch der Tag war wunderbar sonnig, und ich wollte nicht weiter darüber nachdenken.

Wir spazierten wie eine ganz gewöhnliche Familie durch den Schmetterlingsgarten. Mein Vater war begeistert, nannte uns die verschiedenen Arten und stupste mich an, wenn er irgendwo eine Raupe entdeckte.

»Ist das nicht unglaublich?«, fragte er und deutete auf einen Kokon, der von einem Ast herabhing. »Ist die Natur nicht umwerfend?«

Er hatte eine unbekümmerte, manchmal naive Art, die Welt zu sehen, suchte immer nach dem Besten in anderen und brachte mir bei, überall das Schöne zu suchen. Ich betrachtete den Kokon, der wie ein Zigarrenstummel vom Baum hing, und stimmte zu. Das war wirklich unglaublich. Ich konnte es kaum fassen, dass eine pummelige, fette Raupe sich selbst einwickeln konnte und nach einem kurzen Schlaf als eine vollkommen neue Kreatur erwachte: schöner und eleganter, als sie es sich je vorzustellen gewagt hatte.

Ich starrte den Kokon lange an und überlegte, in welcher Entwicklungsphase die in seinem Innern lebende Kreatur sich gerade befinden mochte: War sie schon fast ein Schmetterling oder immer noch eine Raupe? Als ich mich umdrehte, sah ich, dass Mutter mich beobachtete. Sie lächelte, zwinkerte mir zu und zupfte vorsichtig den Kokon vom Ast. Mein Vater keuchte entsetzt auf. Mutter legte den Kokon in ihr Sonnenbrillenetui und spazierte weiter, als wäre nichts geschehen. Vater verdrückte sich schockiert in Richtung Geschenkeladen, und ich folgte Mutter wie benommen. Auf der Rückfahrt stritten sie sich. Mutter sagte, sie wolle mir etwas über Schmetterlinge beibringen. Ich schwieg, dachte an den Kokon im Etui und hoffte, dass ihm nichts passiert war.

Zu Hause holte Mutter ihn heraus und legte ihn auf den Küchentisch. Sie zögerte, und ich fürchtete kurz, sie wolle ihn zerdrücken. Doch dann ging sie fort und kehrte mit einer großen Topfpflanze zurück, die normalerweise im Wohnzimmer stand. Sie verließ die Küche erneut und kam dann mit einer kleinen Packung Zahnseide zurück. Ich beobachtete schweigend, wie sie den Kokon an der Topfpflanze befestigte. Sie stellte die Pflanze an eine sonnige Stelle in der Küche, und dann war es so weit: Ich hatte meinen eigenen Kokon.

Nach etwa einer Woche rief Mutter nach mir, als ich gerade in der Badewanne lag. Der Schmetterling schlüpfte! Ich schnappte mir ein Handtuch und rannte nach unten. Zusammen beobachteten wir, wie der Kokon hin und her wackelte. Langsam öffnete er sich, und ein zartes Geschöpf kam heraus. Weiche Flügelchen waren an seinen winzigen Körper gepresst. Der Schmetterling war schwarz und weiß und zarter und schöner, als ich mir je hätte vorstellen können. Mutter meinte, er sei noch zu schwach zum Fliegen und dass wir ein oder zwei Tage nach ihm sehen sollten. Wir fütterten den Schmetterling mit Zuckerwasser. Ich musste die ganze Zeit lächeln, so stolz war ich auf meinen schönen Schmetterling.

Nach ein paar Tagen setzten wir ihn im Garten aus und beobachteten, wie er vorsichtig die Flügel auf und ab bewegte und nach einer Weile zu fliegen versuchte. Zunächst schien er nur auf der Stelle zu treiben, doch dann hob er richtig ab und flatterte durch unseren Garten – der Jungfernflug meines Schmetterlings! Voll Stolz und Freude griff ich nach Mutters Hand. Sie lächelte und drückte meine Finger. Gemeinsam beobachteten wir den Schmetterling, bis er schließlich verschwand. Das ist eine meiner schönsten Erinnerungen.

***

Abgesehen davon kam es noch immer regelmäßig zum Streit. Zu dieser Zeit bestand Mutters bevorzugte Strafe darin, mich einzusperren: in meinem Zimmer, im Haus, im Auto. Das Auto war am schlimmsten. Sie befahl, ich solle darüber nachdenken, was ich falsch gemacht habe und wie ich mich dafür entschuldigen wolle. Es blieb mir nichts übrig, als den Kopf gegen die Scheibe zu lehnen und meine Arme zu zerkratzen. Im Haus wurde ich nur eingesperrt, wenn sie mit meinem Vater ausging. Dann hinterließ sie die Anweisung, ich solle bis zu ihrer Rückkehr jedes Zimmer geputzt haben. Sie schmiss mir Reinigungsmittel, Poliermittel und Bleiche sowie Staubtücher und Besen zu und drohte, dass es Ärger gäbe, wenn das Haus später nicht in makellosem Zustand wäre. Sie versteckte den Fernseher und unsere DVDs, sodass ich mir keine Filme ansehen konnte. Immerhin blieb mir noch das Radio. Ich drehte die Lautstärke so laut auf, wie ich mich traute – aber leise genug, dass ich das Auto hören würde –, und legte los mit der Arbeit. Ich fing immer mit dem obersten Fach des Bücherregals im Wohnzimmer an, denn da bewahrte mein Vater seinen Schnaps auf. Ich nahm einen Schluck aus jeder Flasche, während ich den Staub entfernte, und obwohl mir nichts davon schmeckte, schmatzte ich fröhlich, so als wären die Getränke ganz nach meinem Geschmack. Mutter würde ausrasten, wenn sie etwas davon wüsste.

Diese Art der Bestrafung war ein neuer Versuch, mich kleinzuhalten. Früher war das leichter gewesen: Ein Blick, ein Schubsen oder längeres Schweigen hatten ausgereicht, um mich erbeben und betteln zu lassen. Aber je älter ich wurde, desto schwerer hatte sie es mit mir. Sie musste sich anstrengen, um mich zu unterdrücken. Sie musste schreien, bis ihr Gesicht blau anlief, oder mich nach oben in mein Zimmer schleifen, um mich dort einsperren zu können. Egal, wie sehr ich mich auch anstrengte – irgendwann brach ich immer zusammen. Meine Wut verpuffte, mein Gesicht fiel in sich zusammen, und ich fühlte mich wieder wie ein kleines Kind, das seine Mutter schemenhaft durch eine Scheibe sieht und sich wünscht, sie möge zu ihm kommen. Normalerweise war ich schlichtweg erschöpft, weil ich nächtelang wütend wach gelegen und mich über die Ungerechtigkeit meiner Lage aufgeregt hatte. Ich wünschte einfach, sie würde aufhören.

Wenn ich schließlich zusammenbrach, war das ein kathartischer Moment – für Mutter. Ich weinte und sagte ihr heulend, dass es mir leidtue. Sie hörte aufmerksam zu und erklärte mir dann, was ich falsch gemacht und wie ich mich ihr gegenüber schlecht verhalten hätte und warum ich mich schämen sollte. Ich entschuldigte mich wieder und wieder, und sie nickte. Ja, ich hatte mich schrecklich egoistisch verhalten. Ja, ich musste lernen, mein Temperament zu zügeln. Ja, ich musste mich meiner armen Mutter gegenüber respektvoller verhalten, schließlich hatte sie schon genug Leid zu ertragen.

Wenn sie mich gebrochen hatte, holte sie die Familienfotos heraus. Diese wunderbaren Schnappschüsse, die an unseren Wänden hingen, gerahmt auf Regalen standen oder an den Kühlschrank gepinnt waren. »Erinnerst du dich?«, fragte sie und wedelte mit einem Foto vor meinem Gesicht herum.

Ja, ja, ich erinnere mich.

Unsere Streits verliefen jahrelang nach dem gleichen Schema. Sie waren wie ein ritueller Tanz: Sie bestrafte mich, bis ich brach. Wenn ich brach, bat ich um Vergebung. Bevor sie mir vergab, musste ich mich erinnern.

»Erinnerst du dich? Weißt du noch, als wir zu dem Schulbasar gegangen sind? Du hast meine Marmelade verkauft und einen Preis dafür gewonnen. Erinnerst du dich?«

»Ja, Maman. Ich erinnere mich daran.«

»Ich bin verdammt noch mal die beste Mutter der Welt, richtig? Bin ich nicht einfach die beste?«

Es lohnte sich nicht zu widersprechen. Warum hätte ich das also tun sollen?

»Ja, Maman. Du bist die beste Mutter der Welt.«

Psychopathie-Merkmal Nr. 11: Unzureichende Verhaltenskontrolle

Psychopathen können ihre Impulse schlecht kontrollieren.

Während normale Menschen in der Lage sind, ihr Verhalten zu regulieren, neigen Psychopathen zu heftigen Reaktionen. Schon der kleinste Affront bringt sie aus der Balance, und sie sind schnell beleidigt und frustriert. Oft kommt es zu unangemessen heftigen Wut- und Aggressionsausbrüchen, die jedoch in der Regel nur kurz andauern. Anschließend verhalten sich Psychopathen meist so, als wäre nichts geschehen.

12
Rage

»Psychopathen können ihre Impulse schlecht kontrollieren. Schon der kleinste Affront bringt sie aus der Balance.«

Als ich etwa vierzehn Jahre alt war, wusste Mutter nicht mehr, wie sie mit mir umgehen sollte. Ich schien mich in einem seltsamen Schwebezustand zu befinden: zu alt, um wie ein Kind behandelt zu werden, aber zu jung und zu schwach, um ihren Respekt zu verdienen. Sie versteifte sich darauf, die alte Dynamik dieses ewig gleichen Kreislaufs aus Kontrolle, Streit, Bestrafung, Versöhnung und Annäherung zwischen uns aufrechtzuerhalten. Unsere Auseinandersetzungen wurden immer schlimmer. Schließlich kam es mindestens einmal pro Woche zu heftigen, manchmal sogar handgreiflichen Szenen. Inzwischen hatte ich jede Hoffnung aufgegeben, mein Vater würde eingreifen. Er saß untätig daneben und wendete enttäuscht den Blick ab.

Ich wurde nie laut oder widersetzte mich offen. Ein Blick reichte meist schon, um Mutter in Rage zu versetzen. Hinter verschlossenen Türen weinte ich mich regelmäßig in den Schlaf und versuchte, mich davon zu überzeugen, dass es mir nichts ausmachte. Ich weinte zwar und hatte meinen Arm zu einem wunden Etwas zerpflückt, aber trotzdem machte es mir in meinem *tiefsten Inneren* nichts aus. Es machte mir nichts aus. Nichts aus. Nichts aus.

Manchmal gelang es mir, mich von dem Gedanken zu überzeugen, und es machte mir wirklich nichts aus. Als Vierzehnjährige spürte ich, dass mit Mutter etwas grundsätzlich nicht stimmte und dass das nicht mein Fehler war. Etwas Bösartiges ruhte in ihr. Zunächst fiel es mir schwer, diese Erkenntnis von der Tatsache, dass sie meine Mutter war, zu lösen. Doch je älter ich wurde, desto eher gelang es mir – wenn auch nur kurzzeitig. Für winzige Augenblicke löste ich mich von dem Gedanken, dass wir auf eine besondere Art miteinander verbunden waren. Wer war Mutter schon? Was bedeutete sie mir? Sie war nur eine unfreundliche Person, mit der ich zufällig zusammenlebte. Nicht mehr als das. Sie hatte keinen Einfluss auf mich; wir hatten nichts miteinander zu tun.

Meistens schien es jedoch unmöglich, sich von ihr loszulösen. Ich wusste, dass böses Blut durch ihre Adern floss. Ich war ihr Kind – hieß das, dass auch ich verdorben war? Wenn etwas mit ihr nicht stimmte – stimmte es dann auch nicht mit mir? Wir waren Mutter und Tochter, ich war ihr Fleisch und Blut. Einst waren unsere Körper tatsächlich miteinander verknüpft, und selbst jetzt wusste ich nicht, wie ich mich von ihr losmachen sollte. Ich wollte, dass sie mich liebte. Noch mehr wünschte ich mir, dass sie stolz auf mich war. Weil sie meine Mutter war. Weil ich zu ihr gehörte und sie zu mir, so wie sie es immer sagte. Es gab nichts, was sie oder ich tun konnten, das unser Band zerstört hätte. Jeder Blick in den Spiegel erinnerte mich an sie: die Form meines Kiefers, der Schwung meiner Augenbrauen, das Leuchten in meinen Augen – ich sah ihr immer ähnlicher.

Widerwillig bewunderte ich sie noch immer. Nicht wegen ihrer Grausamkeit, ihrer Gleichgültigkeit oder ihres Talents zu lügen, sondern weil sie über den Dingen zu stehen schien. Ihre Stärke, ihre Selbstsicherheit und ihre Unfähigkeit, Fehler einzugestehen, waren meinem Charakter fremd. Ich entschuldigte mich, wenn mir jemand auf den Fuß trat, und zerbrach mir anlässlich der sanftesten Rüge den Kopf. Ich war schwach, das wusste ich, und ich hasste es. Ich wollte stark sein.

Meine Schulfreundin Katie war Christin. Am Handgelenk trug sie ein Armband mit der Prägung »WWJD«, es stand für »What would Jesus do?«, was würde Jesus tun? Wenn mich etwas ängstigte, sei es in der Schule oder sonst wo, dachte ich meistens an Mutter: Was würde Mutter tun? Wenn halbwüchsige Jungen hinter ihr herpfiffen – was würde Mutter tun? Sie würde nicht rot werden, ihre Tasche fallen lassen und ihre Bücher vom Boden auflesen. Sie würde mit geballten Fäusten und wutentbranntem Blick geradewegs zu den Jungen marschieren, die dann entsetzt Reißaus nehmen würden. Wenn ein Mädchen einen zickigen Spruch auf Lager hatte – was würde Mutter tun? Sie würde nicht den Kopf einziehen und so tun, als hätte sie nichts gehört. Sie würde das Mädchen fertigmachen. Ihre spitze Zunge würde es vor allen anderen erledigen.

Mit der Heftigkeit der Auseinandersetzungen wuchs auch die Intensität der Versöhnungsphasen. Mutter lud mich zu Shoppingtouren ein, die sie »Mutter-Tochter-Zeit« nannte. Wir fuhren zu den schicksten Einkaufszentren, spazierten Arm in Arm durch die Gänge, und Mutter sagte Dinge wie: »Heute lassen wir es uns richtig gut gehen. Das hast du dir verdient!« Es schien ganz so, als hätte sie einen Artikel mit pädagogischen Ratschlägen für den besten Umgang mit schwierigen Teenagern gelesen und versuchte nun, alle Aspekte gewissenhaft umzusetzen: Klamotten kaufen – erledigt. Lästern – erledigt. Maniküre – erledigt. An solchen Tagen wurde nicht auf das Geld geachtet. Sie gab Hunderte Euro für mich aus, manchmal sogar Tausende, und kaufte Dinge, die ich weder wollte noch brauchte. Ich durfte meine Haare noch immer nicht stylen oder beim Friseur schneiden lassen, aber hinsichtlich meiner Garderobe gab es keine Grenzen. Die üblichen Geschäfte, in denen meine Freunde einkauften, ließen wir links liegen. Gegen meinen Wunsch schleppte sie mich in schicke Boutiquen, die überteuerte und ziemlich uncoole Kleidung auf Lager hatten. Sie suchte mir Outfits aus und brachte mich dazu, sie für sie anzuprobieren. Ich starrte entsetzt mein Spiegelbild in der Umkleidekabine an: Dort sah ich eine vierzehnjährige Frau mittleren Alters.

»Das gefällt mir nicht«, sagte ich, trat aus der Kabine und zupfte an dem schweren Rock, der bis zu meinen Knöcheln hinabreichte. »Niemand aus meiner Klasse trägt so was.«

»Warum willst du denn so sein wie die anderen? Du solltest etwas Besonderes sein wollen. Es ist gut, anders zu sein! Vertrau mir. Ich habe einen hervorragenden Geschmack, das sagt jeder. Fühl mal den Stoff, wie gut der gewebt ist. Fühl mal, wie weich der ist.«

»Ja, er ist sehr weich«, sagte ich und befühlte den Stoff pflichtbewusst zwischen Daumen und Zeigefinger. »Aber ich bin mir nicht sicher, ob er zu mir passt. Er steht mir nicht besonders.«

»Hab dich nicht so«, entgegnete sie. »Du solltest dankbar sein. Viele Mädchen in deinem Alter würden alles dafür geben, sich so etwas aussuchen zu dürfen.«

Mutter nahm es immer sehr persönlich, wenn ich Kleidungsstücke ablehnte, die sie für mich herausgesucht hatte. Sie waren anders, aber das war sie ja auch. Warum wollte ich nicht auch etwas Besonderes sein? Wollte ich nicht so sein wie sie? Um Streit zu vermeiden, tat ich so, als hätte ich meine Meinung geändert und behauptete, dass ich den Brokatrock mit Diamantmuster oder den blauen Leinenkaftan ziemlich schön fände. Auch wenn ich unförmig und altbacken darin aussah. Ich wusste, dass die Kleidung nicht wirklich für mich bestimmt war: Sie war für sie. Das waren Outfits, die ihr gut gefielen und die sie gern selbst getragen hätte. Für sie war ich keine eigenständige Person, sondern lediglich eine Verlängerung ihrer selbst, wie ein Arm oder ein Bein. Ich gehörte ihr. Ich war ganz die ihre, doch sie war nicht mein.

Manchmal warf ich unserem Spiegelbild in den Schaufenstern einen Blick zu und sah, wie wir untergehakt im Gleichschritt nebeneinander herliefen. Ich starrte uns an, unsere aufeinander abgestimmten Outfits, unsere teuren Schuhe, unsere Kurzhaarschnitte, unsere zusammengepressten Lippen. Ich sah genauso aus wie sie. Uns trennten fast dreißig Jahre und mehr als fünfzig Pfund, und doch glichen wir einander wie ein Ei dem anderen. Unser Spiegelbild machte Leugnen zwecklos.

Der Anblick ging mir meistens unter die Haut. Manchmal fand ich jedoch auch auf eine merkwürdige Art Gefallen daran. In solchen Momenten zog ich Mutter noch näher an mich heran und sagte: »Danke für die neuen Schuhe, Maman. Sie gefallen mir unheimlich gut.«

***

Mutter kehrte nicht mehr an die Schule zurück. Als es ihr wieder besser ging, konzentrierte sie sich erneut auf ihre künstlerische Karriere. Diesmal spezialisierte sie sich auf Skulpturen. Sie fand zahlreiche Abnehmer über Berliner Einrichtungsboutiquen. Einmal wurden ihre Arbeiten sogar in dem prestigeträchtigen Interieurmagazin *Homes & Gardens* erwähnt. Endlich wurde ihrem Talent das gewährt, wonach sie sich am meisten gesehnt hatte: Anerkennung. Es war, als würde endlich bestätigt werden, wie besonders sie war. Kein anderer Künstler schuf derart intime Arbeiten, niemand sonst kreierte mit so viel Leidenschaft. Sie hatte sich gegenüber Widerständen behauptet, von denen andere keinen blassen Schimmer hatten.

Nachdem Mutter nicht mehr da war, wurde die Schule erneut zu meinem Refugium. Nur dort konnte ich ihre Existenz ausblenden, ganz normal sein und unsere Streitereien hinter mir lassen. Doch selbst aus der Distanz versuchte sie, Kontrolle auszuüben. In meinen Butterbrotdosen hinterließ sie oft eine kleine Überraschung. Jeden Monat hatte Mutter eine neue Diät für mich im Sinn. Nur eine Regel setzte sich über einen längeren Zeitraum durch: dass eine Mahlzeit entweder Kohlenhydrate oder Protein beinhalten dürfe, nie beides. Also musste ich mich ein Jahr lang entsprechend ernähren. Ich öffnete meine Butterbrotdose und fand nur ein paar Käsewürfel und Schinkenscheiben darin. Normalerweise steckte noch eine Notiz dabei. *Ich will, dass du dich schlank, selbstbewusst und schön findest*, schrieb Mutter. *Denk daran, wie du im Badeanzug aussehen möchtest!* Wenn sie wütend auf mich war oder mich bestrafen wollte, wurden die Formulierungen unfreundlicher: *Du wirst nie dünn, wenn du weiterhin so viel frisst.* Jeden Mittag las ich ihre Anmerkungen, rollte die Notizzettel zu kleinen Rollen zusammen, damit kein anderer sie sah, und legte sie in meine Dose zurück. Dann nahm ich emotionslos das Essen zu mir. Ich genoss es nicht, es war einfach nur Nahrung.

»Was sind das für Zettel?«, fragte Katie mich eines Tages. »Sind die von deiner Mum?«

»Ja.«

»Was schreibt sie denn? Darf ich mal sehen?«

»Nee, sorry. Die sind ziemlich persönlich. Sie schreibt mir kurze Sätze, um mich aufzuheitern.«

»So was wie Motivationssprüche?«, fragte sie. »Schreibt sie Sachen wie: ›Ich bin super!‹ oder ›Heute bin ich richtig produktiv!‹?«

Ich lächelte Katie an. Ihre niedliche Unschuld amüsierte mich. Für einen kurzen Moment erwog ich, ihr die Wahrheit zu sagen. Oder zumindest ein bisschen davon. Aber als ich sie so ansah, verwarf ich den Gedanken wieder. Katie hatte einen lässigen Bob, große vertrauensvolle Augen und rosige Wangen mit kleinen Grübchen. Sie war behütet aufgewachsen und würde es niemals verstehen. Ich konnte ihr nicht vertrauen.

»Ja, so in der Art. Sie versucht, mein Selbstbewusstsein zu stärken.«

»Du meine Güte!«, rief Katie. »Das ist ja so süß.«

»Nicht wahr?«

Ich schob Mutters aktuelles Zettelchen in die leere Tupperdose, schloss sie und kaute schweigend meinen Schinken.

Belohne dich nicht mit Essen. Du bist kein Hund.

***

An einem heißen Sommertag besuchte ich Katie, die mitten in der Stadt wohnte. Ich war vierzehn Jahre alt, und Mutter hatte mir erlaubt, allein mit der Bahn zu fahren. »Um sieben bist du wieder da«, meinte sie, »ansonsten …« Dann lachte sie, so als hätte sie einen Witz gemacht. Ich beschloss, ihr zu zeigen, wie reif ich schon war, und plante, noch früher als vereinbart nach Hause zu kommen. Ich fühlte mich sehr erwachsen.

Meistens hingen wir bei Katie einfach ab, lagen auf ihrem Bett, quatschten und hörten Musik. Dieses Mal hielten wir uns jedoch im Wohnzimmer auf. Es war Anfang Juli, draußen war es ermattend heiß, und die Verandatüren des Wohnzimmers waren weit geöffnet. Zwei alte Ledersofas standen im Zimmer. Ihre abgewetzte Oberfläche fühlte sich angenehm kühl an den Beinen an. Katie schaltete den Fernseher ein und suchte nach einem Musiksender. Unbekümmert und leicht verschwitzt lümmelten wir auf dem Sofa herum.

»Igitt, Cher!«, klagte Katie, als ein neues Video begann. »Mum liebt die über alles. Wir mussten das Lied andauernd hören, als es rauskam.« Ich machte ein unverbindliches Geräusch. Bis zu diesem Moment hatte ich kaum etwas über Cher gewusst und das Lied *Strong Enough,* das gerade lief, noch nie zuvor gehört. Ich erinnere mich ganz deutlich an diesen Moment: wie wir im Sonnenlicht auf dem Sofa lagen, einen Arm schützend über den Augen, die Füße auf einem Berg Kissen, und dem Lied lauschten. Ein seltsames Gefühl stieg in mir auf.

Ich verstand, dass es in dem Lied um eine Liebesbeziehung geht. Cher singt, dass sie sich auch ohne einen Mann stark genug fühlt. Trotzdem dachte ich an Mutter, und das Lied berührte mich tief. Mit geschlossenen Augen stellte ich mir vor, die im Song zur Sprache gebrachten Dinge zu Mutter zu sagen. Ihr zu offenbaren, dass ich mich stark genug fühlte, ohne sie leben konnte und sie mich nie mehr weinen sehen würde. Die Botschaft war klar und deutlich: Niemand sollte mehr den Schmerz erkennen. Mich faszinierte das Lied sehr, und Katie machte sich über meine neue Cher-Leidenschaft lustig. Als ich mich – viel später als geplant – verabschiedete, reichte sie mir jedoch eine CD.

»Die leih ich dir«, meinte sie. »*Cher's Greatest Hits*. Das Album gehört meiner Mutter, sie möchte es bestimmt wiederhaben. Aber du kannst es bestimmt für ein paar Tage borgen. Dann läuft die CD endlich nicht mehr in Dauerschleife bei uns.« Ich umarmte Katie stürmisch. Auf der einstündigen Rückfahrt zum Müggelsee hörte ich das Album. Ich wusste, dass Mutter mich bestrafen würde, weil ich später als vereinbart nach Hause kam. Doch es war mir egal. Seit vierzehn Jahren plagte ich mich mit ihr ab: Ich war stark genug.

Sobald ich das Haus betrat, spürte ich ihre Wut. Mutter trug eine Schürze um die Taille und eine zornige Miene zur Schau. »Du bist spät!«, stellte sie fest.

»Nur fünfzehn Minuten«, sagte ich schnell. »Sorry, ich musste auf die Bahn warten.«

»Dann hättest du wohl eher aufbrechen müssen. Das ist keine Entschuldigung.«

»Es tut mir wirklich leid«, wiederholte ich und versuchte, aufrichtig zu klingen. »Ich werde nicht noch einmal zu spät kommen.«

»Nein, das wirst du nicht«, sagte sie leise. Dann deutete sie in Richtung Küchentisch. »Deck den Tisch, und sag deinem Vater, dass das Essen fertig ist. Wahrscheinlich ist es jetzt vollkommen hinüber nach der langen Wartezeit.«

»Sorry«, murmelte ich noch einmal und deckte mit betont schuldbewusster Miene den Tisch. Das Abendessen verlief ruhig – zu ruhig. Jedes Mal, wenn ich von meinem Teller aufsah, blickte ich geradewegs in Mutters musternde Augen. Ihr Gesichtsausdruck war nicht zu deuten. Mein Vater schwieg; er wusste, dass ein Unwetter bevorstand. Sobald wir aufgegessen hatten, bedankte er sich leise für das Essen, stand auf und schlenderte demonstrativ lässig aus der Küche.

Wie immer zog er sich zurück.

»Es wäre schön, wenn du den Tisch abräumen könntest, ohne

so zu gucken«, sagte Mutter. »Ich verstehe nicht, warum du derart angewidert dreinschaust. Es sind ja deine Essensreste.« Schweigend stapelte ich die Teller, legte das Besteck obenauf und ging zur Spüle hinüber. »Warum hast du so viel übrig gelassen?« Sie hasste es, keine Reaktion zu bekommen. »Warum bist du so verwöhnt? Andere Menschen sterben vor Hunger.«

»Du wolltest, dass ich was übrig lasse«, gab ich zurück und kratzte die Essensreste vom Teller.

»Das habe ich nicht gesagt.«

»Das musstest du nicht«, meinte ich und sah sie an. »Du hast mir einen dieser ›Olivia ist so fett‹-Blicke zugeworfen.« Vor Vater kritisierte Mutter selten offen mein Gewicht, aber ihre Blicke sprachen Bände. Wenn ich einen Bissen an den Mund führte, presste sie die Lippen aufeinander, zog die Augenbrauen hoch und zog leise die Luft ein. Mein Vater schien das nicht zu bemerken, aber mir fiel es jedes Mal auf, und ich schob das Essen dann nur noch auf dem Teller herum und legte die Gabel beiseite, sobald die anderen satt waren.

»Wovon redest du?«

»Egal.«

»Mir ist das nicht egal.« Sie gab sich ruhig, aber eine Ader an ihrer Schläfe pochte. »Ich hab genug von deinen Allüren. Glaubst du, nur weil du vierzehn bist, bist du jetzt erwachsen? Glaubst du, du bist was Besseres als ich? Glaubst du, du kannst so mit mir reden? Nach Hause kommen, wann es dir passt? Ja, glaubst du das?«

»Nein«, sagte ich, drehte mich um und begann, das Geschirr abzuspülen.

»Es hat aber ganz den Anschein.« Ihre Stimme klang nun wieder freundlich und beherrscht. Meine Nackenhaare stellten sich auf. »Du dumme Kuh! Du dumme, fette Kuh!« Mein Herz pochte heftig, aber ich wagte nicht, mich zu rühren. Ich sagte nichts. Es gab nichts zu sagen: Ich war stark genug, ich *war* stark genug.

»Hast du eine Ahnung, wie es mir in den letzten Monaten ergangen ist? Ich habe den Krebs besiegt und mich wieder ins Leben zurückgekämpft, nur um für meine Tochter da zu sein. Und sie entwickelt sich einfach so in eine undankbare, respektlose Göre?« Sie war jetzt voll in Fahrt, und die Gemeinheiten purzelten wie von selbst aus ihrem Mund. »Hast du eine Ahnung, wie das ist, wenn der Krebs zurückkommt? Die Sorgen, die man sich macht, um sich und seine Tochter … Hast du eine Ahnung, wie das ist?!«

»Nein«, sagte ich noch einmal und drehte mich zu ihr um. Ich mochte es nicht, wenn sie so nah in meinem ungeschützten Rücken stand. »Ich habe keine Ahnung.« Ich bemühte mich um einen neutralen Gesichtsausdruck und einen ruhigen Ton. Ihre Nasenflügel zuckten. So sachlich und unbekümmert hatte ich noch nie mit ihr gesprochen.

»Ich habe für *dich* gelebt«, fauchte sie und kam noch dichter an mich heran, sodass ich mein Spiegelbild in ihren grauen Augen sah. »Ich habe alles für *dich* getan. Immer noch tue ich alles für dich. Und dann wirst du zu so einer Person?« Sie wartete auf meine Antwort, aber ich gab keine. Ich beobachtete sie einfach, so als befände sie sich zufällig in meinem Sichtfeld.

Dann stieß sie mich, und ich taumelte rückwärts gegen die Spüle. »Du bist es nicht wert! Du bist nicht meine Tochter! Du bist eine einzige Enttäuschung, ein Desaster! Du bist wertlos!« Sie spuckte die Worte förmlich aus, und sie trafen mich wie ein Kugelhagel. Ich spürte jedes einzelne – sie drangen durch meine Haut und stachen wie Nadeln –, aber ich biss die Zähne fest aufeinander und wandte den Blick nicht ab. Ich sah sie abwartend an. Dabei dachte ich an ihren überheblichen Gesichtsausdruck, wenn sie mal wieder eine fette Lüge aufgetischt hatte, die jeder Anwesende ohne Murren geschluckt hatte, und imitierte ihn: die leicht hochgezogenen Augenbrauen, so als bedauerte ich sie; den weichen, entspannten Mund, so als müsste ich ein Lächeln zurückhalten. Ich sah, dass eine riesige Wut in ihr aufstieg. Als sie sprach, war ihre Stimme jedoch nicht mehr als ein leises Säuseln.

»Weißt du, was du falsch gemacht hast?«

Da kamen viele Dinge infrage. Ich war zu spät nach Hause gekommen. Mein Ton hatte ihr nicht gefallen. Oder vielleicht störte sie auch etwas an meinem Gesicht, dessen Miene nun die ihre imitierte. Vielleicht hasste sie mich auch einfach.

»Nein«, meinte ich. »Weiß ich nicht.«

Ich war stark genug, ich hatte etwas erwidert.

Doch ich war *zu* stark, und Mutter drängte mich unvermittelt nach hinten. Mein Rücken bog sich über die Spüle, mein Kopf stieß gegen die Armatur. Sie schnappte das Seifenstück aus seiner kleinen weißen Schale und versuchte, es mir in den Mund zu rammen. Ich presste fest die Lippen aufeinander und drehte mein Gesicht zur Seite. Doch sie wurde immer heftiger, schlug mir mit der Seife ins Gesicht, in die Augen und auf den Hals. Mir kam es so vor, als wollte sie mich ernsthaft verletzen, und ihre ungezügelte Wut machte mir Angst. Ich wollte nach meinem Vater rufen, doch sie nutzte die Gelegenheit sofort, um mir die Seife in den Mund zu stopfen. Das parfümierte Wachsstück zerbrach und ließ mich würgen.

»Scheiße, was hast du gesagt? Ich glaube, du solltest dir mal den Mund waschen, du verdammtes Miststück!« Ich spürte, wie weitere Seifenteile abbrachen. Mein Mund schmeckte nach Reinigungsmitteln. Wenn die Stücke in meinen Hals glitten, würde ich bestimmt ersticken. Ich fühlte, wie meine Kehle sich zuschnürte. Ich stieß Mutter wild von mir und spuckte die Seife aus. Weiße kleine Stückchen kamen aus meinem Mund, ähnlich wie Hüttenkäse. Keuchend drehte ich mich in Richtung Spüle und versuchte, meinen Mund von den Seifenresten zu befreien. Kleine Stücke hingen zwischen meinen Zähnen, und ein chemischer Geschmack lag auf meiner Zunge. Als Mutter mich zu sich heranzog, spürte ich förmlich ihren Hass. »Ist dein Mundwerk nun wieder sauber, Prinzesschen?«

Ich fühlte mich schwach. Mir war so schwindelig, als würde ich jeden Moment umkippen. Doch als ich sie ansah, durchfuhr mich ein Gedanke: *Du wirst mich nie mehr weinen sehen.* Die Liedzeile aus Chers Lied – *You'll never see me cry* – ließ mich nicht los. Tiefste Abneigung durchfuhr mich. Ich sah sie an, blickte ihr direkt in die Augen und wusste, dass sie in diesem Moment spüren konnte, wie sehr ich sie hasste.

»Nein«, entgegnete ich. Meine Stimme war laut und herausfordernd, sie schien in der Küche nachzuhallen. Das Wort schwebte einen Moment im Raum. Dann schlug sie mich ins Gesicht. Eine Mischung aus Ohrfeige und Boxschlag donnerte auf meinen rechten Wangenknochen nieder. Mein Knopf schoss nach hinten, und instinktiv holte ich aus und schlug zurück. Ich traf sie an der linken Wange. Für eine Sekunde war es still im Raum, dann stieß Mutter ein wildes Geheul aus, stürzte sich auf mich und warf mich auf die Küchenfliesen, wo wir wie Ringkämpfer miteinander rauften. Ihre

Finger pressten sich um meinen Hals, mein Top riss, und sie zog heftig an meinen Haaren. In meinem Mund vermischte sich der Geschmack von Blut und Seife. Ihre Hände umschlossen meinen Hals immer enger, und ich trat heftig nach oben. Ich erwischte etwas Weiches. Sie ächzte, ich rollte schnell zur Seite weg und kroch über den Boden, fort von ihr. Ich musste raus, und zwar schnell.

»Du miese Schlampe!«

Hinter mir hörte ich, wie sie die Hände auf den Küchenboden presste, als sie aufstand. Dann klackerten ihre Schuhe über den Boden, ich erhob mich und rannte. Ich rannte aus der Küche, in den Flur und zur Haustür hinaus. Dann weiter die Straße runter Richtung See. Allmählich wurde es dunkel, die Urlauber und Tagesausflügler waren schon lange fort. Nur ein paar junge Leute saßen noch am Ufer, tranken Bier und unterhielten sich. Ich hörte ihre Musik, ihr Lachen und ihre fröhlichen Rufe, rannte weiter und weinte.

Nach etwa zwanzig Minuten hielt ich inne. Meine Brust, mein Gesicht und mein Schädel taten weh. Ich ließ mich auf den weichen Sandstrand fallen und rang nach Luft. Gleichzeitig überlegte ich, was ich nun tun sollte. Ich konnte nicht nach Berlin fahren, weil ich nichts dabeihatte. Mein Geld, mein Portemonnaie, selbst meine Jacke waren noch im Haus. In Seenähe gab es niemanden, zu dem ich hätte gehen können. Nach Hause wollte ich aber auf gar keinen Fall zurück.

Also beschloss ich, draußen zu bleiben. Sollte sie sich doch Sorgen machen, bis ihr Herz wild pochte und der Krebs zurückkam. Ich *war* ein kleines Prinzesschen, was machte mir das schon? Nichts. Gar nichts. Ich wischte die Tränen fort und versuchte, meinen Atem zu beruhigen. Im Stillen sang ich Cher-Lieder.

Es wurde Nacht. Zunächst langsam, dann schnell. Es wurde sehr kalt. Ich rieb meine Arme, um sie zu wärmen. Ich trug nur ein kurzes Paar Shorts, dazu das eingerissene ärmellose Top und hatte überall Gänsehaut. Da ich die Nacht nicht auf einer Parkbank verbringen konnte, wanderte ich um den See, bis ich eine öffentliche Toilette fand. Langsam ging ich hinein und versuchte den scharfen Geruch von Urin und Bleichmitteln zu ignorieren. Ich kontrollierte jede einzelne Kabine. Nach was? – Monstern, bösen Männern … Mutter? Dann ließ ich mich auf dem am wenigsten schmutzig aussehenden

Eckchen Boden nieder; dort, wo man sich sonst die Hände abtrocknete. Ich lehnte mich an die Wand und schlang meine Arme um die Knie.

Ich fragte mich, warum Mutter mich so sehr hasste. Ich verstand ihre Spiele nicht. Doch endlich wusste ich, wie wichtig es war, stark zu sein. Ich war stark genug. Dieses Mal hatte ich gewonnen. Ich legte mich auf den Boden, rollte mich zu einem Ball zusammen und versuchte zu schlafen. Ich fiel in einen unruhigen Halbschlaf, wachte etwa jede halbe Stunde auf und fragte mich, wo ich war. Wenn ich träumte, dann von Mutter.

Bei Tagesanbruch wurde ich wach. Jede Faser meines Körpers schmerzte, und als ich versuchte aufzustehen, zitterten meine Beine. Ich zog mich an einem der Waschbecken nach oben und blickte in den Spiegel. Im schwachen Morgenlicht sah ich einen violetten Bluterguss auf meinem Wangenknochen. Meine Augen waren blutunterlaufen, mein Gesicht blass. Ich strich vorsichtig über den Bluterguss – er tat kaum weh.

Ich spritzte mir Wasser ins Gesicht und wusch meine Hände. Dann hielt ich sie unter den Handtrockner und betrachtete sie eingehend. Meine Finger waren schmal und blass. Wenn ich sie zur Faust ballte, schien der Knochen durch. Ich fragte mich, wie sehr es wehtun würde, wenn ich Mutter damit einen Schlag versetzen würde. Mein Blick wanderte zu meinen Nägeln. Ich fand sie hässlich; sie waren heruntergekaut, die Haut darum herum war entzündet. Ich hielt die frisch gewaschenen Hände vor mein Gesicht und sog den Duft ein. Außer dem Seifenaroma stieg mir der Geruch von Bleiche, Urin und Erbrochenem in die Nase, und mir wurde übel. Ich riss mich zusammen und trat ins Freie. Die Sonne ging gerade über dem See auf, und ich lief zum Ufer. Dort legte ich mich ins Gras und atmete die frische, saubere Luft ein. Vielleicht wäre es doch besser gewesen, draußen zu schlafen.

Ich war hungrig, müde und verletzt und wusste nicht mehr, was ich tun sollte. Am liebsten wäre ich direkt nach Hause gegangen, traute mich jedoch nicht. Im hellen Tageslicht war meine Furcht nicht mehr zu leugnen, und ich fühlte mich nicht länger stark; es kam mir nicht mehr so vor, als hätte ich gewonnen. Ich fühlte mich schwach. Ich sah auf meine abgenagten Nägel und zupfte an der abstehenden Nagelhaut, bis Blut an die Oberfläche kam und ein scharfer Schmerz mich aufkeuchen ließ. Ich brauchte Essen, ein Bad und mein eigenes Bett. Aber ich konnte nicht nach Hause. Es ging nicht.

Ich weiß nicht mehr, wie ich den Tag verbrachte. Eine Lücke klafft in meinem Gedächtnis zwischen dem Moment, in dem ich aufstand, und dem späten Nachmittag. Ich glaube, ich ging um den See. Vielleicht saß ich eine Weile auf der Bank. Vielleicht watete ich durch das klare Seewasser oder ging durch den Wald, den sandigen Weg entlang, der durch die Bäume führte. Doch als die Sonne langsam unterging und die Schatten immer länger wurden, musste ich mir eingestehen, dass ich eine weitere Nacht außer Haus nicht durchstehen würde. Ich war nun seit vierundzwanzig Stunden fort, meine Eltern machten sich bestimmt Sorgen und hatten die Auseinandersetzung sicher längst vergessen.

Langsam ging ich nach Hause und überlegte, was ich Mutter sagen sollte oder wie ich ins Haus kommen könnte, falls meine Eltern nicht dort wären. Als ich ankam, sah ich meine Mutter durch das Küchenfenster. Sie stand am Herd und kochte – ihr Arm bewegte sich kreisend, während sie etwas umrührte –, und mein Magen krampfte sich vor Hunger zusammen. Ich duckte mich hinter einen Busch und schlich langsam auf das Haus zu. Zunächst versuchte ich, einfach die Haustür zu öffnen. Die war nie abgesperrt, wenn jemand zu Hause war. Doch diesmal war sie abgeschlossen. Ich wippte auf den Fußballen und überlegte, was ich nun tun sollte. Dann hörte ich ein Geräusch im Garten. Mein Vater räumte den Brennofen meiner Mutter aus. Es machte mich wütend zu sehen, wie sorgfältig er jedes einzelne Teil herausholte.

»Kannst du mich bitte reinlassen?« Meine Stimme klang schwach. Ich wusste, dass er mich gehört hatte; sein Rücken verspannte sich. Doch er schwieg. Ich beobachtete ihn kurz. Als ich gerade wieder etwas sagen wollte, meinte er, an den Brennofen gewandt: »Du kommst nicht mehr ins Haus, bis du dich bei deiner Mutter entschuldigt hast.«

Er drehte sich nicht einmal zu mir um. Ich stand verloren im Garten, mein eigener Vater ignorierte mich und schien sich mehr für Tonarbeiten als für seine Tochter zu interessieren. Ich nahm meinen Mut zusammen und marschierte Richtung Haus.

Du wirst mich niemals weinen sehen.

Ich klopfte an die Fensterscheibe. Das Klopfen klang schwach, also wiederholte ich es mit etwas mehr Kraft. Das laute Hämmern ließ mich zurückfahren. Kurz darauf kam Mutter an die Tür. Sie sagte nichts und sah mich nur durch das Glas hindurch an. Ihr Gesichtsausdruck wirkte höflich, aber distanziert, so als wollte ich ihr etwas anbieten, das sie freundlich ablehnen müsste. Doch hinter ihrer ruhigen Maske steckte Wut, ich konnte sie fast schon spüren, wie kleine Hitzewellen, die von ihrer Haut abstrahlten.

»Ja?«, fragte sie, so als wäre ich eine Fremde, die sich nach dem Weg erkundigte. Sie schien nicht erleichtert zu sein, ihr Kind wohlbehalten vor sich zu sehen, und wirkte vollkommen gleichgültig.

»Darf ich bitte hereinkommen?« Sie legte den Kopf schief, so als müsste sie nachdenken. »Es tut mir leid«, fügte ich hinzu, als ich an die Worte meines Vaters dachte.

»Was genau tut dir leid?«

»Dass ich weggelaufen bin und dass ich dich geschlagen habe.«

»Hast du jemals von einem Kind gehört, das seine Mutter schlägt? Also ich bestimmt nicht!«

»Es tut mir leid.«

»Was hast du sonst noch getan? Was tut dir sonst noch leid?«

»Meine Art. Es tut mir leid, dass ich zu spät gekommen bin.«

Sie sah mich teilnahmslos durch das Glas an, und Tränen traten in meine Augen. Ich versuchte, sie fortzublinzeln, doch die Situation war einfach zu viel. Sie stand vor mir und verwehrte mir den Zugang zu meinem Zuhause. »Es tut mir leid, dass ich dich komisch angesehen habe!« Ich versuchte, daran zu denken, dass ich stark war. Trotzdem klang meine Stimme schrill, wie der gellende Schrei eines Babys. »Es tut mir leid, dass ich so einen bösen Gesichtsausdruck beim Abspülen hatte. Es tut mir leid, dass ich dir widersprochen habe. Es tut mir leid …« Tränen rannen über mein Gesicht, ich hatte nicht einmal mehr die Kraft, sie fortzuwischen.

Zeig ihr, dass es dir wehtut. Das gefällt ihr. Das ist schließlich genau das, was sie wollte.

Ich hörte, wie der Schlüssel umgedreht wurde. Mutter öffnete schweigend die Tür, und ich trat schluchzend ins Haus. Als ich an ihr vorbeiging, zuckte ich und rechnete mit einem Schlag oder damit, dass sie mich an den Haaren zog. Doch das tat sie nicht. Sie stand dicht vor mir, so dicht, dass meine Haut prickelte, und sagte nichts. Das machte mich schrecklich nervös. Sie folgte mir den Flur entlang; ich blieb am Fuß der Treppe stehen und warf ihr einen erwartungsvollen Gesichtsausdruck zu.

»Geh in dein Zimmer«, meinte sie. Und das tat ich. Ich hatte Hunger und musste mich unbedingt waschen, doch ich traute mich nicht, mein Zimmer zu verlassen. Ich ließ mich auf mein Bett plumpsen und wickelte mich in meine Bettdecke ein wie eine Raupe in ihren Kokon. Vielleicht würde ich mich ja über Nacht verwandeln – in etwas Stärkeres, Eindrucksvolleres, Schöneres und Gefährlicheres als zuvor.

Ich lag im Bett und weinte und fühlte mich erneut verletzt. Mutters Geringschätzung und offen zur Schau getragene Verachtung fühlten sich an wie ein Messer in meiner Brust. Ich kam mir entblößt vor, aufgerissen. Nie hätte ich gedacht, einmal solch einen Schmerz und solch eine alles verzehrende Traurigkeit zu empfinden. Ich hatte nicht gewusst, dass man so verletzt werden konnte. Es kam mir so vor, als hätte sie ganz langsam und vorsichtig ein Messer in mich geschoben, sodass ich es kaum mitbekommen hatte. Und dann, als sie es vollends in meine Brust gestoßen hatte, zerriss es mich völlig. Ich fühlte, wie meine Bodenhaftung sich löste. Ich fiel vor Scham in mich zusammen wie ein brennendes Stück Papier.

Psychopathie-Merkmal Nr. 12: Promiskuität

Psychopathen neigen zu promiskuitivem Verhalten. Dahinter steckt keine erhöhte Libido, sondern ein Drang nach Selbsterhebung und Kontrolle – oder schlichtweg der Wunsch, den langweiligen Alltag zu durchbrechen. Sex wird als Mittel eingesetzt, sich anderen schnell zu nähern. Auch wenn ein Psychopath keine unzähligen Affären eingeht, liebt er es doch, mit seinen sexuellen Abenteuern öffentlich zu prahlen. Geschlechtsverkehr wird nicht als privater und intimer Akt betrachtet, sondern als etwas, mit dem man sich in Gegenwart anderer profiliert.

13
Lust

»Psychopathen neigen zu promiskuitivem Verhalten.«

Die Zeit verging, und wir verfielen allmählich wieder in den gewohnten Kreislauf. Manchmal hasste ich Mutter mit einer geradezu körperlichen Intensität; ein schrecklicher Schmerz brannte in meiner Brust. Ich versuchte, ihn zu ignorieren, und spielte so laut wie möglich Cher-Songs auf meinem Discman, um alles andere zu übertönen. Die Gedanken an Mutter waren unerträglich, doch ich konnte tun, was ich wollte – sie ließ sich nicht aus meinem Kopf vertreiben. In meiner Vorstellung grinste sie immer, und davon bekam ich mächtige Kopfschmerzen. In solchen Momenten wäre ich ihren eiskalten Augen am liebsten entgegengetreten und hätte sie zerstört; sie in tausend Teile zerbrochen, so wie sie es mit mir getan hatte. Doch das waren nur Gedanken, Tagträume, die ich niemals umsetzen würde, das wusste ich.

Ab und an verhielt sie sich mir gegenüber jedoch auch sehr freundlich und nahm mich zu weiteren Mutter-Tochter-Ausflügen mit; ich versuchte dann, die Zeit zu genießen. Wenn wir in schicken Cafés saßen, sonnte ich mich in ihrer Aufmerksamkeit. Ich liebte es, wie sie über meine Witze lachte und sie meinen Arm streichelte … So als hätte sie mich gern. Ich wusste nicht, wie ich solche Situationen einordnen sollte.

Ich liebte Mutter noch immer, doch ab und an wurde meine Zuneigung von einer Welle aus Hass und Abneigung überrollt. Es war nur möglich, das eine oder das andere zu fühlen, anders ging es nicht. Ich war wild entschlossen, die schlimmen Zeiten zu vergessen. Was nützten solche Erinnerungen? Mir fiel es leicht, zu vergessen, zu verdrängen und die Wahrheit ein wenig zu dehnen. Im ganzen Haus hingen Fotos von Mutter und mir, auf denen ich fröhlich lachte. Man brauchte nur einen Blick darauf zu werfen, schon entstanden neue Erinnerungen, die all die alten, schmerzhaften verdrängten. Was bedeutet Wahrheit schon, wenn die Lüge so viel angenehmer ist?

Es war anstrengend, wie eine Marionette hin und her dirigiert zu werden. Aber so war mein Leben nun einmal. Ich konnte Mutter nicht verändern oder einfach von zu Hause ausreißen, also musste ich sie akzeptieren.

Als ich jünger war, dachte ich immer, Mutter sei »launisch«. *Vorsicht, heute ist sie schlecht gelaunt, da muss ich aufpassen.* Oder: *Mutter ist heute in guter Laune, vielleicht hat sie ja Lust, mit mir zu spielen.* Doch je älter ich wurde, desto stärker wurde mir bewusst, dass es sich nicht um bloße Launen handelte: Ihr Verhalten mir gegenüber war durchdacht und kontrolliert. Am schlimmsten fand ich dabei, wie falsch sie war. Freunden, Bekannten und Fremden gegenüber war sie ein völlig anderer Mensch. Niemand hätte je gedacht, was hinter der Fassade steckte.

Einmal fragte ich Mutter, warum sie nie mehr als ein Glas Wein trank. »Weil ich die Selbstbeherrschung nicht verlieren will«, lautete ihre Antwort. »Nach einem Glas übernimmt der Wein die Kontrolle. Ich will aber selbst wissen, was ich tue.« Sie war der Inbegriff von kontrolliertem Kalkül – und zwar immer, selbst, wenn sie scheinbar außer sich war vor Zorn.

Ihr wahres Gesicht offenbarte sie nur hinter verschlossenen Türen, niemand kannte es. Nur mein Vater und ich. Es war unser kleines Geheimnis, und ich hatte oft das Gefühl, vor unausgesprochenen Dingen zu platzen. Dingen, die ich niemals laut sagen würde.

***

Was geschah sonst noch in jenem Jahr, als ich fünfzehn war? Zu Hause in Sussex verstarb mein Großvater. Er hatte bereits mehrere Herzinfarkte erlitten, und meine Großmutter hatte immer wieder verzweifelt versucht, meinen Vater darüber in Kenntnis zu setzen. Auch seine Brüder schrieben mehrfach, doch mein Vater bekam keine Zeile ihrer Briefe zu lesen – Mutter fing jegliche Korrespondenz ab. Einmal schaffte mein Onkel Peter es, ihn telefonisch in der Schule zu erreichen. Vater kehrte schweigsam und in sich gekehrt nach Hause zurück. Mutter fragte, was los sei.

»Meinem Vater geht es nicht gut«, sagte er leise, so als wollte er nicht, dass ich es mitbekam. »Ich weiß nicht, was ich tun soll. Vielleicht sollte ich ihn mal besuchen.«

»Oh, Clive«, entgegnete Mutter seufzend, strich ihm sanft über den Arm und warf ihm einen verzweifelten Blick zu. »Du lernst es nie. Deine Mutter versucht eindeutig, dich zu manipulieren. Sie will, dass du dich schlecht fühlst und dich bei ihr meldest. Das war's.«

»Wahrscheinlich hast du recht«, stimmte er zu. »Aber was ist, wenn er ernsthaft krank ist? Er ist schließlich nicht mehr der Jüngste, und es klang ziemlich schlimm. Es klang so, als ob er vielleicht … na ja … sterben könnte.«

»Natürlich klang es so«, sagte Mutter. Sie sprach mit ihrer sanften Stimme, ihr Gesicht sah schmerzzerfurcht aus. »Sie wollte, dass es so klang. Du weißt doch, wie sie ist, Schatz. Du weißt, wie manipulativ sie sein kann. Lass dich nicht für dumm verkaufen.«

Also ignorierte er die Warnung. Ein paar Monate später rief Peter erneut in der Schule an und berichtete, dass mein Großvater verstorben sei. Mein Vater war reumütig und untröstlich; Granny hatte ihn scheinbar doch nicht manipulieren wollen. Er beschloss, dass seine Familie ihn brauchte, und niemand – nicht einmal meine Mutter – konnte sich seinem schlechten Gewissen widersetzen. Als ich an jenem Tag aus der Schule zurückkehrte, wurde ich von seinem trotzigen Widerstand überrascht. Er schüttelte rebellisch den Kopf, als meine Mutter erst bat, dann befahl, er solle bleiben. Es tat gut zu sehen, dass er doch noch einen Rest Rückgrat hatte; auch wenn es natürlich traurig war, welche Umstände das zutage gebracht hatten.

»Ich gehe«, sagte er. »Mein Entschluss steht fest. Bitte hör auf, dagegen anzureden. Er war mein Vater.«

»Aber *warum* willst du gehen?«, fragte Mutter. Sie sah ihn an, als hätte er etwas vollkommen Widersinniges von sich gegeben. »Er mag ja dein Vater gewesen sein, aber was hat er jemals für dich getan? Mich hat er immer gehasst! Er hätte sich gefreut, wenn *ich* gestorben wäre, als es *mir* so dreckig ging. Der wäre bestimmt nicht zu *meiner* Beerdigung gekommen, da bin ich mir sicher.«

»Hier geht es nicht um dich«, erwiderte mein Vater, und Mutter wich entsetzt zurück. »Ich gehe, Jose. Und ich finde, du und Olivia solltet mitkommen.«

Mutter brach in lautes Gelächter aus. »Lieber schlitze ich mir die Kehle auf.«

»Ich finde, dass wir für meine Mutter da sein sollten.«

»Deine Mutter? Warum?« Ihre Augen waren kalt und funkelten. »Wie kommst du darauf, Clive? Deine Mutter war auch nicht für mich da, als ich sie gebraucht hätte. Weißt du das nicht mehr? Sie hat sich kein bisschen um mich geschert, als ich krank war. Warum sollte ich also für sie da sein?«

»Ist doch vollkommen egal, ob du glaubst, dass sie für dich nicht da war. Ich will, dass du mitkommst. Reicht das etwa nicht?«

»Natürlich nicht«, widersprach Mutter. »Wir kommen nicht mit. Weder ich noch Olivia.«

»Ich würde gern zu Großvaters Beerdigung gehen«, sagte ich leise.

Doch beide überhörten mich.

***

Nachdem mein Vater abgereist war, schrie und polterte Mutter tagelang. Sie behauptete, er sei ein schlechter Ehemann und Vater, der uns einfach verlassen hätte, und dass wir ohne ihn besser dran wären. Eine Woche lang war ich wieder ihre beste Freundin, der sie alles anvertraute. Das erinnerte mich an die Zeit in London, als wir auch zu zweit gewesen waren und mein Vater zum Erzfeind erklärt worden war. Ich nickte stumm, wenn sie ihn verfluchte, summte beruhigend, wenn sie vor Wut in Tränen ausbrach, und tätschelte ihre Hand, wenn sie ihn als egoistischen Idioten beschimpfte. Sie rief ihn andauernd an und behauptete, ihre Leberwerte seien erschreckend, sie fühle sich krank und sie habe Angst. Sie verlangte, dass er sofort zurückkäme, ansonsten … Diese Sätze ließ sie immer unbeendet. Die vage Andeutung des »ansonsten« musste reichen.

Letzten Endes blieb mein Vater nicht einmal bis zur Bestattung. Mutter bohrte mehrfach nach, dass er herausfinden solle, was im Testament stand. Sie fand es seltsam, dass selbst eine Woche nach dem Tod meines Großvaters noch nichts verlesen worden war. Was versuchte der Rest der Familie zu verbergen? Sie wollten meinen Vater doch offensichtlich um sein Erbe betrügen! Das dürfte er keinesfalls auf sich sitzen lassen. Folgsam bat mein Vater, dass das Testament noch vor der Beerdigung eröffnet werden solle. Seine Familie weigerte sich. Er fragte mehrfach und immer eindringlicher nach, bis Peter irgendwann meinte, er solle wenigstens den Anstand besitzen, bis nach der Beerdigung zu warten. Doch mein Vater blieb nicht. Später erfuhr ich, dass seine Familie ihn zu dem Zeitpunkt aufgab.

Mein Großvater hinterließ Granny sowieso alles. Als Mutter das erfuhr, war sie mehr als erzürnt. Sie stolzierte durch das Haus, die Hände zu Fäusten geballt und die Schultern hochgezogen, während sie vor Wut zitterte. Sie konnte einfach nicht glauben, dass mein Großvater ihr nichts hinterlassen hatte, nicht mal ein kleines Zeichen als Anerkennung für die Liebe, die sie seinem Sohn entgegengebracht hatte, für die Enkelin, die sie unermüdlich großgezogen hatte. Aber nein, da war nichts. Es war genauso, wie sie es sich immer schon gedacht hatte: Ihre Schwiegereltern waren hinterhältig und grausam, und wir waren ohne diesen Teil der Familie besser dran.

Aber nachdem der erste Schock sich gelegt hatte, dachte Mutter über Granny nach. Was würde passieren, wenn sie stürbe? Würde sie uns auch außen vor lassen? Sie hatte jetzt schließlich Geld, und zwar eine ganze Menge davon. Mutter musste den Bruch wieder kitten, wenn sie jemals einen Penny von dem Erbe sehen wollte; sie würde sicherstellen, dass sie diese Beziehung später wieder aufnahm.

***

Der Sommer, den ich als Fünfzehnjährige verbrachte, war vielversprechend. Die meisten Tage waren heiß und sonnig, und meine Freundinnen Katie, Claire und Morgan kamen oft zu Besuch. Wir unternahmen Ausflüge zum See oder saßen im Garten, wo wir über Jungs und die Schule herzogen. Solche Tage waren großartig: Mutter zeigte sich immer von ihrer besten Seite und brachte uns eisgekühlte Limonade, frisches Obst und Eiscreme nach draußen. An Katies Geburtstag überraschte sie uns sogar mit kaltem Bier! Katies Eltern waren nett, aber streng, und sie war vollkommen außer sich vor Freude. »Es ist so toll, dass sie uns wie Erwachsene behandelt«, sagte sie und trank einen Schluck Bier. »Du hast so ein Glück mit deiner Mutter. Sie ist ja eher wie eine Freundin.«

Anscheinend war das die Art, wie Mutter in jenem Sommer von uns gesehen werden wollte. Manchmal zog sie sich einen Stuhl heran und unterhielt sich mit uns. Dann erzählte sie anzügliche Witze und fragte nach unserem Liebesleben. »Ihr könnt mich alles über Sex fragen, falls ihr wollt«, sagte sie. »Nur nicht so schüchtern, fragt mich ruhig!« Ich zog mir vor Scham ein Handtuch über den Kopf, doch meine Freundinnen lachten nur. Sie stellten tatsächlich ein paar Fragen, und Mutter antwortete in allen Einzelheiten, wobei sie sich oft auf ihre eigenen mannigfachen Erfahrungen berief. Ich hatte nicht gewusst, dass sie so viele Sexpartner vor meinem Vater gehabt hatte. Doch dann fiel mir etwas ein, dass Grand-mère einmal gesagt hatte: »So viele Männer …«

Mutter sprach verächtlich über ihre ehemaligen Liebhaber und ließ sich vor allem über deren Schwächen und närrische Verliebtheit in sie aus. »Ich will ja nicht angeben«, meinte sie, »aber ich war durchaus ein kleines Luder. Aus irgendeinem Grund waren die Männer regelrecht *besessen* von mir.« Trotz meiner Schamgefühle sah ich Mutter in solchen Momenten mit den Augen meiner Freundinnen. Ich sah ihren Witz, ihre Leidenschaft und ihr Talent als Geschichtenerzählerin; ich sah, wie bezaubernd sie war und wie beherrscht sie nur eine Facette ihres Charakters offenbarte. Wenn ich meinen Freundinnen von Mutters anderen Seiten erzählt hätte, hätten sie mir wohl nie geglaubt.

***

Einen Tag, bevor ich zum Sommercamp abreiste, riefen mich meine Eltern nach unten. »Es gibt aufregende Neuigkeiten«, meinte mein Vater. Er wirkte nicht besonders aufgeregt. Sein Arm lag auf eine Art um Mutters Schulter, die er vermutlich als lässig aussehend empfand.

»Was gibt's denn?«, fragte ich vorsichtig. Inzwischen hatte ich gelernt, aufregende Neuigkeiten zu fürchten.

»Wir ziehen um«, verkündete Mutter breit grinsend. »Ist das nicht toll?«

Ich starrte sie an. Von einem Umzug war nie die Rede gewesen.

Sie schien so glücklich am See zu sein – zumindest in den Sommermonaten. Ihr Kunsthandel lief gut, und sie verbrachte viel Zeit im Schuppen, um den Bestellungen nachkommen zu können.

»Warum?«, fragte ich.

»Warum nicht?«, entgegnete Mutter automatisch. Sie hatte kurz zuvor einen Donut gegessen, und ein wenig Zucker klebte an ihrem Kinn. Es sah aus wie ein weißes Ziegenbärtchen im Gesicht eines Teenagers mit unterentwickeltem Haarwuchs. »Wir waren jetzt fünf Jahre in Deutschland, also länger als sonst wo. Es ist Zeit für etwas Neues.«

Frustration überkam mich. »Warum müssen wir andauernd umziehen? Warum kann ich nicht zumindest die Schule an einem Ort beenden?«

»Wenn es Zeit ist, ist es Zeit«, antwortete Mutter noch immer lächelnd. »Du solltest froh sein: Während du dich in Kanada im Camp amüsierst, kümmern wir uns um alles. Nach deiner Rückkehr kannst du direkt in die neue Wohnung ziehen. Das wird super.«

»Wo gehen wir überhaupt hin?«

»Wir ziehen nach Monaco.«

»Monaco? Warum das denn?« Alles, was ich über Monaco wusste, war, dass dort viele Reiche lebten. Wir waren nicht arm, aber reich waren wir auch nicht gerade. Die ganze Aktion erschien mir sinnlos und ziemlich willkürlich.

»Mir wurde ein fantastischer Job angeboten«, sagte Mutter. »Ich unterrichte wieder. Ist das nicht toll?«

»Wo unterrichtest du?«, fragte ich, obwohl ich die Antwort bereits ahnte.

»An der internationalen Schule natürlich. Dein Vater hat dort ebenfalls eine Stelle bekommen. Du wirst die Schule natürlich auch besuchen, also können wir alle gemeinsam hinfahren. Ist das nicht großartig?«

Ich warf ihr einen Blick zu – sie lächelte triumphierend, der Arm meines Vaters lag immer noch um ihre Schultern. Für einen kurzen Moment fragte ich mich, ob sie wirklich geglaubt hatte, ich würde mich darüber freuen. Dann begriff ich, wie dumm der Gedanke war. Natürlich hatte sie das nicht getan: Es war lediglich eine Erinnerung für mich, eine Warnung, dass sie diejenige war, die hier die Entscheidungen traf. So würde das wohl ewig weitergehen, egal, wie alt ich wäre.

»Warum habt ihr mir das nicht schon eher gesagt?«, fragte ich. »Wenn ihr beide sogar Stellen habt, dann wisst ihr das doch schon eine ganze Weile, oder?«

»Nun ja … eine kurze Weile«, meinte mein Vater und ergriff zum ersten Mal das Wort. Mutter sagte nichts. Sie bleckte die Zähne, legte den Kopf schräg und sah mich erwartungsvoll an. Ich sah Vorfreude in ihren Augen aufblitzen.

»Aber warum erzählt ihr mir das jetzt erst? Ist das hier also mein letzter Abend in Berlin? Nach dem Camp soll ich direkt nach Monaco fliegen, oder wie?« Mutter nickte und sah mich irritiert an, so als regte ich mich künstlich auf. »Warum habt ihr mir denn nicht eher was gesagt? Dann hätte ich mich wenigstens von meinen Freundinnen verabschieden können!«

»Verabschieden«, wiederholte Mutter spöttisch. »Wir ziehen doch nur nach Monaco, Olivia. Was soll der Wirbel? Du wirst deine Freundinnen schon wiedersehen. Ich dachte, du würdest dich freuen. Monaco ist wunderschön, warm und glamourös.«

»Mir gefällt's in Berlin«, meinte ich.

»Es ist langweilig hier«, gab sie zurück. Ihr Tonfall hatte etwas Endgültiges. »Geh hoch und pack deine Sachen.« Wir sahen uns einen Moment lang an. Tief in mir regten sich Unmut und Verachtung, doch die Gefühle waren seltsam stumpf und leer. Ich hatte gelernt, mich emotional zu distanzieren. Wenn wir umzogen, zogen wir um. Ich konnte nichts dagegen ausrichten. Sie gewann jedes Mal.

Als ich später am Abend meine Sachen packte, fand ich meine alten Tagebücher. Ich hatte sie an verschiedenen Orten vor Mutters neugierigen Blicken versteckt. Da ich immer nur in schmale Hefte geschrieben hatte, konnte ich sie zwischen dicken Romanen und in den Innentaschen meiner Rucksäcke verstecken. Ich blätterte einige von ihnen durch und las ein wenig über meine vergangenen Seelenqualen. Dabei blieb ich seltsam distanziert. Manche Worte hatte ich unterstrichen oder in Großbuchstaben niedergeschrieben: *Lügen, Lügnerin, krank, Wunsch, verrückt*. Ab und an war die Tinte verwischt, vermutlich waren Tränen auf die Seite getropft. Manchmal wiederum hatte ich so hart mit dem Stift aufgedrückt, dass die nächsten fünfzig Seiten Spuren davongetragen hatten. Die Tagebücher trieften vor Verzweiflung, doch noch etwas anderes ließ sich daraus herauslesen: panische Angst, Schuld, Scham und Elend. Aber das schien schon sehr lange her zu sein.

Ich konnte mich noch an alles erinnern, aber inzwischen kam es mir so vor, als hätte jemand anders diese Dinge erlebt. Sie waren inzwischen so weit entfernt, wie ein Traum, der noch nicht ganz vergessen war. War es wirklich so schlimm gewesen? Oder hatte ich das nur wegen meines jungen Alters so heftig empfunden?

Ich musterte mein Spiegelbild, das aus grünen Augen zurückstarrte, und konnte mir nicht vorstellen, jemals derart verängstigt gewesen zu sein. Ich holte weitere Tagebücher hervor, und mehr Erinnerungen kamen hoch, als ich meine alten Notizen durchsah: *Mutter, die mich über den Tisch hinweg anlächelt; der Geschmack von sonnenwarmen Erdbeeren; verwelkende Blumen im Mülleimer; ein schwarz-weißer Schmetterling, der mit den Flügeln schlägt* … Die Erinnerungen waren bunt und lebendig. Ich fühlte mich unwohl, als immer mehr Bilder in meinem Kopf auftauchten, von denen ich nicht wusste, ob sie real gewesen waren oder nicht: *Mutter, die wild lachend Spülmittel verspritzt; Mutter, die meine Haare in ihrer Faust gepackt hält; mein weinender Vater, der allein auf Martinique zurückbleibt; Mutter, die Erde über den kleinen weißen Körper meines Welpen schaufelt.*

Mein Magen krampfte sich schmerzhaft zusammen, und ich legte die Tagebücher beiseite. Die Vergangenheit lag hinter mir, und so sollte es auch bleiben. Ich beschloss, die Tagebücher wegzuwerfen. Ich wollte sie nicht mehr sehen, sie nicht mit nach Monaco nehmen. Also schnappte ich den Stapel, der auf meinem Bett lag, und ging in Richtung Tür. Doch irgendetwas hielt mich zurück: ein seltsames Gefühl, das mir einflüsterte, ich würde etwas fortgeben, an das man sich erinnern müsste. Etwas, das sonst vergessen werden würde. Deshalb ging ich zurück in mein Zimmer, stapelte die Tagebücher aufeinander und umwickelte sie mit braunem Packpapier, bis sie sich nicht mehr wie ein Haufen Bücher, sondern wie eine Kiste anfühlten. Dann umwickelte ich das Paket mit hübschem Geschenkpapier, schrieb »Alles Gute zum Geburtstag, Maman! Deine Livvy« obendrauf und legte es in einen alten Schuhkarton. Falls Mutter jemals meine Sachen durchsuchen sollte, wären meine Tagebücher so hoffentlich sicher.

Den Rest der Nacht verbrachte ich mit Packen. Schlafen konnte ich erst am nächsten Tag im Flugzeug, das mich fort von Mutter und meinen Erinnerungen trug.

***

Das Feriencamp war seit Langem der Höhepunkt meines Jahres. Drei wundervolle Wochen durfte ich mich wie ein ganz normales Mädchen fühlen. Außerhalb Mutters Reichweite war ich eine komplett andere Person. Im Vorjahr hatte jedes Camp-Mitglied ein kleines Holzpaddel bekommen, auf dem die anderen Sprüche, Witze und Abschiedsgrüße hinterlassen konnten. Auf meinem Paddel stand immer wieder, wie lustig ich sei: dass ich jeden zum Lachen gebracht hätte, dass ich das lustigste Mädchen im Camp sei, dass man niemals meinen Witz über giftigen Efeu vergessen würde. Für mich war es eine große Selbstbestätigung, dass die anderen mich so lustig fanden. Sie lernten mich als Olivia, das alberne Mädchen, das alle zum Lachen brachte, kennen, und nicht als Olivia, die ein düsteres Geheimnis mit sich herumtrug. Als ich nach Hause zurückkehrte, las mein Vater verwundert, was auf meinem Paddel stand.

»Das lustigste Mädchen im Camp?«, fragte er, sah vom Paddel zu mir und wieder zum Paddel. *»Du?«* Ich lächelte angespannt und fühlte mich etwas traurig. Selbst mein eigener Vater kannte meinen wahren Charakter nicht. Später fragte ich mich jedoch, ob das stimmte. Welches war die Rolle, die ich spielte: der Camp-Clown oder die stumme Tochter? Ich konnte doch nicht beides sein. Vielleicht war ich Mutter ähnlicher, als ich jemals gedacht hatte, und schlüpfte ebenso unbekümmert von einer Persönlichkeit in die nächste.

Es war seltsam, von Kanada zurück nach Berlin zu fliegen und dann direkt in den nächsten Flieger zu steigen, der mich zu einem unbekannten Zuhause in einem fremden Land brachte.

Als meine Eltern mich am Flughafen abholten, war ich nervös und versuchte, meine Aufregung durch wildes Geplapper über die Zeit im Camp zu verbergen. Unser neues Heim befand sich in einem Teil Monacos namens Les Révoires, und wir mussten über viele steile, steinige Straßen fahren. Die Häuser waren in sanften Farben gestrichen. Vom Autofenster aus sah ich Gebäude mit pfirsichfarbenem, beigem oder sandgelbem Anstrich sowie einige Bauten aus weißem Stein und mit Dächern aus Terrakottafliesen. Die Wege waren gesäumt von Palmenbäumen, und hinter den Häusern glitzerte das Mittelmeer. Unsere neue Bleibe befand sich im vierten Stock eines cremefarbenen Mehrparteienhauses. Obwohl die Wohnung kleiner war als unser altes Zuhause am See, fühlte sich die Umgebung sofort seltsam vertraut an: so als hätte man unser altes Heim einfach in ein neues Haus und ein neues Land verfrachtet. Alle Möbel und sämtliches Dekor waren so wie vorher arrangiert.

»Gefällt's dir?«, fragte Mutter, nachdem ich herumgeführt worden war. Ich sah aus dem Fenster hinunter zu den Hunderten weißen Jachten, die auf dem Meer schaukelten, und dem riesigen Felsen von Monaco dahinter.

»Es ist nett«, sagte ich. Es war nett, zumindest oberflächlich. Trotz der schönen Landschaft, der vielen Touristen, der schnellen Autos und schicken Hotels wirkte Monaco trist und langweilig. Ich drehte mich um und erhaschte einen Blick auf mein Spiegelbild. Mein tristes, langweiliges Gesicht schaute zurück – vielleicht war Monaco ja genau der richtige Ort für mich.

»Ich glaube, dass wir hier glücklich werden«, sagte mein Vater vergnügt. Ich starrte ihn an, diesen Mann, der mir so vertraut war, den ich so sehr liebte und der mir kaum noch wie mein Vater vorkam. Ich war mir nicht sicher, wann es dazu gekommen war oder was er getan hatte.

Der August dehnte sich und war dabei so leer, wie ich mich innerlich fühlte. Ich kannte niemanden in Monaco und besaß weder die Energie noch das Selbstbewusstsein, einfach auszugehen und neue Freunde zu finden. Also beschloss ich, auf den Schulbeginn zu warten. Ich würde einfach in die Schule marschieren, Witze reißen, andere zum Lachen bringen und neue Freunde finden – genau wie im Camp. Doch Mutter hatte andere Pläne.

»Zieh dir was Nettes an«, sagte sie eines Abends kurz nach meiner Ankunft. »Wir sind zum Essen bei Caroline eingeladen – beziehungsweise für dich immer noch Mrs. Hunt.«

»Wer ist Mrs. Hunt?«, fragte ich.

Mutter rollte mit den Augen.

»Das ist die Direktorin der internationalen Schule. Sie hat uns netterweise zum Dinner eingeladen.«

»Wirklich nett«, antwortete ich höflich. Also fuhren wir zum Abendessen zu Mrs. Hunt. Sie machte einen sympathischen Eindruck, doch ihr Ehemann hatte ein rotes, schwitzendes Gesicht, so als tränke er zu viel, und sein Blick verweilte zu lange auf mir. Die beiden hatten einen Sohn namens Tim, der siebzehn Jahre alt war. Er war groß und schlank, hatte dunkles Haar, das ihm in die Augen fiel, wirkte schüchtern und sah zur Seite, sobald sich unsere Blicke versehentlich kreuzten.

An dem Abend erfuhr ich, dass die internationale Schule brandneu war – sie war buchstäblich erst vor Kurzem errichtet worden –, und mich beschlich ein Verdacht, warum Mutter so schnell einen Posten als Kunstlehrerin bekommen hatte. Mein Vater würde Geografie unterrichten. Mrs. Hunt musste die Bewerbung eines Lehrerehepaars wie eine glückliche Fügung erschienen sein. *Was für ein Zufall!*

»Ich glaube, du solltest Tims Freundin werden«, sagte Mutter auf dem Heimweg. Ich blieb stehen und starrte sie an.

»Warum?«

»Er wäre perfekt für dich«, erklärte sie. »Er ist sehr groß, was eindeutig ein Pluspunkt ist. Du bist ziemlich groß für ein Mädchen und wirst so schnell niemand anderen finden, der größer ist als du und sich für dich interessiert.« Ich schwieg und starrte sie weiter an. Sie zuckte mit den Schultern und fuhr fort: »Außerdem ist er Legastheniker, ihr habt also viel gemeinsam.«

»Er kommt mir ein bisschen dumm vor«, sagte ich, und Mutter lachte auf.

»Dann ist er mehr als perfekt für dich!«

***

Dummerweise hatte ich Mutters Vorschlag als einen Witz abgetan. Nur wenige Tage später kehrten Vater und ich vom Strand zurück und fanden Tim und Mrs. Hunt in unserem Wohnzimmer vor.

Tim lief rot an, als ich den Raum betrat, und sah fort; Mrs. Hunt grinste mich schief an. Beide hatten riesige blaue Weingläser vor sich stehen.

»Clive! Olivia!«, gurrte Mutter, stand auf und sprang uns leichtfüßig entgegen. Genau wie in Berlin hatte sie auch in Monaco eine neue Rolle gewählt. Anstelle der vielen Ringe, die sie nach dem Vorbild von Sarahs Mutter Enid getragen hatte, klirrten nun Dutzende goldener Armreifen an ihren Handgelenken, und sie bevorzugte fließende bunte Gewänder mit auffälligen Mustern. Ich vermute, sie wollte die »unkonventionell-schrille Kunstlehrerin« mimen. Sie schenkte mir ein Glas Wein ein, das ich unsicher entgegennahm. Eigentlich durfte ich nur an Weihnachten Wein trinken und fragte mich, warum sie nun eine Ausnahme machte.

»Wie war's am Strand?«, fragte Mrs. Hunt, doch bevor mein Vater oder ich antworten konnten, fuhr Mutter dazwischen.

»Warum zeigst du Tim nicht dein Zimmer?« Eine unangenehme Stille setzte ein, und mein Gesicht lief genauso rot an wie Tims. Ich drehte mich um und lief geradewegs auf mein Zimmer zu, ohne mich noch einmal nach Tim umzusehen. Ich hoffte, dass er mir nicht folgen würde. Doch dann hörte ich leise Schritte hinter mir.

Worüber wir zunächst in meinem Zimmer geredet haben, weiß ich nicht mehr – wahrscheinlich habe ich aus Scham alle weiteren Einzelheiten verdrängt –, aber wir redeten. Ich glaube, ich erzählte ihm, dass ich Legasthenikerin sei. Aber Tim war ein typischer Siebzehnjähriger, er wollte nicht über Schule, Hausaufgaben oder Lernbehinderungen sprechen. Er war ein lieber, etwas langweiliger Junge. Das Einzige, was ich wirklich spannend an ihm fand, war seine Farbenblindheit. Die fand ich richtig cool. Die restliche Zeit verbrachten wir damit, dass ich nach draußen deutete und Tim fragte, welche Farbe verschiedene Dinge hatten.

»Äh … gelb«, meinte er, als ich auf ein rotes Auto zeigte. Ich war fasziniert und fragte mich, ob er mich auch anders sah, als ich eigentlich war. Ich hoffte, dass meine Porzellanhaut in seinen Augen gebräunt wirkte und mein hellbraunes Haar üppig und dunkel. In jedem Fall schien er mein Aussehen nicht schlecht zu finden, denn zu guter Letzt fragte er mich, ob wir uns wiedersehen würden. Wir verabredeten, am nächsten Tag zum Bowling zu gehen. Mutter bestand darauf, mich zur Bowlingbahn zu begleiten. Auf dem Weg dorthin grinste sie mich immer wieder an und drückte meinen Arm.

»Wie spannend!«, rief sie. Ihre Aufregung kümmerte mich nicht, aber die Art, wie sie mich ansah, beunruhigte mich; sie wirkte so, als führte sie etwas im Schilde, und das machte mich nervös.

Mein erstes Date mit Tim war eher langweilig als aufregend. Es gab keine Möglichkeit, ein Gespräch zu führen. Nicht, weil er keine Lust gehabt hätte, sich zu unterhalten, sondern weil einer von uns immer eine Bowlingkugel in der Hand hielt. Wenn ich an der Reihe war, stand Tim einige Meter mit den Händen in den Hosentaschen hinter mir und kommentierte meine Technik. Wenn er dran war, setzte ich mich und zupfte Flusen von meinem Top. Danach begleitete er mich schweigend nach Hause. Um die unangenehme Stille zu durchbrechen, deutete ich ab und an auf verschiedene Dinge und fragte ihn, welche Farbe sie hatten.

Ich glaube, ab jenem Abend war Tim mein fester Freund. Trotzdem verliefen die ersten Wochen unserer Beziehung sehr ruhig: Meistens spazierten wir durch die Stadt, hielten Händchen und aßen Eiscreme. Mutter wollte alle Einzelheiten wissen.

»Hast du ihn schon geküsst?«, fragte sie eines Abends gegen Ende August. Wir saßen am Tisch, während Vater das Abendessen kochte – Linguine mit Muscheln und fangfrischen Shrimps. Es duftete nach Knoblauch, Tomaten und salzigem Meer. Mutter schenkte mir ein Glas Wein ein, so als würde ich danach meine Geheimnisse ausplaudern. Dass ich plötzlich Wein trinken durfte, war wirklich verwunderlich.

»Maman …«, flehte ich und sah zur Seite. Ich wollte nicht über Tim und mich sprechen, vor allem nicht, wenn mein Vater sich im Nebenraum befand und alles mithören konnte.

»Hast du schon einmal einen Jungen geküsst?«, fragte sie. Man sah, dass sie sich nicht mit einem simplen Nein würde abspeisen lassen. Mutter saß mir gegenüber, hatte die Ellbogen auf den Tisch gestützt und ihren Kopf auf die Hände gelegt. Dazu hatte sie ihre – wie ich es inzwischen nannte – »Unschuldsmiene« aufgesetzt: Ihre Augen waren so weit aufgerissen, dass man das Weiße drum herum sah, und sie blinzelte auf eine Art, die sie vermutlich für niedlich hielt.

»Maman …«, wiederholte ich, doch als sie mich weiterhin anstarrte, knickte ich ein. »Nein«, murmelte ich in Richtung meines Weinglases. »Habe ich noch nicht.«

»Weißt du, wie das geht?«, fragte sie. »Willst du mit mir üben?«

Das Angebot brachte sie so selbstverständlich hervor, dass ich zunächst dachte, ich hätte mich verhört. Doch dann verstand ich, was sie gesagt hatte. Meine instinktive Reaktion war Abscheu – ein Zungenkuss mit meiner eigenen Mutter war das Letzte auf der Welt, wonach mir der Sinn stand. Doch hinter diesem Ekel verbargen sich noch weitere Gefühle: Entsetzen, Verwirrung, Angst, Panik.

»Nein«, antwortete ich und starrte weiterhin in mein Glas, so als übte der Wein eine hypnotische Wirkung auf mich aus.

Danach dachte ich viele Jahre nicht mehr an diesen Moment. Als die Erinnerung wieder hochkam, durchlief mich ein Schauer. Ich weiß bis heute nicht, was ich davon halten soll …

Mutter war verärgert, dass ich meinen ersten Kuss nicht mit ihr teilen wollte. Sie seufzte, so als verhielte ich mich unvernünftig, und fragte mich noch einmal. Ich konnte mich noch immer nicht regen und schaffte es gerade so, ein leises Nein hervorzubringen. Als sie verstand, dass ich nicht mit ihr üben würde, verlegte sie sich stattdessen darauf, mir haarklein zu erklären, wie man richtig küsst. Es war furchtbar demütigend. »Nicht zu viel Zunge«, sagte sie, während ich versuchte, sie zu ignorieren. »Denk daran. *Nicht zu viel Zunge.*«

Tim und ich küssten uns kurz darauf. Vielleicht hätte er mit Mutter üben sollen: Seine Küsse waren nass und zu stürmisch. Oft kam es mir so vor, als wollte er so viel wie möglich herumknutschen, bevor einer von uns nach Hause musste. Ich machte mir nicht besonders viel aus ihm, aber von jemandem begehrt zu werden gefiel mir. Wenn er mich nach Hause begleitete, verabschiedeten wir uns vor dem Gebäude, und er drückte mich gegen die Wand und küsste mich, als hinge sein Leben davon ab. Dann fühlte es sich so an, als würde er am liebsten für immer mit mir dort stehen bleiben und mich küssen; in solchen Momenten hätte ich nichts dagegen gehabt. Aber sobald er mich losließ, ging ich langsam nach oben in unsere Wohnung.

Mutter fragte andauernd, was Tim und ich trieben. Meinen Vater interessierte die Beziehung wenig; er verlegte sich lediglich auf seichten Small Talk und witzelte, ich sei nun »Tims Problem«. Mutter wiederum wollte jedes einzelne Detail wissen. Ihre brennende Neugier verstörte mich, und ich erzählte ihr so wenig wie möglich.

»Bist du prüde«, höhnte sie, wenn ich wortlos den Kopf schüttelte, statt auf ihre Fragen zu antworten. »Wieso ist meine Tochter nur so ein Spießer? Du bist so eine brave lahme Ente.«

Es schien ganz so, als wollte sie durch mich eine kleine Teenager-Romanze erleben. Ihr reichte es nicht, dass ich einen Freund hatte – kurz darauf ließ sie mir die Pille verschreiben. Mir, einer fünfzehnjährigen Jungfrau, die gerade ihren ersten Kuss erlebt hatte und sich noch nie mit Verhütungsmethoden auseinandergesetzt hatte. Sie schaffte es sogar, meinen Vater von der Notwendigkeit zu überzeugen, indem sie ihm erzählte, dass meine Menstruation unregelmäßig sei, was ungesund sei und sich durch die Pille beheben lasse. Es wäre mir nicht im Traum eingefallen, dass sie dabei Hintergedanken hegte.

Als Tims Eltern über das Wochenende verreist waren, lud er mich zu sich nach Hause ein. Mutter bestand darauf, dass ich über Nacht blieb – was ich dann auch tat. Tim war ein lieber Kerl, und ich hatte angenommen, wir würden in getrennten Zimmern schlafen. Letzten Endes schliefen wir im selben Raum und auch im selben Bett, doch es blieb beim Küssen. Als ich nach Hause kam und Mutter gestand, dass wir keinen Sex gehabt hatten, schnaufte sie.

»Worauf wartest du?«, fragte sie. »Hältst du dich für was Besseres? Du bist so was von eingebildet, Prinzesschen!«

Ich wollte nicht mit Tim schlafen, aber ich mochte ihn mit der Zeit sehr gern. Er war freundlich und zärtlich und ein Zufluchtsort vor Mutter. Wenn ich bei ihm war, lag ich am liebsten mit ihm im Bett, legte den Kopf auf seine Brust und spürte seine Arme um mich.

»Du bist etwas ganz Besonderes«, flüsterte er manchmal in mein Ohr, und ich liebte es, wenn er das sagte – ich konnte mich nicht daran erinnern, dass irgendjemand je so etwas zu mir gesagt hatte.

***

Das Schuljahr begann, und der Start wurde mir dank Tim erleichtert. Er war zwei Jahrgänge über mir, und ich war nicht einfach nur »die Neue«: Diesmal war ich die Neue mit dem älteren Freund. Doch ich fürchtete mich vor dem ersten Kunstunterricht mit Mutter. Sie stellte sich in einem sanften Singsang vor und begleitete jedes Wort mit ausdrucksstarken Gesten (diesen Habitus hat sie sich von Sarahs Mutter abgeschaut und nie wieder abgelegt).

Wenn sie durch das Klassenzimmer glitt, schwebte eine Parfümwolke hinter ihr. Obwohl sie ihr schönes Haar verloren und stark zugenommen hatte, hatte sie noch immer das gewisse Etwas. Sie wirkte so *echt*. Wenn sie mit den anderen Schülern sprach, sah sie ihnen direkt in die Augen und nickte ihnen aufmerksam beim Sprechen zu, so als respektierte sie sie. Zu Hause aber rollte sie die Augen. »Ernsthaft, Clive: Diese Kinder sind so was von dämlich! Olivia ist die Klassenbeste – und das will was heißen!«

Aber in Mutters Kunstunterricht lernte ich auch Lily kennen. Sie fiel mir nahezu sofort auf: Sie sah aus wie eine hübsche Porzellanpuppe, hatte große blaue Augen, einen kleinen sinnlichen Mund und die makelloseste Haut, die ich je gesehen hatte. Als wir ein von Mutter arrangiertes Stillleben einer Obstschüssel abzeichneten, begannen wir, uns zu unterhalten. Lily war ebenfalls aus England und gerade erst nach Monaco gezogen, also fanden wir sofort einen Draht zueinander. Die Gespräche mit ihr ermöglichten mir Einblicke in das Teenagerleben auf der Insel. Seit wir vor mehr als fünf Jahren nach Berlin gezogen waren, war ich nicht mehr in Großbritannien gewesen und fühlte mich von meinem eigenen Land entfremdet. Lily erzählte mir, was die Mädchen trugen (nichts von dem, was Mutter mir aufdrängte!), was im Fernsehen lief und welche Musik angesagt war. Wir saßen fast immer nebeneinander, tuschelten und kicherten.

Ich hatte gedacht – oder vielleicht auch nur gehofft –, dass es Mutter guttun würde, wieder zu unterrichten. Ihre letzte Stelle als Lehrerin lag ein paar Jahre zurück, und ich wusste, wie sehr sie den Einfluss, die Kontrolle und die Vorstellung genoss, aus ihren Schülern etwas zu machen. Doch obwohl sie sich im Unterricht sehr professionell verhielt, war sie zu Hause herablassend und distanziert. Ich hatte angenommen, dass sie Mrs. Hunt mochte, doch hinter verschlossenen Türen kam eine andere Wahrheit ans Licht. Mutter war entsetzt, wie schlecht der Kunstbereich ausgestattet war. Es ärgerte sie maßlos, dass jemand von ihrem Kaliber solch einen Karriereknick erdulden musste.

»Nichts als Federn, Wollknäuel, Schaumstoff und beschissene Pfeifenreiniger!«, wütete sie beim Abendessen. »Ich will keinen scheiß Bastelkurs leiten, ich bin eine *Künstlerin*«, erklärte sie, während mein Vater und ich mitleidig nickten. »Ich bin eine unfassbar erfolgreiche Künstlerin. Meine Arbeiten finden rasenden Absatz und wurden schon in jedem großen Magazin erwähnt: *Vogue*, *Tatler*, *Harper's Bazaar*, *Homes & Gardens* ... um nur ein paar zu nennen.«

Ich warf meinem Vater einen alarmierten Blick zu. Mutters Arbeiten waren nie in der *Vogue*, dem *Tatler* oder *Harper's Bazaar* erschienen. Sie war inzwischen so ans Lügen gewohnt, daran, die Wahrheit auszuschmücken, um sich selbst erfolgreicher und wichtiger zu machen, dass sie vergessen hatte, wer die Wahrheit kannte und wer nicht. Obwohl ich in dem Moment verstand, dass sie bewusst log, schien sie sich tatsächlich für ein Genie zu halten. Ihre Arbeiten waren einzigartig und höchstens mit denen der Besten zu vergleichen. Ihre Schüler konnten sich glücklich schätzen, von einer derart talentierten Künstlerin unterrichtet zu werden. Aus reinem Wohlwollen ließ sie sich dazu herab, solche Amateure zu instruieren.

Und welch ein Glück ich erst hatte, eine solche Könnerin zur Mutter zu haben.

Psychopathie-Merkmal Nr. 13: Ein grandioses Gefühl der eigenen Wichtigkeit

Psychopathen sind Narzissten. Sie haben übersteigerte Vorstellungen von ihrer eigenen Wichtigkeit und sind selbstgerecht und egozentrisch. Sie meinen, über geltenden Regeln zu stehen, und halten sich für etwas Besonderes und Einzigartiges, das sich im Zentrum aller Dinge befindet. Sie sind süchtig nach Bewunderung und glauben, dass sie alles, was sie tun, besser können als andere. Ein Psychopath ist überzeugt davon, dass die Menschheit selten mit einer derart außergewöhnlichen Persönlichkeit wie ihm oder ihr beglückt wurde.

14
Narzissmus

»Psychopathen sind selbstgerecht und egozentrisch, sie glauben, dass sie alles, was sie tun, besser können als andere.«

Nach wenigen Monaten wandte Mutter sich gegen Tim. Obwohl sie unsere kleine Romanze initiiert hatte, wurde sie ihn bald leid. Und wenn sie ihn leid war, musste es mir genauso gehen. Ich weiß zwar nicht genau, was ihren Sinneswandel auslöste, aber ich habe eine Theorie. Manchmal bemerkte ich, wie sie Tim und mich mit zusammengekniffenen Augen beobachtete: unser Händchenhalten, unser vertrautes Lächeln, mein Kopf auf seiner Schulter … Hatte sie Angst, dass jemand sie ersetzen und von ihrem Thron stoßen könnte? Oder missfiel ihr, dass Tim mir guttat und mir sagte, ich sei etwas Besonderes? Was auch immer der genaue Auslöser war, Mutter wollte mit Sicherheit nicht, dass ich mich irgendwelchen großartigen Illusionen hingab. Also zog sie mich immer öfter beiseite, nachdem er sich verabschiedet und unsere Wohnung verlassen hatte.

»Hast du gesehen, wie undankbar Tim wieder war?«, zischte sie mir zu und schüttelte ungläubig den Kopf. »Er hat sich nicht fürs Abendessen bedankt. Und hast du gesehen, wie gierig er unseren Wein in sich hineingeschüttet hat? Der wird genau so ein Alkoholiker wie sein Vater, darauf kannst du wetten. Sei bloß vorsichtig, mein Schatz. Trenn dich lieber jetzt, bevor es zu spät ist.«

Ich versuchte wegzuhören, aber ihre Worte gingen mir doch unter die Haut. Sie erwischte mich immer, egal, wie sehr ich versuchte, mich zu wehren. Aus irgendeinem Grund empfand ich ihr gegenüber eine eigentümliche Loyalität. Tim *hätte* sich für das Abendessen bedanken sollen. Und vielleicht *hatte* er an dem Abend tatsächlich zu viel getrunken. Vielleicht *würde* er sich so entwickeln wie sein Vater. Jeder weiß, dass der Apfel nicht weit vom Stamm fällt … Ich hasste es, wie sehr ihre Meinung meine eigene beeinflusste. Aber da ich mich nicht gegen sie stellen wollte – was ich automatisch tat, wenn ich mich widersetzte –, musste meine Beziehung mit Tim beendet werden.

Ich zeigte mich kühl und distanziert – das fiel mir leicht. Ich hielt die Luft an, wenn er mich etwas fragte, und sah fort, wenn er mich ansah. Wenn er mich umarmte, versteifte ich mich und erwiderte die Berührung nicht. Wenn er meine Hand drückte, ließ ich sie schlaff. Doch das reichte nicht: nicht für Tim und nicht für Mutter. Meine Eltern hatten mir zu Schuljahresbeginn mein erstes Handy gekauft. Im November kam Mutter schließlich auf mich zu und forderte, dass ich es benutzte.

»Schreib ihm einfach eine SMS. Um Himmels willen, Olivia, das ist doch nicht so schwer!«

»Ich weiß nicht, was ich sagen soll«, entgegnete ich. Ich saß in einem Sessel im Wohnzimmer. Mutter hatte es sich gegenüber auf dem Sofa in einem sonnigen Eck bequem gemacht und die Füße auf die Lehne gelegt.

»Dann tu ich das«, sagte sie ungeduldig und streckte die Hand nach meinem Handy aus. »Mach schon«, forderte sie, als ich mich nicht bewegte, »gib mir dein Handy.«

Also reichte ich es ihr. Ich sah zu, wie sie lächelnd auf der Tastatur herumtippte. Die Nachricht an sich bereitete mir kein Kopfzerbrechen – *Sorry, Tim. Ich glaube, wir passen nicht zueinander. Lass uns einfach Freunde sein* –, sondern die Art und Weise, wie Mutter mit der Situation umging. Tim rief mich nach Erhalt der Nachricht mehrmals an. Mutter beendete die Anrufe sofort und legte das Handy auf den Tisch neben sich. Doch dann wartete sie aufgeregt auf das nächste Läuten und grinste, wenn es wieder klingelte. Schließlich schrieb Tim, wie von ihr erwartet, eine SMS, und sie antwortete in meinem Namen.

Tim war völlig durcheinander. Was war passiert? Hatte er etwas falsch gemacht? Gestern war doch noch alles gut gewesen, oder? Was hatte sich seitdem verändert? Könnte ich meinen Entschluss bitte, bitte noch einmal überdenken?

Je mehr er bettelte, desto breiter wurde Mutters Grinsen. Ich sah, wie sehr sie das Drama genoss und sich in seinem Elend suhlte, und mir wurde übel. Während sie ihm schrieb und sich für mich ausgab, leuchtete ihr Gesicht vor Aufregung, und ihre Augen strahlten. Ich saß im Sessel und beobachtete sie. Es fühlte sich wie ein Albtraum an zu sehen, wie Mutter sich für mich ausgab und mich imitierte, während sie Tim schrieb. Meine gerunzelte Stirn, mein besorgter Blick, mein nervöser Mund. Doch als ich sie so sah, fühlte sich das auch an wie ein Erwachen. So als wäre alles andere ein Traum und das hier die Realität.

Schließlich rief Mrs. Hunt an und sprach mit Mutter. Tim war völlig aufgelöst, saß in seinem Zimmer und weinte vor Kummer. Konnte Olivia nicht zumindest kurz mit ihm sprechen?

Mutter war freundlich, aber bestimmt. Es sei besser, die Dinge jetzt zu beenden, bevor es wirklich ernst wurde.

»Tim ist bald darüber hinweg, da bin ich mir sicher.«

Ich hörte das Gespräch unbewegt mit, so als hätte ich nichts mit dem Gesagten zu tun. Ich war ein Zaungast, saß am Rand des Spielfelds und beobachtete, wie Mutter die Kontrolle übernahm. Ich war ein Statist in meinem eigenen Leben, nichts weiter als ein Gespenst.

***

Nach der Trennung war ich nicht länger die Neue mit dem älteren Freund. Jetzt war ich nur noch Olivia, die Neue, also musste ich mich umso mehr bemühen, andere zum Lachen zu bringen und neue Freunde zu finden. Mir war es egal, ob ich beliebt war, aber ich wollte unbedingt Anschluss finden. Und in Monaco gelang mir das schließlich. Jeder kam aus einem anderen Land und hatte seine Kindheit damit verbracht, von einem Ort zum anderen zu ziehen. Viele stammten aus reichen Familien und taten, wonach ihnen gerade war. Ihre Eltern waren wohlhabend und permanent beschäftigt, also genossen die Kinder Freiheiten, von denen ich nur träumen konnte. Ich wollte mich nur noch mit solchen Menschen umgeben: mit eigensinnigen, unabhängigen Teenagern, die taten, was sie wollten, und zwar dann, wann sie es wollten.

Schnell baute ich mir einen kleinen Freundeskreis auf. Wir waren zu sechst: drei Mädchen und drei Jungen – Lily, Natalia und ich sowie Harry, Fred und Sid. Wenn ich mit den anderen zusammen war, war ich so wie sie – unbeschwert und ausgelassen –, aber sobald ich nach Hause zurückkehrte, zog ich mich wieder in mein Schneckenhaus zurück. Anders ging es nicht.

Es war schrecklich, dass Mutter an meiner Schule unterrichtete. Unter der Woche gab es kein Entkommen, und ich schien permanent unter ihrer Beobachtung zu stehen. Sie fand bald heraus, wer meine Freunde waren, und stellte sich gut mit ihnen. Mutter war besonders freundlich im Unterricht, lobte ihre Arbeiten und zeigte sich von ihrer Entwicklung beeindruckt. Sie lachte begeistert, wenn sie ihre Leinwände beurteilte, berührte die getrocknete Farbe andächtig, so als bewunderte sie den Pinselduktus, und sagte Dinge wie: »Großartig, Harry … Einfach großartig.« Meine Freunde glaubten ihr und schluckten die Lügen ohne den geringsten Zweifel.

Manchmal versuchte sie, die anderen gegen mich aufzuhetzen. Das war allerdings nicht von Erfolg gekrönt. Einmal sprach mich Natalia nach dem Unterricht an und fragte, was zwischen mir und Mutter vorgefallen war.

»Was hast du gemacht?«, flüsterte sie aufgeregt. »Ich sag's nicht weiter, versprochen.« Als ich fragte, was sie damit meinte, erzählte sie, dass Mutter sie während der Kunststunde beiseitegenommen hatte. »Es tut mir wirklich leid, dass die Stimmung heute so angespannt ist«, hatte sie gesagt. »Aber Olivia hat gestern etwas Schlimmes getan. Etwas wirklich, wirklich Schlimmes … Ich will dich nicht mit den Einzelheiten langweilen – Olivia und ich reden momentan nicht miteinander.«

Ich versuchte, die Sache ins Lächerliche zu ziehen. Doch ich schämte mich so sehr – für Mutter, aber auch für mich.

Zu Hause wurde ich permanent kritisiert. Mutter ekelte sich förmlich vor meinem Mangel an künstlerischem Talent und machte jeden Tag deutlich, wie sehr ich ihr nachstand. Unter dem Deckmantel der Hilfsbereitschaft begann sie, mir genaue Instruktionen zu geben, sodass meine Kunstprojekte zu ihren wurden und ihre Ideen und Visionen widerspiegelten. Sie wollte, dass ich etwas schuf, das ihr gefiel und ihrem künstlerischen Ideal entsprach. Abend für Abend kam sie in mein Zimmer, schnappte sich meine Kunstmappe und machte meine Zeichnungen am Küchentisch nieder. Ich glaube, das war für sie der Höhepunkt des Tages. Sie kaufte eigens Haftnotizen, die sie an meine Zeichnungen klebte. Wenn ich meine Mappe durchblätterte, starrten mich hässliche Kommentare an: *Was soll das sein? Hältst du das für originell? Ist das dein Verständnis von Kunst? Was zur Hölle soll das darstellen?* Morgens entfernte sie die Notizen wieder, damit niemand anders in der Schule sie zu Gesicht bekam.

Mutter hatte mich noch nie wegen meiner Legasthenie in die Mangel genommen. Es war eins der wenigen Dinge, für die sie Geduld aufbrachte. Doch in Monaco änderte sich das. Sie suchte immer neue Methoden, mich zu bestrafen, und verlegte sich schließlich darauf, mich zum Niederschreiben der immer gleichen Zeilen zu zwingen. Sie schrieb den ersten Satz und verlieh ihrer ohnehin schon schnörkeligen Handschrift zusätzlichen Schwung, sodass mir das Entziffern umso schwerer fiel. Dann musste ich den Satz dreihundertmal abschreiben – oder manchmal, wenn sie richtig wütend war, sogar fünfhundertmal. Es waren Sätze wie dieser: *Ich werde Maman nicht mehr vor ihren Kollegen despektierlich begegnen, indem ich sie in der Schule ignoriere.* Oder auch: *Ich werde mich nach der Schule nicht mehr weigern, die mir aufgetragene Hausarbeit zu erledigen.*

Die Abschrift musste säuberlich und fehlerfrei erfolgen. Ich brauchte viele Stunden, um dem gerecht zu werden. Manchmal schrieb ich bis in die frühen Morgenstunden, starr vor Angst, ich könnte noch immer nicht fertig sein, wenn Mutter aufwachte. Einmal schaffte ich es nicht, und Mutter meinte, es sei nicht weiter schlimm. Sie sah mir mein Versagen nach, einfach, weil sie so eine gute Mutter war. Sie war schließlich verdammt noch mal die beste Mutter auf der Welt, oder?

Die Zeiten änderten sich, und 2006 fand Mutter zusätzliche Möglichkeiten, mir das Leben schwer zu machen. Die ersten sozialen Netzwerke etablierten sich, und nach der Schule rannten wir alle an den Computer, um über den Nachrichtendienst MSN miteinander zu chatten, zu flirten und Geheimnisse auszutauschen, über die wir in der Schule nicht offen miteinander sprechen konnten. War Mutter wütend auf mich, stellte sie einfach das Internet ab und kappte so die Verbindung zur Außenwelt. Wenn ich sie auch nur im Mindesten verärgerte oder sie den Eindruck gewann, dass ich allmählich zu selbstsicher wurde, nahm sie mir das Handy weg. Später den Computer. Jedes einzelne Mal wartete sie, bis ich am Rechner saß und gerade mit meinen Freunden chattete. Dann stürmte sie in mein

Zimmer, zog das Kabel aus der Steckdose und trug den gesamten Computer nach draußen. Sie lächelte dabei und offenbarte ihre großen glänzenden Zähne.

Doch sie entriss mir nicht nur technische Geräte, sondern auch jegliche andere Möglichkeit, der Realität zu entkommen. Wenn ich las, riss sie die Bücher geradewegs aus meinen Händen. Nach einiger Zeit entwickelte ich eine Strategie, um sie auszutricksen: Ich legte immer ein zweites Buch neben mich. Sobald ich hörte, dass sie sich näherte, versteckte ich meine aktuelle Lektüre und nahm das zweite Buch zur Hand. Mutter schnappte sich schadenfroh den falschen Roman und verließ hocherhobenen Hauptes das Zimmer, so als trüge sie eine Trophäe nach draußen. Wenn sie fort war, holte ich mein eigentliches Buch hervor und sonnte mich in meinem Erfolg. Ich liebte diese Momente. Wie dumm von Mutter, dass sie den Betrug nicht bemerkte. Es war ein seltener Genuss, sich nicht als ewige Verliererin, als wandelndes Desaster und dumme, fette Kuh fühlen zu müssen.

Ich strengte mich sehr in der Schule an, weil ich Angst davor hatte, wie Mutter auf schlechte Noten reagieren würde, aber auch, weil ich mich nach ihrer Anerkennung sehnte. Ich wollte sie unbedingt stolz machen, und das so sehr, dass es mich manchmal selbst anwiderte. Wenn ein Lehrer mich lobte, bedeutete das nichts, solange er nicht im Lehrerzimmer mit Mutter über meine Leistung sprach. Manchmal überraschte sie mich, indem sie beim Abendessen anerkennend meinte: »Ich habe gehört, dass dein Aufsatz über *Wer die Nachtigall stört* … recht gut war.«

Mehr sagte sie nicht. In solchen Momenten spürte ich, wie absurd das Ganze war. All das Lernen bis tief in die Nacht hinein, mein unterdrückter Frust, mein Kampf mit der Legasthenie – wozu? Nur um Mutter zu gefallen, um ihre Anerkennung zu bekommen. Ich träumte davon, dass sie mich fest umarmte und mir sagte, wie schlau ich war und wie stolz sie auf mich war. Doch alles, was dabei für mich abfiel, waren kleine Randbemerkungen – wenn ich Glück hatte.

***

Als ich sechzehn war, fand Mutter einen neuen Freund für mich. Da sie an meiner Schule unterrichtete, kannte sie sämtliche Schüler. Seit Tim hatte ich keine weiteren Dates mehr gehabt, aber Mutter beobachtete immer genau, mit wem ich Nachrichten über MSN austauschte, und hielt mich davon ab, mit manchen Jungen zu schreiben. »Was willst du denn mit diesem Loser? Los, raus aus dem Chat. Hast du keinen Geschmack?«

Lucas kam im zweiten Halbjahr an unsere Schule. Er war zur Hälfte Franzose und zur anderen Hälfte Italiener. Seine Mutter hatte ihn nach einem erbitterten Rosenkrieg mit seinem Vater an der internationalen Schule angemeldet. Lucas sah extrem gut aus. Er hatte lockiges kastanienbraunes Haar, ein kantiges Kinn und volle geschwungene Lippen. Mutters Augen leuchteten auf, als er ihren Klassenraum betrat. Nachdem sie seine Mutter beim Elternabend kennengelernt hatte, beschloss sie, dass er mein neuer Freund werden würde. Unter einem Vorwand lud sie seine Mutter zu uns nach Hause ein.

»Komm doch am Freitag zu einem Drink vorbei, Cecilia«, lockte sie und legte ihre Hand auf deren Arm. »Wir Frauen müssen zusammenhalten! Und bring Lucas mit. Ich würde mich freuen, wenn Olivia ihn kennenlernt.«

Aber Lucas war sehr zurückhaltend, und Cecilia stand allein vor unserer Tür. Ich sah, wie Mutter von Zorn übermannt wurde. Ihr Gesicht verzerrte sich kurz, dann hatte sie sich wieder unter Kontrolle, lächelte, rief: »Komm rein, komm rein!«, und schüttelte die Kissen für Lucas' Mutter auf. Sie fragte die nichts ahnende Cecilia nach Strich und Faden aus und kam später in mein Zimmer, um die neuen Informationen mit mir zu teilen.

»Lucas steht auf Blondinen«, sagte sie. »Was hältst du von einer neuen Haarfarbe?«

Als ich am nächsten Morgen aufwachte, war Mutter schon in der Drogerie gewesen. Sie hatte Bleichmittel und Plastikhandschuhe gekauft und war richtig aufgeregt. Ich war verwirrt: Jahrelang hatte ich hinnehmen müssen, dass Mutter mir keine Haarexperimente erlaubte. Der schiefe Bob, den sie mir einst geschnitten hatte, war längst ausgewachsen, und ich hatte mein hellbraunes Haar seitdem in einem schlichten Pferdeschwanz zusammengebunden. Ab und an – wenn ich mit Freunden zusammen war und Mutter mich nicht sah – trug ich mein Haar offen. Ich fühlte mich dann wie ein anderer Mensch … Wie die Ulknudel, die ich im Beisein meiner Freunde sein wollte. Aber ich band mein Haar jedes Mal wieder zusammen, bevor ich nach Hause zurückkehrte.

»Ich dachte, du willst nicht, dass ich mir die Haare färbe«, sagte ich. Mutter summte, legte Zeitungen auf unserem Küchenboden aus und begann, das Bleichmittel in einer kleinen Schüssel anzurühren. Sie warf mir einen Blick zu und wirkte kurz irritiert.

»Das ist doch schon eine Ewigkeit her«, sagte sie. »Jetzt bist du sechzehn, und die Dinge sehen komplett anders aus.«

Aber ich war noch nicht überzeugt. Mutter trug eine Kurzhaarfrisur und tat so, als wäre das eine bewusste Entscheidung. Ich wusste jedoch, dass sie nahezu alles dafür getan hätte, um ihre fülligen Haare zurückzubekommen. Ich wollte nicht, dass sie mich blondierte und später wütend wurde.

»Bist du sicher?«, fragte ich. »Bist du sicher, dass das in Ordnung ist?«

Mutter seufzte und hörte auf, die Haarfarbe anzurühren. »Ja, ich bin sicher.« Sie lehnte sich vor und berührte sanft meine Wange. »Du wirst eine wunderschöne Blondine«, sagte sie, und mir wurde mit einem Mal ganz warm ums Herz. »Außerdem würde sich Lucas ansonsten niemals für dich interessieren.«

Als sie fertig war, leuchtete mein Haar in einem hellen, leicht gelblichen Blond. Ich ließ die Finger durch die neue Pracht gleiten und starrte mein Spiegelbild an: Es sah mir gar nicht mehr ähnlich. Ich war nicht sicher, was ich von der Veränderung halten sollte, aber Mutter war begeistert.

»Das sieht fantastisch aus«, sagte sie. »Wie gefällt's dir?«

»Ganz gut«, räumte ich ein. »Ich muss mich aber noch daran gewöhnen, glaube ich.«

»Na, Lucas wird's gefallen, und allein darauf kommt es an.«

Wenn ich nicht gerade mit Hausarrest bestraft wurde, durfte ich meine Freunde am Wochenende treffen. Mutter ließ mich für ein paar Stunden nach draußen, und ich musste normalerweise spätestens um neun Uhr zurück sein. Nach der Nacht am See war ich nie wieder zu spät gekommen. Um Lucas für mich zu gewinnen, dehnte sie nun die üblichen Regeln. Einer der großen Vorteile unseres Lebens in Monaco war, dass mindestens eines der vielen reichen Elternpaare meiner Freunde am Wochenende verreist war und immer irgendwo sturmfrei war. Man traf sich reihum, trank Bier und billigen Wein, plauderte, lachte und flirtete. Bisher hatte ich an keinem dieser Treffen teilnehmen dürfen, doch nun gab Mutter nach – genau wie sie es für meine neue Frisur getan hatte.

Entweder erregte meine neue Frisur Lucas' Aufmerksamkeit, oder es war mein Starren. In jedem Fall unterhielten wir uns an einem gemeinsamen Abend lange, und ich fand ihn sympathisch. Er hatte etwas Sanftes an sich, so als stecke ein kleiner Junge im Körper eines Teenagers. Mir gefiel seine sensible und unschuldige Art.

Als ich kurz vor Mitternacht nach Hause zurückkehrte, wurde ich bereits von Mutter erwartet. Nicht, weil sich mich sicher zu Hause wissen wollte, sondern um zu erfahren, ob ihr Plan aufgegangen war.

»Und?«, fragte sie, sobald ich die Wohnungstür öffnete. Sie sprang buchstäblich vor Aufregung vom Sitz und sah mich so an, als würde ich ihr gleich ein unfassbares Geheimnis anvertrauen. Ich schluckte. Die Enttäuschung war bereits vorprogrammiert.

»Lucas und ich haben uns unterhalten«, sagte ich und versuchte, fröhlich zu klingen. »Fast den ganzen Abend lang. Ich glaube, dass er mich mag.«

»Das war's?«, fragte sie und war sichtlich enttäuscht. »Was hast du falsch gemacht? Warum hat er dich nicht geküsst? Will er dich nicht wiedersehen?«

Obwohl ich versuchte, sie zu beruhigen, und immer wieder sagte, dass Lucas interessiert gewirkt habe und vermutlich nur ein bisschen schüchtern sei, redete sie den Rest des Wochenendes kein Wort mehr mit mir. Ich fragte mich, warum ihr so viel an Lucas und mir gelegen war. Wollte sie ihn für sich selbst? War es wieder eins ihrer Machtspiele? Oder war das eine ungerechte Unterstellung, und ihr lag tatsächlich mein Bestes am Herzen? Sie hatte schon mehrere andere Jungen als »nicht gut genug« deklariert, und es schien so, als hätte sie mit Lucas endlich jemand Geeigneten für mich auserkoren. Ich hoffte, dass das der Grund für ihr Verhalten war, auch wenn ich es nicht wirklich glaubte. Offengestanden dachte ich jedoch nicht allzu viel über ihre Motive nach: Mutter wollte, dass ich mich mit Lucas verabredete, also musste ich es tun.

Weitere Wochenenden vergingen. Lucas hatte mich noch immer nicht gefragt, ob ich seine Freundin werden wolle, und Mutter machte keinen Hehl aus ihrer Irritation darüber.

Er und ich kamen uns jedoch durchaus näher. Kurz vor Beginn der Sommerferien machten wir einen längeren Abendspaziergang. Eigentlich hatten wir nur schnell Wein für eine Feier kaufen wollen, aber wir wurden abgelenkt. Wir unterhielten uns und liefen so eng nebeneinander, dass unsere Hände sich ab und an versehentlich berührten. Lucas öffnete sich mir und erzählte von seinem gewalttätigen Vater. Er sprach lange darüber, wie es war, so aufzuwachsen. Wie sehr ihm das Leid seiner Mutter zu schaffen machte und wie schlecht es ihm noch immer ging. Während er sprach, durchfloss mich ein zarter Schmerz.

Vieles von dem, was Lucas erzählte, war mir nur zu vertraut. Ich kannte die Schuld, das Leid, die Einsamkeit und das Bedauern. Ich fühlte mich auch unzureichend und schwach und wollte einfach nur geliebt werden.

Noch nie war ich so sehr versucht gewesen, jemandem die ganze Wahrheit über Mutter zu erzählen. Unser gemeinsames Leid hätte uns umso enger miteinander verbunden. Doch ich tat es nicht. Stattdessen sagte ich, als Lucas verstummte, schlicht: »Es tut mir so leid. Ich weiß genau, wie du dich fühlst.«

Ich hoffte, dass er verstand, was ich damit sagen wollte, und dass er wusste, er war nicht allein. Ich hoffte, dass er verstand, dass ich genauso litt wie einst er und die Quelle meines Unheils noch nicht versiegt war. Aber ich konnte meine Gedanken nicht laut sagen, es ging einfach nicht.

Vielleicht begriff Lucas auch so. Er sah mich lange an, blickte dann zu Boden, nickte und ging weiter. Ich eilte ihm nach und fragte mich, ob ich etwas falsch gemacht hatte. Seine Bewegungen waren mit einem Mal steif und ruckartig. Ich dachte, er sei wütend, und fragte ihn, was los sei. Schüchtern und ohne mich anzusehen, griff er in die Innentasche seiner Jacke und zog eine einzelne rote Rose hervor.

»Möchtest du meine Freundin sein?«, fragte er. Ich brach in Tränen aus. Die Geste war so süß und so unbedarft und so furchtbar romantisch. Ich weiß nicht mehr, ob ich überhaupt Ja gesagt habe, in jedem Fall habe ich ihn geküsst.

Der Sommerabend neigte sich dem Ende zu, und im Glanz der Sterne liefen wir Hand in Hand durch die Stadt. Ich wollte nie wieder umkehren. Am liebsten hätte ich ewig Lucas' Hand gehalten, sein Profil aus dem Augenwinkel beobachtet und die Schönheit dieses liebenswerten Jungen bewundert, der mir eine Rose geschenkt hatte und mich so mochte, wie ich war.

Ein kleiner Teil von mir wäre jedoch auch am liebsten sofort nach Hause gerannt, um Mutter die frohe Botschaft zu überbringen. Ich hatte ihren Wunsch erfüllt, die Mühen hatten sich gelohnt. Würde sie sich freuen? Wäre sie stolz auf mich? Würde sie mich anstrahlen, mich umarmen und sagen: »Gut gemacht, meine kleine Olive. Gut gemacht, ich bin stolz auf dich.«?

Bist du zufrieden mit mir, Maman? Habe ich dich stolz gemacht?

***

Den Sommer über versuchten Lucas und ich so viel Zeit wie möglich miteinander zu verbringen. Es war immer weniger, als wir wollten, weil Mutter inzwischen eine neue Bestrafungsmethode entdeckt hatte. Wenn ich sie enttäuschte oder sie fand, dass ich die Bodenhaftung verlor, hieß es: kein Lucas. Aber hin und wieder, wenn ich zu Hause saß und an den Kunstprojekten arbeitete, die sie mir während der Ferien zugeteilt hatte, musterte sie mich, sah mein trauriges Gesicht und seufzte.

»Na gut«, sagte sie dann und schüttelte den Kopf. »Geh und triff dich mit Lucas. Na los, mach schon.«

»Wirklich, Maman?«

»Ja, wirklich. Jetzt mach aber, bevor ich meine Meinung noch ändere.«

Ich sprang auf, umarmte sie stürmisch und küsste ihre weiche Wange. »Danke, danke, Maman!« Sie berührte mich sacht, und meine Haut kribbelte. Dann dachte ich an den Schmetterling, den sie für mich gestohlen hatte und der bei uns zu Hause geschlüpft war. In solchen Momenten wusste ich, dass sie nur das Beste für mich wollte. Dann liebte ich sie so sehr, dass es mir den Atem verschlug.

Nach einem Monat gestand mir Lucas seine Liebe, und ich erwiderte sein Bekenntnis. Liebte ich ihn wirklich? Ich glaube ja. Ich fühlte mich bei ihm sicher und vertraute ihm mehr als jemals einem anderen – vielleicht mit Ausnahme meines Vaters, als ich noch jünger war. Lucas legte bei Spaziergängen immer einen Arm um mich, und ich lehnte mich an ihn. Seine Umarmung wurde mein sicherer Hafen; dort war ich vor Mutter geschützt, und nichts konnte mir wehtun.

Abends gingen wir oft in eine Bar namens *Cactus*, wo Natalias ältere Schwester Nadine arbeitete. Wir trafen uns dort meist mit der ganzen Truppe, und Nadine servierte Lucas, Lily, Natalia, Harry, Sid und mir mit einem Augenzwinkern Cocktails.

Einmal saßen wir im Außenbereich und tranken Wein. Lucas und ich hielten Händchen auf dem klebrigen Tisch. Es war ein schöner, milder Abend, und seine Hand lag warm in der meinen. Vor uns erstreckte sich glitzernd der Ozean.

»Wollt ihr eine?«, fragte Natalia und hielt mir eine Zigarettenschachtel entgegen. Die Marke habe ich vergessen, aber ich kann mich noch daran erinnern, dass die Zigaretten in einer smaragdgrünen Packung steckten, von der sich die weißen Hülsen abzeichneten.

»Nein danke«, antwortete Lucas und schüttelte den Kopf.

Ich musterte die Packung und dachte nach.

»Was ist mit dir, Livvy?«, fragte Natalia. Ich hatte noch nie zuvor geraucht, war noch nie versucht gewesen, es auch nur auszuprobieren. Mutter hasste Rauchen. Ich wusste natürlich auch, dass es schädlich war, doch Mutter hasste es mit einer so inbrünstigen Leidenschaft, als wäre Rauchen die Wurzel all ihrer Probleme. Wenn jemand mit einer Zigarette an ihr vorbeilief, hustete sie theatralisch, starrte die Person böse an und erklärte mit lauter Stimme: »Rauchen verursacht Krebs, das kann einen umbringen. *Ich* hatte Krebs und wäre fast verreckt. Versprich mir, dass du niemals rauchen wirst, Olivia!« Ich wusste, dass Mutters Leukämie nicht durch Rauchen verursacht worden war, aber weil ich einsah, dass Rauchen eine ekelhafte Angewohnheit war, kam ich gar nicht darauf, mich daran zu versuchen.

Aber jetzt wurde mir eine Zigarette angeboten. Es war so leicht. Irgendetwas an den weiß umwickelten Tabakstängeln zog mich magisch an. Mutter hasste Rauchen, und ich hatte versprochen, es nie zu versuchen. *Eine stille Rebellion!*

Ich streckte die Hand aus und zog eine Zigarette aus der Schachtel. Lucas schnalzte missbilligend, aber ich tat so, als hätte ich nichts gehört. Dann zündete ich mit Natalias Feuerzeug meine erste Zigarette an, zog daran und gab mir Mühe, nicht zu husten. Ich mochte, wie der Glimmstängel in meiner Hand aussah. Meine kleinen Kinderhände waren gewachsen und sahen jetzt so aus wie Mutters: Wir hatten die gleichen weichen Handinnenflächen und langen, schlanken Finger. Doch während sie wunderschöne Nägel hatte, waren meine kaputt und stark heruntergekaut. Nun aber, mit der Zigarette zwischen den Fingern, sahen meine Hände so elegant und zart aus wie die einer Künstlerin. Es gefiel mir, sie so entspannt zu sehen – das Handgelenk gen Himmel gedreht, zwischen den Fingern die Zigarette. Ich malte mir aus, wie Fremde mich beobachteten, und mir gefiel die Vorstellung, vollkommen anders zu wirken, als ich tatsächlich war. Ich sah abgeklärt aus, wie ich so nach hinten gelehnt im Stuhl saß und die Beine an den Knöcheln überkreuzte. Ich fühlte mich weltgewandt, legte den Kopf in den Nacken und blies den Rauch gen Himmel. Und während ich jemand anders war – jemand, der cool, unbeschwert und reif war –, tat ich etwas, das Mutter hasste. Ich hatte mein Versprechen gebrochen. Wenn sie das jemals herausfand, würde sie wahnsinnig wütend werden. Aber sie fand es nicht heraus. 2006 rauchte fast jeder in Monaco, und wenn Mutter den Qualm in meiner Kleidung und meinem Haar bemerkte, schüttelte sie nur genervt den Kopf.

»Unfassbar, dass immer noch geraucht wird«, sagte sie. »Es ist furchtbar, wenn man einfach nur was trinken will und nachher wie ein Aschenbecher stinkt.«

»Ich weiß, das ist echt widerlich«, seufzte ich und schüttelte den Kopf. Innerlich platzte ich fast vor Lachen und fühlte mich schrecklich durchtrieben. Mutter zog nicht einmal in Erwähnung, dass ich selbst für den Gestank verantwortlich sein könnte – die Vorstellung, dass ich mich einer Anweisung derart widersetzte, war zu abwegig.

Jedes Mal, wenn ich mir eine Zigarette ansteckte, loderte Freude in mir auf. Ich wusste, dass Lucas es nicht mochte; wenn er mich nach dem Rauchen küsste, wich er immer zurück und sagte: »Igitt, du schmeckst total nach Kippen.« Er sagte es jedoch auf eine lustige Art, imitierte die Sprachmelodie von Forrest Gump, und ich wusste, dass er mir nicht wirklich böse war. Obwohl mir klar war, wie wenig er es mochte, machte ich weiter. Es war mir wichtiger, Mutter ein Schnippchen zu schlagen, als meinem Freund einen Gefallen zu tun.

***

Im Juli reiste ich wieder zu meiner alten Freundin Sarah nach Kanada. Dieses Mal war jedoch alles anders: Als Sechzehnjährige durfte ich nun ein Training zur Gruppenleiterin absolvieren. Seit meinem ersten Besuch vor vier Jahren war das mein größter Wunsch gewesen, und ich freute mich wie verrückt auf die vierwöchige Ausbildung. Selbst wenn ich Lucas einen ganzen Monat lang nicht sehen würde, konnte ich den Sommer kaum erwarten. Doch ich war unvorsichtig: Ich freute mich zu sehr und verbarg meine Gefühle nicht. Als Mutter meine gute Laune bemerkte, wurde sie wütend.

»Hör auf, so blöd zu grinsen, du siehst ja total bescheuert aus!«, keifte sie, und ich zog eine entsprechend traurige Miene. Am liebsten hätte sie mir die Reise verboten, doch Sarahs Mutter Enid hatte schon Flugtickets gekauft – als verspätetes Geburtstagsgeschenk. Sie und Mutter hatten einen Monat zuvor miteinander telefoniert, und ich hatte alles vom Nebenraum mit angehört. Enid hatte eine Art an sich, die Mutter einschüchterte – ein ungewohntes Gefühl für sie. Sie tischte Enid eine Lüge nach der anderen auf und stellte unser Leben in Monaco gänzlich anders dar, als es war: Man hatte sie zur stellvertretenden Schulleiterin befördert; die Schulleitung war so beeindruckt von ihr, dass man ihr schon drei Gehaltserhöhungen gewährt hatte; das französische Fernsehen hatte sie für eine Sendung über berühmte Künstlerinnen angefragt … Untermalt wurden ihre Geschichten von einem heiseren Lachen – dem Lachen, das sie einst von Enid übernommen hatte –, und ich fragte mich, ob Enid etwas bemerkte. Hörte sie, dass ihr eigenes Lachen am anderen Ende der Leitung ertönte?

Mutter konnte meine Abreise nicht mehr verhindern, also verlegte sie sich darauf, mir ein schlechtes Gewissen einzureden. »Hast du schon einmal darüber nachgedacht, wie ich ohne dich zurechtkommen soll? Du kannst dir gar nicht vorstellen, wie sehr ich dich vermissen werde. In letzter Zeit ging es mir ohnehin nicht so gut. Ich habe Angst, dass der Krebs zurückkommt. Nicht, dass *dich* das interessieren würde, *du* denkst ja nur noch an Kanada.«

»Du weißt, dass das nicht stimmt, Maman«, log ich.

»Grand-mère und Grand-père kommen zu Besuch. Sie werden schrecklich enttäuscht sein, dich nicht zu sehen.«

»Bei ihrem nächsten Besuch bin ich wieder dabei«, antwortete ich sanft. »Das verspreche ich. Oder ich fahre nach meiner Rückkehr zu ihnen.«

»Darum geht's doch gar nicht!«, rief sie wütend und sah mich abschätzig an. »Du denkst immer nur an dich. Was ist mit mir?«

Ich versuchte, sie zu beruhigen und ihr zu sagen, dass mir sehr wohl an ihr gelegen war und dass ich sie vermissen würde. Doch sie hörte nicht zu. Stattdessen seufzte sie melodramatisch oder verließ den Raum, während ich noch sprach, und warf krachend die Tür hinter sich zu.

Mein Vater fuhr mich in aller Frühe zum Flughafen. Als ich mich von Mutter verabschieden wollte und gerade ansetzte, an ihre Schlafzimmertür zu klopfen, griff Vater nach meinem Arm.

»Sie will sich nicht von dir verabschieden«, meinte er. »Es bringt sie zu sehr auf, dass du sie verlässt.« Ich öffnete den Mund, doch er unterbrach mich mit einem Kopfschütteln. »Nein. Sie braucht Ruhe. Sie hat Angst, wieder krank zu werden.«

Bildete ich mir das nur ein, oder schwangen Vorwürfe in seiner Stimme mit? Doch ich war fest entschlossen, von Mutter meine Sommerpläne nicht kaputtmachen zu lassen. Sobald ich im Camp war, war ich wirklich zu Hause. Ich liebte alles am Lagerleben: Sarah, die anderen Camper, die täglichen Rituale, Singen am Lagerfeuer, Baden im See; den frischen Duft der biologisch abbaubaren Seife, das Aroma frischer grüner Äpfel und den besten Geruch der Welt – der Duft von Freiheit, Glück und Geborgenheit. Ich liebte das tägliche Sportprogramm, die Wanderungen, die Kanutouren und das Schwimmen. Ich liebte es sogar, die schweren Kanus ächzend zum See zu schleppen, über Stock und Stein zu stolpern und mit den Mücken zu kämpfen. Abends kehrte ich dreckig, voller blauer Flecken, mit Sonnenbrand und zahlreichen Mückenstichen zurück, aber diese Verletzungen trug ich wie Abzeichen. Der Schmutz ummantelte mich wie eine Rüstung. Dieses Camp war für mich der schönste Ort auf Erden.

Ich liebte es, wenn die anderen über mich lachten, mich anstupsten, wenn ich etwas Albernes gesagt hatte, und riefen: »Oh Mann, Livvy, du bist so was von bekloppt!« Ich war gern bekloppt. Nicht wie Mutter, sondern auf eine lustige Art.

Doch am allerbesten fand ich, dass niemand außer Sarah jemals Mutter begegnet war. Für die anderen war ich einfach nur ein Camp-Mitglied – lustig, überdreht und wild.

Ich hatte gehofft, Mutters Existenz während der Zeit im Zeltlager ausblenden zu können. Ich wollte den Teil meines Gehirns, der ihr gehörte, abschalten und erst nach meiner Rückkehr wieder aktivieren. Doch das ging nicht, denn in jenem Sommer reiste ich mit einem Handy nach Kanada.

Am ersten Tag erhielt ich eine wütende Nachricht – Mutter war außer sich, dass ich mich nicht verabschiedet hatte. Um mein unverschämtes Verhalten wieder wettzumachen, sollte ich sie jeden Tag anrufen. Für unsere Telefongespräche verzog ich mich immer in den Wald, damit niemand zuhören konnte. Ich wollte nicht, dass die anderen diese Seite von mir kennenlernten und die bemitleidenswerten Entschuldigungen mitbekamen, die ich in den Gesprächen von mir gab. Sobald ich Mutters Stimme hörte, schrumpfte die fröhliche Camperin zu einem erbärmlichen Tropf zusammen.

Wir sprachen einmal am Tag miteinander, doch Mutter schickte eine Nachricht nach der nächsten und machte ihrer Enttäuschung darüber Luft, dass ich so wenig Familiensinn besaß: Es war so großzügig von ihr gewesen, diesem langen Urlaub zuzustimmen. Grand-mère hatte geweint, als sie gehört hatte, dass ich lieber ins Camp gefahren war, als sie zu sehen. Ihre Leber machte ihr Sorgen, und dieses Mal schien es tatsächlich so, als wäre die Leukämie zurück. Die Angst und Sorge um mich brachten sie so sehr auf, dass ihr Herz den ganzen Tag über heftig pochte.

Jeden Abend schaltete ich kurz vor dem Zubettgehen das Handy ein und wurde von einer Lawine von Nachrichten überrollt. Ich las Mutters SMS und lag dann mit offenen Augen im Bett, während ich darauf wartete, dass meine Magenkrämpfe nachließen. Sie schrieb mir auch E-Mails. Es gab nur einen Computer im Camp, ein uralter Rechner stand in einer einsamen Ecke der Gemeinschaftshalle. Es saß fast immer jemand dort, und ich musste stundenlang warten, um meine E-Mails abrufen, ihre fünfzehn Nachrichten lesen und schnell eine Entschuldigung hinhudeln zu können: Es tat mir leid, dass ich mich nicht öfter meldete, aber der Computer war fast immer besetzt, und wir waren ohnehin die meiste Zeit über draußen. Es tat mir leid, dass sie sich so viele Sorgen machte, und ich wollte unbedingt alle Neuigkeiten von zu Hause wissen. Es tat mir leid, dass Grand-mère so enttäuscht war. Ich fühlte mich wirklich absolut fürchterlich …

Eines Nachts saß ich erneut vor dem PC, während alle anderen schliefen, und las Mutters jüngste Tirade. In dem Moment begriff ich, dass ich sie niemals loswerden würde. Sie würde mich immer verfolgen, alles daransetzen, dass es mir schlecht ging und ich mich schämte. Selbst eine derart große Distanz hielt sie nicht davon ab; ihr Arm reichte bis über den Atlantik, und es fühlte sich so an, als wäre sie mit im Camp. Sie saß neben mir am Lagerfeuer, schwamm hinter meinem Kanu her, wenn ich über den See paddelte, marschierte neben mir, wenn ich wanderte, und lag neben mir im engen Feldbett. Ich spürte ihre Anwesenheit in jedem Moment des Tages. Das fühlte sich schwer und morbide an, ihr Kopf auf meinem Kissen, ihre Hände um meinen Hals.

15
Falsches Spiel

»Psychopathen schmeicheln, beschämen und erfinden rührselige Geschichten, um das zu bekommen, was sie wollen.«

Das neue Schuljahr begann, und langsam rückte das International Baccalaureate näher, kurz »IB« genannt. Die Schule hatte mir noch nie so viel abverlangt wie jetzt, und Mutter kritisierte meine Kunstprojekte umso schärfer, um mir angeblich zu helfen: Meine Arbeiten waren nicht gut genug, sie wurden der Aufgabenstellung nicht gerecht, sie hatten keine Bedeutung, ihnen mangelte es an Tiefgang. Im abschlussrelevanten Kunstkurs musste alles einen Sinn ergeben, eine Geschichte erzählen und eine Botschaft vermitteln – doch Mutters Ansicht nach war ich zu oberflächlich, um das zu begreifen.

Ich hatte mich noch nie so abgerackert wie in diesem Schuljahr. Trotzdem hatte ich ziemlich zu kämpfen. Mutter hatte mich seit meiner Rückkehr aus Kanada bestraft. Sie hatte eine weitere Methode gefunden: Ich durfte mich am Wochenende nicht mehr mit Lucas treffen. Mutter behauptete, ich müsse mich auf das IB konzentrieren. Lucas schmollte, wenn ich unsere Treffen absagte, und bat, ich solle mich nicht ständig mit meiner Mutter »anlegen«. Sie war so zauberhaft und freundlich in der Schule, und er konnte sich einfach nicht vorstellen, dass sie unbegründet eine derart drakonische Strenge an den Tag legen würde. Ich hasste es, dass sie mich derart in die Knie zwang, doch nach einem langen Gespräch mit Lucas knickte ich ein und bettelte darum, ihn sehen zu dürfen.

»Ich weiß nicht …«, sagte sie und grinste provozierend. »Darüber muss ich erst mal nachdenken.« Dann wurde sie ernst. »Liebst du ihn?«

Ich überlegte kurz – was wollte sie hören? Ich hatte große Angst, das Falsche zu sagen und die Situation dadurch noch zu verschlimmern. »Ich glaube schon«, meinte ich schließlich. »Ja, ich glaube schon.«

»Oh, wie schön«, sagte sie sanft. »Wie schööön!« Sie dehnte die Vokale, und das Wort schien durch den Raum zu tanzen. »Wie *schön!*«

Am Wochenende darauf wurde Lily siebzehn. Mutter erlaubte mir, zu ihrer Geburtstagsfeier zu gehen, und ich war außer mir vor Freude: Endlich konnte ich Lucas mal wieder einen ganzen Abend lang sehen! Ich würde wie eine Klette an ihm kleben.

Doch Lucas schien keinen besonderen Wert auf meine Gesellschaft zu legen. Irgendetwas stimmte nicht mit ihm. Es war, als schwelte eine große Wut in ihm. Er versuchte, sie zu verbergen, aber ich merkte schnell, dass etwas passiert sein musste. Er wich meinen Berührungen aus und wirkte sehr verkrampft. Ich fragte ihn, was los sei, doch er meinte nur: »Nichts, nichts.« Auch seine Stimme klang gepresst. Ich versuchte, sein seltsames Verhalten zu ignorieren und an etwas anderes zu denken. Also trank ich Sekt, tanzte und unterhielt mich mit den anderen, während Lucas steif in der Ecke stand, die Lippen aufeinanderpresste und die Arme steif am Körper hielt.

Als er mich später nach Hause begleitete, griff ich nach seiner Hand, doch er zog sie schnell weg. »Lucas, was ist los?«, fragte ich. »Und sag jetzt nicht, dass alles in Ordnung ist. Ich spüre doch, dass etwas nicht stimmt!«

Er sah zur Seite. »Es ist nichts …«

»Sag, was los ist!«, forderte ich. Plötzlich machten mich seine dämliche Art, mich zu ignorieren, und sein Schweigen wütend. »Um Himmels willen, sag's mir.«

Doch Lucas stöhnte nur laut auf, dann preschte er los, ohne sich noch einmal nach mir umzusehen. Er rannte die Straße entlang, weg von mir, mit geballten Fäusten. Nach einem kurzen Sprint hielt er inne, und ich war mir sicher, dass er nun umkehren, mich fest in den Arm nehmen und mir sagen würde, was nicht stimmte. Doch stattdessen boxte er gegen einen Baum. Ich hörte seinen Schmerzensschrei und sah sein Gesicht – Wut, Frust und ein seltsamer, wilder Ausdruck lagen darauf –, und plötzlich bekam ich Angst. Panik machte sich in mir breit. Ich fragte mich, was für ein Mensch das war: Mein Lucas war sanft und freundlich. Wer war dieser aggressive, schweigsame Fremde? Ich wollte nicht mehr sehen, wie er dort allein neben dem Baum stand. Ich wollte weg. Ich drehte mich um und ging weinend nach Hause.

Als ich die Wohnung betrat, musterte Mutter mich eingehend: meine verweinten Augen, mein rotes verschwollenes Gesicht. Sie fragte nicht, was passiert war.

***

Den Rest des Wochenendes über tauschten Lucas und ich keine Nachrichten miteinander aus. Am Montag versuchte ich auch in der Schule, Abstand zu wahren. Ich war durcheinander und wusste nicht, wie ich sein Verhalten einschätzen sollte. Nach der Schule fing Lucas mich auf dem Gang ab, er meinte, er wolle reden.

»Worüber denn?«, fragte ich.

Tiefblaue Ringe zeichneten sich unter seinen Augen ab, und sein Gesicht war blass.

»Du weißt, worüber«, meinte er. Er nahm meine Hand, doch ich ließ sie schlaff nach unten hängen. »Es tut mir leid, wie ich mich am Wochenende verhalten habe. Es tut mir leid, dass ich nicht mit dir geredet habe. Und es tut mir leid, dass ich einfach weggerannt bin und dich nicht nach Hause gebracht habe.« Er atmete tief ein. »Deine Mutter …« Er unterbrach sich und sah zur Seite. Ich bemerkte, wie sich sein Kiefer verspannte.

»Was ist mit meiner Mutter?«, fragte ich.

Er schluckte und schüttelte den Kopf.

»Ich hab versprochen, nichts weiterzusagen.«

»Warum machst du dann so eine Andeutung?«, fuhr ich ihn an. Ich fühlte mich dämlich und zunehmend unwohl.

»Es tut mir leid«, sagte er noch einmal. Lucas kratzte sich im Nacken, er sah elend aus.

»Hat meine Mutter dir etwas getan?«, fragte ich.

»Nein«, antwortete er leise. »Sie hat mir nichts getan.«

»Dann was?«, fragte ich. »Was willst du mir eigentlich sagen?«

Er bleckte die Zähne und sah nach unten. »Sie hat mir etwas erzählt«, gestand er schließlich. Noch immer wich er meinem Blick aus.

»Was hat sie erzählt?« Mein Herz zog sich schmerzhaft zusammen, und die Brust wurde mir eng.

»Etwas Schreckliches«, meinte er. »Etwas, das ich niemals wiederholen werde.«

Mir wurde schwindelig, und ich hatte Angst, ohnmächtig zu werden. Ich fühlte mich bleischwer, aber auch seltsam leer zugleich. Ich wollte einfach nur weg, weg aus dem dunklen Korridor, weg von Lucas' schmerzhaft verzerrtem Gesicht.

»Ich muss gehen«, murmelte ich, doch er hielt mich am Arm fest, bevor ich mich umdrehen konnte.

»Bitte, Olivia. Es tut mir leid. Ich will nicht, dass unsere Beziehung daran kaputtgeht.«

»Ich brauche Abstand«, keuchte ich und riss mich los. Lucas kam mir mit einem Mal entsetzlich erbärmlich vor, und sein Schmerz raubte mir jegliche Kraft: Er war zu heftig, zu verzweifelt, zu hoffnungslos. Sein Elend erinnerte mich zu sehr an mein eigenes.

Als ich abends im Bett lag, tauchte Lucas' verzerrtes Gesicht vor meinem inneren Auge auf. Ich versuchte, mich an unsere schönen Zeiten zu erinnern – an seinen schüchternen Gesichtsausdruck, als er mir die Rose gegeben hatte, seinen süßen, zärtlichen Kuss –, doch es kam mir so vor, als stünde mit einem Mal eine Mauer zwischen uns, die den alten Lucas vor mir verbarg. Wenn ich jetzt an ihn dachte, sah er gequält aus. Ich sah sein angespanntes Gesicht und seine geballte Faust vor mir. Ich sah, wie er gegen den Baum boxte. Ich sah, wie er davonrannte. Durch meinen Kopf hallte ganz leise ein Echo von Mutters Stimme.

»Oh, wie schön«, hörte ich, genau wie sie es vor ein paar Tagen zu mir gesagt hatte. »Wie schöööön!«

***

Am Ende der Woche trennte ich mich von Lucas. Er weinte in der Schule, was schwer zu ertragen war. Ich machte mir noch etwas aus ihm, aber etwas hatte sich nach Lilys Geburtstagsfeier verändert. Ich sah ihn nun in einem anderen Licht: Er war verdorben. Mutter hatte ihn verdorben.

Jahre später fragten mich Freunde, ob ich jemals herausgefunden hätte, was Mutter zu Lucas gesagt hatte. »Nein«, erwiderte ich. Aber hatte ich es nicht unbedingt wissen wollen? Hatte ich denn nicht alles darangesetzt, es herauszufinden? Hatte es mich nicht wahnsinnig gemacht, nicht zu wissen, was sie ihm erzählt hatte und weshalb er sich so eigenartig benommen hatte? – Es war mir gleichgültig, was sie gesagt hatte. Was für einen Unterschied hätten die Einzelheiten schon gemacht? Was hätte ich daraus lernen können? Dass Mutter manipulativ und arglistig war? Dass sie verlogen und grausam war? Dass sie mir Sachen gab, nur um sie mir wieder wegzunehmen? Nichts davon war mir neu.

Es tat mir schrecklich weh, mich von Lucas zu trennen, aber ich brach nicht in Tränen aus deswegen. Ich hatte es getan, es war meine Entscheidung gewesen. Er bettelte, dass ich ihn zurücknehmen solle, und ich versuchte, so freundlich wie möglich damit umzugehen. Es fiel mir schwer, ihn so zu sehen, mit glasigen Augen, gerötetem Gesicht und zitterndem Mund. Doch unter meinem Bedauern verbargen sich noch andere Gefühle, zu denen ich mich damals nicht bekennen konnte. Wenn Lucas wie ein weinendes Kind vor mir stand, fühlte ich mich stark, mächtig und unnachgiebig. Er mochte mich für gefühlskalt halten, doch ich wusste, dass ich selbstsicher und resolut war. Ich war unerschrocken und erbarmungslos.

Nachdem ich die Beziehung beendet hatte, übte Mutter ein kleines bisschen weniger Druck auf mich aus. Ich durfte mich wieder öfter mit meinen Freunden am Wochenende treffen – solange sie zufrieden mit meinen Kunstprojekten war, ich mich ansonsten nicht danebenbenommen hatte … Ohne Lucas an meiner Seite verbrachte ich wieder mehr Zeit mit meinen männlichen Freunden, was einen neuen Jungen namens Eddie einschloss. Eddie lächelte viel und war sehr charmant. Zwischen seinen Schneidezähnen klaffte eine kleine Lücke, was ich unheimlich süß fand.

Als wir uns eines Abends ein paar Drinks bei Sid zu Hause genehmigten, beschloss ich, mit Eddie zu schlafen. Ich war nicht in ihn verliebt, aber ich vertraute ihm, und das musste reichen – ich wollte unbedingt meine Jungfräulichkeit verlieren, mich nicht mehr wie ein kleines Mädchen fühlen.

In dieser Nacht schliefen wir tatsächlich miteinander. Es dauerte nicht besonders lang, aber der Akt war mir nicht peinlich, und ich fühlte mich wohl mit Eddie. Als wir nebeneinander lagen, musste ich an Sachen denken, die Mutter über meine Haut, meinen Bauch und meine Brüste gesagt hatte. Niemand hatte mich jemals komplett nackt gesehen, nicht einmal Lucas, doch unter Eddies warmem Blick ging es mir gut.

Danach sagte ich Eddie, dass ich nicht mehr als eine Freundschaft wollte und dass das eine einmalige Sache gewesen war. Er reagierte geschockt und fragte immer wieder: »Bist du sicher? Bist du dir ganz sicher?« – aber ich wusste, was ich wollte. Oder zumindest, was ich nicht wollte, und das war Eddie. Eddie, der so herrlich unkompliziert war, mit seiner Zahnlücke und seiner weichen Haut, die nach Kakaobutter roch.

Was wollte ich? Eine Zeit lang glaubte ich, ein Junge namens Fred sei der Richtige, und widmete ihm im Frühling meine besondere Aufmerksamkeit. Fred war ein Jahr älter als ich, groß und auf eine draufgängerische Art anziehend, mit harten grauen Augen und dunklen Augenbrauen, die seinem Gesicht einen düsteren Ausdruck verliehen. Er war ein stiller Typ, aber ich glaube, dass er sich zu mir hingezogen fühlte. Kurz nach meinem siebzehnten Geburtstag begannen wir, miteinander auszugehen. Von Anfang an verstanden wir uns auf eine merkwürdige Art. Er erzählte, dass seine Mutter an Krebs gestorben sei, und ich erwiderte, meine habe ihn überlebt.

»Du hattest Glück«, meinte er.

»Ich würde sofort mit dir tauschen!«, gab ich zurück, und er sah mich überrascht an und lachte. Inzwischen äußerte ich mich meinen Freunden gegenüber regelmäßig herabwürdigend über Mutter – ich gab zwar nie etwas wirklich Schlimmes oder Wichtiges preis, aber ich zog sie auf eine abwertende Art ins Lächerliche. So fand ich endlich ein Ventil und konnte andeuten, dass sie nicht ganz so war, wie sie sich den Anschein gab.

Das Problem mit Fred war, dass er in Fran, ein anderes Mädchen in unserer Schule, verliebt war. Ich wusste es, er wusste es, alle wussten es. Mir war klar, dass es ihm mit mir ausschließlich um Sex ging, doch das war mir egal. Lily hingegen störte sich daran: »Wie kannst du dich nur so benutzen lassen?«, fragte sie. »Hast du überhaupt keine Selbstachtung?«

Ich empfand tatsächlich keinerlei Respekt vor mir. Mein ganzes

Leben lang hatte man mir gesagt, dass ich ein schreckliches Mädchen sei. Ein verlogenes Schwein, das alle in seinem Umfeld verletzte. Kein Mann würde mich jemals lieben, weil ich zu groß, zu fett, zu dünn, zu anstrengend und zu schwach war. Wenn ich in den Spiegel sah, hasste ich mich. Obwohl ich die schlimmsten Jahre der Pubertät inzwischen überwunden hatte und die Jungs mich zu mögen schienen, konnte ich mich nur mit Mutters Augen sehen und erkannte lediglich das, was sie sagte. Im Spiegel sah ich keine großen grünen Augen, keine langen Beine oder volle Lippen, sondern die Person, die dahintersteckte: eine dumme, fette Kuh, die oberflächlich, verwöhnt, faul und kein bisschen liebenswert war.

Fred war ich gleichgültig, und auch die Person, die in mir steckte, war ihm einerlei. Für die zehn Minuten, in denen wir miteinander Sex hatten, wollte er mich, und das war nicht gespielt, sondern echt. Ich fühlte mich von allem losgelöst, abwesend im eigenen Leben. Ich wollte etwas fühlen, und was ich fühlen konnte, war Sex. Es war eine Verbindung zum Leben, zu einer anderen Person, auch wenn Fred mir nichts bedeutete. Was tat es schon zur Sache, dass er sich nichts aus mir machte? Wenn wir Sex hatten, zählte nur, dass Fred mich wollte, dass wir lebendig, miteinander verbunden waren.

***

Die Vorbereitung für mein IB war so zeitintensiv, dass Mutter mich am Wochenende nur für ein paar Stunden nach draußen ließ. Dann tat ich so, als würde ich zu Lily fahren, und machte mich stattdessen schnell auf den Weg zu Fred. Nach dem Sex sahen wir zusammen fern und saßen auf der Couch. Wir berührten uns nicht und sprachen auch nicht miteinander. Sobald es Zeit war, nach Hause zu gehen, sammelte ich meine Sachen ein und spazierte langsam zurück zu Mutter und meinem passiven Vater, zurück zu den vielen Hausaufgaben und der Hausarbeit, zurück zu den gehässigen Kommentaren über mein Aussehen.

Kurz vor den Sommerferien wurden mir vier Weisheitszähne entfernt, was zu einer Blutvergiftung führte. Ich wurde für eine Woche krankgeschrieben, und als ich zu Hause im Bett lag und mir schlecht vor Schmerzen war, schrieb Fred, dass er sich nicht mehr mit mir treffen wolle. Damit hatte ich durchaus gerechnet, aber trotzdem tat es mehr weh als erwartet. Ich lag im Bett und weinte – weil ich mich ungewollt fühlte und mein Mund schrecklich wehtat. Mutter hörte mein Schluchzen und kam in mein Zimmer.

»Was ist los?«, fragte sie. »Brauchst du noch eine Schmerztablette?« Sie hatte mich in den vergangenen Tagen sehr mitfühlend behandelt, mir Kühlpacks und Snacks gebracht, meine Kissen aufgeschüttelt und mich daran erinnert, genug zu trinken. Manchmal fühlte sie sogar meine Stirn und sagte: »Hm, viel zu heiß. Ich hole dir einen kalten Waschlappen.« Ich schloss die Augen und genoss ihre Berührungen, die kurz den Eindruck erweckten, sie mache sich tatsächlich Sorgen um mich.

»Fred hat Schluss gemacht!«, heulte ich. Ich fühlte mich erschöpft und ausgelaugt. Alles an mir tat weh. Mutter saß am Fußende, und ich dachte ganz kurz, sie würde etwas Nettes sagen. Das war kein komplett abgedrehter Gedanke, denn manchmal überraschte sie mich noch immer.

»Na ja, was hast du auch anderes erwartet?«, fragte sie, lehnte sich zurück und musterte mich. »Wenn du so wenig Respekt vor dir selbst hast, wie kannst du dann Respekt von jemand anderem erwarten?«

»Bitte nicht«, schluchzte ich. »Bitte sag so was jetzt nicht.«

»Du hast dich Fred ja geradezu an den Hals geworfen. Du hast dich einfach nur billig verhalten, Olivia!« Ich legte schützend die Hände auf meine Ohren, doch sie zog sie zur Seite. »Dein Vater und ich führen die perfekte Ehe. Und warum? Weil wir uns lieben und gegenseitig respektieren. Wie willst du jemals jemanden finden, der dich so liebt und respektiert, wie du bist? Schau dich doch nur an!« Sie nickte Richtung Spiegel. »Na los, schau dich an.«

Noch immer weinend, sah ich zum Spiegel hinüber. Meine Augen waren verschwollen, mein Kiefer doppelt so dick wie sonst, Tränen liefen meine Wangen hinab. Ich sah erbärmlich aus und wendete schnell den Blick ab. So wollte ich mich nicht sehen. Mein verquollenes Gesicht war so weiß und hart wie ein Knochen. Wenn ich lächelte, würde es bestimmt zerbrechen und in eine Million winziger Stücke zerbersten.

***

Die Gedanken an den Sommer trugen mich durch mein vorletztes Schuljahr. Ich war jetzt eine Gruppenleiterin und würde zwei Monate in Kanada verbringen. Ein langer, freier Sommer schien sich vor mir zu erstrecken. Mutter versuchte, mich mit den gleichen Argumenten wie schon im Vorjahr von meiner Abreise abzubringen. Sie behauptete, sie wäre krank, würde mich zu sehr vermissen, dass Grand-mère faktisch schon im Sterben läge ... Dieses Mal fügte sie noch an, ich müsse mich auf den Abschluss konzentrieren. Nun hatte ich bloß noch ein Schuljahr vor mir, und damit hatte ich nur noch über wenige Monate die Gelegenheit, meinen Notenspiegel so aufzupolieren, dass ich von einer guten Universität angenommen würde. Warum, so fragte sie mich, wollte ich zwei Monate lang hinter den Kindern fremder Leute herrennen, wenn ich meine Zeit sinnvoller nutzen konnte? Ich sollte lieber zu Hause bleiben und lernen. Doch zu meiner großen Überraschung mischte sich dieses Mal mein Vater ein.

»Wenn Olivia tatsächlich nächstes Jahr anfängt zu studieren, muss sie unbedingt selbstständiger werden«, meinte er. »Außerdem frage ich mich, warum sie jahrelang ins Camp gefahren ist und die Gruppenleiterausbildung gemacht hat, wenn sie sich jetzt nicht daran versuchen darf?«

Er klang ehrlich verwirrt, so als könnte er Mutters Argumente nicht nachvollziehen. Ich war dankbar, dass er sich für mich einsetzte, aber ich fragte mich auch: *Weiß er wirklich nicht, worum es hier geht? Glaubt er tatsächlich, dass Mutter sich um die Schule sorgt? Sieht er denn nicht, dass es sich nur um ihre Macht dreht?*

Ich war nun fast volljährig, und Mutters Kontrolle über mein Leben wurde schwächer. Wenn wir zusammen waren, war alles wie immer: Ich sehnte mich nach ihrer Anerkennung, erlaubte ihr, mich hin und her zu schubsen, und hatte Angst, mich ihr zu widersetzen. Doch die äußeren Umstände veränderten sich. Ich war kein kleines Mädchen mehr. Wenn sie wollte, dass ich eine namhafte Universität besuchte – und das schien ihr wirklich wichtig zu sein –, würde ich ausziehen müssen. Sie würde mich gehen lassen, ihren festen Griff um mich lockern müssen. Die Vorstellung ängstigte sie natürlich, also musste sie neue Kontrollmethoden ersinnen.

***

Das Camp war genauso magisch, wie ich gehofft hatte. Mir wurden die jüngsten Lagerteilnehmer unterstellt, und ich liebte es, auf die Sieben- bis Achtjährigen aufzupassen. Die Kinder liefen im Gänsemarsch hinter mir her, und es war ein ungeahnt schönes Gefühl, so geschätzt und gebraucht zu werden. Die Kinder verlangten nichts weiter als Aufmerksamkeit, Umarmungen, Lob und Anerkennung von mir. Sie bewunderten mich. In ihren Augen war ich wichtig und bedeutend.

An die Türen der Holzhütten, in denen wir schliefen, waren kleine Schilder genagelt, auf denen die Namen der Betreuer standen. Ich ließ den Finger über mein Schild gleiten und fühlte mich von Stolz erfüllt. Meinen Namen dort zu sehen gab mir das Gefühl, wirklich dazuzugehören. Ich war nun für immer ein Teil des Camps. Ich fühlte mich fest verankert und so, als bedeutete ich etwas.

Zunächst versuchte es Mutter mit den alten Tricks. Jeden Abend war mein Handy, sobald ich es anschaltete, mit Nachrichten überhäuft: Ich sei selbstsüchtig, ich würde mich nicht oft genug melden, ich wirke nicht interessiert an ihren Unternehmungen, ich hatte mich nicht nach Grand-mère erkundigt. In den E-Mails wurden die Vorwürfe in längerer Form wiederholt. In den ersten Wochen antwortete ich, sobald ich an den Computer konnte. Ich schrieb langatmige Entschuldigungen, die Phrasen enthielten wie: *Es tut mir so leid, Maman. Ich kann verstehen, dass du verletzt bist.* Oder: *Ich möchte unbedingt wissen, wie es euch geht.* Doch das reichte nicht. Ich begann, mich vor den Abenden zu fürchten, wenn ich das Handy einschalten und ihr Gift in mein Leben lassen musste. Jede Nacht war mein Kopf von Mutters verletzenden Worten erfüllt, und ich konnte nicht schlafen. Ihr hasserfülltes Gesicht tauchte vor mir auf, sobald ich die Augen schloss.

»Warum lässt du das Handy nicht einfach aus?«, fragte Sarah schließlich. Ich gähnte, rieb meine geschwollenen Augen und taumelte vor Müdigkeit. »Wenn sie derart klammert und dich mit ihren Nachrichten nervt, wäre das doch vielleicht das Beste?«

Für Sarah war die Sache so einfach. Im Gegensatz zu mir hatte sie keine Vorstellung davon, wie Mutter sein konnte, und wusste nicht, wie übel die Konsequenzen sein konnten. Doch plötzlich, auf der anderen Seite des Atlantiks, beschloss ich, dass es mir nichts ausmachte.

Ich schickte eine letzte Botschaft und schrieb, dass wir im Wald zelten würden, wo ich keinen Empfang mehr hätte. Dann schaltete ich mein Handy ab und vergrub es tief in meiner Reisetasche. Ich ging nicht mehr an den Computer und sah nicht in mein E-Mail-Postfach, außerdem versuchte ich, nicht mehr an Mutter und das, was nach meiner Rückkehr auf mich warten würde, zu denken.

Ich flirtete mit den männlichen Gruppenleitern, die mich scheinbar für etwas Besonderes hielten – immerhin sprach ich mit einem britischen Akzent und hatte bereits ältere Freunde gehabt. In dem Sommer schlief ich mit zweien von ihnen; beide verloren ihre Jungfräulichkeit an mich. Es kam mir großzügig vor, ihnen ihr erstes Mal zu schenken. Sie waren Teenager und wollten einfach nur Sex haben – und hier war ich, zu allem bereit und schon ein wenig erfahren. Ich war ihnen nützlich, ich war wertvoll. Ich wusste, dass keiner von ihnen ernsthaftes Interesse an mir hatte, doch das machte mir nichts. Es war mir egal.

***

Im zweiten Monat des Lagerlebens stellte sich heraus, wie weit Mutter gehen würde, um mir zu schaden. Alle zwei Wochen trafen neue Camp-Teilnehmer ein, und gegen Ende ihres Aufenthalts verabschiedeten wir uns mit einem großen Lagerfeuer. Wir saßen im Schneidersitz im tanzenden Licht der Flammen, ließen die gemeinsame Zeit im Lager an uns vorbeiziehen und erzählten einander Anekdoten. Es roch nach verbranntem Holz, Kiefernnadeln, gekochtem Essen und Sonnencreme, im Hintergrund zirpten Zikaden. Ich weiß noch, dass ich auf den dunkel schimmernden See blickte und mich vollkommen glücklich fühlte. Irgendwann standen wir auf, um zu Bett zu gehen. Ich hatte mich gerade erhoben, als ich sah, dass Tedd, der Lagerleiter, auf mich zukam.

»Können wir kurz miteinander reden, Olivia?«, fragte er freundlich, und in dem Moment wusste ich, was gleich folgen würde.

»Klar«, sagte ich und bemühte mich, unbekümmert zu klingen. Wir gingen ein Stück fort von den Campern, fort vom Feuer und in den dunklen Wald.

»Äh …«, setzte Tedd an. Trotz der Dunkelheit konnte ich sein angespanntes Gesicht erkennen. »Ich glaube, deine Mutter – eine Josephine Lacroix? – hat mir mehrfach geschrieben?« Gegen Satzende hob sich seine Stimme, so als stellte er eine Frage. Ich wusste jedoch, dass es sich dabei um eine Tatsache handelte: Natürlich hatte Mutter ihm geschrieben. »Weißt du … Weißt du, worum es dabei ging?«

»Nein«, antwortete ich. Panik überkam mich. Ich fühlte, wie mein Gesicht heiß wurde, und war plötzlich froh, dass es so dunkel war. »Was stand denn in ihren E-Mails?«

»Sie, äh … Nun, offen gestanden hat sie nicht besonders nette Sachen geschrieben.«

»Sagst du mir bitte, was genau?« Meine Stimme klang gepresst und betont sachlich. Ich wollte, dass Tedd mich als ebenbürtig und erwachsen wahrnahm und nicht als verzogene Göre.

»Na ja, sie … Sie hat gesagt, du hättest zu Hause ein paar üble Dinge angestellt – die Einzelheiten tun jetzt nichts zur Sache –, und dass du nicht in der Lage wärst, dich um kleine Kinder zu kümmern.«

»Ich würde die Einzelheiten gern hören«, meinte ich. Tedd sah mich einen Moment lang an. Er wrang die Hände und verlagerte sein Gewicht von einem Fuß auf den anderen.

»Sie hat ein paar Vorfälle erwähnt, bei denen du Ärger mit der Polizei hattest«, antwortete er kleinlaut, und ich wusste, dass er nicht alles sagte. »Sie hat gemeint, dass du auf keinen Fall mit Kindern allein sein solltest und dass du niemals Verantwortung für sie übernehmen dürfest.« Er räusperte sich, und seine Miene war entsetzt. Ich konnte mir ohne jede Mühe ausmalen, was für schlimme Szenarien Mutter sich für ihn ausgedacht hatte.

»Ich hatte noch nie Ärger mit der Polizei«, sagte ich und versuchte, ruhig zu sprechen – doch meine Stimme klang mit einem Mal schwach und kindlich. »Du kannst gern ein Führungszeugnis einholen. Wobei ich schon eins für meine Ausbildung zur Gruppenleiterin vorlegen musste, denke ich.«

»Olivia, ich glaube ihr nicht«, fügte Tedd schnell hinzu. »Was sie da behauptet, klingt, ehrlich gesagt, ziemlich fantastisch. Ich möchte einfach nur wissen, *warum* sie so etwas schreibt.« Er sah mich an – er wollte es begreifen. Das tat mir leid. »Hast du eine Idee?«

»Meine Mutter«, begann ich und unterbrach mich dann. Was

sollte ich sagen? Wie konnte ich das bloß erklären? Ich atmete langsam aus. »Meine Mutter ist psychisch gestört«, sagte ich. Das war die einfachste Erklärung.

Tedd starrte mich an.

»Wie … ernsthaft gestört?«, fragte er.

Ich nickte.

»Ja.«

Ich wusste nicht, was ich sonst noch sagen sollte. Der Ausdruck auf seinem Gesicht – eine Mischung aus Mitleid und Furcht – missfiel mir. »Sie ist verrückt, am besten ignorierst du sie einfach.«

»Ich wollte ihr eigentlich antworten«, sagte er. »Vielleicht geht es ihr besser, wenn sie weiß, wie toll du mit den Kindern umgehst und wie gern wir dich hier bei uns haben.«

»Bitte nicht!«, rief ich, und diesmal klang ich panisch. »Das macht sie nur wütend. Es ist nicht der Mühe wert, wirklich. Ignoriere ihre Nachrichten einfach, das ist das Beste.«

»Okay, wenn du dir da so sicher bist …«, stimmte er zweifelnd zu.

»Bin ich.« Ich sah ihn an. »Am besten blockierst du ihre Mailadresse. Und vielleicht solltest du den anderen Gruppenleitern sagen, dass meine Mutter ihnen schreiben könnte und dass sie ihre E-Mails ebenfalls ignorieren sollen.«

»Wirklich?«

»Wirklich.«

Ich wusste, dass Mutter tatsächlich jeden weiteren Gruppenleiter anschreiben würde, wenn eine Reaktion von Tedd ausblieb. Und das tat sie wirklich. In diesem Sommer bekam jeder einzelne Mitarbeiter Nachrichten von Mutter. Sie gab sich als besorgtes Elternteil aus, das wusste, wozu ihre gestörte Tochter in der Lage war – und die sie trotz allem liebte. Wenn keine Antwort erfolgte, wurden ihre Nachrichten immer wütender und verzweifelter. Sollte einem Kind im Camp etwas passieren – nun ja, sie hätte ja vor mir gewarnt. Alle anderen würden ebenfalls ins Gefängnis müssen, genau wie Olivia, ihre perverse Tochter – und die anderen Eltern würden ihnen niemals vergeben.

Ich versuchte, die restliche Zeit im Camp zu genießen, doch das Lagerleben war nun besudelt. Mutter hatte es genauso verdorben, wie sie Lucas verdorben hatte. Ich freute mich über den Rückhalt der anderen Mitarbeiter, und es tat gut zu wissen, dass sie Mutter nicht glaubten. Doch sie sahen mich nun in einem anderen Licht. Meine Mutter war total durchgeknallt, und irgendwie strahlte das auf mich ab. Ich war jemand, den man bemitleiden und trösten konnte – aber auch jemand, in dessen Gegenwart man sich vorsichtig verhalten musste.

Das war das erste Mal, dass ich Mutters Stalking zu spüren bekam.

Ich wünschte, es wäre auch das letzte Mal gewesen.

16
Kontrolle

»Psychopathen betrachten andere Menschen als Objekte und benutzen sie entsprechend zweckdienlich.«

Zurück in Monaco wurde ich nur von meinem Vater am Flughafen begrüßt. Mutters Abwesenheit verriet, dass meine Bestrafung schon begonnen hatte: Sie hatte das alte Spiel mit meiner Angst davor, was noch kommen würde, wieder aufgenommen.

»Es gibt Neuigkeiten«, sagte Vater auf der Fahrt nach Hause. »Deine Mutter wird dir gleich alles erzählen.«

»Wir ziehen um«, meinte ich. Das war keine Frage. Vater sagte nichts, sah mich nur an und lächelte. Den Rest der Fahrt dachte ich über die Konsequenzen nach: ein weiterer Umzug, eine neue Schule, völlige Neuorientierung mitten während meines Abiturs. Ich dachte an Lily, Eddie und meine anderen Freunde und die Pläne, die wir gemeinsam für den Sommer geschmiedet hatten. Ich fragte mich, ob Mutter wieder einmal alles so hingebogen hatte, dass die Abreise direkt bevorstand, und ich mich nicht einmal von den anderen verabschieden konnte.

Als wir die Wohnung betraten, wartete Mutter schon am Esstisch auf uns. Im ersten Moment fiel mir auf, wie gesund sie aussah: Ihre Augen leuchteten, ihre Haut war rosig. Sie lächelte mich an, als ich den Raum betrat – doch hinter dem breiten Grinsen erkannte ich Wut. Ich wusste, dass sie die E-Mails, mein abgestelltes Handy und all die furchtbaren Lügen, die sie verbreitet hatte, niemals erwähnen würde: Wir würden so tun, als wäre das alles nie passiert.

»Ich hab dich so sehr vermisst, meine Süße!«, rief sie und streckte die Arme nach mir aus. »Komm her und umarm mich.« Ich stellte meinen Koffer ab und lief ihr steif entgegen. Sie schlang die Arme um mich, streichelte meinen Rücken und berührte sanft mein Haar. Ich musste daran denken, dass diese liebkosenden Hände noch vor

Kurzem auf eine Tastatur eingedroschen und ekelhafte Lügen über mich getippt hatten.

»Es gibt Neuigkeiten«, sagte sie. »Setz dich.«

Ich nahm ihr gegenüber Platz. Vermutlich hätte ich aufgeregt sein sollen, aber ich fühlte mich kraftlos. Wenn ich die Energie dazu gehabt hätte, wäre ich bestimmt nervös gewesen.

»Rate mal, mit wem ich wieder in Kontakt stehe.«

»Mit wem?«, fragte ich.

»Deiner Großmutter!«, erklärte Mutter fröhlich und lehnte sich dann mit einem selbstzufriedenen Gesichtsausdruck zurück, als wollte sie sagen: »Damit hast du wohl nicht gerechnet.«

Das hätte ich tatsächlich nicht. Ich sah von ihr zu Vater und fragte mich, ob das einer ihrer Scherze war.

»Granny?«, fragte ich. »Warum?«

Sobald ich die Frage gestellt hatte, wusste ich den Grund: Geld. Nach der Enttäuschung über das verpasste Erbe nach Großvaters Tod würde Mutter bestimmt nicht riskieren, von Grannys Testament ausgeschlossen zu werden.

»Weil sie zur Familie gehört«, meinte Mutter, so als hätte sie sich nicht sechs Jahre lang über diesen Umstand echauffiert. »Das Leben ist kurz«, ergänzte sie mit einem lässigen Schulterzucken. »Es ist Zeit, sie wieder in unser Leben zu lassen.«

»Wie schön«, sagte ich vorsichtig und warf Mutter einen Blick zu. Das war bestimmt noch nicht alles gewesen.

»Nachdem ich mit deiner Großmutter gesprochen habe, haben dein Vater und ich uns lange unterhalten«, fuhr Mutter fort. »Jetzt leben wir schon seit geraumer Zeit nicht mehr in England, und wir fragen uns, ob das in deinem Interesse ist.« Sie sah mich eindringlich an, und nun wurde ich nervös. »Nach umfassenden Überlegungen …«, sie hielt inne und bleckte die Zähne, »… haben wir beschlossen, dass du deinen Schulabschluss besser in England machst. Es wird einfacher für dich sein, einen Studienplatz an einer englischen Universität zu bekommen, wenn du den passenden Abschluss mitbringst – und das ist nun mal nicht das IB, sondern die A-Levels. Du kannst bei deiner Großmutter leben.«

»Und ihr? Kommt ihr etwa nicht mit?«, fragte ich und hielt die Luft an.

»Nein«, antwortete sie schlicht. »Ich will Monaco noch nicht verlassen.« Sie lehnte sich wieder nach vorne und stützte ihren Kopf auf der Hand ab. »Nun, Liebes, es tut mir sehr leid, das sagen zu müssen, aber du musst das letzte Schuljahr noch einmal wiederholen. Ich habe mit mehreren Colleges gesprochen. Die drei zweijährigen A-Level-Kurse sind Pflicht, die musst du belegen. Anders geht es nicht, das IB ist komplett wertlos in England.«

Nun hatte sie endlich die Bombe platzen lassen. Sie hatte sich diesmal selbst übertroffen, ihre neue Strafe erstreckte sich über ein gesamtes Jahr. Meine Freunde würden mich von links und rechts überholen, während ich noch einmal von vorne anfangen musste. Sie stahl mir ein ganzes Lebensjahr und zwang mich in eine schwache Position.

Mutter zog eine Augenbraue hoch und sah mich an. Was wollte sie? Sie ging davon aus, dass ich um Gnade winselte, bettelte und weinte, weil ich nicht das gesamte Schuljahr wiederholen mochte – das wäre ja zu frustrierend, ich käme mir dämlich vor, und außerdem wäre ich viel älter als meine Mitschüler. Ich seufzte laut und massierte meine Schläfen, so als hätte ich plötzlich Kopfschmerzen bekommen. Sie sollte unbedingt davon ausgehen, dass sie mir eins reingewürgt hatte und ich nicht glauben konnte, was sie da sagte. Doch insgeheim war ihre Strafe wesentlich besser ausgefallen, als ich zu hoffen gewagt hatte. Ich fand die Vorstellung bittersüß. Bitter, weil sie mich erneut von meinen Freunden, meiner Schule und meinem Zuhause trennte; bitter, weil ich ein zusätzliches Schuljahr vor mir hatte, was ein weiteres Jahr der Abhängigkeit bedeutete.

Und süß, ja, so süß, weil ich frei sein würde.

***

Die folgende Woche verlief hektisch. Mein Vater und ich sahen zahlreiche College-Prospekte durch: Welches war nicht zu weit von Grannys neuem Haus entfernt? Wo wurden Kurse angeboten, die mich interessierten?

»Du solltest etwas raussuchen, das du *kannst*«, meinte Mutter, als sie Vater und mich beim Studieren der Prospekte beobachtete. »Leider weiß ich nicht, was das sein könnte …«, fügte sie hinzu und tat so, als zerbräche sie sich den Kopf.

Ich wollte etwas Neues lernen, von dem Mutter keinen blassen Schimmer hatte. Also belegte ich einen medienwissenschaftlichen Kurs mit dem vielversprechenden Namen »Interactive Media«, der in Chichester, unweit von Grannys jetzigem Wohnort, angeboten wurde. Der Kurs wurde als drei A-Level-Module angerechnet. Nachdem ich meine Bewerbung abgeschickt hatte, rief ich Granny an. Ich hatte zuletzt als Elfjährige mit ihr gesprochen, doch sobald ich ihre Stimme hörte, spürte ich die alte Vertrautheit. Erinnerungen an gemeinsame Backnachmittage in ihrer Küche, den Geruch nach Farbe und altem Leder sowie ein herrliches Gefühl der Geborgenheit stiegen in mir auf. Schon in wenigen Wochen sollte ich zu ihr ziehen, zurück nach Sussex, so wie früher. Ich war froh, dass sie umgezogen war und nicht mehr in dem alten Cottage lebte. Ich wusste, dass ich das Haus gemocht hatte, doch irgendetwas Schlimmes war dort vorgefallen, und bei dem Gedanken daran fühlte ich mich unwohl. Ich wollte die Vergangenheit hinter mir lassen, und obwohl ich ein Schuljahr wiederholen musste, war ich fest entschlossen, nach vorne zu blicken.

***

Mutter begleitete mich nicht nach England. Sie behauptete, zu viel zu tun zu haben. Ich ging davon aus, dass sie in Wahrheit nicht auf Granny treffen wollte. Miteinander zu telefonieren war das eine, doch einander von Angesicht zu Angesicht gegenüberzustehen das andere. Jahrelang hatte man Granny nicht erwähnen dürfen, ohne dass Mutter eine Grimasse zog.

Ihre Telefongespräche mit Granny ließen mich erschaudern. Mutter lachte herzlich und ließ ihre Stimme warm und fröhlich klingen – man konnte ihr Lächeln förmlich *hören* –, doch ihr Gesicht blieb immer regungslos. Es war so, als gehörten Stimme und Gesicht zwei verschiedenen Menschen. »Oh, wie zauberhaft!«, säuselte sie. »Das ist ja unglaublich! Jean, das klingt zum Schreien komisch!« Mutter klang aufrichtig begeistert, ihre Stimme wirkte amüsiert, doch als ich zu ihr hinübersah, war ihre Miene unbeteiligt und der Blick verächtlich.

Mein Vater half mir beim Umzug. Er trug meine Sachen ins Haus und baute Ikea-Möbel auf, wirkte dabei aber sehr befangen. Er hatte Granny schon seit Großvaters Tod nicht mehr gesehen, als er noch vor der Beerdigung abgereist war, und die Last der vergangenen Jahre wog schwer. Er tat mir leid, aber gleichzeitig dachte ich auch, dass er allen Grund hatte, sich zu schämen.

Granny umarmte ihn herzlich zum Abschied. »Auf Wiedersehen, mein lieber Clive«, sagte sie leise und legte ihm zärtlich die Hand auf den Rücken. Zusammen sahen wir zu, wie er sich zum Gehen wandte. Er ging zur Haustür hinaus, schloss das Auto auf, setzte sich und schnallte sich an. Dann schaltete er die Scheinwerfer an und sah über die Schulter. Diese kurze Geste erinnerte mich an die Nacht auf Martinique, als Mutter vor der Polizei geflüchtet war. Damals war ich panisch vor Angst gewesen, dass er mich allein zurücklassen würde. Jetzt beobachtete ich ungerührt seine Abfahrt.

»Nun gut«, sagte Granny und drehte sich lächelnd zu mir um. »Nun sind wir zwei Hübschen wohl allein.«

***

Es war herrlich, mit Granny zusammenzuwohnen: entspannt, unkompliziert und sicher. Jeden Sonntag backten wir – Victoria-Sponge-Kuchen, Früchtebrot oder Kekse –, tranken Tee und unterhielten uns. Granny merkte einmal grinsend an, dass das bestimmt nicht der Diät entsprach, die Mutter mir aufgetragen hatte. Sie hatte mir wöchentliche Ernährungspläne mitgegeben, die ich Granny überreichen sollte. Granny hatte die Listen schweigend überflogen, mit den Augen gerollt und sie dann in der Mitte durchgerissen. »Lächerlich!«, hatte sie kopfschüttelnd gemeint. »Einfach nur lächerlich! Wenn du noch dünner wirst, sieht man dich nicht mehr!«

Abends spielten wir Scrabble, unterhielten uns oder sahen fern. Granny liebte klassische Detektivserien wie *Inspector Morse* und alte Agatha-Christie-Verfilmungen, die wir gemeinsam mit einer Decke über den Beinen und der Keksdose in Griffnähe anschauten.

Mein Zimmer war mit einem Doppelbett, einem Nachttisch, einer Lampe, einem Schreibtisch und einem Schrank möbliert. Es war klein, aber ich liebte es: Nie kam Mutter hereingestürzt und riss mir mein Buch aus den Händen, nie schubste sie mich dort hinein und sperrte die Tür hinter mir zu.

Auch das College fand ich toll. Es machte mir Spaß, mich mit neuen Themen zu beschäftigen, und der Kurs war sogar noch interessanter, als ich gehofft hatte. Wir filmten Videos, wurden in Webdesign und Marketingtechniken eingeführt, und ich weiß noch, wie ich dachte, dass ich all das einmal in meinem zukünftigen Job würde gebrauchen können.

In der ersten Schulwoche lernte ich zwei Mädchen kennen: Faya und Isabel halfen mir, mich an das englische Teenieleben zu gewöhnen. Ich lernte, dass ich einen gefälschten Ausweis brauchte (vollkommen unnötig in Monaco), dass man Stoff zum »Vorglühen« am besten im Supermarkt kaufen konnte und dass sechs Flaschen *WKD Blue* mehr als genug waren. Granny störte sich nicht daran, dass ich mich mit Freunden traf. Sie redete mir kein schlechtes Gewissen ein, wenn ich abends mit Faya und Isabel ausgehen wollte.

»Mach nur!«, sagte sie immer. »Pass auf dich auf und hab Spaß.«

***

Natürlich hatte Mutter sich ein paar Grundregeln ausgedacht: Ich musste in den Ferien und an verlängerten Wochenenden nach Hause kommen und jeden Abend um sechs Uhr anrufen, ausnahmslos. Das war viel zu oft, als dass man etwas Interessantes hätte erzählen können, und das wusste sie auch. Sie wollte mich nur kleinhalten, meinem Tag eine weitere Aufgabe hinzufügen, die ich erledigen musste, bevor ich ausspannen konnte.

Jeden Tag überlegte ich vor unserem Gespräch, worüber wir miteinander reden könnten. Doch Mutter interessierte sich eigentlich nie für das, was ich zu erzählen hatte. Es ging ausschließlich um sie: wie viel Gewicht sie verloren hatte, an welch einem außergewöhnlichen Kunstprojekt sie gerade arbeitete, wie ihr Unterricht das Leben ihrer Schüler veränderte. Wenn ich von meinen schulischen Erfolgen berichtete, heimste sie sich die Lorbeeren ein. Wenn ich Klassenbeste war, weil ich wie eine Verrückte gebüffelt hatte, musste ich mich bei ihr bedanken. Immerhin hatte *sie* beschlossen, dass ich meinen Abschluss in England machen sollte. *Sie* war es gewesen, die mich aus dem IB-Kurs genommen hatte. *Ihr* gebührten das Lob und die Anerkennung.

Ich stimmte ihr immer zu und bedankte mich eifrig; auch ihre guten Neuigkeiten bedachte ich lautstark mit Komplimenten. Doch das reichte nicht. Mutter wollte den alten Kreislauf auch aus der Ferne weiterführen und provozierte mindestens einmal monatlich eine Auseinandersetzung, indem sie behauptete, ich hätte zu spät angerufen, nicht oft genug geschrieben, sei während des letzten Gesprächs zu einsilbig gewesen, und manchmal sagte sie auch, ich sei eine einzige Enttäuschung und eine Schande. Obwohl wir nun in zwei verschiedenen Ländern lebten, tat es weh, so mit ihr zu streiten. Sie konnte mich verletzen wie niemand sonst, und ich hielt den Hörer weit weg vom Ohr, um ihr Keifen irgendwie auszublenden.

Im Herbst saß ich eines Abends im Wohnzimmer und weinte leise während unseres Telefonats. Granny war oben im Haus, und ich dachte, es sei in Ordnung, meinen Gefühlen freien Lauf zu lassen. Ich versuchte, die Auseinandersetzungen mit Mutter so gut wie möglich vor Granny zu verbergen. Ihre Beziehung war ohnehin angespannt, und ich wollte nicht für ein neues Zerwürfnis verantwortlich sein. Außerdem fühlte ich mich Mutter gegenüber noch immer zu Loyalität verpflichtet. Was zwischen uns geschah, war privat, unser kleines Geheimnis. Doch an jenem Tag kam Granny ins Zimmer spaziert und nahm mir den Hörer aus der Hand. Sie öffnete die Verandatür und lief mit dem Telefon am Ohr in den Garten; ich blieb auf dem Sofa sitzen und sah durch die Scheibe, wie sie mit Mutter sprach. Ein paar Minuten später kam sie zurück und lächelte betrübt.

»Hol dir ein Taschentuch, Liebes«, sagte sie. »Keine Sorge, sie ruft heute nicht noch einmal an.«

»Was hast du gesagt?«, wisperte ich ängstlich.

»Ich habe ihr gesagt, ich lasse es nicht zu, dass sie dich über *mein* Telefon fertigmacht, während du in *meinem* Haus wohnst«, erwiderte Granny lächelnd. »Dann habe ich einfach aufgelegt.«

Furcht und Freude stiegen gleichermaßen in mir auf. Ich mochte kaum glauben, dass sie so mit Mutter gesprochen hatte. Meine Wangen glühten, und ich starrte Granny bewundernd an. Sie erwiderte meinen Blick, und ihr Lächeln erstarb.

»Es ist nicht in Ordnung, wie sie sich verhält, Livvy«, meinte sie. »Ist dir das bewusst?«

»Ja«, murmelte ich und sah nach unten.

»Weißt du das wirklich?«, fragte Granny. Sie sah bekümmert aus. »Weißt du, dass das nicht normal ist?«

Ich brauchte einen Moment, um zu verstehen, was genau sie mit »das« meinte. Falls es um den Anruf ging, nun ja, der war vollkommen normal. Zumindest für Mutter und mich. Aber ich wusste, dass sie etwas anderes meinte.

»Ja«, sagte ich leise. »Ich weiß.«

»Ihr Verhalten ist vollkommen inakzeptabel. Du hast nichts falsch gemacht. Das ist dir hoffentlich bewusst.«

Granny sah besorgt aus, ihre freundlichen blauen Augen blickten betrübt. Ich wollte nicht, dass sie meinetwegen traurig war. »Ich weiß, Granny.«

Und das stimmte: Ich wusste, dass die meisten Mütter anders waren, dass Mutter unfassbar grausam sein konnte, und dass ich es nicht verdiente, lächerlich gemacht und heruntergeputzt zu werden. Außerdem wusste ich, dass es nicht meine Schuld war.

Oder zumindest glaubte ich, das zu wissen.

Granny konnte sich nur kurzzeitig gegenüber Mutter behaupten. Als Mutter und ich am nächsten Tag miteinander sprachen, erklärte sie mir, Granny habe sich nicht einzumischen. Sie habe keine Ahnung und wüsste nichts über die spezielle Beziehung zwischen uns beiden. Sie kannte unser besonderes Band nicht, wusste nicht, dass Maman mich anschrie, bis ich weinte und mich entschuldigte. Wusste nicht, dass darauf die Wiedergutmachungsphase anbrach und wir uns dann näher standen als je zuvor.

Mutter verlangte, dass ich den Hörer an Granny weitergab, und erklärte anschließend, dass Großmutter nie, nie wieder einfach auflegen und sich so zwischen Mutter und Tochter drängen dürfe. Als ich Granny das Telefon reichte, fühlte ich mich wie ein Verräter. Sie lauschte schweigend, schüttelte ab und an ungläubig den Kopf und presste die Lippen aufeinander. Sie sah, wie sehr mich die Situation aufbrachte – sah, wie ich die Hände wrang und heftig auf meiner Lippe herumkaute –, und mir zuliebe versuchte sie, Frieden zu wahren.

»Verstehe«, sagte sie zu guter Letzt. Und tatsächlich schien sie zu verstehen, auch wenn sie nicht alles wusste. Ich glaube nicht, dass sie ahnte, wie es war, sich so erbärmlich zu fühlen und sich so sehr nach Mutters Liebe zu sehnen, dass man immer wieder zu ihr zurückkroch, in der Hoffnung, nun sei alles anders. Sehnsüchtig die Hände nach ihrer Wärme auszustrecken – und doch nur die kalte Schulter gezeigt zu bekommen.

***

Das erste Jahr am College verging wie im Flug, und ich schlug mich gut. Wegen meiner starken Leistungen galt ich als »junge Begabte« und durfte an einem Kreativwettbewerb des TV-Senders ITV teilnehmen. Woche für Woche schaffte ich es, mich gegenüber den anderen Kandidaten zu behaupten, und gewann schließlich ein zweiwöchiges Praktikum bei einer Fernsehproduktion. Dort durfte ich die Redaktion unterstützen und neue Show-Konzepte austüfteln.

Aufgeregt berichtete ich Mutter von meinem Erfolg. Sie behauptete natürlich wieder, ich hätte alles ihr zu verdanken, und ging dann dazu über, mir irgendwelche Show-Konzepte aufzudrängen. Ich bedankte mich höflich und lobte ihre tollen Einfälle. Dann legte ich auf und arbeitete an meinen eigenen Ideen. Ich war voll in meinem Element und schien mich endlich gefunden zu haben.

Faya, Isabel und ich wurden enge Freundinnen. Faya bestand ihre Fahrprüfung und kaufte ein Auto. Von da an rasten wir wie wild durch Chichester, drehten die Musik voll auf, kreischten und rumpelten über die Straße, wenn die Kupplung uns gerade mal wieder überforderte. Ich lernte auch einige Jungs kennen – mit manchen schlief ich, mit anderen ging ich aus. Und ich bekam zweihundertfünfzig Pfund Taschengeld pro Monat. Da ich keine Miete zahlen musste, war das mehr als genug, doch als ich Mutter darauf hinwies, winkte sie nur ab.

»Schon in Ordnung, Süße! Gönn dir was Schönes zum Anziehen. Nichts von H&M oder ZARA, sondern was Ordentliches. Kauf dir was Gutes und denk an mich, wenn du es trägst!« Dann lachte sie glockenhell, und meine Nackenhaare stellten sich auf.

Trotzdem war ich dankbar. Zum ersten Mal in meinem Leben konnte ich meine Kleidung selbst aussuchen und meinen eigenen Geschmack ausdrücken – wobei mir manche Sachen im Nachhinein etwas fragwürdig erscheinen. Ich trug enge Jeanshosen und hochgeschlossene Oberteile, die den Ausschlag verbargen, den ich immer bekam, wenn ich an Mutter dachte. Außerdem färbte ich mein Haar noch heller und trug es offen und zerzaust.

Im Sommer reiste ich zurück nach Monaco. Nach dem Drama im Vorjahr hatte ich Mutter nur einmal ganz behutsam gefragt, ob ich wieder ins Camp dürfe. Sie hatte beschieden, dass ich inzwischen zu alt dafür sei. Insgeheim gab ich ihr recht. Ich hatte immerhin schon beim Fernsehen gearbeitet und entwickelte mich weiter.

Mein Vater gab mir Fahrstunden. Ich war eine gute Fahrerin, meinte er. Sehr aufmerksam und rücksichtsvoll. Wie fuhren an der französischen Küste entlang und ließen uns die Sonne ins Gesicht scheinen. Wenn ich hinter dem Steuer saß und die leeren Straßen entlangbrauste, überkam mich ein Gefühl der Einsamkeit, das mir fast Angst machte. Ich starrte auf das tiefblaue Meer und musste gegen den Drang ankämpfen, die schmale Küstenstraße zu verlassen und einfach ins Wasser zu rasen. Wir würden wie ein flacher Stein darüber hinweghüpfen: leicht und unsinkbar.

Mutter fuhr ebenfalls mit mir durch die Gegend. Sie fuhr die Serpentinen entlang und regte sich über Granny auf, erzählte mir, wie unhöflich sie am Telefon gewesen sei, und dass sie sich inzwischen unwohl fühle, in England anzurufen. Ich nickte schweigend und schämte mich. Ich wusste, dass ich Granny damit betrog, aber Mutter musste das Gefühl haben, dass ich auf ihrer Seite stand.

Mutter fuhr mit mir zu einem Dorf außerhalb von Nizza. Sie deutete auf einen grünen Mini Cooper und sagte, dass ich ihn zu meinem Geburtstag geschenkt bekäme, wenn ich bis dahin brav genug wäre.

»Ich liebe Minis und du ja auch«, meinte sie. Ich fand das Auto tatsächlich toll: Es war gebraucht, schien jedoch in exzellentem Zustand zu sein, mit einem edlen Inneren und weißen Rennstreifen auf der Motorhaube sowie einem elektronischen Schiebedach. Ich konnte es kaum erwarten, damit zu fahren.

Mutter führte mich in jenem Sommer auch zu Mutter-Tochter-Tagen aus. Sie bemängelte meine langweiligen Nullachtfünfzehn-Klamotten – warum zur Hölle wollte ich bloß aussehen wie alle anderen? Arm in Arm spazierten wir durch die feinsten Boutiquen

Monacos. Ich folgte ihr willig, meine eigenen Wünsche schob ich beiseite. Sie kaufte mir geschmeidige Lederjacken, steife Riemchensandalen und lockere Blumenkleider.

Nun sah ich wieder aus wie sie.

***

Mutter beschloss, dass ich das zweite Collegejahr auf dem Campus verbringen und in einem Schülerwohnheim wohnen sollte. Wieder wurde mein Alltag auf den Kopf gestellt, aber vor allem würde Granny darüber enttäuscht sein. Mutter hatte befunden, dass sie sich zu sehr einmischte und dass es mir außerdem nicht guttäte, so viel Zeit mit einer Seniorin zu verbringen. Ich sollte mich lieber mit Leuten meines Alters abgeben!

Als ausländische Schülerin war es einfach, ein Bett im Wohnheim zu bekommen, und ab September bezog ich ein Zimmer gegenüber meiner Freundin Faya. Es tat mir leid, nicht mehr bei Granny zu wohnen, doch als Achtzehnjährige konnte ich dem Angebot von so viel Freiheit nicht widerstehen. Ich versprach, sie jedes Wochenende zu besuchen.

Schnell gewöhnte ich mich an das Leben im Wohnheim und genoss jeden Tag dort. Unter der Woche lief ich über das Rugbyfeld zu meinem Unterricht und machte seitenweise Notizen, die ich dann ordentlich abheftete. An heißen Tagen hingen Faya und ich beim Rugbyfeld ab, starrten in den Himmel und genossen die Sonne. Wenn es kalt war, kuschelten wir uns in warme Decken, tranken heiße Schokolade und sahen stundenlang *Friends* oder *Sex and the City*.

Jeden Freitag gingen wir zum nächsten Laden und kauften Zigaretten und zwei gigantische Flaschen Cider. Zurück im Wohnheim rauchten, tranken und tanzten wir, während wir uns umzogen, unsere Augen schwarz umrandeten und unsere Lippen rot bemalten. Dann ging es los. Wir holten noch ein paar Flaschen WKD Blues im Supermarkt, fuhren zur Disko, tranken einen Tequila nach dem anderen und tanzten, bis unsere Füße schmerzten.

Weil wir nun so viel Zeit miteinander verbrachten, konnte ich Mutter nicht länger vor Faya verbergen. Zunächst dachte sie, Mutter sei ausnahmsweise schlecht gelaunt – Faya hatte sie im Sommer kennengelernt und als sehr sympathisch empfunden. »Sie ist so lustig!«, hatte sie gerufen. »Sie ist so clever!« Doch nun lernte sie Mutters andere Seite kennen: die ständigen Anrufe, die Kontrolle, das Gezeter am anderen Ende der Leitung, das mich zum Weinen brachte und um Vergebung winseln ließ. Mutters Leid war endlos – und ich war immer der Auslöser. Mal hatte ich vergessen, ihr zum Jahrestag ihrer Knochenmarktransplantation zu gratulieren, dann hatte ich mich bei meinem letzten Besuch nicht gut genug benommen oder verkannte, wie sehr sie mich vermisste. Sein einziges Kind ziehen zu lassen war nicht einfach, und es tat ihr weh, dass ich ihr Opfer nicht zu schätzen wusste. Es war so großherzig von ihr gewesen, dass sie mich in England Abitur machen ließ.

Mutter vergab mir nicht, bis ich Buße tat. Und sobald wir uns wieder einig waren, was für eine großartige Mutter sie sei, überschüttete sie mich mit Lob.

Faya las Mutters Nachrichten mit ungläubiger Miene und offen stehendem Mund. Sie konnte die Situation nicht begreifen. Genau wie Granny verstand sie nicht, dass es einfach so war: Streit, Wut, weinen, betteln, verstehen, vergeben.

Das war unser ewiger Kreislauf, und es gab kein Entrinnen.

***

Ich rauchte immer mehr. Wenn ich mit Mutter telefonierte, rauchte ich mindestens eine Zigarette. Der Tabak half mir, das Gespräch durchzustehen. Außerdem erfüllte es mich mit diebischer Freude, Mutter den Rauch gewissermaßen direkt ins Gesicht zu pusten. Ich rauchte so viel, dass es allmählich zu teuer wurde. Also fing ich an, meine eigenen Zigaretten zu drehen. Ich empfand das Glattstreichen des Papiers, das Zurechtlegen des Tabaks und das langsame Aufrollen als sehr befriedigend. Es war so wohltuend wie einst das Malträtieren meines Arms – wenn auch nicht so schmerzhaft.

Je mehr ich rauchte, desto weniger aß ich, und ich wurde dünner und dünner. Zunächst war das nicht einmal beabsichtigt – ich interessierte mich einfach nicht für Essen. Unsere Mahlzeiten waren immer von Streitigkeiten und gemeinen Kommentaren über mein

Gewicht begleitet worden; ich hatte kein positives Verhältnis zum Essen. Doch als ich schlanker und schlanker wurde und die Leute immer öfter meine Figur bewunderten, bemerkte ich, dass es endlich einen Bereich gab, den ich allein kontrollieren konnte: Nicht Mutter bestimmte, wie viel ich aß, sondern ich. Mit achtzehn Jahren war ich eins siebenundsiebzig groß und wog gerade mal siebenundfünfzig Kilogramm. Wenn ich jetzt die Fotos von damals betrachte, schockiert es mich zu sehen, wie dünn ich war. Doch als ich an Weihnachten nach Hause reiste und Mutter meine Figur in Augenschein nahm, war sie begeistert. »Endlich!«, rief sie und klatschte vor Freude in die Hände. »Endlich hast du es geschafft!«

Im Frühjahr diskutierten wir, an welcher Universität ich studieren sollte. Ich wollte unbedingt zur Brighton University. Dort wurde ein guter Medienstudiengang angeboten, und ich verband schöne Erinnerungen mit der Stadt, wo ich als Kind mit meinem Vater einen Tag am Kieselstrand verbracht hatte. Er hatte immer wieder Steine aufgehoben und sie mir gezeigt. Dann hatte er jedes Mal gefragt: »Woran erinnert der dich?«, und ich hatte den Stein angesehen, über seine weichen Kanten gestrichen und gesagt: »Ein kleines Kaninchen«, oder: »Ein Herz!«. Er hatte über jede meiner Antworten gelächelt und gesagt: »Ganz genau! Gut erkannt!«

Vater war gleich einverstanden mit meiner Wahl, doch für Mutter brauchte es mehr Überzeugungsarbeit. Sie rief beim Dekanat an und erzählte, dass sie im Ausland lebe und am Tag der offenen Tür nicht vorbeikommen könne. Könne man ihr vielleicht einen zusätzlichen Besuchstermin vorschlagen? Sie traf sich mit allen potenziellen Lehrkörpern und beeindruckte sie mit ihrem Charme und ihrem vermeintlich aufrichtigen Interesse. Ich konnte sehen, wie sie ihr jeweiliges Gegenüber für sich einnahm. Jeder der Professoren fand sie ganz reizend: was für eine tolle Mutter, die extra aus Monaco angereist war, um mit dafür zu sorgen, dass ihre Tochter die richtige Studienwahl traf. Ich versuchte, die Sache positiv zu sehen – mein Leben war viel besser geworden, seit ich in England lebte –, doch mich überkam die dunkle Vorahnung, dass dieser Besuch nur ein Vorgeschmack dessen sein würde, was in den nächsten drei Jahren auf mich zukommen würde. Mutter wollte ein Vertrauensverhältnis zu meinen Professoren etablieren, sodass sie diese jederzeit anschreiben oder anrufen konnte. Sie wollte sie bitten, »sich um mich zu kümmern« oder sie zumindest »immer auf dem Laufenden« zu halten. Und vor allem wollte sie beweisen, dass sie die verdammt noch mal beste Mutter der Welt war.

Ich hasste ihre Einmischungen. Meine Freiheit war bereits zum Greifen nah gewesen, und jetzt versuchte sie wieder, sie mir zu entreißen. Doch obwohl ich vor Zorn brodelte, machte ich meinem Unmut nie Luft: Wenn Mutter eine Maske trug, setzte ich mir auch eine auf. Das hatte ich in den letzten zwei Jahren gelernt. Und ich ließ sie nie fallen. In Mutters Gegenwart setzte ich mein breitestes Grinsen auf und zog erstaunt die Augenbrauen hoch. Während unserer Telefonate ließ ich meine Stimme höher und unsicherer klingen: Ich musste jung und unentschlossen wirken. Ich musste den Anschein erwecken, als hätte sie mich noch immer unter Kontrolle.

***

Im Mai bestand ich meine Fahrprüfung. Ich war außer mir vor Freude: meine Eltern hatten tatsächlich den grünen Mini Cooper für mich gekauft, und ich sollte ihn im Sommer selbst nach England bringen. Ich malte mir aus, wie ich allein im Auto sitzen, die gewundenen Straßen Monacos hinter mir lassen und all meine englischen Freunde durch die Gegend chauffieren würde. Ich wäre frei wie ein Vogel. Hastig wählte ich die Telefonnummer meiner Eltern.

»Das sind ja tolle Neuigkeiten!«, meinte mein Vater begeistert und witzelte: »Das englische Volk muss sich in Acht nehmen, eine neue Rennfahrerin macht jetzt die Straßen unsicher.«

»Ich kann es kaum erwarten, das Auto zu holen«, sagte ich. »Mein erster Roadtrip!«

»Gut gemacht«, meinte auch Mutter. »Aber ich bin mir nicht sicher, ob du in England mit dem Auto fahren solltest. Es ist ein französisches Fabrikat, und das Lenkrad ist auf der falschen Seite. Das ist gefährlich.«

»Aber wir hatten doch ausgemacht, dass ich das Auto nach England hole«, erwiderte ich. »Und ich fahre auch bestimmt ganz vorsichtig.«

»Es ist zu gefährlich«, wiederholte Mutter. Ihre Stimme hatte einen scharfen Unterton bekommen, und ich bohrte lieber nicht weiter. Vielleicht würde sie ihre Meinung ja noch ändern, wenn sie selbst gesehen hatte, wie umsichtig ich fuhr.

Der Tag war herrlich, und später gingen Faya, Isabel und ich nach draußen zum Rugbyfeld, um die erste Sommerhitze zu genießen. Am Nachmittag schienen die Sonnenstrahlen golden zu leuchten. Faya spielte Musik ab, und Isabel zählte all die Orte auf, die ich nun mit meinem Auto besuchen konnte. Dann klingelte mein Handy. Mutter rief an, und sie war außer sich vor Wut.

»Ich kann nicht fassen, wie selbstsüchtig du bist!«, keifte sie. »Du denkst nie an mich!«

»Tut mir leid«, erwiderte ich automatisch. Ich hatte keine Ahnung, worum es ging.

»Ich bin dir doch scheißegal!«, fuhr sie fort. »Du willst nur mit deinem verdammten Auto nach England abhauen und deine dummen Freunde rumkutschieren – Freunde, die ich noch nie gesehen habe! Du bist so eine undankbare Göre. *Ich* habe dir das Auto gekauft, du solltest *mich* damit umherfahren!«

»Es tut mir leid, Maman«, sagte ich sanft. »Ich freue mich schon darauf, dich zu fahren.«

»Wir haben uns so auf deine Fahrprüfung gefreut«, meinte sie, »aber du willst anscheinend nur weg von uns. Ich war noch nie so verletzt und beleidigt!«

Sie hielt inne, damit ich mich erneut entschuldigen konnte. Mein Mund öffnete sich, doch kein Laut kam heraus – es klang so lächerlich. Ich sah zum Rugbyfeld und den anderen Schülern. Sie lagen genau wie wir auf dem Rasen, unterhielten sich und wirkten sorglos und entspannt. Alle waren glücklich und ruhig. Der Sommer begann, und ich hatte gerade meine Fahrprüfung bestanden. Ich hatte keine Lust mehr.

»So kann ich nicht mit dir reden«, sagte ich. »Heute habe ich allen Grund, glücklich und stolz auf mich zu sein, und das hast du jetzt kaputt gemacht, indem du alles auf dich beziehst.« Meine Stimme klang klar und dynamisch. »Es geht immer nur um dich – um dein Leid, deinen Schmerz. Mir reicht's.«

Dann legte ich auf. Ich starrte das Handy in meiner Hand an. Ich konnte kaum glauben, dass ich das Gespräch tatsächlich beendet hatte. Normalerweise brüllte und tobte Mutter und legte dann abrupt auf, sodass ihre Schreie nur noch in meinem Kopf nachhallten. Jetzt hatte ich den Spieß umgedreht. Ich zündete mir eine Zigarette an und wartete auf ihren Rückruf. Als ich das Gespräch annahm, bebte ihre Stimme vor Zorn.

»Du egoistische Schlampe! Wir haben jahrelang gespart, damit du dein Abitur machen kannst, und so dankst du es uns? Weißt du was? Ich werde das gesamte Geld an ein armes afrikanisches Kind spenden. Das verdient es mehr als du!«

»Was für eine nette Idee«, sagte ich ruhig. »Das verdient es bestimmt mehr als ich.«

Ich konnte fast hören, wie ihr Blut am anderen Ende der Leitung zu sieden begann.

»Du dummes Balg«, sagte sie, nun leiser. »Du hast keine Ahnung, was du gerade getan hast.« Ich schwieg. »Das war's. Ich hab genug von dir, wir sind mit dir durch. Du bist nicht mehr meine Tochter, ich verstoße dich.« Ich sah geradeaus und sagte nichts. »Glaubst du ernsthaft, du könntest so mit mir reden? Warten wir mal ab, wie du allein klarkommst. Du bist jetzt auf dich gestellt, verstehst du? *Du bist vollkommen allein.*«

Dann legte sie auf. Ich machte mein Handy aus und steckte es in meinen Rucksack. Faya und Isabel hatten inzwischen schon einige von Mutters Tiraden miterlebt und jubelten und umarmten mich, so als hätte ich etwas Unglaubliches geleistet. Es kam mir vor, als fiele mir ein Stein vom Herzen: Endlich musste ich nicht mehr täglich mit Mutter telefonieren, schweigend dasitzen, während sie mich anschrie, gekünstelt lachen oder meine Stimme verstellen. Ich hatte mich zur Wehr gesetzt.

Ich fühlte mich stark und zufrieden. Inmitten der anderen Schüler dachte ich: Ich bin eine von ihnen. Eine ganz normale Neunzehnjährige, die sich auf den Sommer freut. Ich war nicht länger auf Mutter angewiesen, ich konnte allein zurechtkommen. Ich war volljährig, eine Erwachsene. In ein paar Monaten würde ich mein Studium aufnehmen, was einen frischen Start und ein neues Leben versprach. Mutter würde versuchen, es mir so schwer wie möglich zu machen, aber ich würde schon zurechtkommen.

Ich ließ mich zurücksinken und schloss die Augen. Die Nachmittagssonne schien warm auf mein Gesicht, und ein sanfter Wind umschmeichelte mich wie Seide.

Außen fühlte ich mich warm und weich und süß, wie ein Pfirsich in der Sonne. Doch mein Inneres wurde von einer seltsamen Trostlosigkeit überspült. Eine unerträgliche Kälte schien wie Blut durch meinen Körper zu rauschen, durch meinen Magen zu fließen und bis in meine Knochen zu ziehen.

Psychopathie-Merkmal Nr. 14: Oberflächliche Gefühle

Psychopathen weisen meist emotionale Defizite auf. Sie sind durchaus zu Gefühlen fähig, doch sind diese unterentwickelt und zeigen eine schmale Bandbreite. Da sie meist zwischen heftiger Wut und lässiger Zurückhaltung zu schwanken scheinen, wirkt es oft so, als spielten Psychopathen lediglich Rollen. Angst oder Schmerz führen nicht zu normalen Reaktionen, und Psychopathen sind nicht dazu in der Lage, echte emotionale Bindungen einzugehen.

17
Maskerade

»Psychopathen sind nicht dazu in der Lage, echte emotionale Bindungen einzugehen.«

Nun, da ich mutterlos war, war ich auch vaterlos. Mein Vater war Teil des Mutter-Pakets – er war eine Leihgabe, er gehörte ihr. Wenn sie den Kontakt zu mir abbrach, würde es auch keinen Austausch mehr mit ihm geben. Also musste ich mir einen Job suchen, denn ich brauchte Geld. Ich zog durch die Stadt, ging in jeden Pub und jede Bar von Chichester, reichte meinen Lebenslauf ein und sprach so selbstbewusst wie möglich bei den Barmanagern vor. Ich hatte noch nie zuvor gearbeitet. Mutter hatte immer behauptet, sie wolle, dass ich mich voll auf die Schule konzentriere. Tatsächlich wollte sie, dass ich kein eigenes Geld besaß. Jeder Penny war ein Geschenk, für das ich dankbar sein musste. Aber das Geld gehörte nie wirklich mir: Es war eine Leihgabe, genau wie mein Vater. Beide gehörten Mutter.

Sie hatte mich zwar bereits »verstoßen«, aber das reichte Mutter natürlich nicht. Etwa eine Woche später trafen die ersten E-Mails ein, die ich ungerührt las. Ich hatte das alles schon einmal gehört und gelesen: Ich war die größte Enttäuschung ihres Lebens, ich war vollkommen wertlos, sie wünschte, sie hätte mich nie bekommen. Ich blockierte ihre Mailadresse. Sie schickte SMS und hinterließ Nachrichten auf meiner Mobilbox. Ich blockierte ihre Nummer. Einmal rief sie von dem Handy meines Vaters aus an, und ich nahm dummerweise ab.

»Viel Glück bei der Wohnungssuche«, blaffte sie – das waren die ersten Worte, die sie nach Wochen zu mir sagte. »Ich hab den Überweisungsauftrag für das Wohnheim storniert. Ab jetzt kannst du selbst zahlen – oder auf der Straße schlafen!« Ich stellte mir vor, wie sie am anderen Ende der Leitung lächelte und triumphierend das Kinn reckte.

»Das ist schon in Ordnung«, entgegnete ich lässig. »Ich hab schon eine Stelle in einer Bar in Aussicht. Ab jetzt brauche ich dein Geld nicht mehr. Mach's gut.« Ich legte auf.

Es war inzwischen Ende Mai. Ich hatte mich bereits um einen Kredit für das Studium bemüht, aber bevor die Uni im September begann, musste ich irgendwo unterkommen. Granny hätte mich bestimmt bei sich beherbergt, aber ich war zu stolz, um sie um Hilfe zu bitten. Wenn wir uns trafen, setzte ich eine fröhliche Miene auf und behauptete, alles sei *in bester Ordnung* und dass Mutter sich *anständig* verhielt. Alles war gut. Wenn ich darum gebeten hätte, zu ihr zurückkehren zu dürfen, wäre das einem Scheitern gleichgekommen, und wenn ich scheiterte, hätte Mutter gewonnen. Das war vollkommen inakzeptabel.

Schließlich wurde ich zu einem Bewerbungsgespräch in einer Bar eingeladen. Das Treffen verlief angenehm, und ich ging mit einem guten Gefühl nach Hause. Seltsamerweise hörte ich danach nichts mehr von dem Manager. Nach einer Woche des Wartens rief ich in der Bar an: Leider, so hieß es, sei ein schlechtes Arbeitszeugnis eingegangen, und man könne mich daher nicht mehr für die Stelle in Betracht ziehen. Irritiert beendete ich das Gespräch. Eine Woche später begriff ich, was passiert war.

Mein Kumpel David rief an. Er arbeitete als Barkeeper in der Stadt, und ich hatte ihm ein paar Kopien meines Lebenslaufs gegeben mit der Bitte, dass er sie verteilen möge.

»Ich bin mir nicht sicher, ob ich dir das sagen darf«, begann er zögernd. »Es ist eigentlich vertraulich.«

»Ich sag's bestimmt nicht weiter«, versprach ich sofort. »Worum geht's?«

»Na ja … Ich hab meinem Boss deine Bewerbung gezeigt. Wir haben derzeit zwei Stellen offen, und ich dachte, du wärst vielleicht geeignet.«

»Und?«

»Als er deine Bewerbung gesehen hat, meinte er direkt: ›Nein, die nicht.‹ Ich hab natürlich gefragt, warum nicht. Er hat erzählt, dass deine Mutter angerufen und ihn gewarnt hätte, dass du dich bald bewerben würdest. Anscheinend hat sie behauptet, du hättest eine kriminelle Vergangenheit und man hätte dich bei deinen letzten

Barjobs wegen Diebstahls gefeuert. Ich hab ihm sofort gesagt, dass du noch nie in einer Bar gearbeitet hast, aber er ließ sich nicht umstimmen.« Schweigen. Hitze stieg in mir auf, gefolgt von Wellen aus Scham, Erniedrigung und sengendem Hass. »Olivia, bist du noch dran?«

»Ja, bin ich«, stieß ich hervor. »Danke, dass du mir Bescheid gegeben hast.«

In meinem Kopf drehte sich alles. Sobald ich aufgelegt hatte, rief ich eine Freundin an, die ebenfalls in einer Bar in Chichester arbeitete. Hatte meine Mutter dort ebenfalls Lügen verbreitet? Eine Stunde später meldete sich meine Freundin zurück: Meine Mutter hatte tatsächlich vor ein paar Tagen angerufen und den Geschäftsführer vor mir gewarnt. Ich konnte es nicht fassen und war wütend auf mich selbst, weil ich so dumm gewesen war, Mutter in meine Pläne einzuweihen. In meinem Bestreben, ihr eins auszuwischen, hatte ich ihr gefährlich viel anvertraut. So hatte ich sie geradezu eingeladen, mir einen Strich durch die Rechnung zu machen. Natürlich wollte sie nicht, dass ich finanziell unabhängig wurde. Immerhin war das die letzte Form der Kontrolle, die sie noch hatte. Sobald ich nur erwähnt hatte, ich würde mich in Bars bewerben, hatte sie in jedem einzelnen Lokal der Stadt angerufen. Das musste Tage gedauert haben.

Doch ich war aus dem gleichen Holz geschnitzt: So einfach ließ ich sie nicht gewinnen. Am nächsten Tag marschierte ich in jede Bar, jeden Pub und jedes Café, wo ich eine Bewerbung abgegeben hatte, und bat, mit dem Geschäftsführer sprechen zu dürfen. Wenn niemand da war, hinterließ ich eine Nachricht und schickte noch eine E-Mail hinterher. Wahrheitsgemäß erzählte ich, dass meine Mutter psychisch gestört sei und nicht wolle, dass ich auf eigenen Beinen stünde. Außerdem versprach ich, dass ich jederzeit ein gutes polizeiliches Führungszeugnis vorlegen und Kontakt zu meinem College, meiner künftigen Uni und meiner Großmutter herstellen könnte, und hinterließ die Kontaktdaten für alle drei.

Die Mühe lohnte sich, und ich bekam ein Jobangebot von einer zentral gelegenen Bar. Sie war sehr schön eingerichtet, war klein und verwinkelt, und die Gäste waren überwiegend freundlich und entspannt. Die anderen Mitarbeiter hießen mich mit offenen Armen willkommen; man hatte ihnen offensichtlich von der Neuen mit der irren Mutter erzählt, die versucht hatte, ihre Jobaussichten zu sabotieren – das schienen sie echt lustig zu finden.

Im College ging es derzeit ruhiger zu, und ich übernahm so viele Schichten wie möglich. Ich lernte, Cocktails zu mixen und wie man ein perfektes Guinness zapft – nach ein paar Wochen schaffte ich es sogar, kleine Kleeblätter in den Schaum zu spritzen. Schnell freundete ich mich mit den anderen Kellnern an, und wir hatten viel Spaß bei der Arbeit, hauten uns kräftige Chilischnäpse rein, wenn es langweilig war, und hielten einander den Rücken frei, sobald es hektisch zuging. Mein Gehalt fiel nicht besonders üppig aus, und ich stank nach meiner Schicht immer heftig nach Bier, aber das war mir egal. Der Job bedeutete Freiheit für mich.

Doch das Geld reichte nicht. Ich verdiente nicht genug, um die letzten Monate im Schülerwohnheim finanzieren zu können. Granny hatte ich noch immer nicht eingeweiht – ich wollte nicht, dass sie sich Sorgen machte, und wollte auch kein Geld von ihr annehmen. Dieses Problem würde ich selbst lösen müssen. Also informierte ich die Collegeleitung, dass ich das Wohnheim aufgrund unvorhergesehener Entwicklungen frühzeitig verlassen müsse, und beglich die ausstehenden Rechnungen. Nun brauchte ich nur noch eine neue Bleibe.

Meine Kollegin Silvia stellte mich Sean vor. Ich hatte ihr erzählt, dass ich nach einem günstigen Zimmer für die Sommermonate suchte, und sie hatte genau die richtige Lösung parat.

»Das ist ja perfekt«, sagte sie, während wir nebeneinander Bier zapften. »Ich ziehe nächste Woche aus, du kannst gern meinen Platz haben.«

»Deinen Platz?«, fragte ich.

»Ich wohne mit einem Typen namens Sean zusammen. Die Wohnung ist winzig, und wir pennen beide im Wohnzimmer. Definitiv kein Luxusapartment, aber billig wie sonst was.«

»Ich bin mir nicht sicher, ob ich bei einem Typen wohnen möchte, den ich noch nie gesehen habe«, meinte ich zurückhaltend.

»Oh, da brauchst du dir keine Sorgen zu machen«, sagte sie abwehrend. »Sean ist ein richtig netter Typ. Ich hab mich nie unwohl bei ihm gefühlt. Der ist kein schräger Vogel oder Perverser! Wenn du möchtest, kann ich ihn gern mal mitbringen, dann könnt ihr schauen, ob ihr euch versteht.«

»Ja, bitte«, sagte ich und bedankte mich. Die Vorstellung, mir mit einem völlig Fremden eine Wohnung zu teilen, gefiel mir überhaupt nicht. Aber angesichts meiner Lage konnte ich nicht gerade wählerisch sein.

Ein paar Tage später betrat gegen Ende meiner Schicht ein junger Mann die Bar. Er fiel mir sofort auf: Er war groß, dunkelhaarig und ausgesprochen gut aussehend und bewegte sich selbstsicher durch den Raum. Zwar stolzierte er nicht, aber es sah fast so aus. Sein dichtes schwarzes Haar hatte er im *Grease*-Stil zu einer Tolle gekämmt. Er trug graue Skinny-Jeans und ein eng geschnittenes dunkelrotes T-Shirt. Sein Gesichtsausdruck wirkte im ersten Moment überheblich, doch sobald er mich sah, lächelte er freundlich.

»Hi«, begrüßte er mich. »Bist du Olivia?« Er stützte einen Ellbogen auf der Bar auf und lehnte sich in meine Richtung. Er grinste immer noch, und ich sah, dass er schöne weiße Zähne und ein Grübchen in der linken Wange hatte. Das ließ ihn ziemlich niedlich aussehen, und ich wurde etwas nervös.

»Ja«, antwortete ich und war mir plötzlich meines biergetränkten T-Shirts und glänzenden Gesichts mehr als bewusst.

»Ich bin Sean«, meinte er, und meine Aufregung wuchs. Er sah mir tief in die Augen und wendete den Blick nicht von mir ab. Diese Intensität irritierte mich. Warum sah er mich so an? Doch dann lächelte er wieder, und Wärme breitete sich in mir aus. Ich grinste zurück, und wir standen einander gegenüber und lächelten uns an.

Nach meiner Schicht zogen wir ein paar Lokale weiter und tranken ein Bier zusammen. Schon nach wenigen Minuten wusste ich, dass ich mit Sean gut auskommen würde. Er war der charmanteste Typ, dem ich je begegnet war. Er wirkte authentisch und offen, doch in seinen dunklen Augen glänzte etwas Unergründliches. Er war wie ein Puzzle oder ein Rätsel, und er erregte mich und machte mich nervös. Doch sobald er lächelte, fühlte ich mich wieder ganz entspannt.

Wir kamen uns schnell näher. Ich erfuhr, dass er sich vor Kurzem von seiner Freundin getrennt hatte, vierundzwanzig Jahre alt und auf Jobsuche war. Er war zum Jungkoch des Jahres 2007 gewählt worden; auf dem Rücksitz seines Wagens kullerte immer noch die

Siegestrophäe von einer Ecke in die nächste, wenn er um eine Kurve fuhr. Obwohl er intelligent, höflich und fähig wirkte, schien er es nicht gerade eilig zu haben, einen neuen Job zu finden. Stattdessen hatte er sich vorgenommen, erst einmal den Sommer zu genießen. Schließlich sei sein Leben zuvor ziemlich stressig gewesen.

Wenige Tage später zog ich bei Sean ein. Seine kleine Wohnung war mitten in der Stadt und nur fünf Gehminuten von der Bar entfernt. Bevor sie für die Sommermonate zu ihren Eltern zurückfuhr, begleitete Faya mich noch zum nächstgelegenen Ikea. Ich wollte mein seltsames Wohnarrangement so gut wie möglich auskosten und mir ein richtiges Zuhause schaffen. Wir kauften Vorhänge, Kissen und Wandposter, und ich war dankbar für Fayas Unterstützung. Insbesondere, weil sie Sean für verschlagen hielt und ihn nicht besonders mochte. Damals dachte ich, sie sei eifersüchtig. Sean war ganz er selbst, das wusste doch jeder.

Schon bald holte mich Sean nach jeder Schicht von der Bar ab. Er wartete vor dem Lokal, begrüßte mich lächelnd und begleitete mich dann nach Hause. Ab und an blieb er plötzlich stehen, wenn ich über etwas Ernstes sprach, und sah mich intensiv an, so als wollte er jedes einzelne Wort in sich aufsaugen. Erst wenn das Gespräch wieder auf banalere Themen kam, sah er weg, und wir gingen weiter. Ich genoss seine ungeteilte Aufmerksamkeit und hatte das Gefühl, dass er mich besser verstand als alle anderen: Er *sah* mich, er hörte zu, er urteilte nicht. Wenn ich nach einer langen Schicht heimkehrte, wartete er manchmal in der Wohnung mit selbst gemachten Sandwiches auf mich und fragte, wie mein Tag gewesen war. Er war der perfekte Mitbewohner.

Natürlich entwickelte sich bald eine Romanze. Da Faya den Sommer über weg war und Isabel sich um ihre neugeborene Tochter kümmern musste, hatte ich Angst gehabt zu vereinsamen. Doch nun gab es Sean. Wir wussten beide, dass es nichts Ernstes war – schließlich würde ich im September nach Brighton ziehen –, aber ich brauchte Nähe, und die Vorstellung, den Sommer miteinander zu verbringen, gefiel mir. Wir waren schließlich jung, wild und ungebunden.

Manchmal fragte ich mich, ob Sean *zu wild* war: Oft verschwand er tagelang und kehrte dann mit einer bandagierten Hand und einer sinnlosen Erklärung zurück – er war hinter seinen Kleiderschrank gestürzt, hatte sich die Hand in der Autotür eingeklemmt, hatte versehentlich gegen eine Wand geschlagen. Sean besaß zwei Handys, hatte immer fette Geldbündel bei sich und verließ nachts die Wohnung, »um Freunde zu sehen«. Ich machte mir jedoch nichts daraus, dass seine Geschichten keinen Sinn ergaben. Es war ja nur ein Sommerflirt.

Im Sommer 2010 schloss ich das College mit Bestnoten ab. Meinen Eltern erzählte ich nichts davon.

***

In den folgenden Monaten rackerte ich mich in der Bar ab und sparte so viel Geld wie möglich. Doppelschichten wurden erträglicher, wenn ich daran dachte, dass Sean zu Hause auf mich wartete. Manchmal hatte er in der Zwischenzeit die ganze Wohnung geputzt und sogar hinter den Mülltonnen sauber gemacht, wo eine fiese Madenplage wütete. Er machte es uns mit Decken und Kissen gemütlich, zündete Kerzen an und schenkte Wein ein. Wir hatten liebevollen, zärtlichen Sex, bestellten Pizza, sahen Filme im Bett und unterhielten uns, bis die Sonne wieder aufging.

In den ersten Wochen fand ich viel über Sean heraus. Die größte Erkenntnis war, dass er mit Kokain dealte. Das erklärte so einiges, aber ich war trotzdem ziemlich geschockt – bis zu diesem Zeitpunkt hatte ich noch nie Kontakt zu harten Drogen gehabt. Die waren gefährlich und was für andere Leute – Loser, Gammler und nicht so talentierte Wesen wie Sean. Zunächst dachte ich, er würde nur mit dem Zeug handeln, dann fand ich heraus, dass er es auch selbst konsumierte. Das hatte er schon die ganze Zeit getan – sogar wenn wir Filme sahen, verschwand er jede halbe Stunde im Bad und zog Kokslinien. Irgendwie fand ich die Situation dadurch etwas weniger bedrohlich – er hatte schon die ganze Zeit gekokst, und ich hatte nichts davon mitbekommen. Es konnte ja nicht so schlimm sein, wenn ich ihm gar nichts anmerkte, oder? Doch ich verstand noch immer nicht, wie Sean in solche Kreise gelangt war. Er erklärte es mir.

Mit siebzehn Jahren war er bei seinen Eltern ausgezogen, um eine Ausbildung zum Koch anzufangen. Damals war er zum ersten Mal mit Drogen in Berührung gekommen. Er erzählte mir, dass Köche oft Koks schnupften, um den ganzen Tag über konzentriert arbeiten zu können. Nachdem er seine Ausbildung beendet hatte, fand er eine Anstellung bei einem großen Finanzunternehmen in London. Eines Tages sah er eine teure Tonerpatrone in der Küche liegen und beschloss kurzerhand, sie zu verkaufen. Er bekam fast eintausend Pfund dafür, was seine Gier weckte. Von da an durchstöberte er das Gebäude und klaute alle Druckerpatronen, die er in die Finger bekam. In seiner weißen Kochjacke verdächtigte ihn niemand. Er verkaufte immer mehr Patronen und finanzierte so seinen Kokainverbrauch. Doch irgendwann wurde er übermütig und wurde erwischt. Das Unternehmen konnte ihm nur Diebstähle im Wert von zehntausend Pfund nachweisen, tatsächlich hatte er Druckerpatronen im Wert von hunderttausend Pfund gestohlen. Sean wurde vor Gericht dazu verurteilt, zehntausend Pfund Schadensersatz zu zahlen.

Ein anderes Mal gab es Ärger mit einem Polizisten. Sean konnte nichts dafür, er hatte ihn versehentlich an der Ampel vom Motorrad gestoßen. Dennoch wurde er anschließend zu einer weiteren Geldstrafe in Höhe von zehntausend Pfund verurteilt. Nur deshalb dealte er mit Drogen: Er musste seine Schulden begleichen. Das konnte ich doch verstehen, oder?

»Ich glaube schon«, seufzte ich. »Aber du ziehst dir jeglichen Gewinn gleich wieder durch die Nase rein.«

»Ich weiß«, murmelte er. »Das ist dumm von mir.«

Wenig später schnupfte Sean in meinem Beisein Kokain, sowohl, wenn wir mit seinen Freunden um die Häuser zogen, als auch in unserer Wohnung. Aber er war immer freundlich und liebevoll; ich fühlte mich wohl in seiner Nähe und vertraute ihm.

Danach dauerte es nicht mehr lange, bis auch ich mich an Kokain versuchte. Das erste Mal schockierte mich selbst: Mit Ausnahme von ein bisschen Dope hatte ich noch nie Drogen genommen. Und das hatte ich nicht einmal gemocht! Mir war klar, dass meine Eltern durchdrehen würden, wenn sie wüssten, dass ich Kokain schnupfte. Doch im Gegensatz zum Rauchen war dies keine stille Rebellion. Sean und seine Freunde nahmen ständig was ein, und es wurde schnell ein gewohnter Anblick, sodass ich einfach mitmachen und nicht länger außen vor sein wollte. Ich liebte den Rausch und das damit verbundene Hochgefühl, doch mir war klar, dass ich auch ohne klarkam. Nichts würde meine Zukunft ruinieren: Meine Studienpläne standen fest, danach würde ich einen gut bezahlten Job finden und nie wieder von jemandem abhängig sein. Nichts und niemand konnte mich von meinem Weg abbringen.

Manchmal setzte Sean sich neben mich, schlang die Arme um meine Taille, legte den Kopf auf meine Schulter und sagte: »Danke. Danke, dass du mich nicht verurteilst. Danke, dass du mich so siehst, wie ich wirklich bin. Du weißt, dass ich eigentlich nicht dieser Typ hier bin.«

»Dieser Typ hier« war die Seite von Sean, die ich nicht mochte. Manchmal war er so high, dass er tagelang nicht schlafen konnte. Dann saß er nur mit Boxershorts bekleidet auf dem Tisch, zitterte mit den Knien, atmete keuchend und versuchte, sich zu beruhigen. Es kam auch vor, dass er paranoide Schübe hatte und mir unterstellte, ich würde einen anderen Mann in der Wohnung verstecken. Das war fürchterlich, aber ich traute mich nicht, ihm die Leviten zu lesen, das erschien mir anmaßend. Sean war immer ehrlich zu mir, und das wusste ich zu schätzen. Außerdem war er nur ein Sommerflirt. Das Zerwürfnis mit Mutter war wie ein Befreiungsschlag gewesen; ich war nicht bereit, einen moralischen Feldzug zu unternehmen und meinem Kurzzeit-Freund die Drogen zu verbieten.

Ich erzählte Sean nichts über Mutter. Er wusste natürlich, dass es einen Streit gegeben hatte und sie mich finanziell nicht unterstützte, doch darüber hinaus hatte ich ihm nichts gesagt. Das schien gar nicht nötig zu sein – Sean spürte instinktiv, was los war.

Mutter fand immer neue Wege, um Kontakt zu mir aufzunehmen. Sie rief von unterdrückten Rufnummern aus an und legte neue E-Mail-Konten an, sobald ich eine Adresse blockiert hatte. Mein Körper reagierte heftig auf jede Nachricht von ihr: Wenn ich ihre Stimme auf der Mailbox hörte oder eine ihrer E-Mails öffnete, fing mein Herz an zu rasen, ein Brennen durchlief meinen Körper, und ein fleckiger Ausschlag breitete sich von meiner Brust über meinen Hals bis zu meinem Kiefer aus. Ich begann, wieder meinen Arm zu verletzen. Sean war wie ein Abwehrschild: Er war erst in mein Leben getreten, nachdem Mutter von der Bildfläche verschwunden war. Er hatte sie nie kennengelernt und war nicht von ihr verdorben worden. Er gehörte nur mir.

Ich sagte mir immer wieder, dass Sean nichts als ein Sommerflirt war. Doch mit der Zeit wurde unsere Beziehung immer ernster. Nachts ließen wir die Fenster offen, sodass ein warmer Sommerwind in die Wohnung kam. Die Vorhänge flatterten, und ich besah die dunkle Gestalt neben mir: Ein Arm war fest um mich geschlungen, so schwer wie ein Tau. Sean schlief wie ein kleiner Junge: Sein Mund war geöffnet, die Beine angewinkelt, seine Finger waren gespreizt. Er kam mir vor wie ein kühles Glas Wasser, wenn der Mund trocken ist, oder wie eine warme Decke, wenn man lange gefroren hat – sein Dabeisein tat mir gut, und ich konnte mir ein Leben ohne ihn nicht mehr vorstellen.

An einem Augusttag kam ich nach der Arbeit nach Hause und fand Sean am Küchentisch sitzend vor. Offensichtlich hatte er auf mich gewartet. Ich war vor meiner Schicht spät dran gewesen und hatte in meiner Hast, die Wohnung schnell zu verlassen, mein Handy vergessen. Als ich in die Küche kam, hielt Sean es in der Hand, legte es dann auf dem Tisch ab, ließ es lässig kreisen und grinste mich an.

»Du wirst nie erraten, mit wem ich gerade gesprochen habe«, meinte er. »Deine Mutter hat angerufen!«

Ich starrte ihn an. Meine Hände kribbelten, und ich wusste nicht, was ich sagen sollte. Warum hatte er abgenommen? Sollte ich wütend auf ihn sein? Ich war durcheinander und fühlte mich hintergangen. Anscheinend sah man mir das an, denn Sean stand auf und nahm mich in den Arm.

»Sei nicht sauer«, sagte er. »Ich bin nur rangegangen, weil ich weiß, dass es dir nicht gut geht mit der Situation.«

»Es geht mir gut«, protestierte ich, doch er drückte mich nur noch fester an sich.

»Das weiß ich doch«, entgegnete er. »Alles ist gut, ich hab lang mit deiner Mutter gesprochen und die Sache geregelt.«

Ich machte mich von ihm los und musterte ihn ausgiebig. »Wie meinst du das?«, fragte ich langsam.

»Nun, ich habe ihr gesagt, dass du sie liebst und vermisst und dass du traurig bist, weil ihr schon so lange nicht mehr miteinander gesprochen habt. Ihr geht es genauso.« Meine Stimme versagte, also sah ich Sean einfach nur an. Seine ernsten braunen Augen erwiderten meinen Blick. »Sie war so erleichtert, dass es dir gut geht. Sie hat mir erzählt, dass sie sich schreckliche Sorgen um dich gemacht hat. Sie würde dich wahnsinnig gern wiedersehen. Und, na ja …«, er unterbrach sich kurz und sah selbstzufrieden drein, »… als ich ihr von uns beiden erzählt habe, hat sie uns direkt zu sich eingeladen.«

»Sean«, setzte ich an, hielt dann aber inne. Ich massierte meinen Brustkorb; mein Herz raste, und mir war übel. Also ließ ich mich auf einem Küchenstuhl nieder und schloss die Augen. Es fühlte sich so an, als wären all meine Kraft und meine Unabhängigkeit mit einem Mal verschwunden, und ich fühlte mich nackt und verletzlich. Ich war wieder das kleine Mädchen, das zitternd vor Mutter stand und Erdbeeren erbrach.

»Süße, ich weiß, dass du dir Sorgen machst«, meinte Sean und setzte sich neben mich. »Aber es wird alles gut gehen. Ich hab ihr gesagt, dass du sie nachher anrufst. Tut mir leid«, schob er hinterher, als ich ihn böse ansah. »Aber ich glaube, das ist die richtige Entscheidung. Das wird schon, versprochen. Vertrau mir.«

Ich vertraute Sean, also rief ich Mutter abends an. Das zu tun war gegen meinen Instinkt – jede Faser meines Körpers rebellierte –, doch Mutter meldete sich ausgesprochen freundlich. Sie verstand und vergab mir und meinte, Sean klinge sehr sympathisch. Er habe ihr gesagt, wie schlecht es mir gehe und dass er auch ihre Lage verstehen könne.

In dem Moment wusste ich, dass es vorbei war: Sie hatte gewonnen. Monatelang hatte ich mich nicht gemeldet, auf keine ihrer Nachrichten reagiert, ihr kein bisschen Macht über mich gegeben. Dank Sean hatte sie nun wieder die Oberhand. Sie wusste, dass sie mich getroffen hatte. Sie hatte mir wehgetan, sie hatte mich doch noch gebrochen.

Nach dem Gespräch brach ich in Tränen aus. Mutter hatte laut gejubelt, als ich ihr von meinem guten Collegeabschluss erzählt hatte. Sie hatte mir gratuliert und gesagt, dass sie stolz auf mich sei. Ihr Lob und ihre Liebe bewegten etwas in mir. Ich hatte sie tatsächlich vermisst und liebte sie immer noch. Daher hatte ich auf ihre Frage, ob Sean und ich zu Besuch kommen wollten, ohne zu zögern geantwortet: »Ja, Maman, wir kommen.«

***

Ein paar Wochen später flogen wir nach Nizza. Mein Vater war gerade auf einer Klassenfahrt, also holte Mutter uns allein vom Flughafen ab. Ich hatte panische Angst vor unserem Wiedersehen, alles in mir schrie, dass ich eine Fehlentscheidung getroffen hätte. Doch Sean sah das anders. Er meinte, dass sie mich mindestens so sehr vermisst habe wie ich sie. In jedem Fall sei nun alles in Ordnung, da er sich darum gekümmert habe.

Ich sah sie sofort. Sie stand im Wartebereich und wirkte älter und kleiner, als ich sie in Erinnerung hatte. Außerdem schien sie sehr erschöpft zu sein. Ihre grauen Augen hatten an Glanz verloren, und sie hatte sie mit dunkelblauem Eyeliner umrandet, um sie etwas zu betonen. Ein paar Sekunden lang konnte ich sie ungestört beobachten. Ich sah, wie sie umherblickte und nach uns Ausschau hielt. Sie stand auf Zehenspitzen, um über die anderen Wartenden hinwegsehen zu können. Mir war noch nie zuvor aufgefallen, wie klein sie war. Für einen kurzen Moment wirkte sie gebrechlich, und ich fühlte mich dankbar, weil sie sich die Zeit genommen hatte, um uns am Flughafen abzuholen, und weil sie nun nach uns Ausschau hielt, damit sie uns nicht verpasste. Sie so zu sehen machte mich auch traurig.

Dann entdeckte sie uns, und ihr Gesicht erstrahlte. Sie trabte zu uns herüber in ihrer vertrauten Kluft aus weiten blauen Hosen, einer weißen Leinentunika und teuren Ledersandalen und rief: »Meine kleine Olive – ich hab dich ja so vermisst!« Fest nahm sie mich in die Arme, und der bekannte Duft nach Moschus, Orangen und Jasmin stieg in meine Nase. Mein Körper versteifte sich, und düstere Erinnerungen rührten sich, doch sie war noch immer meine Mutter, und ich liebte sie. Ich ließ mich in ihre Arme sinken.

Mutter fuhr uns in ein kleines Dorf außerhalb Monacos. Dort gäbe es eines der besten Restaurants von ganz Frankreich, meinte sie. Das Lokal befand sich direkt am Marktplatz, sodass man einen schönen Blick auf den Ort hatte. Die Sonne ging gerade unter, und wir saßen im schwindenden Licht, tranken Wein und aßen Käse. Charmant, unbeschwert und ganz natürlich – Mutter zeigte sich von ihrer besten Seite. Sie und Sean verstanden sich prächtig. Sie lachte schallend über seine Witze und hörte ihm aufmerksam zu, wenn er etwas erzählte. Ich dachte an all die scheußlichen Dinge, die sie während der vergangenen Monate gesagt hatte, doch sobald ich sie ansah, schien der Gedanke daran geradezu abwegig.

Wir sprachen nicht über das Vorgefallene, und darüber war ich froh. Ich war nicht so stark, wie ich gedacht hatte, als sie mich am Telefon angeschrien und ich auflegt hatte. Von Angesicht zu Angesicht war die Situation gänzlich anders: Ich hatte mehr Angst vor ihr, als mir bewusst gewesen war. Aber ich liebte sie auch mehr als in meiner Erinnerung.

Als Sean zur Toilette ging, blieben Mutter und ich zu zweit am Tisch zurück. Ich fühlte mich augenblicklich unwohl und griff nach der Weinkarte. Dann fühlte ich eine Hand auf meinem Arm.

»Hattest du Angst davor, mich wiederzusehen, Süße?«, fragte Mutter. Ich sah hoch. Sie beobachtete mich aufmerksam, und ich starrte lange in ihre Augen. Von Nahem waren sie so grau wie je, und ich versuchte, die altbekannte Kühle darin auszumachen. Doch ich sah nur mich selbst, ängstlich und unsicher.

»Ja«, meinte ich schließlich. »Hatte ich.«

Sie sah mich an, lächelte warm und griff nach meiner Hand.

»Es besteht kein Grund zur Sorge. Der ganze Mist liegt jetzt hinter uns, und wir fangen noch einmal neu an.«

Diese Worte taten mir so gut, dass ich vor Erleichterung hätte laut aufschluchzen können. Doch ich biss fest die Zähne aufeinander und versuchte, Mutter tapfer zuzulächeln. Ein Neuanfang … Nun, das klang schön.

***

Wir verbrachten eine schöne Woche bei meinen Eltern. Im Nachhinein war es die beste Zeit, die ich je mit Mutter gehabt hatte: eine ganze Woche lang ohne Konflikte oder Machtkämpfe. Ich erkannte jedoch das alte Muster. Mutter zeigte, wie wunderbar sie war, wie sehr mein Vater und sie mich liebten und wie herzlich sie Sean im Kreis der Familie willkommen hieß. Zuvor hatte sie mich jedoch erniedrigt, ich hatte mich im großen Stil entschuldigt, indem ich hergekommen war, und bei der Abreise würden wir uns bestimmt näherstehen denn je. Sie war zweifellos die beste Mutter der Welt …

Trotzdem war es eine besondere Zeit. Sean und ich hatten unsere schäbige Bude gegen makellosen Luxus und lang andauernde Bäder getauscht und wurden nach Strich und Faden verwöhnt. Wenn wir auf der Terrasse lagen und uns die Sonne auf den Bauch scheinen ließen, kam Mutter nach draußen und servierte üppige Portionen Antipasti, französischen Käse und frisch gebackenes Brot oder süße Tomatensalate, eiskaltes Bier für Sean und kühlen Wein für mich. Mein Vater quatschte fröhlich mit Sean über englische Sportteams, und Mutter und ich unterhielten uns über meine Zeit am College. Nachmittags unternahmen wir Ausflüge in meinem kleinen Mini Cooper: Sean und ich saßen vorne, meine Eltern hinten. Sie machten sich einen Jux daraus, sich extrem umständlich anzuschnallen und so zu tun, als jagten ihnen meine Fahrkünste eine Todesangst ein. Doch später meinte Mutter, ich sei eine tolle Autofahrerin, und ich strahlte vor Stolz.

Sean und ich durften sogar Zeit zu zweit verbringen. Gegen Ende der Woche stellte Mutter uns einen Picknickkorb zusammen, tankte meinen Wagen auf, drückte mir eine Straßenkarte in die Hand und schickte uns in den Mercantour-Nationalpark. Dort wanderten wir an eisblauen Seen vorbei, machten Nickerchen unter uralten Olivenbäumen und kletterten auf sonnenwarme Felsen. Bevor wir zurückkehrten, tranken wir Cocktails am See, hielten einander an der Hand und beobachteten den Sonnenuntergang. Ich fühlte mich liebestrunken – wegen Sean, den ich über alles liebte, aber auch wegen meiner Eltern, die ich ebenfalls liebte und die sich derart verausgabt hatten, ihn bestmöglich in unserer Familie willkommen zu heißen.

Ohne Drogen war Sean ein ganz anderer Mensch, und ich sah ihn nun als verlorene Seele, die unter einer fiesen Angewohnheit litt.

»Verstehst du«, flüsterte er, als wir den See betrachteten, »das bin ich. Das Dealen und das Koks hat nichts mit mir zu tun. So bin ich nicht.«

»Ich weiß«, antwortete ich – und meinte es auch so.

***

Mutter weinte beim Abschied. Dicke Tränen kullerten über ihre Wangen, und sie umarmte Sean und mich fest. Sie sagte, ich solle meinen erbärmlichen Bierzapf-Job kündigen, sobald ich zurück sei.

In nur wenigen Wochen begann das Studium, und sie wollte, dass ich zuvor den Rest des Sommers genoss. Ein Nebenjob sei auch zukünftig nicht notwendig – sie hatten sich um alles gekümmert, mein Vater hatte die Studiengebühren bezahlt und einen Dauerauftrag für meine Lebenskosten eingerichtet. Ich würde fünfhundert Pfund pro Monat erhalten, und falls das nicht reichen sollte, brauchte ich nur Bescheid zu geben, dann würden sie mir sofort mehr überweisen. Solche Eltern zu haben war doch ein verdammtes Glück, oder? Eltern, die nicht wollten, dass ich das Studium mit einem fetten Schuldenberg beendete. Ich hatte Glück – das hatte ich wirklich, oh ja.

Auf dem Rückflug sagte Sean, dass er mich liebe. Außerdem war er restlos von meinen Eltern begeistert, insbesondere von »Maman«, wie er sie nannte. Nun würde alles gut, da er Maman großartig fand und wusste, wie man sie zu nehmen hatte. Er würde nicht zulassen, dass der Kontakt jemals wieder abriss.

»Du glaubst mir doch, Livvy, oder?«, fragte er leise.

»Ja«, antwortete ich und drückte fest seine Hand.

Glaubte ich ihm tatsächlich? Ich denke schon.

18
Heimtücke

»Psychopathen sind unfähig, anderen Menschen gegenüber echte Gefühle zu empfinden, können sie jedoch bestens imitieren und sich selbst als ehrlich mitfühlend präsentieren.«

Zurück in England war alles anders. Meine Beziehung zu Sean war vom Sommerflirt zu etwas Festem geworden. Er meinte, dass er seinem Leben schon lange eine neue Wendung hatte geben wollen und dass nun die Chance gekommen sei. Er liebe mich, er liebe meine Familie, und er meine es ernst mit unserer Beziehung. Sein Drogenproblem solle uns nicht entzweien, er werde einen Entzug machen.

Wir schmiedeten eifrig Zukunftspläne: Ich würde ins Studentenheim in Brighton ziehen und Sean zurück nach Birmingham, fort von der Versuchung und dem schlechten Umgang. Er würde den Drogen endgültig entsagen und sich nach einem Job umsehen, Geld sparen und in meinem zweiten Studienjahr zu mir nach Brighton ziehen, damit wir wieder in einer gemeinsamen Wohnung leben konnten.

Sean stellte mich seiner Familie vor. Falls ich noch einen Hauch von Restzweifeln gehabt hatte, waren diese beseitigt, sobald ich seine Mutter Helen kennenlernte. Sie behandelte mich von Anfang an wie eine alte Freundin und begegnete mir auf Augenhöhe. Sie erzählte, dass sie Seans Vater verlassen hatte, weil er sie mehrfach betrogen hatte. Er sei kontrollierend und besitzergreifend, habe sie schlecht behandelt, und es gehe ihr sehr viel besser ohne ihn.

Auch Seans Stiefvater Stan mochte ich auf Anhieb. Er hatte sich besser um Sean gekümmert als sein leiblicher Vater. Helen und Stan waren freundliche, anständige Leute, und mir wurde endgültig klar, dass Sean tatsächlich in diese Drogengeschichte »hineingeschlittert« war. So war er nicht.

Im September wurde Sean zu einem Vorstellungsgespräch nach

Birmingham eingeladen, kurz darauf erhielt er eine Zusage und wurde als Außenvertreter eingestellt. Eigentlich war es ein schlichter Job, Sean sollte lediglich von Tür zu Tür gehen und um Spenden für einen karitativen Zweck bitten, doch er war außerordentlich charmant, das war seine große Stärke. Dank seines hübschen Gesichts und seiner lässigen Art öffneten die Leute *selbstverständlich* die Tür für ihn und ließen sich *selbstverständlich* zu einer Spende überzeugen. Was er auch verkaufte – die Leute wollten es haben. Die Arbeit wurde zu einer neuen Sucht, und dieses Mal unterstützte ich sie voll und ganz.

Ich bezog meine Studentenbude in Brighton. Sean brachte mich zum Campus und half mir beim Einzug. Er blieb sogar während der »Ersti-Woche«: Wir übernachteten in meinem schmalen Bett und kuschelten uns eng aneinander. Vom ersten Tag an verstand sich Sean mit den anderen Leuten im Wohnheim prächtig. Er bemühte sich besonders um die Sympathie meiner drei männlichen Zimmernachbarn; er meinte, das tue er, um ihnen klarzumachen, zu wem ich gehörte. Gegen Ende der Woche bettelten alle, er möge nicht wegfahren. »Bleib bei uns«, riefen sie, als ich Sean zu seinem Auto begleitete. »Niemand muss was davon wissen. Wir wollen nicht, dass du schon gehst.« Ich lächelte in mich hinein und war stolz, dass mein Freund so charmant und beliebt war.

Anschließend sahen Sean und ich uns jedes Wochenende. Abwechselnd fuhr ich nach Birmingham, oder er kam nach Brighton. Ich vermisste ihn, wenn er fort war, aber ich war trotzdem zufrieden: Mein Studiengang machte mir Spaß. Ich lernte viel über Fotografie, Webdesign und Film und stürzte mich in die Arbeit, obwohl die Noten des ersten Semesters kaum Gewicht hatten.

Die anderen Studenten auf meiner Etage waren locker und nett, und wir wurden schnell zu einer Clique. Die Mädchen hingen am liebsten bei mir ab, weil mein Zimmer am gemütlichsten war: Ich hatte überall Bilder und Tücher aufgehängt und mein Bett mit einer Lichterkette dekoriert. Wir kochten oft in der Gemeinschaftsküche und aßen dann bei mir im Zimmer. Dann setzten wir uns auf mein Bett, sahen Filme und sprachen stundenlang über Freunde, Beziehungen, unsere Kurse und Dozenten und wo wir uns in fünf Jahren sahen.

Mutter war immer noch wohlgestimmt, und wir hatten uns seit unserer Versöhnung nicht wieder gestritten. Sie nahm immer noch viel Raum in meinem Leben ein und wollte, dass ich sie regelmäßig anrief – was ich auch tat. Doch sie schien allmählich zu begreifen, dass ich nun erwachsen war. Sie musste mich ziehen lassen.

Sean war eine große Unterstützung. Er schien einen siebten Sinn zu haben, wenn es um Mutter ging, und spürte instinktiv, wann sie sich vernachlässigt fühlte oder wütend war. Er wusste, wann ich sie anrufen musste, und nannte solche Gespräche spaßhaft »den Drachen zähmen«. Ich mochte es nicht besonders, wenn er das sagte. Es schwang eine gewisse Belustigung darin mit, so als glaubte er nicht wirklich, dass Mutter etwas Drakonisches an sich hatte. Doch er kannte sie bisher ja nur von ihrer besten Seite.

Als sie von seinem neuen Job erfahren hatte, hatte Mutter nach Seans Maßen gefragt und ihm anschließend einen maßgeschneiderten Anzug und teure Lederschuhe zukommen lassen. Als es kälter wurde, schickte sie noch einen Designermantel hinterher – damit ihm nicht kalt wurde, wenn er von Tür zu Tür ging. Ihre extremen Zuneigungsbekundungen überraschten und irritierten mich. Ein Teil von mir wartete nur darauf, dass sie sich gegen ihn wenden und ihn für mich verderben würde, so wie sie es mit Lucas und Tim getan hatte.

In den Weihnachtsferien lud sie uns zum gemeinsamen Skiurlaub in Frankreich ein. In den folgenden Tagen übte sie zum ersten Mal Kritik an Sean und kommentierte, wie lange er morgens im Bad brauche, um sich fertig zu machen und sein Haar zu frisieren. Dem konnte ich nichts entgegensetzen: Sean war eitel. Er überprüfte sein Spiegelbild bei jeder Gelegenheit, strich das dichte dunkle Haar zurück und zog die Augenbrauen auf eine Art hoch, die er für lustig und sarkastisch hielt.

***

Seans düstere Seite blitzte zum ersten Mal im Studentenheim auf. In der Vergangenheit waren seine Eifersucht, seine paranoiden Schübe und seine Aggression nur in Verbindung mit Koks aufgetreten – so war er nicht. Doch nach meinem Umzug nach Brighton änderte sich das. Sean fand, dass ich zu viel Zeit mit meinem Zimmernachbarn Tom verbrachte. Tom war einfach nur ein guter Freund, zwischen uns lief nichts. Sean war trotzdem eifersüchtig, verhielt sich Tom gegenüber unfreundlich und war mir gegenüber aggressiv, sobald wir wieder allein waren. Gegen Ende des zweiten Semesters ging er sogar einmal auf Tom los. Glücklicherweise verhinderten die anderen Jungs eine Schlägerei, aber die Dynamik war danach eine andere.

Meine Freunde hatten genug von Seans streitsüchtigem Verhalten und fragten, ob ich nicht erkennen könne, dass er mir nicht guttat. »Nein«, meinte ich. »Sean ist ein lieber Kerl. Er ist eigentlich gar nicht so …« Doch meine Freunde sahen das anders und distanzierten sich nach und nach nicht nur von Sean, sondern auch von mir.

Ich mochte den neuen Sean nicht und verstand nicht, warum er sich auch clean so verhielt. Er nahm keine Drogen, wenn er zu Besuch kam. Das wusste ich genau, weil ich jedes Mal seine Sachen durchsuchte, wenn er duschte. Kam er aus dem Bad, musterte ich ihn unauffällig und suchte nach Koksspuren. Seine Augen und seine Miene wirkten normal.

Er wurde allerdings verschlossener, wendete seinen Handybildschirm ab und ging zum Telefonieren immer ins Nebenzimmer. Eines Tages fragte ich ihn, ob ich mir Sorgen machen müsse. Er drehte sich langsam zu mir um und sah mich entsetzt an. Wie konnte ich nur so etwas fragen? Ich wüsste doch, wie sehr seine Mutter unter den Seitensprüngen seines Vaters gelitten hatte. Wie konnte ich nur glauben, dass er so etwas tun würde? Das würde er schon allein aus Respekt vor seiner Mutter – aus Respekt vor allen Frauen – nie machen. Er würde mich niemals hintergehen oder betrügen.

Und weil ich ihm vertraute, glaubte ich ihm.

***

Ich schloss das erste Jahr an der Universität mit herausragenden Noten ab, und Mutter lobte mich. Sean kündigte an, den Sommer in Brighton verbringen zu wollen. Ich wurde nervös: Die Stadt war eine Party-Hochburg. Würde Sean angesichts der vielen kursierenden Drogen stark bleiben? Wäre es nicht einfacher, wenn er in sicherer Umgebung bei seinen Eltern bliebe? Er zerstreute meine Bedenken und behauptete, das Kapitel sei längst abgeschlossen. Nur der alte Sean sei den Drogen zugetan gewesen. Der neue Sean habe überhaupt keine Zeit für so etwas. Dann begann er, sich nach einem neuen Job umzusehen. Einer seiner Freunde arbeitete für ein Headhunter-Unternehmen mit Schwerpunkt in der Vermittlung von fachkundigen Juristen und schlug Sean für eine Stelle vor. Als ich Seans Bewerbung sah, schockten mich die vielen Unwahrheiten.

»Du hast geschrieben, dass du einen Uni-Abschluss hast«, meinte ich.

»Ja.«

»Hast du nicht.«

»Nein.«

»Hältst du das nicht für ein bisschen gefährlich?«, fragte ich. »Immerhin geht es hier um eine Stelle bei einem juristisch ausgerichteten Headhunter-Unternehmen, die werden doch genauer hinsehen. Außerdem behauptest du, du hättest ein Jahr Berufserfahrung im Recruitment. Das stimmt doch gar nicht.«

»Ja, ich weiß.«

Ich starrte ihn an. »Hältst du solche Lügen nicht für ziemlich gewagt?«

»Nö«, entgegnete er und zuckte mit den Schultern. »Kein Unternehmen prüft tatsächlich, ob man die passenden Zeugnisse hat. Ich wäre ein toller Rekrutierer, das weiß ich auch ohne Erfahrung. Immerhin geht es um Personalvermittlung, und ich kann gut mit Leuten arbeiten. Ich weiß, wie man sie am besten manipuliert. Das passt schon.«

Mir gefiel nicht, was er da sagte, aber ich wollte keinen Streit provozieren. Außerdem hatte er recht: Es »passte« tatsächlich so. Seans gefälschter Lebenslauf verhalf ihm zu einem Termin, und im Bewerbungsgespräch schaffte er es, sich überzeugend zu verkaufen. Er bekam die Stelle.

»Hab's dir doch gesagt!«, rief er, sobald er die Zusage erhielt. »Ich hab's dir doch gesagt!«

»Stimmt«, gestand ich. »Gut gemacht.«

Es verblüffte mich immer wieder, wie Sean es jedes Mal schaffte, genau das zu bekommen, was er wollte. Das Wort »nein« kannte er nicht. Andere mochten mehr Erfahrung oder eine beeindruckende Ausbildung durchlaufen haben, doch niemand konnte sich so gut präsentieren wie Sean. Er log mit betroffener Miene, zog die Augenbrauen zusammen und sah verletzt drein. Er log charmant, grinste, zwinkerte und zog eine Augenbraue hoch. Er log ohne Zurückhaltung, ohne Angst vor möglichen Konsequenzen, ohne Reue.

Trotzdem war mir der Ernst der Lage nicht bewusst.

***

Im Frühsommer musste ich mich immer öfter übergeben. Zunächst hing ich nur morgens über der Toilettenschüssel. Als Sean ins Bad kam, meinte er: »Das ist wahrscheinlich nur ein Infekt«, und ich nickte weinend. Vermutlich hatte er recht. Doch die Zeit verging, und es wurde nicht besser. Mir war andauernd schwindelig, ich fühlte mich müde, und in meinem Bauch kribbelte es merkwürdig.

»Kann es sein, dass du schwanger bist?«, fragte Sean schließlich. Ich schüttelte den Kopf. Als Achtzehnjährige war bei mir ein polyzystisches Ovarialsyndrom diagnostiziert worden, und man hatte mir gesagt, dass die Funktionsabläufe meiner Eierstöcke gestört seien und ich auf natürlichem Wege nicht schwanger werden könne. Ich war mir nicht einmal sicher, ob ich Kinder wollte, und ein Teil von mir dachte, das Universum wolle mir ein Zeichen geben, dass ich keine Mutter sein sollte. Vielleicht war ich zu kaputt; vielleicht würde ich so werden wie meine eigene Mutter. Obwohl die Chancen, schwanger zu werden, verschwindend gering waren, hatte ich jahrelang die Antibabypille genommen. Erst vor ein paar Monaten hatte ich sie abgesetzt, da ich meinen Hormonhaushalt nicht noch mehr durcheinanderbringen wollte.

Eine Woche später, nachdem es mir noch nicht besser ging, kaufte Sean einen Schwangerschaftstest. Ich erinnere mich noch genau daran, wie ich auf dem Badewannenrand saß und mit zitternden Händen den Plastikstab in der Hand hielt. Im Sichtfenster zeigte sich allmählich eine blaue Linie. Panik und Angst überwältigten mich, und mein Gesicht begann zu glühen – aber war da nicht auch ein Funken Freude? Mir war gesagt worden, dass ich ohne künstliche Befruchtung keine eigenen Kinder haben würde, und trotzdem saß ich nun hier und war einfach so auf natürlichem Wege schwanger geworden. Ich stand auf und verließ das Badezimmer.

»Positiv«, verkündete ich Sean. Meine Stimme klang tonlos.

»Positiv, dass du schwanger bist oder dass du *nicht* schwanger bist?«, fragte er.

»Dass ich schwanger bin«, antwortete ich, und zu meiner Überraschung leuchtete Seans Gesichts begeistert auf. Wir hatten ein Kind gezeugt, freute er sich, ein Wunderkind! Das würde uns ein Leben lang miteinander verbinden. Die Ehe bedeutete nichts – man könne sich schließlich jederzeit scheiden lassen –, aber ein Kind schuf eine ewige Verbindung. Das war doch genau das, was wir beide wollten, oder?

Es war nicht das, was ich wollte. Als Sean das sagte, fühlte ich mich wie gefangen. Ich war noch nicht bereit für ein Kind: Mein Studium war nicht beendet, und ich war erst zwanzig.

»Los, rufen wir Mum an!«, rief er. »Sie wird durchdrehen vor Freude.«

»Nein, Sean, bitte nicht«, meinte ich. »Sag ihr bitte nichts. Ich bin noch nicht bereit für ein Kind – wir sind beide noch nicht bereit. Wir sind zu jung. Hör mir bitte zu!«

Schließlich ließ sich Sean von mir überzeugen, und wir vereinbarten einen Termin beim Arzt. Dort wurde die Schwangerschaft noch einmal offiziell bestätigt und ein Datum für einen Abbruch festgelegt. Sean ließ keine Gelegenheit aus, mir ein schlechtes Gewissen zu machen. Er streichelte zärtlich meinen Bauch und flüsterte wehmütig: »Mein armes, armes Baby.«

Mich überkam ein starker Drang, Mutter doch noch einzuweihen. Trotz allem würde sie mich bestimmt verstehen. Sean meinte jedoch, das sei unfair: Wenn er seiner Mutter nichts erzählen dürfe, gelte das auch für mich und meine Mutter. Über das Baby zu sprechen ließ die Situation so real werden, dass ich den Schmerz ohnehin kaum aushalten konnte. Also hielt ich mich zurück.

Abends war ein Telefonat mit Mutter vereinbart. Um sieben Uhr musste ich sie anrufen, das letzte Mal lag zwei Tage zurück – so waren die Regeln, und ich hielt mich daran. Ich schaffte es, meine Tränen zu unterdrücken. Sean saß neben mir und überwachte, dass ich mich ja nicht verplapperte. Mutter schimpfte über ihre grässlichen

Schüler, lobte sich dafür, dass sie mich in England studieren ließ, beschrieb ihre geniale neue Skulptur – die musste ich mir bald selbst ansehen, Worte wurden ihr nicht gerecht –, und ich nickte, während sie sprach. Das konnte sie zwar nicht sehen, aber ich musste irgendetwas tun, um durch das Gespräch zu kommen. Als ihr Redeschwall endlich versiegte, verkündete ich im quirligen, speziell für sie reservierten Tonfall, dass bei mir alles bestens war. Natürlich war wie immer alles einfach nur *fantastisch*.

Die Abtreibung sollte eine Woche später stattfinden. Die Tage davor schienen in Zeitlupe zu vergehen. Sean suchte ständig meinen Blick, seufzte dann theatralisch und starrte auf meinen Bauch. Tränen standen ihm in den Augen, und er schüttelte den Kopf, so als könnte er den Schmerz kaum ertragen. So als wollte ich das denkbar Schlimmste tun, etwas Grauenerregendes, Bösartiges – nur, um ihn zu verletzen. Und ich *tat* etwas Schlimmes, oder? Ich brachte ein Kind um – mein Kind, *unser* Kind.

Als wir im Krankenhaus ankamen und uns im Wartezimmer niederließen, war Sean reserviert und kühl. Ich hatte fürchterliche Angst und sehnte mich nach einer zärtlichen Geste. Am liebsten hätte ich seine Hand auf meiner gespürt, aber er wandte sich betont von mir ab und starrte auf die beigefarbene Wand, sein Handy oder die unsichtbare Wölbung meines Bauches. Wir mussten stundenlang warten, und die Zeit verging nur langsam. Allmählich wurde es sieben Uhr, und ein Telefonat mit Mutter stand an. Mit zitternden Fingern wählte ich ihre Nummer und begrüßte sie beschwingt mit »Hi, Maman!«, als sie sich meldete. Meine Kehle wurde eng, meine Stimme zitterte, und bevor ich mich sammeln konnte, war ich auch schon in Tränen ausgebrochen.

»Was ist denn los, meine kleine Olive?«, säuselte Mutter mit ihrer warmen Stimme. Für einen kleinen Moment hätte ich mich am liebsten in ihre Arme geworfen und mich von ihr trösten lassen.

»Ich bin schwanger!«, platzte es aus mir heraus, und auf einmal traf mich die Wahrheit mit voller Wucht. Ich schluchzte laut und spürte, wie sich Sean neben mir verkrampfte. Seine Miene verfinsterte sich, dann stand er auf und verließ den Raum.

»Schwanger?«, wiederholte Mutter geschockt. Ich erzählte ihr alles: vom Arztbesuch, dem Krankenhaus und meiner Angst. Aber

Mutter war für mich da. Sie sei stolz auf mich, meinte sie. Stolz, dass ich meine Zukunft über das Baby stellte und wusste, dass ich noch nicht bereit sei. Sie beruhigte mich und versicherte mir, dass ich die richtige Entscheidung getroffen hatte. Sobald es mir besser ginge, solle ich sie besuchen, und sie würde sich um mich kümmern.

Sean war außer sich vor Wut: Er konnte nicht fassen, dass ich Mutter in letzter Sekunde eingeweiht hatte. Vor allem, da ich wusste, wie gern er seiner Mutter von der Schwangerschaft erzählt hätte.

Also wartete ich allein, dass man mich aufrief. Kurz bevor es so weit war, kam Sean zurück ins Wartezimmer gerannt. Er küsste mich stürmisch und versprach, auf mich zu warten, wenn ich aus der Narkose erwachte. Dann wurde ich fortgeführt.

Und einfach so war alles vorbei.

Nur wenige Momente später schien ich wieder zu mir zu kommen. Die Übelkeit war vorbei, das seltsame Kribbeln in meinem Bauch ebenfalls nicht mehr zu spüren. In meinem Kopf herrschte ein heilloses Chaos – doch es war erledigt, es war vorbei.

***

Ein paar Wochen später endete das Semester, und wir besuchten meine Eltern. Mutter verhielt sich mir gegenüber sehr aufmerksam und liebevoll, kritisierte mich so gut wie nie und sagte immer wieder, wie stolz sie auf mich sei, dass ich mich für eine Abtreibung entschieden hätte. Dabei streichelte sie meine Wange, lächelte und tätschelte meine Hand. »Meine starke kleine Olive«, seufzte sie. »Mein großes Mädchen.«

Manchmal beschlichen mich unliebsame Erinnerungen, die mir so fremd waren, als wären sie die einer anderen. Mutter war nicht mehr die, die mir wehgetan hatte. Das war ein anderer Mensch in einem anderen Leben. Ich betrachtete ihre Hände, die so vertrauten feingliedrigen Finger, und dachte daran, wie oft sie mich damit verletzt hatte. Sie hatte mich mit diesen Händen die Treppen hinuntergestoßen, eine Schere wild durch meine Haare sausen lassen, Abspülmittel in unseren Teich gespritzt und boshafte E-Mails getippt, in denen sie mich als *Schlampe*, *Hure*, *Fotze* beleidigt hatte. Doch Menschen änderten sich – dafür war sie der lebende Beweis.

Sie und mein Vater waren so stolz auf mich, dass sie vorhatten, für meine letzten beiden Studienjahre eine Wohnung für Sean und mich anzumieten. Sie wollten nicht, dass ich weiter in dem gammligen Studentenheim hauste. Mir gebührte ein schöner, ruhiger Rückzugsort, an dem ich gemeinsam mit meinem berufstätigen Freund entspannen konnte. Sie hatten bereits die perfekte Wohnung für uns gefunden: eine frisch renovierte Doppelhaushälfte mitten in Brighton. Meine Eltern würden die Miete und Kaution bezahlen, und Sean müsse sich nur an den laufenden Kosten beteiligen.

»Aber Maman, Sean verdient gut in seinem neuen Job«, meinte ich, als er gerade nicht in der Nähe war. Ihr Angebot war sehr großzügig, doch ich wollte nicht wieder derart von ihrem guten Willen abhängig sein. »Er bekommt zusätzlich zu seinem Gehalt noch eine monatliche Provisionszahlung und kann sich auf jeden Fall an der Miete beteiligen.«

»Nein«, wehrte Mutter kopfschüttelnd ab. »Ich liebe euch beide von ganzem Herzen und möchte, dass ihr ein neues Kapitel in Brighton aufschlagt. Sean soll sein Gehalt gern für euch beide ausgeben, aber in die Miete muss er es nicht stecken.«

Ich war zwanzig Jahre alt, und man bot mir an, mit meinem Freund in eine Stadtwohnung zu ziehen – wie hätte ich da Nein sagen können? Mutter war mitfühlend und umsorgend, genauso wie ich es mir immer gewünscht hatte: eine echte Mutter, die mich liebte. Und ich hatte nicht nur sie, sondern auch noch einen Freund, der mich unterstützte.

»Du hast wirklich Glück«, meinte Mutter.

Ich stimmte ihr zu.

Bevor wir wieder nach England reisten, führte Mutter uns durch ihre Wohnung und drängte uns dazu, uns sämtliche Möbel auszusuchen, die wir für unsere neue Bleibe gern hätten.

»Das ist wirklich mehr als großzügig von dir, Maman«, sagte Sean und nahm meine Hand, während wir ihr langsam von Raum zu Raum folgten, so als bummelten wir durch ein Möbelhaus. Sean hätte am liebsten alles genommen, aber ich fragte nur nach einer Handvoll Dingen: einer alten Truhe, Bettwäsche und einem braunen Ledersessel.

»Hier, nehmt das auch noch mit«, drängte Mutter und nahm ein

Bild von der Wand. »Das könnt ihr im Schlafzimmer aufhängen.« Es war ein Selbstporträt, das Mutter aus der Froschperspektive zeigte, so als sähe sie von oben auf den Betrachter herab. Ihr Gesicht war zur Hälfte im Schatten verborgen und seltsam unförmig; Teile ihres Kopfes waren so dunkel gemalt, dass sie mit dem schwarzen Hintergrund zu verschmelzen schienen. Das Bild gefiel mir überhaupt nicht, aber ich nahm es pflichtschuldig entgegen.

»Vielen Dank«, sagte ich, und Mutter lächelte mich strahlend an. »Jetzt ist es so, als würde ich immer über euch wachen.«

***

Wir zogen in die neue Wohnung und verbrachten einige Tage damit, sie gemütlich einzurichten. Die Fenster dekorierten wir mit Blumenkästen, wir kauften neues Geschirr und dazu passende Topflappen und stellten Kerzen auf, die nach Bergamotte und Vanille dufteten. Mutter hatte behauptet, ihr Selbstporträt würde gut über unserem Bett aussehen, aber Sean hängte es über dem Klo auf.

»Hier kann sie gern über uns wachen«, verkündete er grinsend.

In den nächsten Tagen verhielt er sich recht distanziert, doch dann kam ich von der Uni zurück, und er empfing mich mit einer besonderen Überraschung: einem kleinen grauen Perserkater, den ich Mister taufte. Es war Liebe auf den ersten Blick. Mister war so flauschig und weich wie ein Wattebausch, ließ sich schnurrend streicheln und folgte mir durch die Wohnung. Wenn ich mit Mutter telefonierte, sprang er auf meinen Schoß, und sein zartes Gewicht beruhigte mich. Wir sprachen es nie offen aus, aber Sean und ich wussten beide, dass Mister ein Kindersatz für uns wurde. Er füllte das Loch in meinem Herzen und linderte den Schmerz, der mir immer noch nachging; ein Schmerz, der auch Sean zu schaffen machte.

Mutter begann, höhere Ansprüche zu stellen. Doch ihr Verhalten veränderte sich so subtil, dass ich es zunächst kaum wahrnahm. Unsere unregelmäßigen Telefonate reichten ihr nicht mehr – konnte ich mich nicht jeden Tag melden? Immerhin hatte ich ja keinen lästigen Nebenjob, zu dem ich ständig hinrennen musste. Sie zahlte Tausende Pfund, damit ich in einem schönen Heim leben konnte und neben dem Studium keiner Arbeit nachgehen musste – da konnte ich doch zumindest einmal am Tag anrufen? Sie verlangte, dass wir bei jeder Gelegenheit zu Besuch kamen, jede Ferien, jedes verlängerte Wochenende, und war wütend, wenn wir zögerten oder zu Seans Familie fuhren. Oft versuchte sie, uns ein schlechtes Gewissen einzureden. Wussten wir denn nicht, wie sehr sie uns liebte? Wie sehr sie sich nach uns sehnte? Sie zahlte doch nur deshalb unsere Miete, weil wir ihr so sehr am Herzen lagen.

***

Sean brauchte gerade mal eine Woche, um eine neue Koksquelle in Brighton ausfindig zu machen. Der alte Sean hatte den neuen übertölpelt und bewies mal wieder, was für ein »feines Näschen« er hatte. Ich war empört, gab aber mein Bestes, um mich abzuregen. Das Studium verlangte mir einiges ab, und ich hatte keine Energie für langwierige Auseinandersetzungen. Mein Abschluss hatte höchste Priorität für mich, und ich war fest entschlossen, mein Studium mit guten Noten zu beenden. Doch im Laufe der Zeit fühlte ich mich immer erschöpfter. Am Wochenende war es unmöglich, in der Wohnung zu lernen – Sean war rund um die Uhr high und zog Lines mit seinen neuen Freunden. Wenn ich gegen fünf Uhr morgens mit geröteten Augen ins Wohnzimmer wankte und um ein bisschen Ruhe bat, rollte er nur mit den Augen.

»Reg dich ab, Liv«, schimpfte er. »Es ist immerhin *Wochenende.*«

Er verhielt sich mir gegenüber eiskalt. In solchen Phasen kam es mir so vor, als wäre er aus Stein – wie eine Marmorstatue: wunderschön, aber hart, abweisend und gefühllos.

Wir stritten immer öfter, knallten Türen und schrien uns an. Sean begann, mich mit Gegenständen zu bewerfen: Essensresten, Gläsern voller Limo, Handys, Messern … Er packte mich auch an den Handgelenken, warf mich zu Boden und zischte leise, er wisse, dass ich *herumhurte*. Er wisse alles. Ich sei eine untreue kleine Schlampe. Eine widerliche Fotze, eine dreckige, verlogene Hure.

Während seiner paranoiden Schübe stapfte er wütend durch die Wohnung, knirschte mit den Zähnen, fluchte und verwüstete jedes Zimmer, während er nach Beweisen für mein Fremdgehen suchte. Schließlich war er davon überzeugt, ich müsse ein geheimes zweites

Handy haben, mit dem ich all meine Liebhaber kontaktierte. Einmal zwang er mich, mich vollends zu entkleiden, damit er sichergehen konnte, dass ich nichts am Körper versteckte. Zitternd und entblößt stand ich vor ihm, während er um mich herumging. Er begutachtete mich eingehend und meinte dann herablassend: »Zieh dich um Himmels willen wieder an – *das* will ich echt nicht sehen.«

Ich weinte mich in den Schlaf, während er am Herd eine Kokslinie nach der anderen schnupfte. Wenn er nicht heimkehrte, schluchzte ich verzweifelt in mein Kissen. Doch wenn er morgens aus der Küche oder von einer wilden Nacht zurückkehrte, vorsichtig zu mir ins Bett kroch, mich in die Arme schloss, sein Gesicht an meinen Nacken legte und sagte: »Es tut mir so leid, Livvy. Ich liebe dich so sehr, bitte entschuldige«, wenn er mich nach einem langen Tag an der Uni zu Hause mit Blumen empfing, die Wohnung geputzt hatte und mir ein Bad einließ, wenn er Abendessen für uns gekocht hatte und anschließend einen Harry-Potter-Film mit mir sehen wollte – dann war es einfach wunderschön. Genau wie früher.

Ich versuchte, vernünftig zu sein. Wutanfälle und Kontrollsucht – das kannte ich schon von Mutter. Es hieß nicht, dass die Person einen nicht liebte. Außerdem wurde Seans Verhalten von Drogen befeuert. Sobald seine Trips vorbei waren, ging er mit mir ins Gartencenter – einen meiner Lieblingsorte – und kaufte Blumensamen mit mir ein, die wir zu Hause aussäten. Auf dem Rückweg aßen wir Eis, er nahm mich bei der Hand und sagte, niemand würde mich jemals so sehr lieben wie er.

Ich glaubte ihm, und da ich ihn ebenfalls liebte, vergab ich ihm immer und immer wieder. Immer und immer wieder belog ich Mutter, setzte meine quirlige Stimme ein und grinste breit. Ich erzählte ihr von schönen Wochenenden und ließ den Teil aus, in dem Sean fünfhundert Pfund für Koks berappt und mich später am Hals gepackt und gegen die Wand geworfen hatte.

Sean hatte immer noch einen besonderen Draht zu Mutter – zumindest, wenn er nüchtern war. Sobald die Stimmung kippte, gab Sean mir goldrichtige Tipps, wie ich mich am besten verhalten sollte. Er rief Mutter an, begrüßte sie mit einem fröhlichen »Hey, Maman!« und erzählte ihr, wie sehr ich sie vermissen würde und dass er es kaum erwarten könne, sie wiederzusehen. Manchmal schnappte er sich das Telefon, ging ins Nebenzimmer und unterhielt sich hinter verschlossener Tür mit ihr. Irgendwie missfiel mir das – er wusste genau, welche Knöpfe er zu drücken brauchte. Er wusste, wie er mich nach einem paranoiden Koks-Schub besänftigen konnte, und genauso behielt er auch Mutter unter Kontrolle. Sobald sie durchzudrehen drohte, fing er sie wieder auf.

Die beiden hatten eine seltsame Beziehung, die ich nie ganz durchschauen konnte. Sie wirkten einander sehr zugetan, doch unterschwellig schienen sie durchaus miteinander zu konkurrieren. Wenn wir meine Eltern besuchten, führten Sean und Mutter lange Gespräche und gingen sogar manchmal gemeinsam spazieren. Mein Vater und ich sahen uns amüsiert an und schmunzelten darüber, doch ich fragte mich oft, worüber die beiden redeten. Später erzählte Mutter, dass Sean sie verstand wie kein anderer. Sie, ihren Schmerz, ihr Leid. Das mochte ich nicht. Es erinnerte mich daran, dass ich auch das Gefühl gehabt hatte, Sean würde mich verstehen wie kein anderer. Das war damals gewesen, als wir uns frisch kennengelernt hatten.

Mutter mochte Sean zugetan sein, aber das hielt sie nicht davon ab, ein doppeltes Spiel zu spielen. Oberflächlich betrachtet schien sie ihn zu vergöttern, kaufte ihm teure Kleidung und Schuhe und sagte ihm immer wieder, man könne sich keinen besseren Schwiegersohn wünschen. Doch kaum war er außer Hörweite, zog sie mich beiseite und flüsterte Gemeinheiten in mein Ohr. Sie behauptete, er sei eitel und von seinem Aussehen besessen, und unterstellte ihm, er würde sie finanziell ausbeuten.

Sean verhielt sich ähnlich. Er gab vor, Mutter zu verehren, doch hinter ihrem Rücken sagte er, sie würde sich zwischen uns stellen und uns auseinandertreiben wollen. Einerseits war ich froh, dass er Mutter derart durchschaute, andererseits ärgerte es mich, dass Sean sich so negativ über sie äußerte und gleichzeitig ihre großzügigen Geschenke annahm. Die beiden schienen einen Machtkampf auszufechten, in dem es darum ging, wer mehr Kontrolle über mich ausüben konnte. Das gefiel mir ganz und gar nicht.

***

Das zweite Jahr an der Universität verlief wie im Fluge: Vorlesungen, Hausarbeiten, Deadlines, Auseinandersetzungen mit Sean, Versöhnungen, Mutter davon überzeugen, dass man ihr gerecht wurde … Meine Freunde aus dem Wohnheim wollten sich nicht mehr mit mir treffen, weil sie Sean nicht mochten. Ich sah einige von ihnen noch ein oder zwei Mal einzeln, doch es war nicht mehr das Gleiche. In meinen Seminaren lernte ich einige nette Leute kennen, aber wir verbrachten nie Zeit außerhalb der Uni miteinander. Ich zog nicht mehr abends um die Häuser, und irgendwann ging ich fast gar nicht mehr aus – die Streitereien, der Stress, Seans Paranoia, seine Anschuldigungen und Wutausbrüche waren es nicht wert.

Ich war fleißiger als jemals zuvor und arbeitete oft bis in die frühen Morgenstunden an meinen Hausarbeiten. Wenn Sean sich wieder einmal einem ausgiebigen Drogenexzess hingab, versuchte ich, nicht weiter darüber nachzudenken und die Zeit stattdessen zum Lernen zu nutzen. Ich machte mir eine Tasse Tee, räumte meinen Schreibtisch auf, holte Mister zu mir und arbeitete die Nacht durch. Obwohl Mutter und ich uns inzwischen wieder besser verstanden, war mein Ehrgeiz ungebremst: Ein hervorragender Abschluss versprach nicht nur einen guten Job, sondern auch Freiheit.

Ich bekam auch dieses Semester nur Bestnoten, und Mutter belohnte mich bei meinem nächsten Besuch mit großzügigen Geschenken und ausgedehnten Shoppingtrips. Ich sagte ihr, dass ich keine Geschenke wolle – mir reichten ihr Lob und ein wenig Zuneigung völlig –, doch sie bestand darauf.

»Ich will dich verwöhnen«, meinte sie und tätschelte meine Wange. »Sieh es als eine Art verspätetes Geschenk zu deinem einundzwanzigsten Geburtstag. Du bist so schnell groß geworden … Es bricht mir das Herz, dass wir uns nicht öfter sehen.«

Mutter umsorgte Sean und mich genauso großzügig wie in den beiden Sommern zuvor, doch ich spürte ab dem ersten Moment unserer Ankunft, dass etwas anders war: Sie schien ihn allmählich sattzuhaben. Wenn er abgelenkt war, musterte sie ihn mit ihrem kühlen Blick, oder sie starrte finster auf seinen Arm, wenn er mich an sich zog. Sie plauderte vertraulich mit ihm, lachte herzhaft über seine Witze, doch ich sah den Zorn, der hinter ihren Augen flackerte. Wenn Sean und mein Vater in der Küche waren oder zum Sonnenbaden auf der Terrasse lagen, folgte sie mir wie ein Schatten durchs Haus, zischte, er sei undankbar, keine angenehme Gesellschaft und schere sich offenbar keinen Deut um sie. Ich nickte schweigend – genau die gleichen Dinge hatte sie mir früher unterstellt.

Auch zwischen Sean und mir hatten sich die Dinge verändert. Mutter hatte erneut einen Picknickkorb für uns gepackt, und wir fuhren ein zweites Mal zum Mercantour-Park, doch es war nicht das Gleiche. Wir hielten Händchen und küssten uns, aber ich war kühl und reserviert. Sean warf mir vor, dass ich zu still und abweisend sei und nicht mehr mit ihm schlafen wolle. Ich stritt alles ab, aber eigentlich hatte er recht, und das wusste er auch.

Er thematisierte unsere Beziehung gegenüber meinen Eltern und machte große Ankündigungen: Immer wieder sagte er, wie sehr er mich liebe, dass er nach meinem Abschluss um meine Hand anhalten werde und es kaum erwarten könne, auch offiziell Teil unserer Familie zu werden. Von der anderen Seite des Tisches lächelte ich ihm schmallippig zu. Ich liebte Sean ebenfalls, aber es strengte mich an, Zeit mit ihm zu verbringen. Er hatte noch nie Drogen genommen, wenn wir bei meinen Eltern waren, und dafür war ich sehr dankbar – auch wenn er stattdessen den Weinkeller meines Vaters plünderte. Doch ich konnte den zweiten Sean nicht vergessen. Den Sean, den ich nicht mochte und vor dem ich mich fürchtete. Wenn er mich küsste, dachte ich an all die Male, an denen ich keinen Sex gewollt und er sich trotzdem auf mich gelegt hatte; wenn er das Baby eines Freundes auf dem Arm hielt und liebevoll gurrte, dachte ich daran, wie er mich zu Boden geworfen und gewürgt hatte.

Er hatte seine charmante Maske polternd zu Boden fallen lassen. Jetzt gab es kein Zurück mehr, egal, wie sehr er sich auch bemühte.

***

Mein letztes Studiensemester begann. Sean schnupfte wieder regelmäßig Koks, ganz wie in alten Zeiten. Unsere Beziehung wurde unerträglich und schien bald nur noch aus Schreierei, zerbrochenen Tellern, Blutergüssen und teuren Wiedergutmachungsgeschenken zu bestehen. Sean wurde immer kontrollsüchtiger: Er verbat mir, auszugehen oder Freunde zu treffen. Ein einziges Mal widersetzte ich mich ihm und ging mit ein paar Kommilitonen in eine Bar, um das Ende des Semesters zu feiern. Sean traf etwa zehn Minuten nach mir dort ein, sein Gesicht leuchtend rot vor Zorn. Er packte mich und schleifte mich wütend aus der Bar. Später versuchte ich, die entsetzten Gesichtsausdrücke der anderen zu vergessen. Wie schon früher zog ich einen unsichtbaren Vorhang zwischen mich und den Rest der Welt. Was mir einst als Schutz vor Mutter gedient hatte, setzte ich nun als Schutz vor Sean ein.

Mutter trat wieder fordernder auf. Unsere Funkstille vor zwei Jahren hatte sie geschockt und ihr gezeigt, dass ihre Macht endlich war – doch sie konnte sich selbst nicht helfen. Ich wurde ihr zu selbstbewusst, und jemand musste mich wieder auf den Boden der Tatsachen zurückholen. Allmählich begann ich sie wieder heftig zu enttäuschen … Ich meldete mich nicht zu den vereinbarten Zeiten, schrieb nicht oft genug, oder meine E-Mails ließen Freundlichkeit vermissen. Obwohl ich bis über beide Ohren in Arbeit versank, musste ich sie jeden Tag anrufen.

Ich kam kaum noch mit meinem Lernpensum hinterher. Sean tauchte nachts manchmal gar nicht mehr zu Hause auf, und ich konnte in solchen Nächten kein Auge zutun. Stattdessen lag ich auf dem Rücken, starrte die Decke an und fragte mich, wo er war, bei wem und was er wohl tat. Manchmal lag ich auch einfach nur auf der Seite und starrte dorthin, wo eigentlich er hätte liegen sollen.

Tagsüber versuchte ich, mit meiner Abschlussarbeit weiterzukommen. Doch ich war oft abgelenkt und konnte mich nicht recht motivieren. Stattdessen streichelte ich Mister und weinte in sein seidiges Fell.

Wenn ich versuchte, mit Sean über seine Sucht zu sprechen, wurde er wütend. Er fing an, Mutter Vorwürfe zu machen: Er müsse sich mit Drogen betäuben, weil sie so anstrengend und kontrollwütig sei. Sie stresse ihn so sehr, dass er nicht anders herunterkommen könne. Außerdem habe er zu viel Geld für Koks und Alkohol übrig, weil meine Eltern unsere Miete zahlten.

Ich zog mich mehr und mehr zurück und wurde wieder zu der, die ich als Jugendliche gewesen war: unnahbar und gefühlskalt. Manchmal wollte ich Sean verlassen, doch dann schien es mir wieder ein Ding der Unmöglichkeit. Unsere Leben waren zu sehr miteinander verwoben: Wir hatten eine gemeinsame Wohnung, ein Auto, einen Kater und ein enges Verhältnis zur Familie des jeweils anderen. Außerdem liebte ich ihn noch. Wenn er der alte Sean war, in den ich mich ursprünglich verknallt hatte, dann war ich mir sicher, ohne ihn nicht mehr leben zu können. Vor Sean war Mutter unerträglich gewesen; erst seit ich ihn kennengelernt hatte, konnte ich mit ihr auskommen. Ich schien oft am Rand eines Abgrunds zu schwanken, doch bevor ich zum Sprung ansetzte, zog Sean mich zurück – genau so, wie Mutter es immer getan hatte.

***

Irgendwie schaffte ich es, mein Studium mit Auszeichnung abzuschließen. Ich war die Jahrgangsbeste und wählte mit bebenden Fingern Mutters Nummer.

»Gut gemacht«, meinte sie. »Ich wusste, dass du das schaffst. Zum Glück haben wir dich finanziell unterstützt, sodass du dich immer voll und ganz auf dein Studium konzentrieren konntest. Kein Wunder, dass du so gut abgeschlossen hast.«

Ich konnte es kaum fassen, dass das Studium nun vorbei war. Die letzten drei Jahre waren wie im Flug vergangen – drei Jahre, einfach so vorbei. Es war schwieriger gewesen, als ich gedacht hatte, aber ich hatte alle Hürden erfolgreich gemeistert. Das dachte ich zumindest.

Meine Beziehung mit Sean wurde zum Problem. Er verschwand oft tagelang und wich aus oder wurde wütend, wenn ich fragte, wo er gewesen sei. Im Sommer war ich wieder einmal allein zu Hause und wartete auf Sean. Wir hatten kein Katzenfutter mehr, und ich versuchte, ihn telefonisch zu erreichen. Mister strich um meine Beine und maunzte kläglich.

»Okay, dann geh ich eben selbst und hol was für dich«, seufzte ich und tätschelte sein weiches Köpfchen. Ich lief zum nächstgelegenen Supermarkt und kaufte Katzenfutter für Mister und eine Tiefkühlpizza für Sean und mich. Ich war zu müde zum Kochen, wollte aber etwas zu essen dahaben, wenn er zurückkam. Auf dem Rückweg ging ich an der Strandpromenade entlang, genoss das warme Sonnenlicht und versuchte, die Dinge positiv zu sehen. Der Sommer stand vor der Tür, ich hatte meinen Studienabschluss geschafft, ich war zweiundzwanzig Jahre alt, jung und frei. Ich sog tief die Meeresluft ein und hoffte, dass sie mich reinigen, erfrischen und die düsteren Gedanken, die mir immer zu folgen schienen, vertreiben würde.

Dann sah ich ihn: Sean.

Sean … Doch eigentlich konnte er es nicht sein. Denn der Typ, den ich sah, ging mit einer anderen Frau spazieren. Arm in Arm lief er neben einer Blondine, zog sie dicht an sich und küsste sie. Das konnte nicht Sean sein – doch er war es. Ich blieb wie angewurzelt stehen, starrte ihn und die kurvige Fremde an, und mir wurde schlecht. Blut rauschte in meinen Ohren, lauter als das Meer. Ich wollte mich umdrehen und davonrennen, weit, weit weg von ihm, doch meine Füße schienen wie festgewachsen, und meine Beine waren bleischwer. Ich starrte ihn voller Entsetzen an: Das konnte doch nicht wahr sein, einfach nicht wahr sein.

Aber es ließ sich nicht leugnen.

Sean kam erst nach Mitternacht nach Hause. Ich hatte auf ihn gewartet und mir einen Text zurechtgelegt, doch sobald er die Wohnung betrat, hatte ich alles wieder vergessen. Ich wollte ihn angreifen und ihm zeigen, wie schlimm es mir ging. Doch mein Mund blieb geschlossen, meine Arme eng an mich gepresst.

»Was ist los mit dir?«, fragte er, schleuderte seine Schuhe in die Ecke und ließ sich auf das Sofa fallen.

»Ich hab dich gesehen«, presste ich hervor.

»Wo gesehen?«, fragte er gleichgültig.

»Wer ist sie?«

»Wer ist wer?«

Wir starrten uns an.

»Hör auf damit, Sean!«, rief ich schließlich. »Ich hab dich gesehen. Vorhin. Mit ihr. Küssend.«

»Ah …«, meinte er.

»Wie lang läuft das schon? Sei ehrlich.«

»Eine Weile.« Dann sah er mich anschuldigend an. »Du hast mir nicht genug Aufmerksamkeit geschenkt.«

»Wie lange?«

»Weiß nicht«, sagte er. »Drei oder vier Monate.«

Ich wollte meinen Ohren nicht trauen. Vier Monate lang hatte er mich betrogen, und ich hatte nichts davon mitbekommen. Scham überkam mich. Ich wollte schreien, heulen und Dinge durch die Gegend pfeffern. Stattdessen entgegnete ich lediglich: »Ich will, dass du gehst. Du kannst hier noch einmal übernachten, aber morgen musst du gehen.«

»Okay«, meinte er schulterzuckend, so als wäre es ihm vollkommen egal, was ich gerade gesagt hatte. So als wäre *ich* ihm vollkommen egal.

Am nächsten Morgen machte ich einen langen Spaziergang auf der Strandpromenade. Ich hatte Sean gesagt, dass er nicht mehr da sein solle, wenn ich zurückkäme. Ich lief und lief, dachte nach und weinte still. Außerdem überlegte ich, ob ich Mutter anrufen sollte. Ich brauchte Fürsorge und Liebe und jemanden, der mir sagte, dass es nicht meine Schuld sei und dass alles wieder gut werden würde. Ich wusste, dass ich noch jung war, fühlte mich aber nicht mehr so. Es kam mir so vor, als hätte ich mein Verfallsdatum überschritten – wie eine faulende Frucht. *Niemand würde mich je so lieben wie Sean.* Warum hatte er mich bloß dermaßen hintergangen?

Als ich einige Stunden später nach Hause zurückkehrte, waren Sean und alles, was er besaß, verschwunden. Er hatte auch Dinge mitgenommen, die wir gemeinsam angeschafft hatten: die Möbel, die gerahmten Bilder, die Küchenutensilien. Alles, was noch in der Wohnung war, waren meine Habseligkeiten und ein paar Sachen, die wir von meinen Eltern geschenkt bekommen hatten: die Truhe, die Bettwäsche, der alte Ledersessel. *Das Selbstporträt von Mutter* wachte nun einzig über mich. Ich warf mich auf das Bett, wo Mister gerade ein Nickerchen machte, und brach schluchzend zusammen.

Das war alles meine Schuld. Ich hätte es besser wissen, hätte es kommen sehen müssen. Ich hatte mich seiner Lieblosigkeit geöffnet, hatte Sean erlaubt, mich zu besitzen, hatte mich von seinen süßen Worten verzaubern lassen. Ich hatte versucht, seine steinharte Hülle zu erwärmen, doch sie war zu kalt und zu abweisend, und der Versuch hatte mich zerbrochen zurückgelassen.

19
Dominanz

»Für einen Psychopathen sind andere Menschen Wegwerfartikel; Familienmitglieder haben den Status von Besitztümern.«

Als ich Mutter am nächsten Tag anrief und ihr erzählte, was passiert war, spürte ich gleich ihre Erregung. Sie sagte zwar genau das Passende – Dinge wie »Oh, wie fürchterlich«, oder »Das ist für ihn der weit größere Verlust, das sage ich dir ganz deutlich« –, aber ich wusste, was ihr durch den Kopf ging. Sean war weg, nun konnte sie mich wieder völlig vereinnahmen. »Ich nehme den nächsten Flieger«, erklärte sie großmütig. »Maman kümmert sich um dich.« Als ich fragte, ob mein Vater mitkommen würde, entgegnete sie, nein, das sei eine Frauenangelegenheit.

Nach ihrer Ankunft ließ sie zunächst das Türschloss auswechseln, dann führte sie mich zum Essen aus. Im Restaurant erging sie sich unablässig darüber, dass sie Sean von Anfang an nicht gemocht habe. Der Junge sei ein Schmarotzer und ein grässlicher Schleimer, meinte sie. Er benutzte andere, war ein Parasit. Sie hatte schon immer gewusst, dass er verlogen war.

»Warum hast du nie etwas gesagt?«, fragte ich. Ich kam mir so dumm vor. Meine Freunde hatten es auch schon früh erkannt: Sean war ein Mistkerl. Anscheinend war das jedem bewusst gewesen außer mir.

»Ich wollte deine Gefühle nicht verletzen«, meinte sie und sah mich überrascht an. »Ich würde dir doch nie wehtun wollen.«

»Nun, es ist wohl am besten so«, sagte ich. »Er hat mir nicht mehr gutgetan. Ich fühle mich vollkommen ausgelaugt, so als hätte er mir alles genommen. Ich komme mir vor wie ein Gespenst.«

»Tatsächlich?«, fragte Mutter und trank einen Schluck Wein.

»Ja, so als wäre ich nur noch zur Hälfte da.«

»Verstehe«, meinte sie und musterte mich eindringlich.

Am nächsten Tag ging sie mit mir einkaufen und ersetzte alles, was Sean mitgenommen hatte. »Keine Bange, Maman ist im Gange«, reimte sie jedes Mal fröhlich, wenn sie einen weiteren Artikel in unseren Einkaufswagen legte. Es kam mir so vor, als wollte sie mir ein Mantra einbläuen: Sie war die liebevolle Mutter, die extra aus Monaco angereist war, um ihre liebeskranke Tochter zu trösten und ihr großzügig neue Möbel zu kaufen. Niemand hätte je behaupten können, dass sie nicht die beste Mutter der Welt sei. Ich bedankte mich überschwänglich und betonte immer wieder, dass sie mir nichts kaufen müsse. Ich sagte ihr, dass ich bald einen Job haben würde und unabhängig sein wolle.

Doch Mutter lachte nur und meinte: »Im Moment verdienst du noch keinen Penny, meine Süße.«

***

Nach Mutters Abreise rief ich bei der Strom- und Wassergesellschaft sowie bei der Bank an, um alle Konten auf mich umschreiben zu lassen. Erst da stellte sich heraus, was für einen Schlamassel Sean mir hinterlassen hatte. Er hatte seit unserem Einzug keine Wasserrechnung bezahlt, der Zahlungsrückstand belief sich auf eintausendfünfhundert Pfund. Außerdem standen weitere achthundert Pfund für Gas und Strom aus sowie zweihundert Pfund für Hausmeisterkosten und siebenhundert Pfund für einen Mobilfunkanbieter, bei dem Sean in meinem Namen einen Vertrag abgeschlossen hatte. Als ich bei der Bank vorsprach, um eine Kreditkarte zu beantragen, wurde mir mitgeteilt, dass ich keine erhalten würde. Warum? Weil meine Kreditfähigkeit als »mangelhaft« eingestuft worden war. Sean hatte ein Darlehen über zweitausend Pfund in meinem Namen aufgenommen und dazu noch eine Kreditkarte auf mich ausstellen lassen, über die er weitere zweitausendfünfhundert Pfund Schulden angehäuft hatte.

Als ich seine Konten und Profile auf meinem Laptop löschte, stieß ich auf eine Online-Anzeige, in der er nach »unverbindlichem Sex mit reifen Frauen« suchte. Vor Wut und Scham stiegen mir die Tränen in die Augen. Meine Eltern hatten Sean nach Strich und Faden verwöhnt. Sie hatten ihm eine wunderschöne Wohnung mietfrei zur Verfügung gestellt und neue Möbel, Kleidung, Schuhe und teure

Urlaube finanziert. Im Gegenzug hatte er nur die Nebenkosten bezahlen und mich lieben sollen. Stattdessen hatte er mich betrogen, belogen, bestohlen und kontrolliert. Mit nur zweiundzwanzig Jahren galt ich als kreditunwürdig und war bis über beide Ohren verschuldet.

Mutter wirkte wenig überrascht, als ich ihr von meiner prekären Lage berichtete. »Was für ein Chaos«, meinte sie. »Wir begleichen die Schulden natürlich.« Ich hatte das Gefühl, in einer Zwickmühle zu stecken: Ich wollte nicht, dass sie mir half, wollte nicht in ihrer Schuld stehen. Doch wenn die Rechnungen nicht bald bezahlt wurden, würde ich ausziehen müssen. Ich hätte ein Zimmer in einer WG mit sechs anderen Leuten haben können, wollte aber verzweifelt mit Mister in der Wohnung bleiben. Sie war mein Zuhause, auch wenn noch immer die Hälfte der Möbel fehlte und ich ganz allein dort war. Nach all den Umzügen war mir die Vorstellung, erneut den Standort wechseln zu müssen, unerträglich. Zu diesem Zeitpunkt wollte ich einfach nur einen Job finden und anfangen, Geld zu verdienen.

»Ich zahle euch alles zurück«, versprach ich Mutter. »Jeden einzelnen Penny.«

»Red keinen Unsinn«, meinte sie bestimmt. »Ich helfe dir gern.«

»Aber ich möchte nicht, dass man mir hilft«, entgegnete ich. »Ich bin zweiundzwanzig und will auf eigenen Beinen stehen. Ihr habt schon so viel für mich getan, jetzt muss ich lernen, allein zurechtzukommen. Sobald ich einen Job finde, richte ich einen Dauerauftrag ein.« Es war mir wichtig festzustellen, dass ich lediglich ein Darlehen von meinen Eltern annahm, um aus der verfahrenen Situation herauszukommen, die Sean angerichtet hatte.

Doch Mutter lachte nur, klopfte mir auf den Rücken und sagte: »Du bist wirklich witzig.«

***

Im August trat ich eine Stelle als SEO-Assistentin bei einer Online-Marketingagentur an – mein erster richtiger Job. Die Arbeit machte mir Spaß, und ich war gut in dem, was ich tat. Jeden Morgen freute ich mich, an meinem Schreibtisch Platz zu nehmen. Trotz meiner schwierigen Lebenssituation fühlte ich mich kurz euphorisch: Ich war erwachsen, ich war berufstätig. Ich hatte es geschafft! Trotz ihrer Proteste erstattete ich Mutter ihr Geld zurück. Dadurch hatte ich kaum Geld zum Leben übrig, aber das war mir egal: Ich entwickelte mich und wurde unabhängig. Bald würde ich meinen Eltern nichts mehr schulden.

Trotz seines schäbigen Verhaltens hegte ich noch immer Gefühle für Sean. Nachts sorgte ich mich um ihn, streichelte Mister und versuchte, nicht in Selbstmitleid zu versinken. Wenige Wochen, nachdem ich meine Stelle angetreten hatte, stand er vor der Tür, als ich von der Arbeit heimkehrte. Er war sichtlich abgemagert, sein Gesicht war aufgedunsen und teigig. Er wirkte müde und ungepflegt, seine großen dunklen Augen blickten stumpf.

»Es tut mir leid«, rief er, sobald ich näher kam. »Es tut mir so unendlich leid.«

»Du musst gehen«, murmelte ich, suchte nach meinem Schlüssel und mied seinen Blick. Ich konnte es nicht ertragen, ihn anzusehen – seine zerknitterte Kleidung, die hoffnungslosen Augen, den starren Blick.

»Olivia, bitte«, flehte er und kam näher. »Es tut mir so leid. Ich hab's verkackt. Was ich getan habe, ist unentschuldbar, das werde ich mir selbst nie vergeben. Ich hasse mich.«

»Gut«, meinte ich kalt, und sein Gesicht fiel in sich zusammen. Ich hatte mich zwingen müssen, das zu sagen – es tat weh, ihn so zu sehen.

»Es tut mir leid«, wiederholte er, senkte den Blick und schüttelte den Kopf. »Bitte glaub mir …« Er sah hoch und wirkte verzweifelt. »Alles, was ich getan habe … das war ich nicht, nicht wirklich. Das war das Koks. Es macht mich zu jemandem, der ich nicht bin, und ich hasse es. Ich will das nicht mehr, ich will clean werden. Ich will bei dir sein. Ich liebe dich.«

»Zu spät«, meinte ich.

Ich versuchte, die Tür aufzusperren, doch er schob sich dazwischen.

»Bitte«, flüsterte er und begann zu weinen. »Ich hab doch sonst niemanden, Olivia. Ich weiß nicht, wo ich hingehen soll. Wenn ich bei meinen Freunden bleibe, werde ich niemals vom Koks loskommen, das weißt du. Bitte, lass mich rein. Ich kann dir alles erklären.«

Ich gab schließlich nach, obwohl ich wusste, dass das keine gute Entscheidung war. Wir würden miteinander sprechen, er konnte eine Tasse Tee trinken, etwas essen und duschen – mehr nicht. Dann musste er gehen. Er stimmte sofort zu … und blieb dann natürlich doch länger. Er entschuldigte sich und sagte immer wieder, wie sehr er mich vermisst habe. Am Tag zuvor hatte er seine Stelle verloren: Nach seiner jüngsten Drogeneskapade war er auf der Toilette eingeschlafen, und ein Kollege hatte ihn dort neben mehreren Kokslinien gefunden. Da war ihm – viel zu spät – bewusst geworden, dass das Koks sein Leben ruinierte. Er hatte dadurch seine Arbeit und die Liebe seines Lebens verloren – so konnte es nicht weitergehen. Das Koks hatte ihn zu jemandem gemacht, der er nicht war – einem paranoiden, besitzergreifenden Kerl. Doch so war er nicht, nicht *wirklich*, und das wusste ich. Ich kannte sein wahres Ich, den echten Sean.

»Sean«, meinte ich, als er schließlich verstummte. »Wie soll ich dir jemals wieder vertrauen? Du hast mich auf jede erdenkliche Art betrogen.«

»Ich weiß«, seufzte er verzweifelt und ließ den Kopf hängen. »Aber die Situation hat sich geändert, versprochen.«

»Was hat sich geändert?«

»Ich hab um Hilfe gebeten«, sagte er und sah mich an.

»Wen?«

»Ich hab bei Narcotics Anonymous angerufen und einen Termin vereinbart.«

»Gut.«

Dann legte er den Kopf in den Nacken und zwinkerte mir zu.

»Und ich hab mit deiner Mutter telefoniert.«

Im ersten Moment begriff ich nicht, was er gerade gesagt hatte. Ich starrte ihn wütend und ungläubig an. Er lächelte.

»Ich hab ihr heute Morgen alles erzählt. Vom Koks und wie es mich völlig vereinnahmt hat.«

»Warum?«, stieß ich hervor. »Warum hast du das gemacht? Du weißt, wie sehr sie Drogen hasst.«

»Es ging nicht anders«, entgegnete er. »Sie musste den wahren Grund wissen. Warum ich dich so schlecht behandelt habe, warum ich so viel Schulden angehäuft habe und warum ich durchgedreht und einfach abgehauen bin. Maman versteht mich, genau wie du.

Sie weiß, wer ich wirklich bin. Deshalb hält sie zu mir. Sie will, dass wir wieder zusammenziehen.«

Ich schüttelte den Kopf. Das war mir unbegreiflich. Er musste lügen – Mutter würde bestimmt nicht wollen, dass Sean und ich wieder ein Paar wurden. Nicht nach all dem, was er getan hatte. Doch als ich sie anrief, stimmte sie allem zu.

Natürlich vergab sie Sean – er hatte immerhin eine umfassende Beichte abgelegt. Er hatte sich um Hilfe bemüht. Das musste ich doch anerkennen? Er hatte Fehler gemacht und stand dazu. Das verlangte Rückgrat. Er wollte alles wiedergutmachen, und das sollte ich annehmen.

»Er hat mich *monatelang* betrogen, Maman«, sagte ich leise. Sean saß auf dem Sofa, streichelte Mister und gab vor, nicht zuzuhören.

»Na und?«, herrschte sie mich an. »Es ging ihm schlecht, er hatte einen Haufen Probleme. Er war drogensüchtig. Außerdem hast du dich nicht genug um ihn bemüht, hast ihn kaum noch rangelassen.«

»Maman!«, rief ich entsetzt. »Er hat in meinem Namen Kreditverträge abgeschlossen. Er hat mich bestohlen.« Ich kam mir kleinlich vor, Seans Vergehen aufzulisten. Aber das waren schließlich keine unbedeutenden Bagatellen, oder?

»Mich hat er auch bestohlen«, schoss sie zurück. »Und ich habe ihm vergeben. Jetzt bist du dran.«

Ich ließ mich auf das Sofa sinken. Offensichtlich suhlte sie sich freudig in der Tatsache, dass Sean sich ihr anvertraut hatte. Es hatte ein langes Gespräch hinter meinem Rücken gegeben, in dem die beiden unsere Beziehung und unser Sexleben diskutiert hatten. Mutter empfand es gewiss als eine Art Sieg, dass Sean ihr gegenüber so ehrlich war, nachdem er so viele andere belogen hatte. Es hatte die beiden einander wieder nähergebracht.

»Sean und ich haben zwei Stunden miteinander geredet«, fuhr sie fort, und nun schwang eindeutig Triumph in ihrer Stimme mit. »Er hat mir alles erzählt, Olivia. *Alles*. Jetzt liegt es an dir, Größe zu beweisen. Du musst ihm vergeben und ihn unterstützen. Er braucht deine Hilfe, um wieder clean zu werden.«

Ich sah zu Sean hinüber. Er saß nach wie vor in der anderen Ecke des Sofas, streichelte Mister und sah zu Boden. Ich liebte ihn und hatte ihn sehr vermisst. Insbesondere sein beruhigender Umgang mit Mutter und die guten alten Zeiten, in denen er der alte Sean war, mit dem ich stundenlang gequatscht, gekocht und lange Spaziergänge unternommen hatten, hatten mir gefehlt. Aber ich war mir nicht sicher, ob es den alten Sean noch gab – vielleicht hatte es ihn nie gegeben, und ich hatte ihn mir bloß ausgedacht. Sean war zu Dingen imstande, die ich nie für möglich gehalten hatte. Er hatte mich betrogen und monatelang hintergangen. Hatte Darlehen aufgenommen, meine Kreditwürdigkeit zerstört und Tausende Pfund an Schulden angehäuft. Dieser Mensch war mir fremd. Hatte es den alten Sean jemals gegeben, und war das nur Einbildung gewesen? Vielleicht war er genauso wie Mutter, und sie hatten deshalb so einen guten Draht zueinander. Sie zeigte einem immer nur eine bestimmte Facette und überließ den Rest der Vorstellungskraft.

»Ich begleiche gern alle Schulden, die Sean angehäuft hat«, meinte sie. »Aber nur unter der Bedingung, dass du ihn zurücknimmst.«

Ich rieb meine Schläfen. Es fiel mir schwer zu verstehen, was Mutter gerade sagte. War das Bestechung oder Erpressung? »Ich rufe dich morgen zurück, Maman«, stieß ich hervor und legte auf. Sean rückte näher an mich heran, dabei hielt er Mister in den Armen.

»Ich weiß, dass du mir nicht vertraust«, setzte er an. »Ich vertraue mir auch nicht. Aber gib mir bitte noch eine Chance. Dieses Mal mache ich alles besser, Olivia, versprochen. Ich gehe zu den NA-Treffen, suche mir einen neuen Job und höre mit den Drogen auf. Ich mache alles wieder gut. Bitte gib mir noch eine Chance, bitte, bitte.«

»Ich muss darüber nachdenken«, sagte ich. »Du kannst vorerst auf dem Sofa schlafen.«

Einen Monat lang blieb ich standhaft und ließ Sean nicht im Schlafzimmer nächtigen. Mehr stand nicht in meiner Macht. Ich war fest entschlossen gewesen, ein neues Leben ohne Sean zu beginnen. Doch jetzt schien das nicht mehr möglich. Er war wieder da und hatte Mutter auf seiner Seite – ich fühlte mich, als stünde ich mit dem Rücken zur Wand.

»Niemand wird dich je so lieben wie ich«, meinte er.

»Niemand wird dich je so lieben wie Sean«, meinte Mutter.

Ich nickte und versuchte, beiden zu glauben.

***

In den ersten Monaten lief es gut zwischen uns. Sean fand eine neue Stelle als Personalvermittler und besuchte regelmäßig die NA-Treffen. Nach der Arbeit trank er höchstens noch ein Bier mit seinen neuen Kollegen und kam dann nach Hause. Er war aufmerksam und liebevoll, kochte jeden Abend für uns, ließ mir Bäder ein und sagte mir, wie sehr er mich liebe und wie froh er sei, dass ich ihm eine zweite Chance gegeben habe und ihm wieder vertraue. Tatsächlich vertraute ich ihm überhaupt nicht. Es war großartig, dass er nun schon seit mehreren Monaten kein Koks mehr genommen hatte und anscheinend ernsthaft clean werden wollte, aber das Vertrauen war fort. Ich konnte nicht vergessen, wie er reagiert hatte, als ich ihn des Fremdgehens beschuldigt hatte.

»Ah«, hatte er gesagt und dann die Schuld auf mich geschoben.

Sein Gesichtsausdruck ging mir nicht aus dem Kopf: Er hatte so distanziert und emotionslos gewirkt. Der Mann, mit dem ich seit drei Jahren zusammen war, der behauptete, er würde mich lieben, hatte sich nicht im Geringsten schuldig gefühlt. Das wusste ich, auch wenn er es inzwischen noch so sehr abstreiten mochte.

Ich schaffte es, die Frau ausfindig zu machen, mit der er mich betrogen hatte. Über Facebook schickte ich ihr eine höfliche Nachricht und fragte sie, ob wir miteinander telefonieren könnten. Sie stimmte zu. Wir unterhielten uns eine halbe Stunde lang, und ich erfuhr, dass sie Jess hieß und ein halbes Jahr lang gedacht hatte, mit Sean in einer festen Beziehung zu stecken. Sie hatte vor einem Monat zum ersten Mal von mir gehört, als Sean sich von ihr getrennt hatte mit der Begründung, er sei wieder mit einer Ex-Freundin zusammen. Ich erfuhr, dass Sean und Jess romantische Wochenenden miteinander verbracht hatten, wenn er vorgegeben hatte, seine Eltern zu besuchen. Wenn ich in Monaco war, hatten sie sich in unserem Haus getroffen (»Seans Apartment«, sagte Jess). Als Sean und ich zuletzt gemeinsam in Monaco gewesen waren, hatte sie im Haus übernachtet und nach Mister gesehen. Sie behauptete, Sean sei ein pathologischer Lügner. Er hatte sie von vorne bis hinten beschwindelt und sei dabei so überzeugend gewesen, dass sie nie an der Wahrheit gezweifelt habe. »Du weißt, dass es noch andere gab, oder?«, fragte sie, bevor sie auflegte. »Und zwar eine ganze Menge.«

Ich bedankte mich bei Jess für ihre Ehrlichkeit und gestand, dass ich von den anderen Frauen nichts gewusst hatte. Sean erzählte ich nichts von dem Gespräch. Ich fühlte mich derart verwirrt und überfordert, dass ich mich niemandem anvertrauen konnte. Also beschloss ich, die Dinge mit mir selbst auszumachen und mein neues Wissen vorläufig für mich zu behalten.

Wenn ich an Sean und Jess dachte und daran, wie sie mit meinem Kater in meinem Bett gelegen hatte oder wie sie gemeinsam verreist waren, während ich ahnungslos zu Hause gewartet hatte, wurde ich so wütend wie nie zuvor in meinem Leben. Ich fühlte mich zerstört und zerbrochen von seinem Betrug. Also verschloss ich mein Herz und entschied, nicht weiter darüber nachzudenken.

Mein einziger Lichtblick war die Arbeit. Ich verstand mich gut mit einer Redakteurin, die ebenfalls in der Agentur arbeitete. Wenn Sofia und ich quatschten und miteinander lachten, vergaß ich Mutter und Sean für einen Moment. Weil Sean wieder umgänglicher war, traute ich mich auszugehen und machte mir keine Sorgen, ob er eifersüchtig reagieren würde. Wenn ich später nach Hause kam, bemerkte ich, dass seine Mundwinkel zuckten, so als ob er mich verhören wollte, aber wüsste, dass es nicht angemessen war. Zumindest noch nicht.

Sofia und ich gingen regelmäßig zusammen aus. Eines Abends erzählte ich ihr von Sean. Bis zu diesem Zeitpunkt hatte ich niemanden außer Mutter eingeweiht – es war mir zu peinlich gewesen. Als ich ihr nach und nach anvertraute, was alles geschehen war, wurden ihre Augen immer größer: seine Seitensprünge, seine Lügen, seine Kontrollsucht. Ich erzählte ihr von den Darlehen und der Kreditkarte, die er sich in meinem Namen hatte ausstellen lassen, und all den Dingen, die er früher gemacht hatte – das Dealen, die Diebstähle und seine strafrechtlichen Verurteilungen. Ich äußerte die Vermutung, dass Sean keinerlei Reue empfand, ganz gleich, was er jetzt vorgeben mochte. Außerdem versprach ich, dass sie Sean bestimmt ungemein sympathisch fände, wenn sie ihn kennenlernen würde. Trotz allem.

»Ich hoffe, das hört sich jetzt nicht komisch an«, sagte Sofia schließlich. »Aber das klingt so, als wäre er ein waschechter Psychopath.«

»Echt?«, fragte ich lässig, obwohl mein Magen sich verkrampfte.

»Wenn du ihn schon so schlimm findest, sollte ich vielleicht gar nicht erst von meiner Mutter anfangen.« Ich lachte, so als hätte ich einen Witz gemacht. Sofia hatte Mutter kennengelernt, als sie im Sommer im Büro vorbeigeschaut hatte. Sie fand sie ausgesprochen nett, so wie jeder, der sie zum ersten Mal traf. Aber ich war noch nicht so weit, mehr über Mutter zu erzählen. Außerdem … Ein Psychopath? Das waren doch Mörder, Vergewaltiger und Serientäter. Und Sean war einfach nur verlogen und ziemlich kaputt.

Ich weihte immer mehr Freunde ein und erzählte auch Faya und Isabel von Sean. Wir hatten uns im vergangenen Jahr kaum gesehen, und ich gestand ihnen nicht die volle Wahrheit. Dass Sean mich betrogen hatte, reichte völlig.

»Ich verstehe nicht, warum du überhaupt noch mit ihm zusammen bist«, meinte Faya.

»Allmählich geb ich dich echt auf«, sagte Isabel.

»Aber es tut ihm wirklich leid«, entgegnete ich. »Er hat sich tausendmal entschuldigt und will an sich arbeiten. Und niemand wird mich je so lieben wie er.«

***

Weihnachten 2013 liefen die Dinge endgültig aus dem Ruder. Wir hatten geplant, die Feiertage bei meinen Eltern zu verbringen, und wollten am Freitag direkt nach der Arbeit nach Frankreich fliegen. Ich musste an dem Tag in London arbeiten, und so hatten wir vereinbart, dass Sean mit unserem Gepäck nachkommen würde. Am Donnerstagabend war er zu einem Weihnachtsumtrunk eingeladen.

»Komm bitte nicht zu spät nach Hause«, bat ich. »Du musst noch packen, und wir müssen morgen fit sein.«

»Ich bin spätestens um elf zurück«, meinte er grinsend.

Doch er kam und kam nicht. Ich blieb bis zwei Uhr wach, versuchte immer wieder, ihn anzurufen – aber sein Handy war abgeschaltet. Als ich morgens aufwachte, war er immer noch nicht wieder da. Ich ahnte, was passiert war: Ein Kollege hatte Koks dabeigehabt, und Sean hatte – vermutlich nicht mehr nüchtern – nicht ablehnen können und eine Line geschnupft. Dann hatte er seinen alten Dealer angerufen und Nachschub besorgt.

Ich rief ihn immer wieder an, und schließlich – als ich schon auf dem Weg zum Flughafen war – hob er ab. Es gab keine Entschuldigung oder Erklärung. Sean hatte den Kick gebraucht, und ich hatte keine Energie, mich zu streiten.

»Ich hab schon für dich gepackt«, meinte ich. »Du musst nur unsere Koffer holen und zum Flughafen kommen.«

»Ich glaub nicht, dass ich komme«, sagte er.

Ich schwieg einen Moment. Am anderen Ende der Leitung konnte ich ihn atmen hören. Dann legte ich auf – er rief nicht zurück. Im Zug brach ich in Tränen aus, was mir seltsam erschien, weil ich innerlich ganz ruhig war. Es kam mir so vor, als zerrte man an allen Ecken und Enden an mir. Ich fühlte mich zum Zerreißen gespannt, so als könnte ich jeden Moment platzen.

Ich weinte, als ich am Flughafen ankam und die Sicherheitsschleuse mit nichts weiter als meiner Handtasche passierte. Ich weinte während des Flugs, wandte mich von den anderen Passagieren ab und blickte starr aus dem Fenster, damit niemand meine Tränen sah. Ich weinte, als wir landeten und als ich meine Eltern im Wartebereich sah. Ich weinte, als ich mich in Mutters ausgebreitete Arme warf.

Auf der Fahrt nach Hause erzählte ich ihnen, was passiert war. Mein Vater war wütender, als ich ihn je zuvor gesehen hatte.

»Du musst dich von ihm trennen, Olivia«, meinte er bestimmt. »Genug ist genug.«

»Ich weiß«, schluchzte ich.

Mutter sagte seltsamerweise nichts.

Am nächsten Morgen fragte ich meinen Vater, ob er mir im neuen Jahr dabei helfen könne, Sean aus dem Haus zu werfen. Ich war mir sicher, dass er sich dieses Mal nicht still fügen würde.

»Ja, sicher«, versprach er. »Ich helfe dir auf jeden Fall.«

»Lasst uns nichts überstürzen«, wandte Mutter ein. »Es muss doch nicht gleich jemand ausziehen. Das war nur ein kleiner Rückschlag. Sean hatte einen Rückfall, das war's. So was kommt vor.«

Vater und ich starrten sie an.

»Jose, sie kann ihn doch jetzt nicht mehr zurücknehmen«, meinte mein Vater. Er sah verblüfft aus.

»Ist doch keine große Sache«, erwiderte Mutter. »Er hat einen

Fehler gemacht, das kommt vor. Ich hab schon mit ihm darüber gesprochen.«

»Wann?«, fragte ich irritiert.

»Heute Morgen«, antwortete Mutter. »Und gestern auch schon einmal.« Sie lächelte wieder auf diese mir so verhasste Art. »Ich hab alles geregelt. Sean ist am Boden zerstört, aber er wird sich wieder berappeln. Bald beginnt ein neues Jahr, und alles wird anders.«

»Maman …«, setzte ich an. Ich mochte meinen Ohren kaum trauen. »Du weißt, dass nicht nur das Koks schuld ist, oder? Es ist … *Er* ist das Problem. Du weißt ja nicht, was er getan hat.«

»Was hat er denn getan?«, fragte mein Vater besorgt. Also erzählte ich ihnen alles. Ich gestand, wie kontrollwütig Sean war und welche Angst er mir manchmal einjagte. Ich erzählte von seinen Beleidigungen, von seinem übergriffigen Verhalten und all den Malen, als ich mich vor Furcht im Badezimmer verbarrikadiert hatte – und er die Tür eingetreten und mich herausgeschleift hatte. Ich erzählte ihnen von Jess, den anderen Mädchen, und dass sie behauptet hatte, er sei ein pathologischer Lügner. Ich erzählte, dass er mir vollkommen ungerührt entgegengetreten war, als ich ihm gesagt hatte, er würde mir das Herz brechen.

Mutter seufzte und rollte mit den Augen, so als wäre ich eine Dramaqueen.

»Jeder hat seine Schwächen«, meinte sie schließlich. »Was hat man davon, wenn man alle aufzählt?«

Ich spürte, dass mein Vater wütend war, und hörte sie später streiten. Er wollte, dass ich mich von Sean trennte und endgültig ein neues Kapitel aufschlug. Mutter meinte, dass das keine Option sei. Doch dieses Mal gab mein Vater nicht nach, und das brachte sie gegen ihn auf. Sie schrie, dass das alles der Fehler seiner Eltern sei. Weil Granny und Grandad immer versucht hätten, sie auseinanderzubringen, wisse mein Vater nicht, was wahre Liebe sei. Er verstünde nicht, dass er – mein schwacher, rückgratloser Vater – nun um Sean und mich kämpfen müsse, so wie er vor Jahren für Mutter hätte kämpfen sollen. Doch diesen Fehler würde er nicht wiederholen, dafür werde sie sorgen.

Ich wusste, dass Mutter, seit sie Sean und mich im September wieder zusammengebracht hatte, genau das hatte, wonach sie sich sehnte: Sie war ein Teil unserer Beziehung. Sie fühlte sich wie eine gute Fee, die die zerbrochenen Teile einer Partnerschaft wieder zusammengefügt hatte – auch wenn sie nicht mehr zusammenpassen wollten. Wir wären ihr für immer zu Dank verpflichtet. Außerdem gab es noch einen weiteren Grund, doch den erkannte ich erst später.

Während meines Aufenthalts in Monaco pflegte Mutter heimlich Kontakt zu Sean. Sie führte flüsternd Telefonate, bedeutete meinem Vater, wer am Apparat war, und tauschte lange E-Mails mit Sean aus, die sie mir später stolz präsentierte. Wenn ich fragte, ob ich sie lesen dürfe, hielt sie eine Hand über das Geschriebene und meinte lächelnd: »Nein, das ist privat«, oder: »Sei nicht so neugierig, das geht dich nichts an.«

Es wurde beschlossen, dass ich mich wieder mit Sean versöhnen sollte. Mutter würde uns Mitte Januar besuchen und nach uns sehen. Mein Vater schwieg und blickte finster drein, doch Mutter drängte, ich solle nicht weiter darüber nachdenken, was passiert sei, und mich stattdessen an die guten Zeiten erinnern und daran, dass mich nie jemand so lieben würde wie Sean.

Ich kehrte zu einer tadellos aufgeräumten Wohnung und einem aufmerksamen, sich ständig entschuldigenden Sean zurück. Ich ließ zu, dass er mich umarmte, meine Wange küsste und sich auf mich legte. Ich schloss die Augen und zog meinen Vorhang zwischen uns. Ich wusste, was ich tun musste, aber ich war wie erstarrt: Ich wollte etwas tun, traute mich jedoch nicht.

Ich kehrte ins Büro zurück und erzählte Sofia, was in den Ferien vorgefallen war. »Das war's jetzt aber, oder?«, fragte sie mich. »Jetzt nimmst du ihn doch bestimmt nicht mehr zurück.«

»Das habe ich schon getan«, meinte ich, und sie starrte mich an. »Es ist nicht so einfach, wie du vielleicht glaubst«, fügte ich schwach hinzu. »Meine Mutter will unbedingt, dass wir zusammenbleiben.«

»Deine Mutter?«, fragte sie ungläubig. »Deine *Mutter?*«

»Ja«, sagte ich, wandte mich ab und starrte auf meinen Computerbildschirm. Ich konnte spüren, dass Sofia mich beobachtete.

»Ich muss das jetzt loswerden«, meinte sie schließlich. »Ich bin deine Freundin und werde immer für dich da sein, aber allmählich verliere ich den Respekt vor dir.«

»Okay«, entgegnete ich lahm, so als täten mir ihre Worte nicht weh. Als ich später mit Isabel sprach, sagte sie etwas Ähnliches. Das traf mich ebenso, doch die beiden hatten recht: Auch ich verlor allmählich meine Selbstachtung. Ich fühlte mich zwischen blindem Zorn und einem grenzenlosen Kummer hin- und hergerissen, doch ich wusste nicht, was mich so betrübte. Meine Beziehung mit Sean? Mein Vertrauen zu Mutter? Mein Mangel an Selbstachtung? Ich rief Seans Mutter Helen an und weinte mich aus.

»Olivia«, sagte Helen schließlich mit brüchiger Stimme. »Sean ist mein Sohn, und ich liebe ihn. Aber dich liebe ich auch. Wenn ich deine Mutter wäre …«, sie unterbrach sich, und ich hielt den Atem an, »… dann würde ich dir sagen, dass du die Beine in die Hand nehmen und nie wieder nach hinten sehen solltest. Sean ist nicht … gut für dich. Ich weiß, dass du ohne ihn besser dran bist. Besser und glücklicher und sicherer.«

Ich rief meinen Facebook-Account auf und sah mir Fotos von Sean und mir an: gemeinsam mit Mister auf dem Sofa, mit Mutter in Monaco, mit Freunden in Brighton. *Alles Lügen*, stellte ich fest. Genauso verlogen wie die Familienfotos bei meinen Eltern. Ich klickte auf Seans Profil, und die Bilder waren ähnlich, aber noch schlimmer. Das Foto von Sean und mir im eleganten Restaurant? Es zeigte uns bei einem Wiedergutmachungsdinner, zu dem Sean mich eingeladen hatte, nachdem er mit Geschirr um sich geschmissen und ich mich ängstlich in einer Ecke zusammengekauert hatte. Das Foto von Sean im schicken Anzug, das er mit dem Wort »Erfolg« untertitelt hatte? Das gesamte Outfit hatte Mutter ihm geschenkt, und wenige Stunden, nachdem das Bild aufgenommen worden war, war er auf unserer Toilette inmitten seines eigenen Erbrochenen eingeschlafen.

Ich war es leid. Ich war es leid, eine Lüge zu leben und die Wahrheit zu verleugnen.

Wenige Tage nach Mutters Besuch fand ich Sean nur mit Boxershorts bekleidet am Küchentisch vor. Beide Nasenlöcher waren mit Koksresten bestäubt, und auf dem Tisch befanden sich zwei dicke Lines. Er hatte es dieses Mal keine zwei Wochen ausgehalten. Ich sah ihn an.

»Sofia meint, du bist ein Psychopath«, sagte ich. Wie ich genau in diesem Moment darauf kam, weiß ich nicht. Sean sah auf, sein Blick war stumpf, seine Miene wirkte gelangweilt.

»Scheiße, natürlich bin ich das«, meinte er. »Hast du das nicht selbst gemerkt? Herrgott.«

Das war keine Frage. Ich hörte, was er sagte, und hätte vermutlich etwas empfinden sollen, doch in mir fühlte sich alles taub an. Ich ging ins Schlafzimmer, schloss die Tür, klappte meinen Laptop auf und googelte »Psychopath«. Dann las ich etwas über die typischen Eigenschaften von Psychopathen und über deutliche Warnsignale, dass man einem erlegen ist: oberflächlicher Charme, Gefühlskälte, Stimulationsbedürfnis, vielgestaltige Kriminalität, impulsives Verhalten, pathologisches Lügen, täuschend und manipulativ, frühe Verhaltensauffälligkeiten, Verantwortungslosigkeit, Jugendkriminalität, unzureichende Verhaltenskontrolle, Promiskuität, grandioses Gefühl der eigenen Wichtigkeit, oberflächliche Gefühle …

Als ich die Hintergründe zu diesen Symptomen las – Eigenschaften, die mir so furchtbar vertraut waren –, passierte etwas Seltsames mit meinem Körper. Ein Schauer überkam mich: Etwas Eiskaltes durchflutete meinen gesamten Leib, doch zeitgleich war mir auch unerträglich heiß, und ich hatte das Gefühl, bei lebendigem Leib zu verbrennen.

Ich lag auf dem Bett und zitterte vor Schmerzen, während Feuer und Eis mich durchzogen. Es beschämte mich so sehr, wie blind ich gewesen war. Wie ein Narr hatte ich im Dunkeln ausgeharrt und mich nie wirklich getraut, die Augen zu öffnen. Doch jetzt erkannte ich die Wahrheit.

»Psychopath, *Psychopath* …«, flüsterte ich wieder und wieder, und das Wort glitt durch den Raum wie eine unsichtbare Schlange. Ich dachte an gespaltene Zungen und schimmernde Augen, an Mutters lange Finger, ihre glänzenden weißen Zähne und die Art, wie sie den Kopf beim Lachen in den Nacken warf. Unablässig hatte ich vor Augen, wie sie in die Hände klatschte und wie ihre Lippen sich bewegten, wenn sie ihre Lügen verbreitete. Die Art, wie sie mich danach ansah – triumphal, fordernd, unerbittlich –, verfolgte mich.

Der Psychopath, von dem ich gelesen hatte, war Mutter. Auch Sean, aber sie war schlimmer als er: verwegen, entschlossen und kalkulierend. Sean tat mir weh, weil er selbstsüchtig, gierig und schwach war. Er wollte mit anderen Frauen Sex haben, also betrog er mich. Er wollte koksen, also log er. Er wollte Geld, also stahl er. Mutter tat mir weh, weil sie es wollte. Das war ein erheblicher Unterschied. Sie war immer obenauf – im Gegensatz zu Sean, der zu schwach dafür war. Er ließ es zu, dass das Koks sein wahres Ich zum Vorschein brachte und seine Mühen, eine andere Person darzustellen, zunichtemachte. Mutter und Sean erkannten sich in dem jeweils anderen, aber sie behielt die Oberhand.

Ich blieb auf dem Bett liegen, bis das Zittern nachließ. Ich atmete tief ein und aus, bis mein Herz nicht mehr so wild klopfte. Dann stand ich auf, strich mein Haar glatt und ging zurück in die Küche. Sean saß genauso da, wie ich ihn verlassen hatte.

»Ich will, dass du gehst«, sagte ich, und meine Stimme klang fremd. »Wenn ich morgen nach Hause komme, musst du weg sein. Verstanden?« Ich sah, dass er nachdachte und überlegte, ob er genug Energie für einen Streit, einen ausufernden Erklärungsversuch und tiefschürfende Überzeugungsarbeit aufbringen konnte. Dann seufzte er und zuckte mit den Schultern. In dem Moment wusste ich, dass es zu keiner Auseinandersetzung kommen würde.

»Okay«, meinte er.

»Ich will nicht, dass du mit meiner Mutter sprichst. Verstehst du? Kein Wort.«

Er nickte. »Okay.«

Und er hielt sich an sein Versprechen. Endlich waren wir uns auf Augenhöhe begegnet. Als ich am nächsten Tag von der Arbeit zurückkehrte, war er fort. Dieses Mal hatte er nur seine Habseligkeiten mitgenommen. Ich ließ mich auf das Sofa sinken und weinte – weinte vor Erleichterung. Ein Psychopath war abgehandelt. Zeit für den nächsten. Doch ich musste den Schein zunächst noch aufrechterhalten.

***

Ich rief Mutter einen Tag vor ihrer Ankunft an.

»Sean ist weg«, verkündete ich. »Es ist aus.«

Sie war entsetzt und aufgebracht, weil ich diese Entscheidung ohne sie getroffen hatte, und beschuldigte mich, egoistisch zu handeln.

»Darüber reden wir morgen noch mal«, schloss sie.

»Okay«, seufzte ich schwach und ließ meine Stimme genauso zaghaft klingen, wie es ihr gefiel.

Sie und Vater kamen am nächsten Abend. Sie luden mich zu sich ins Hotel ein, und wir trafen uns an der Bar. Als ich die Lobby betrat, sah ich die beiden schon von Weitem und beobachtete sie einen Moment lang. Mein Vater trug eine wollene Strickjacke, hatte eine Brille auf der Nase und rosige Gesichtshaut. Er hielt ein Bier in der Hand und ließ den Blick durch den Raum schweifen. Mutter saß neben ihm, trug eine feuerrote Tunika und dazu passenden Lippenstift. Sie thronte kerzengerade auf ihrem Barhocker, und man spürte förmlich ihre Kraft, sie schien sie wie eine flammende Aura zu umgeben. Doch ich war auch stark.

Ich ging zu ihnen und ließ mich neben den beiden nieder. Dann wartete ich darauf, dass Mutter loslegte. Sie sagte mir Folgendes: Es sei unglaublich, wie egoistisch ich die arme Maman und Sean behandelt hatte. Mir sei es anscheinend vollkommen gleichgültig, wie viel Schmerz ich meiner Maman zufügte, indem ich sie von Sean trennte, den sie wie einen Sohn liebte. Maman hatte mich immer unterstützt und mir ihre bedingungslose Liebe geschenkt. Niemand würde mich je so lieben wie Maman und Sean, und er und ich seien ein Team. Ich sollte bei ihm bleiben, ihn umsorgen und ihn lieben, dann würden sich die Dinge automatisch zum Guten wenden. Maman würde uns immer unterstützen, und wir würden uns näherstehen denn je. Doch zuerst müsse ich mich entschuldigen.

Sie sah mich erwartungsvoll an und wartete darauf, dass ich zusammenbrechen, weinen und ihr versichern würde, wie sehr ich sie liebte und dass sie die beste Mutter der Welt sei. Dann würde sie mir und Sean vergeben, und ich würde ihr dankbar sein. Ihr, meiner großzügigen, wunderbaren Maman, die sich immer um mich gekümmert hatte und nur das Beste für mich wollte.

Doch ich hatte die Wahrheit erkannt: Mutter wollte nur, dass ich Sean zurücknahm, damit sie Kontrolle über mich ausüben konnte. Ich hatte ihr erzählt, was er getan hatte: Er hatte mich gebrochen, erniedrigt und in eine halbe Person verwandelt. Ein Gespenst, das schwach und ohne Substanz, ohne Bedeutung war. Und das war genau das, was sie für mich wollte – so sah sie mich. Ich gehörte ihr, war nichts weiter als eine Verlängerung ihrer selbst und durfte daher nur nach ihren Vorstellungen existieren. Ich durfte nicht eigenständig sein, meinen eigenen Überzeugungen anhängen oder selbstbewusst durch das Leben gehen, denn das würde bedeuten, dass ich mich ihrer Kontrolle entzog. Sie hatte mich mein ganzes Leben lang benutzt – um sich zu profilieren, um zu erreichen, was sie wollte, um sich mächtig und bestätigt zu fühlen. Sie war genauso giftig wie Sean, aber sie war eigentlich noch schlimmer als er – viel, viel schlimmer, denn sie war meine Mutter. Die beiden hatten mich wie Geier umkreist, mich manipuliert, meine Unsicherheiten ausgekostet und die Dinge so verdreht, dass ich die Realität nicht mehr hatte erkennen können. Doch nun sah ich klar.

Ich stand auf. »Ich werde nichts davon tun«, verkündete ich. »Ich entschuldige mich nicht mehr bei dir, du bist eine Psychopathin.« Mein Vater sah entsetzt auf; Mutter schwieg, aber ihre Augen funkelten. Früher hätte mir das große Angst gemacht, aber jetzt nahm ich es gelassen hin. Es war mir egal, ich stand auf eigenen Beinen, ich war stark. »Ruf mich nicht mehr an, schreib mir keine E-Mails, schick mir keine SMS. Ich will nichts mehr von dir hören. Verstanden? Nie wieder!«

Dann drehte ich mich um und ging grußlos davon. Ich marschierte geradewegs zurück zu meiner Wohnung, schloss die Tür ab, zog die Vorhänge zu und drehte Cher-Songs auf volle Lautstärke. Ich wollte das laute Hämmern an der Tür nicht hören, die Rufe durch meinen Briefkastenschlitz ausblenden, das Klopfen am Fenster vergessen. Ich hatte mich davon losgelöst – es langweilte mich.

Ich rief Sofia an, ich rief Faya an, ich rief Isabel an – und erzählte ihnen alles. Ich war von nun an auf ihre Unterstützung angewiesen. Denn eins stand fest: Mutter würde nicht einfach so von der Bildfläche verschwinden.

Psychopathie-Merkmal Nr. 15: Mangel an Gewissensbissen oder Schuldbewusstsein

Psychopathen sind nicht imstande, echte Reue zu empfinden. Es ist ihnen gleichgültig, wie sich ihr Handeln auf andere auswirkt. Wegen ihres mangelnden Schuldbewusstseins übernehmen Psychopathen keine Verantwortung dafür, wenn sie jemanden verletzt haben. Entweder rationalisieren sie ihr Verhalten, beschuldigen andere oder streiten alles ab.

20
Bosheit

»Psychopathen sind nicht imstande, echte Reue zu empfinden.«

Als Mutter erkannte, dass ich es ernst meinte, nahm sie zunächst Kontakt zu Sean auf. Sie schrieb ihm, dass sie am Boden zerstört sei, weil sie ihn verloren habe und sich nicht einmal verabschieden konnte. Sie schrieb ihm, dass er viel mehr ihr Sohn gewesen sei, als ich je ihre Tochter war, und fragte, ob er eine Versöhnung für ausgeschlossen hielt. Sean verfasste höfliche Antworten, leitete ihre Nachrichten jedoch an mich weiter und fragte, ob ich die ständigen E-Mails vielleicht unterbinden könne.

Mir schrieb sie ebenfalls. Ich ignorierte ihre Nachrichten und antwortete nur einmal, um sie darum zu bitten, dass sie Sean und mich in Ruhe ließ, da wir beide kein Interesse an ihren E-Mails hätten. Das war ihre Antwort:

Liebe Olivia,
indem du meine Nachrichten unbeantwortet lässt, zeigst du mir, wie verletzt du bist – mein armes, hasserfülltes, ungeliebtes Kind. Wie kannst du es wagen, mir den Kontakt zu Sean zu verbieten? Ich liebe und respektiere ihn *viel mehr* als dich und werde das auch immer tun. Falls das Salz in deine Wunden streut – tja, Arsch lecken, kann ich dazu nur sagen.
Eigentlich bist du die Kriminelle von euch beiden. Wenigstens liegt es bei ihm an den Drogen. Du hingegen bist einfach nur eine verwöhnte, lächerliche Göre, die Wutanfälle bekommt, wenn sie nicht das kriegt, was sie will. Du bist eine bösartige, verlogene, skrupellose Schlampe und kannst dich nicht einmal hinter einem Nebel aus Drogen verstecken.

In Liebe, Maman

Ich löschte die E-Mail, so wie alles andere, was von ihr kam, und blockierte erneut ihren Kontakt. Doch Mutter legte neue Konten an und schrieb wieder. Meine Blacklist wurde immer länger. Einmal schrieb sie von einer neuen Adresse und setzte Granny in Kopie. Die E-Mail umfasste mehr als zweitausend Worte, und Mutter verriet darin all meine »schmutzigen kleinen Geheimnisse«: Wusste Granny, wie oft ich sie belogen hatte? Wusste sie, dass ich bis über beide Ohren im Drogensumpf gesteckt hatte? Wusste sie, dass ich eine Abtreibung gehabt hatte? Ja, ich hatte tatsächlich mein eigenes Kind abgetrieben – ach, hätte Granny ihr erstes Urenkelchen geliebt. Was für ein Jammer! Mutter behauptete, sie würde Granny das nur offenbaren, weil sie sich ihr wieder annähern wollte – immerhin hatten sie mich beide geliebt und waren beide von mir betrogen worden.

Als ich die E-Mail las, bebte ich vor Zorn. Die Vorstellung, dass Mutter mich benutzte, um »sich wieder anzunähern« – an Granny, die Frau, die sie sogar noch mehr hasste als mich! –, war unerträglich. Ich wusste genau, was dahintersteckte: Sie wusste, dass Granny mich liebte, mich wirklich liebte, und wollte einen Keil zwischen uns treiben. Indem sie ihr verriet, wie ich »wirklich war«, versuchte sie eine Verbündete zu finden und mein Netzwerk zu schwächen.

Doch Granny ließ sich nicht täuschen. Nichts von dem, was Mutter ihr schrieb, brachte sie gegen mich auf. Sie war lediglich enttäuscht, dass ich mich ihr nicht selbst anvertraut hatte. Meine arme Granny, die ich vor all dem hatte beschützen wollen. Ich hatte sie vor Seans Halbwelt bewahren wollen.

Mutters E-Mail ging nach hinten los. Jegliche Zweifel, die mich in der Zwischenzeit beschlichen hatten, waren mit einem Mal fortgewischt. Indem sie meinen Schmerz und mein Leid einsetzte, um ein falsches Bündnis mit einer verhassten Frau zu schmieden, war sie endgültig zu weit gegangen. Allein die Tatsache, dass sie nicht erkannte, wie falsch das war, beflügelte meinen Wunsch, mich endgültig von ihr loszulösen. Ich änderte meine E-Mail-Adresse und meine Handynummer. Ich ließ sogar das Türschloss wechseln, falls Mutter einen geheimen Schlüssel hatte.

Der alte Albtraum kehrte zurück, der, in dem ich mir vorstellte, wie Mutter mich beim Ertrinken beobachtete. Ich wachte oftmals zitternd und schwitzend auf und glaubte zu hören, wie die Haustür aufgeschlossen wurde. Glaubte, ihre schnellen Schritte über meine Bettdecke huschen zu hören.

Nachdem ich Granny die volle Wahrheit anvertraut hatte, weihte sie mich ebenfalls in alle Vorkommnisse der letzten Jahre ein. Zuvor hatte sie einiges zurückgehalten, weil sie wusste, dass ich Mutter liebte und mir die Wahrheit wehtat. Sie sprach mit mir über meine frühe Kindheit und einige Szenen, an die ich mich nicht erinnern konnte oder die ich verdrängt hatte. Granny meinte, dass mein Großvater schon immer behauptet hatte, mit Mutter würde etwas nicht stimmen. Mein Vater habe dem widersprochen. Es war eigenartig, wie gut es mir tat, das zu hören: Mutter war schon immer gestört gewesen, egal, wie gut sie es zu verbergen wusste. Ich war nicht dafür verantwortlich.

Nun ließ sie jegliche Vorsicht fahren. Da sie allmählich begriff, dass sie mich dieses Mal nicht wieder unter ihre Kontrolle bekommen würde, wurden ihren Beleidigungen umso heftiger. Nachdem mein altes E-Mail-Konto gesperrt war und ihre Nachrichten nicht zugestellt wurden, schrieb sie nun an meine Büroadresse. Jeden Morgen war mein Postfach von ihren E-Mails überschwemmt, und ich las sie, während ich meinen Kaffee schlürfte, und versuchte, so ruhig wie möglich zu bleiben. Ihre Mails waren einfach Teil einer neuen, etwas seltsamen Morgenroutine. Ich würde mich davon nicht aufbringen lassen.

Doch ich war nicht Mutter, ich hatte Gefühle. Ihre E-Mails, die allein dem Zweck dienten, mich zu verletzen, erreichten ihr Ziel.

Olivia,
du bist krank und pervers. Ein armseliges, einsames, trauriges Würstchen. Ich habe dir nichts mehr zu sagen. Es ekelt und beschämt mich, deine Mutter zu sein.
Du hast als Tochter wirklich spektakulär versagt. Nach unserem Treffen im Januar, dem Treffen mit meiner Tochter, die ich auf die Welt gebracht habe und der ich früher vorgesungen habe, habe ich nicht einen Funken Liebe oder Zuneigung übrig. Für mich bist du gestorben. Tot und begraben bist du nun, so als wäre deine Existenz nichts mehr als ein böser Traum.

Josephine

Ihre E-Mails hatten heftige Auswirkungen auf mein Wohlbefinden. Mein Gesicht und mein Hals litten an Ausschlag, mein Herz raste, und bevor ich wusste, was ich tat, verletzte ich wieder meinen Arm. Doch dieses Mal war es anders: Mein Leid war kein Geheimnis mehr. Früher hatte ich diverse Mechanismen entwickelt, um mit der Situation zurechtzukommen – hatte mich hinter einem unsichtbaren Vorhang versteckt, mich selbst betäubt, um dem Schmerz zu entkommen –, doch meine neue Methode war besser. Ich ging zum ersten Mal offen mit der Situation um. Es gab keine Versteckspiele und keine Scham mehr. Sobald eine E-Mail eintraf, las ich sie vor, und Sofia und ich lachten laut über die absurden Beleidigungen.

***

Eines Tages wurde mir ein Brief überstellt. Er lag auf meinem Schreibtisch, und ich öffnete ihn nichts ahnend. Der Umschlag beinhaltete Fotos, die Mutter zeigten, wie sie selbst gebastelte Karten, gemeinsame Fotos und Geschenke von mir verbrannte. Bei näherer Betrachtung war der Brief an ihre »schizophrene Tochter« adressiert. Im beigelegten Brief stand: *»Habe gerade die Wohnung von jeder Spur von dir befreit. Jetzt ist es so, als hätte es dich nie gegeben.«* Ich starrte auf die Zeilen, die die Frau geschrieben hatte, die mich ausgetragen und zur Welt gebracht hatte. Die Frau, die mich hasste. Ihre selbstbewusste, nach rechts geneigte Schrift war so vertraut. Ich sah es genau vor mir, wie sie den Brief verfasst, ein Datum ergänzt und schließlich noch unterstrichen hatte. Ich konnte mir vorstellen, wie sie die Briefmarke abgeleckt, aufgeklebt und dann noch einmal dynamisch mit der Faust festgedrückt hatte. Was wusste ich noch? Ich wusste, dass sie mich auslöschen wollte.

Als sie drohte, meinen Arbeitsplatz aufzusuchen, bekam ich Panikattacken. Nach der zweiten Attacke war ich so aufgebracht, dass man mich zur Personalabteilung brachte. Dort erzählte ich alles. Mit der Unterstützung unserer Rechtsberatung unterzeichnete ich schließlich eine offizielle Unterlassungsanordnung, die besagte, dass ich mir rechtliche Schritte vorbehielt, sollte sie mich erneut persönlich, telefonisch, per E-Mail oder über soziale Netzwerke kontaktieren. Der

Brief erzielte nicht den gewünschten Effekt. Am nächsten Tag wurde ich von der folgenden Nachricht begrüßt.

WICHTIG: Werde seit zwei Jahrzehnten von einer widerlichen Kakerlake belästigt. Wie wird man dieses Ungeziefer los? Vielleicht stirbt es endlich, wenn ich meine eigene lächerliche Unterlassungsanordnung schicke … Oder soll ich es lieber selbst erledigen? Mit der Fliegenklatsche draufhauen und den Rest mit meinem Schuh zu Matsch schlagen? Verstehen Kakerlaken Unterlassungsanordnungen?

Olivia,
deine Versuche, durch juristische Dokumente erwachsen wirken zu wollen, sind zum Brüllen. Aber weißt du was? Ich hab meinen eigenen Anwalt, und gemeinsam werden wir dir ein für alle Mal den Garaus machen, du trauriges Echo der Vergangenheit.
Glaubst du, du hättest die Oberhand, weil du das Geld für Seans Schulden zurückgezahlt hast? Was für eine Farce! Wenn Eltern etwas für ihr Kind bezahlen, ist das *immer* ein Darlehen, und nun, da ich nicht mehr deine Mutter bin, will ich mein Geld zurück. Ich werde dich für alles verklagen, was ich jemals für dich ausgegeben habe. Warte nur ab …

Josephine

Mutters Säbelrasseln machte mir Angst, doch es stellte sich schnell heraus, dass derlei Drohungen ohne Substanz waren. Ihr Bemühen um Kontrolle wurde immer heftiger, und sie sprang von einer Taktik zur nächsten. Wenn sie finanziell und juristisch keinen Druck ausüben konnte, was blieb dann noch? Mein Job. Also begann sie, Sofia und anderen Kollegen zu mailen. Sie grub alte Fotos aus Teenagertagen aus, die mich und Lucas beschwipst und knutschend zeigten, und schickte sie an alle Kontakte, die sie auf der Unternehmenswebseite fand.

Olivia,
es geht mir viel besser, nun, da ich deinen Kollegen und deiner lieben Freundin Sofia die Wahrheit über dich erzählt habe: dass du ein gestörtes und manipulatives Mädchen bist. Eine ekelhafte, verletzliche, verschämte Versagerin und eine besoffene Hure, wie die Fotos ganz eindeutig belegen. Viel Spaß mit deiner neuen Domina – Sofia hat dich anscheinend genauso unter Kontrolle, wie du es magst. Viel Erfolg mit deinem lächerlichen neuen »Leben«, in dem du dich in deiner Kaschemme verschanzt wie ein Kinderschänder. Niemand liebt dich außer deinem deprimierenden und abstoßenden Kater!

Josephine

Sie schrieb dem Geschäftsführer meines Unternehmens, dass Sofia und ich sie während der Arbeitszeit belästigen und ihr beleidigende E-Mails senden würden, und forderte ihn dazu auf, entsprechende Maßnahmen gegen uns zu ergreifen. Zum Glück war ihr Gebaren mittlerweile bekannt, und ihre Nachrichten blieben unbeantwortet.

Jeden Tag konfrontierte mich jemand mit einer neuen Geschichte: Mutter hatte vor meinem zwanghaften Lügen gewarnt, Mutter hatte einen Twitter-Account angelegt und auf jeden Tweet des Unternehmens reagiert ... Erst 2018 erfuhr ich, dass sie sämtliche Vorstandsmitglieder angerufen und vor meinem »schweren Drogenmissbrauch« gewarnt hatte.

Am besten schien ihr der juristische Winkelzug zu gefallen. Tagtäglich schickte sie E-Mails, die das angebliche Voranschreiten eines Gerichtsprozesses gegen mich belegten. Sie kontaktierte mich auch über das E-Mail Konto meines Vaters und gab sich als er aus. Doch ich kannte Vater und wusste, dass er mich nie derart beleidigen würde. Ich blockierte ihn ebenfalls.

Ich konnte meinen beruflichen Account nicht deaktivieren oder ändern, und das wusste Mutter. Während ich ihre Absenderadressen blockierte, eröffnete sie immer neue Konten. Sie schrieb, ich würde ihr sechzigtausend Pfund schulden, die sie in meine Ausbildung investiert hätte. Sie würde jedoch Nachsicht walten lassen, wenn ich mich entschuldigen, einmalig eintausend Pfund zahlen, einen ausführlichen Erklärungsbrief verfassen und einen Seidenschal zurückgeben würde, den mein Vater mir im letzten Sommer geschenkt hatte. Wenn ich diese vier Dinge tun würde, würde sie mir verzeihen.

Endlich erkannte ich ihr Verhalten als das, was es war: ein verzweifeltes Ringen um Macht, nicht mehr.

***

Nach einer Weile schaffte ich es, Mutters E-Mails zu ignorieren. Die Vorstellung, sie könne mich tatsächlich am Arbeitsplatz aufsuchen, machte mir jedoch nach wie vor Sorgen. Ich entwickelte eine panische Angst davor, sie würde plötzlich irgendwo auftauchen. Schon allein der Gedanke daran ließ mein Herz rasen. Ich hatte so große Angst, sie würde eines Tages in mein Büro marschieren, dass ich den Sicherheitsdienst ansprach und bat, meine Mutter an der Tür abzuwimmeln, sollte sie jemals auftauchen. Der zuständige Mitarbeiter hatte Mutter im vergangenen Sommer kennengelernt und erinnerte sich an sie. Er versprach, sie nicht ins Gebäude zu lassen.

Jedes Mal, wenn es bei mir zu Hause an der Tür klopfte, fing ich an zu schwitzen. Ich wusste, dass ich mich dort nie sicher fühlen würde, ich wusste, dass ich umziehen musste. Schließlich bekam ich eine Beförderung und eine Gehaltserhöhung und feierte dies mit dem Umzug in eine neue Wohnung. Dort fühlte ich mich sicher. Aber Mutter war noch nicht fertig.

***

Einige Monate später fragte Sofia, ob ich mir vorstellen könne, dass sie einen Artikel über Mutter beziehungsweise über das Leben mit einer Psychopathin schriebe. Im ersten Moment war ich irritiert. Ich kannte Sofias True-Crime-Berichte und fragte mich, was sie über Mutter zu Papier bringen wollte. Doch je mehr ich darüber nachdachte, desto mehr gefiel mir die Idee. Offen mit meinen Erlebnissen umzugehen und der Scham bewusst entgegenzuwirken war mein Schutzschild gegen Mutters Sabotageversuche gewesen. Vielleicht wäre ein öffentliches Bekenntnis ein weiterer Schritt. Indem ich zu dem stand, was ich erlebt und was es in mir angerichtet hatte, würde ich vermeiden, mein Leid schönzureden und Mutter weiterhin Macht über mich einzuräumen. Ich sagte Sofia zu, und sie schrieb einen Artikel mit dem Titel »Meine Mutter, die Psychopathin«. Einige Monate später würde eine Lektorin darauf stoßen …

Wir gingen vorsichtig zu Werke; alle Namen wurden geändert – ich war »Katie«, Mutter hieß »Joan« – und alles, womit man jemanden hätte identifizieren können, wurde umgeschrieben. Im Gegensatz zu Mutter wollte ich nicht ihren Ruin herbeiführen und ihr Leben zerstören, sondern nur, dass sie aus meinem verschwand. Als der Artikel im April 2016 erschien, reagierten meine Freunde und Kollegen fassungslos: Obwohl sie einige Eskapaden miterlebt hatten, war ihnen das volle Ausmaß von Mutters Verhalten nicht bekannt gewesen. Nur meine engsten Freunde wussten davon. Einige Kollegen sprachen mich an und drückten ihre Bestürzung und Mitgefühl aus. Ich wollte kein Mitleid, aber die Reaktion der anderen tat mir insofern gut, als dass sie meine eigenen Gefühle legitimierte. Ich machte nicht aus einer Mücke einen Elefanten, ich war nicht schwach oder eine Dramaqueen, ich war keine dämliche, verwöhnte Göre. Eine Psychologin, die ich über eine Freundin kannte, meldete sich, nachdem sie den Artikel gelesen hatte. Sie bekräftigte meine Entscheidung, den Kontakt abzubrechen, und betonte, dass ich mich nie wieder von meiner Mutter einlullen lassen dürfe.

***

Ein Jahr verging, und Mutter schien sich zu beruhigen. Es wurde nicht gänzlich still – das wäre zu viel verlangt gewesen –, aber ruhiger. Sie schrieb nur noch ab und an und schwankte zwischen aggressiven Drohungen und subtileren Manipulationsversuchen. Manchmal schickte sie Fotos von meinem Vater – sie wusste genau, wie sehr mich das traf – oder auch von winzigen Kätzchen, so als wäre nie etwas vorgefallen. Doch sie konnte mich nicht mehr so verletzen wie früher.

Ich war glücklicher denn je, was auch Granny auffiel. Ich sah unbeschwerter aus, so als wäre mir eine Last von den Schultern gefallen. Außerdem hatte ich einen neuen Freund, den ich von der Arbeit kannte. James war so ziemlich das komplette Gegenteil von Sean. Ich liebte ihn und alles an ihm: seine sanften Augen, sein ansteckendes Lachen, seine ruhige, mitfühlende Unterstützung.

Durch James verstand ich, was »bedingungslose Liebe« tatsächlich bedeutet. Er liebte mich, so wie ich war. Seine Zuneigung war ehrlich und ohne Hintergedanken. Er vermittelte mir ein Gefühl der Geborgenheit, das ich vorher nie gekannt hatte. Es tat mir gut, dass er Mutter noch nie begegnet war und sie ihn nicht benutzen konnte. Sie kannte nicht einmal seinen Namen. Er war rein und unverfälscht und unbefleckt von ihrem Unrat.

Doch eines Tages kehrte James von der Mittagspause zurück und fand eine Notiz auf seinem Schreibtisch vor: Eine Frau namens Joan hatte angerufen und wollte mit ihm über Katie sprechen.

»Joan?«, fragte James verwundert. »Ich kenne keine Joan. Und wer ist Katie?« Er sah mich an. »Kennst du jemanden, der Joan heißt?«

»Nein«, meinte ich und schüttelte den Kopf. »Vielleicht ein Missverständnis.«

»Vermutlich«, stimmte er zu, zerknüllte den Zettel und setzte sich an seinen Tisch. Erst in dem Moment fiel mir ein, dass das die beiden Namen waren, die wir ein Jahr zuvor im Artikel über Mutter und mich verwendet hatten. Plötzlich war mir mulmig zumute. Längst vergessene Gefühle brachen hervor, und ich wurde wieder von Hitzeschüben übermannt; mein Herz pochte wild, mein Magen zog sich schmerzhaft zusammen. Ich ließ mich auf meinen Bürostuhl sinken, atmete tief ein und hielt mich an meiner Schreibtischplatte fest. Es kam mir so vor, als klammerte ich mich an ein letztes Stück Sicherheit: Wenn ich losließ, würde ich fallen, hinab in die Dunkelheit.

Dass Mutter die Namen aus dem Artikel verwendete, fand ich ungeheuerlich. Es zeigte nicht nur, dass sie ihn gelesen hatte. Der Gebrauch der falschen Namen hatte etwas furchtbar Komplizenhaftes. Außerdem beunruhigte es mich, dass sie explizit nach James gefragt hatte. Woher wusste sie von ihm? Meine Social-Media-Konten waren nicht mehr für jeden einsehbar, und ich hatte alle Leute, mit denen Mutter Kontakt haben könnte, blockiert. Nur mein Twitter-Account war noch öffentlich, da ich ihn beruflich gebrauchte, aber dort gab es keinen Hinweis auf meine Beziehung mit James.

Die Vorstellung, dass Mutter Kontakt zu ihm aufnahm, war mir unerträglich. Ich wollte nicht, dass sie ihn verdarb, ihm süße Lügen zuflüsterte und seine Reinheit zunichtemachte. *Was hätte sie ihm überhaupt erzählt, wenn man sie zu ihm durchgestellt hätte?* Der Gedanke ließ mich frösteln.

Ich hatte keine Ahnung, wie sie den Artikel entdeckt hatte. Weder Sofia noch ich hatten ihn öffentlich geteilt, da wir wussten, dass Mutter unsere Twitter-Profile regelmäßig besuchte. Dass sie ein Jahr lang gebraucht hatte, um ihn aufzuspüren, bewies, wie gut wir unsere Mitwirkung verborgen hatten. Doch der Titel »Meine Mutter, die Psychopathin« hatte sie vermutlich aufhorchen lassen. Als ich sie so betitelt hatte, hatte sie nicht reagiert. Nur ihre Augen hatten aufgeleuchtet. Manche Psychopathen mögen vielleicht nicht wissen, was sie sind. Doch ich bin überzeugt davon, dass sie sich dessen genauso bewusst war wie Sean.

Ich war in höchste Alarmbereitschaft versetzt. Etwas bahnte sich an, das wusste ich. Kurz darauf stellte sich heraus, was es war.

Einige Tage nach dem Anruf machte ich Kaffee in unserer Teeküche. Ich unterhielt mich gerade mit einer Kollegin über meinen neuen kleinen Kater, als ein Kollege in den Raum trat.

»Jemand wartet an der Rezeption auf dich, Olivia.«

»Wer denn?«, fragte ich abwesend.

»Sie hat sich als ›Josephine oder auch Joan‹ vorgestellt«, meinte er und zuckte mit den Schultern. »Mehr weiß ich auch nicht. Sie hat behauptet, du würdest verstehen, was gemeint ist.«

Ich starrte ihn an, und mir wurde schlecht vor Angst. Mir war auf einmal so schwindelig, dass ich mich an die Wand lehnen musste. Meine Welt schien aus den Angeln gehoben.

»Oh Gott. Meine Mutter ist hier«, flüsterte ich. Plötzlich wurden die anderen aktiv. James führte mich zu einer gemütlichen Sofaecke im Pausenraum, und ich saß zitternd neben ihm. Der Sicherheitsdienst wies Mutter an der Rezeption ab und ließ sie nicht nach oben durch. Schließlich sah sie ein, dass ich nicht nach unten kommen würde, und hinterließ mir eine Nachricht – sowie ihr Flugticket und eine Bahnfahrkarte. Folgendes schrieb sie:

Ich hab den ganzen weiten Weg auf mich genommen, um dir zu sagen, wie schrecklich leid es mir tut. Ich bin DIE SCHLECHTESTE Mutter der Welt. Kannst du mir vielleicht doch noch verzeihen?

Ich war nicht wie Mutter. Ich wusste, dass ich stark war, doch ich hatte auch eine verletzliche Seite. Es hatte mir wehgetan, den Kontakt abzubrechen. Ich wusste, dass es die richtige Entscheidung gewesen war, und trotzdem war ich traurig darüber. Sie war meine Mutter, mein eigen Fleisch und Blut, und sie hatte sich in ein Taxi, ein Flugzeug, einen Zug, einen weiteren Zug und dann noch ein Taxi gesetzt, um mich zu sehen. Meine Mutter, die meine Hand gehalten hatte, als wir einem Schmetterling beim Schlüpfen zugesehen hatten. Meine Mutter, die ich trotz allem noch liebte.

Doch ich kannte sie. Ich wusste, dass ihre Worte nicht aufrichtig und voller Reue waren. Stattdessen trieften sie vor Sarkasmus. Ich erkannte, wie dringend sie »ein klärendes Gewitter« brauchte, mich anschreien und runterputzen wollte, bis ich zusammenbrach und um Gnade winselte. Aber ich fiel nicht mehr darauf rein.

Mein Arbeitgeber war großartig. Ich wurde für den Rest des Tages freigestellt, und auch James musste nicht im Büro bleiben. Man begleitete uns zum Hinterausgang, wo bereits ein Taxi auf uns wartete. Ich drückte mich, bis wir zu Hause waren, eng an James. Mutter kannte die Adresse nicht. Trotzdem verriegelte ich die Wohnungstür. Dann verkroch ich mich im Bett, zog die Decke über mich und war dankbar, dass James nach mir sah, mir Tee brachte und mich beruhigte.

Meine Freunde hielten mich über Mutters weiteres Vorgehen auf dem Laufenden. Sie kehrte noch drei Mal an die Rezeption zurück und fragte höflich nach, wo ich sei oder ob man ihr meine Anschrift mitteilen könne. Würde ich noch einmal ins Büro zurückkehren? Könnte man ihr vielleicht meine aktuelle Telefonnummer aushändigen? Sie wolle nur ihre Tochter sehen, mehr nicht. Dafür habe sie einen weiten Weg auf sich genommen. Schließlich bat man sie, das Gebäude zu verlassen, und Mutter ließ die Maske fallen. Sie ging friedlich durch das Foyer Richtung Ausgang, doch sobald sie die Drehtür passiert hatte, wandte sie sich um und schrie: »Olivia … Olivia, diese *beschissene Schlampe!*«

So war sie: Das war ihr wahres Gesicht. Sie verbarg es mit einem verblüffenden Geschick, doch sobald ihre Masken keinen Zweck mehr hatten, warf sie sie achtlos beiseite. Sie war enttarnt, und doch verhielt sie sich unverschämter, grausamer, gemeiner und rachsüchtiger als je zuvor.

Epilog

Das geschah vor zwei Jahren. Seitdem hat meine Mutter nicht noch einmal versucht, mich zu kontaktieren – zumindest nicht, dass ich wüsste –, und ich bin glücklicher, als ich es je zu hoffen gewagt hätte. James und ich sind seit vier Jahren ein Paar und sparen für ein gemeinsames Haus. Wir freuen uns auf unsere Zukunft.

In der Vergangenheit habe ich mir oft Gedanken darüber gemacht, was für eine Mutter ich wohl sein würde. Würde der Teil in mir, der Mutters DNA beinhaltet, sich bemerkbar machen? Würde ich den alten Kreislauf mit meinem eigenen Kind fortsetzen? Inzwischen weiß ich, dass ich – sollte ich je Kinder haben – eine gute Mutter sein werde. Ich bin nicht wie sie: Meine Mutter ist eine Psychopathin und ich nicht. Mehr gibt es dazu nicht zu sagen.

Es hat lange gedauert, bis ich die Wahrheit erkannt habe. Doch jetzt weiß ich, dass die einzig richtige Entscheidung gewesen war, zu rennen und nie wieder zurückzublicken. Das ist der Rat, den jeder, der einmal in einer ähnlichen Lage war, mir erteilt: Wenn jemand dir wehtut, dich manipuliert und dir Angst einjagt, solltest du schleunigst das Weite suchen. Es liegt nicht an dir. Lass dir von niemandem einreden, du seist nichts wert, vor allem, wenn die Person über kein Gewissen verfügt. Glaub nicht daran, dass die Person sich ändern wird. Psychopathen sind dazu nicht fähig. Spare dir dein Mitgefühl für andere, man kann die Unrettbaren nicht retten.

Ich weiß, dass ich das Richtige getan habe. Und trotzdem würde ich lügen, wenn ich behaupten würde, dass mir die Entscheidung keinen Kummer bereitet hätte. Weil es um meine Mutter ging. Unsere Beziehung war komplex, dysfunktional und allumfassend und wurde von den Irrungen ihrer gestörten Psyche geformt. Ich gebe offen zu, dass sie mir nicht gleichgültig ist. Das bedeutet nicht, dass ich schwach bin. Ganz im Gegenteil! Ich habe mich dazu entschlossen, nach vorne zu sehen und das Elend und das Leid hinter mir zu lassen. Denn im Gegensatz zu meiner Mutter bin ich zu Mitgefühl und Reue fähig und empfinde diese Gefühle auch ihr gegenüber.

Ich liebe und vermisse meinen Vater sehr, doch sein passives Nichtstun und seine träge Zaghaftigkeit finde ich noch verstörender als Mutters Quälereien. Wenn ich über ihn spreche, verwende ich ausschließlich Vergangenheitsformen. Es kommt mir so vor, als wäre er schon vor Jahren verstorben, sodass nur noch Erinnerungen und einzelne Anekdoten bleiben. Als er sich dazu entschlossen hat, bei meiner Mutter zu bleiben, hat er die Beziehung zu seinen drei Brüdern und seiner eigenen Mutter zerstört.

Granny ist unheimlich stolz auf mich und sagt immer wieder, dass sie mich noch nie so glücklich gesehen hat und wie sehr sie meinen freundlichen, »vernünftigen« James schätzt. Wir stehen uns sehr nah, und die Vorstellung, dass sie ihren eigenen Sohn vielleicht nie wiedersieht, bricht mir das Herz. Trotzdem habe ich mich dazu entschlossen, meinem Vater zu vergeben. Ich will nicht, dass mein Leben von Bitterkeit überschattet wird.

Meine Mutter ist in den Hintergrund getreten, aber sie ist nie gänzlich verschwunden. Als ich eine neue Stelle angetreten habe, brauchte sie gerade mal eine Woche, um meine neue Büroadresse ausfindig zu machen. Sie schickte mir eine E-Mail mit dem Betreff »hab dich« – der Inhalt war leer. Sie ist nicht mehr wirklich da, aber eine Spur von ihr bleibt … So als hätte man ein Streichholz ausgepustet und sähe noch den Rauchfaden emporsteigen.

Ich habe mich oft gefragt, wozu Mutter imstande ist, und manchmal jagt mir der Gedanke daran große Angst ein. Sie hat nun schon zu lange geschwiegen. Ich weiß, dass meine Sorgen womöglich unbegründet sind, aber trotzdem prickelt es ab und an in meinem Nacken, und es kommt mir so vor, als würde man mich beobachten. Ich kann sie dann fast sehen, wie sie nachts im Dunkeln lauert, ihre Augen funkeln, ihre Zähne blitzen, und sie befindet sich gerade so am Rande des Sichtfelds.

Danksagung

OLIVIA

Ich möchte mich bei meinem Freund – »dem Vernünftigen« – für seine bedingungslose Liebe, seine Unterstützung, seinen Humor und seine Stärke bedanken. Eines Tages heirate ich dich, Kumpel! Mein Dank gilt auch meiner Granny, die mich immer unterstützt hat. Sie hat mir die Wahrheit gesagt, als ich sie darum gebeten habe, und hat mich stets an die oberste Stelle gesetzt.

Danke auch an meine Cousinen und an meinen Cousin El, Sharpie und Duffy, die sich gemeinsam mit mir erinnert haben, und an meine Lektorin sowie das gesamte Penguin-Random-House-Team. Danke, dass ihr mir die Möglichkeit gegeben habt, meine Geschichte zu erzählen! Vielen Dank auch an meinen ersten Arbeitgeber, der mir den Weg ins Berufsleben ermöglicht und Mutter daran gehindert hat, es zu vermasseln.

Ein extrakatziges Dankeschön an Benedikt und meinen geliebten Mister, der nicht mehr unter uns, aber immer bei uns ist.

Außerdem möchte ich mich bei meiner besten Freundin S. M. Nelson dafür bedanken, dass sie meine Lebensgeschichte so wunderbar niedergeschrieben hat. Das schreit doch eigentlich nach einem Freundschaftstattoo, oder? Danke, dass du an dieses Projekt geglaubt hast. Ich hoffe, dass das Buch anderen Betroffenen hilft, Kraft zu tanken! (Ich kann es wirklich kaum glauben, dass dein einziges anderes »Buch« aus Harry-Potter-Fan-Fiction besteht.)

Und zu guter Letzt: Danke an meine Mutter. Sie hat mich zu der Frau gemacht, die ich heute bin – auch wenn das keine Absicht war.

S. M. NEISON

Ich danke dir, »Olivia«, dass ich deine unglaubliche Geschichte erzählen durfte – und das nicht nur ein-, sondern sogar zweimal. Danke für deine Tapferkeit, deine Ehrlichkeit und dein Vertrauen. Ob mit oder ohne Freundschaftstattoo: Wir sind nun ein Leben lang miteinander verbunden!

Ich möchte mich auch bei unserer Lektorin dafür bedanken, dass sie in meinem Artikel das Potenzial für ein Buch entdeckt hat, und beim gesamten Ebury- und Penguin-Random-House-Team dafür, dass sie an dieses Buch geglaubt haben. Danke auch an Law, SAJ und NJC für eure Korrekturarbeit und euren Rat, und natürlich auch an meine Freunde und Familie, die mich ein Jahr lang auf jede erdenkliche Weise unterstützt haben. Ein besonderes Dankeschön gilt dabei KD und DM und ihrer unglaublichen Gastfreundschaft. – Danke für die vielen Liter Rosé! Ohne ihn und euch hätte ich es nicht geschafft.

Und danke an TLD, für alles.

Mikey Walsh: Jungen weinen nicht

Mikey Walsh
JUNGEN WEINEN NICHT
Meine Kindheit
bei den Roma
Aus dem Englischen
von Katja Bendels
320 Seiten
ISBN 978-3-404-61149-2

„Bist du bereit, Mikey?", fragt ihn sein Vater, bevor er ihn mit erbarmungslosen Schlägen traktiert. Der Box-Champion einer archaischen Roma-Community will, dass sein Sohn ein genauso harter und gnadenloser Mann wird wie er, doch der sensible, nachdenkliche Junge entspricht so gar nicht seinen Erwartungen. Jahrelang wird Mikey von seinem Vater deswegen gequält und gedemütigt, sein Onkel tut ihm Unaussprechliches an und in der verschworenen Roma-Gemeinschaft findet er niemanden, dem er sich anvertrauen kann. Als er sich schließlich in einen Mann verliebt, wird ihm klar, dass sein Leben in Gefahr ist, denn eine schwule Liebe würde sein Vater niemals akzeptieren …